Der erfolgreiche Brief

Dr. Andreas Wolkerstorfer
Dr. Josef Abfalter

Der erfolgreiche Brief

Der neue Ratgeber für private und geschäftliche Korrespondenz

Weltbild

Hinweis
Die in diesem Buch zusammengestellten Informationen sind nach bestem Wissen und Gewissen recherchiert. Eine Haftung kann dafür nicht übernommen werden.

Das Werk ist urheberrechtlich geschützt. Jede Verwertung außerhalb der engen Grenzen des Urheberrechts ist unzulässig. Im Fall von Verletzungen behält sich der Verlag rechtliche Schritte vor.

Genehmigte Lizenzausgabe der Verlagsgruppe Weltbild GmbH,
Steinerne Furt, D-86167 Augsburg
Copyright © 2000 by Andreas&Andreas Verlagsbuchhandel GmbH, Salzburg
Umschlaggestaltung: Atelier Lehmacher, Friedberg
Umschlagmotive: AGE/Mauritius, Mittenwald, The Copyright Group/Mauritius
Gesamtherstellung: Clausen & Bosse GmbH, Birkstr. 10, 25917 Leck
Printed in Germany
ISBN 3-8289-2013-6

2007   2006   2005   2004
Die letzte Jahreszahl gibt die aktuelle Lizenzausgabe an.

Inhaltsverzeichnis

PRIVATBRIEFE

Was leisten Briefe? 11
Reden – Briefe schreiben 11
Anlässe, Briefe zu schreiben 12

Zur Psychologie des Briefschreibens 13
Jeder Brief gestaltet die Beziehung zwischen den Briefpartnern 13
Briefe sind Zeugnisse der Selbsteinschätzung 15
Der Ton zeigt Ihre Haltung an 15
Selbsterfüllende Beschreibungen 16
Ein Brief, den Sie schreiben, beeinflusst auch Ihre eigene Erwartung 17
Lernen Sie die Reaktion des Empfängers auf Ihre Briefe einschätzen 17
Wie wirkt Ihr Brief auf die Stimmung des Lesers? 18
Briefe richtig lesen 19

Briefe gestalten 19
Handschrift und Maschinenschrift 19
Briefpapier 20
Briefablage 21
Briefbausteine 22
Aufbau von Briefen 29
Tipps für Briefschreiber 31
Stilarten und Stilunarten 31
Unterhaltungswert von Briefen 37

Familienleben 38
Geburt 38
Geburtstag 41
Taufe 44
Kommunion 46
Firmung 47
Verlobung 48
Heirat 49
Hochzeitsjubiläum 53
Feiern im Familienkreis 55
Danksagungen 56
Ehescheidung 60
Briefe zu Weihnachten und Neujahr 62
Briefe an Kinder 63

Schule 64
Krankheit 67
Vollmacht 68

Todesfälle 70
Trauerbriefe und Todesanzeigen 70
Kondolenzschreiben 74
Danksagungen 76

Erzählende Briefe 78
Urlaubspost 78
Leserbriefe 81

Partnerschaft 87
Heiratsannoncen 87
Antwort auf Heiratsannoncen 90
Liebesbriefe 92
Heiratsantrag 103

Konfliktsituationen und heikle Angelegenheiten 105
Konfliktbriefe zwischen Eltern und Kindern 105
Briefe in Beziehungskonflikten 109
Briefe bei Intrigen 115
Die heikle Angelegenheit 117
Beschwerdebriefe 118
Zurückweisen von Beleidigungen 122
Rat suchen – Rat erteilen in Briefen 124

Berufsleben 127
Einladungen und Gratulationen 127
Beförderung und Auszeichnung 133
Dienst- und Geschäftsjubiläum 134
Abschluss des Berufslebens 135

Arbeitsmarkt 137
Inserieren auf dem Stellenmarkt 137
Analyse von Stellenanzeigen 139
Bewerbung 140
Kurzbewerbung 148
Lebenslauf 152
Referenzen 157
Honorarrechnungen 159

Inhaltsverzeichnis

Kaufen und Verkaufen 161
Anbieten 161
Angebot und Kostenvoranschlag 162
Bestellung und Bestellungswiderruf 164
Reklamationen und Mahnungen 167
Verkaufsanzeige 173
Haftung des Verkäufers 175
Kaufvertrag für ein gebrauchtes Kraftfahrzeug 175

Wohnen 176
Inserieren auf dem Wohnungsmarkt 176
Mietvertrag 178
Briefe zwischen Mieter und Vermieter 179
Kündigung des Mietvertrages 183
Wohnungswechsel 185

Versicherungen 188
Vertragsänderung 190
Schadensmeldung 192
Kündigung – Rückkauf 196
Krankenkasse 199

Private Korrespondenz mit Behörden 200
Kindergeldkasse 200
Finanzamt 200
Gericht 203
Polizei 206
Gemeinde 207
Stadtwerke und Verkehrsbetriebe 207
Dienststellen der Bahn 209
Dienststellen der Post 211
Banken 212
Bausparkassen 213
Vereinsleben 215
Erbvertrag und Testament 216

Inhaltsverzeichnis

INTERNET

Der Siegeszug des Internets 220
Netzanbindung 222
Internetanbieter 223
Browser 224
Suchmaschinen 225
Netiquette 228
E-Mail 230
Newsgroups 233
Smileys 235
Abkürzungen 236
SMS 239
WAP 240
UMS 241

GESCHÄFTSWELT

Klassische schriftliche Kommunikation............................... 242
Konventionelle Formen 242

Bürotechnik im Alltag 245
Diktiergerät 245
Spracherkennung 250
Telefax 251
Computer 251

Computerunterstützte Textverarbeitung 255
Textbausteine 255
Desktop-Publishing 257
Organisation der CTV im Betrieb 257

Organisation der Schriftgutverwaltung 258
Die wichtigsten Ordnungsweisen 258
Richtige Schreibtischorganisation 261

Gestaltung von Geschäftsbriefen 262
Briefkopf 263
Postdienstliche Vermerke 263
Behandlungs- und Bearbeitungsvermerke 264
Anschrift des Empfängers 265

Postleitzahlen 268
Datum 270
Bezugszeichen 270
Betreffzeile 271
Anrede 272
Brieftext 273
Grußformel 275
Anlagen- und Verteilvermerk 276

Häufig vorkommende Geschäftsbriefe 278
Anfrage 278
Angebot 281
Bestellung 288
Schlussbrief 292
Lieferung 292
Rechnung 301
Zahlen und Mahnen 306
Wechsel 314
Briefe im Fremdenverkehr 320
Dienstverhältnis / Arbeitsverhältnis 326
Vergleich und Konkurs 331

Marketing und Werbung 336
Was ist Marketing? 336
Möglichkeiten der Marktforschung 336
Instrumente des Marketing 338
Werbung 339

Geschäftliche Korrespondenz mit Behörden und Institutionen 342
Finanzbehörde 343
Gewerbebehörde 353
Patentamt 360
Industrie- und Handelskammern 363
Kraftfahrzeug-Zulassungsstelle 364
Kreditinstitute 365
Akkreditiv 372
Sozialversicherung 376

Wo finde ich was? 379

Alle Angaben in den Musterbriefen sind frei erfunden. Adressen, Kontonummern und Datumsangaben dienen allein der Veranschaulichung. Die sachlichen Angaben sind sorgfältig überprüft, dürfen aber ebenso wenig als juristische Beratung missverstanden werden wie die beispielhaft aufgeführten Musterschreiben. Wer ein rechtliches Problem hat, sollte sich ausschließlich von seinem Anwalt beraten lassen.

Was leisten Briefe?

Reden – Briefe schreiben

Reden und Schreiben sind zwei verschiedene Dinge. Beim Reden ist man unter Menschen und die Sprache wird als selbstverständliches und problemloses Vehikel verwendet, um Mitteilungen zu machen, Informationen auszutauschen oder um sich zu unterhalten. Aber selbst der Berufsschreiber, der Journalist oder Schriftsteller, der in Gesellschaft stundenlang reden kann, findet nicht immer gleich die richtigen Worte, wenn er wieder mit sich allein ist und vor dem „weißen Blatt Papier" sitzt. Beim Schreiben ist die Sprache nicht mehr das selbstverständliche Element, in dem man sich beim Reden bewegt. Sperrige Sätze, die beim Reden gar nicht entstehen würden, lassen sich nur mühsam in ansprechendes Deutsch bringen; eine unangenehme Ahnung, vielleicht nicht den richtigen Ton zu treffen, verunsichert beim Schreiben.
Der Briefschreiber ist nicht ganz allein mit dem „weißen Blatt Papier" und der Sprache: Er befindet sich im Dialog mit dem Briefpartner. Dieser Dialog funktioniert nicht viel anders als eine mündliche Unterhaltung, die schriftlich fixiert wird. Nur auf die Reaktion des Empfängers wird man länger warten müssen als im persönlichen Gespräch, und in vielen Angelegenheiten ist eine längere „Bedenkzeit" auch konstruktiver als eine erste Reaktion. Für die Antwort auf einen Brief kann man sich verschiedene Möglichkeiten überlegen, das Für und Wider einzelner Formulierungen erwägen, auf stilistische Feinheiten achten.
Bei aller Aufmerksamkeit für den zu schreibenden Brief sollte aber der Briefpartner nicht vergessen werden. Sich auf den Empfänger einzustellen heißt nicht, ihn mit einem Monolog zu langweilen, sondern: die Situation des Empfängers, sein Hintergrundwissen, seine Interessen und Ziele zu berücksichtigen, ihn sozusagen „zu Wort kommen zu lassen". Der geschliffene Text allein erweist sich als wertlos, wenn die Briefpartner – genauer besehen – aneinander vorbeireden beziehungsweise -schreiben. Sich auf den Empfänger einstellen heißt: sich beim Briefschreiben den direkten Dialog mit dem Briefpartner vorstellen, seine Reaktionen einschätzen, indem man sich überlegt, wie man selbst als Empfänger auf den Brief reagieren würde.

Wer im persönlichen Gespräch auf zwei Dinge achtet, nämlich darauf,
- wie er seine Sprache verwendet (Anredeform, Wortwahl, Länge der Sätze, Betonung usw.), und darauf,
- wie der Gesprächspartner auf seinen Beitrag reagiert,

erreicht damit zweierlei: Erstens wird die Sprache beim Reden bewusster eingesetzt, und dieses Sprach-Bewusstsein erleichtert das Briefschreiben; und zweitens lernt der Redner, die Reaktion des Gesprächspartners im Voraus einzuschätzen – dadurch gewinnt er mehr Sicherheit beim Gestalten von Briefen.

Drei Einstellungen sind es also, die zum erfolgreichen Briefschreiben führen:

- das Bewusstsein verstärken, wie Sprache im täglichen Umgang eingesetzt wird,
- den Dialog mit dem Briefpartner suchen,
- die Reaktion des Briefpartners einschätzen können.

Anlässe, Briefe zu schreiben

Herr X überlegt, wie er einem früheren Schulkameraden, der gerade die Meisterprüfung bestanden hat, gratulieren soll: schriftlich? telefonisch? ... Er stellt sich vor, wieviel Gedankenarbeit die ersten Sätze eines Briefes erfordern, und entscheidet sich für einen Telefonanruf. Telefonieren würde aber den Eindruck erwecken, er wolle das Gratulieren so schnell wie möglich hinter sich bringen – also nicht telefonieren, denkt Herr X. Lieber warte ich auf eine persönliche Begegnung. Das tut er.
Nach einem halben Jahr trifft er den Maschinenbaumeister auf der Straße und vergisst ihm zu gratulieren. Es wäre auch etwas befremdlich gewesen, denn Herr X hätte damit gesagt, dass er vom Meistertitel des anderen bereits gewusst, ihm aber nicht gratuliert hatte. Das Natürlichste wäre es gewesen, zu dem Zeitpunkt, als er vom Meistertitel seines Bekannten gehört und sich über dessen Erfolg gefreut hatte, seine Reaktion in ein paar Zeilen zu formulieren – schon hätte Herr X das Gratulationsschreiben, vor dem er zurückgeschreckt war, fertig vor sich liegen gehabt (siehe dazu das Kapitel „Einladungen und Gratulationen", Seite 127 ff.).
Herr Y ist in der Metallbranche tätig und möchte den Arbeitsplatz wechseln, um als Werkstoffprüfer in einem größeren Betrieb zu arbeiten. Er liest deshalb die Stellenanzeigen. Aber die Formulierung „Bewerbung mit den üblichen Unterlagen" behagt ihm nicht. Lieber sind ihm Stellenanzeigen, auf die er telefonisch antworten und um ein Vorstellungsgespräch bitten kann.
Wir meinen: Für einen Arbeitsplatz, an dem man nahezu 40 Stunden in der Woche verbringen wird, sollte man die paar Stunden für ein Bewerbungsschreiben schon investieren. Würde Herr Y seinen inneren Sekretär dazu überreden können, sich schriftlich zu bewerben, hätte das eine zusätzliche Wirkung: die Darstellung seiner Person (die auch beim Vorstellungsgespräch eine wichtige Rolle spielt) könnte er in aller Ruhe durchdenken, verschiedene Formulierungen erwägen und auf diese Weise das Beste daraus machen.
Gratulationen und Bewerbungen – zwei Anlässe von vielen, Briefe zu schreiben. Die wichtigsten Aufgabenbereiche, in denen Briefe einen Zweck erfüllen, sind:

- Informieren
- Appellieren
- Argumentieren
- Unterhalten

Welche Aufgabe es auch immer ist, die ein Brief erfüllt – ob er jemanden auffordert, sein aufdringliches Verhalten zu ändern, ob er für ein Buch werben soll oder ob er jemanden vom Briefschreiben überzeugt –, immer kommt zu dieser Aufgabe hinzu, dass sie durch den Brief gleichzeitig dokumentiert wird. Dokumentieren selbst kann Anlass sein, Briefe zu schreiben, etwa wenn eine Schadensmeldung verfasst wird oder zu einem Kaufvertrag eine Vertragsbestimmung hinzukommt, die die Vertragspartner schriftlich vereinbaren.

Darin, dass sich der Briefschreiber mit der Wahl seiner Formulierungen sozusagen auf ewig festlegt, weil sich das, was schwarz auf weiß geschrieben steht, nicht ändern lässt, liegt oft der Grund für eine „Schreibhemmung". Die Angst, „falsche" Formulierungen zu wählen, ist jedoch unbegründet, wenn der Gedanke stimmt. Wird der Gedanke klar ausgedrückt, können sich keine Formulierungen einschleichen, die der Wirkung des Briefes schaden.

Herr Z sollte schon lange einem Bekannten zurückschreiben, hat es aber immer aufgeschoben. Schließlich beginnt er mit „Wir haben lange nichts voneinander gehört" – was einen leisen Vorwurf an den Briefpartner enthält, den Herr Z gar nicht beabsichtigt hat. Hätte er mit „Ich wollte dir die längste Zeit schon schreiben ..." begonnen, also seinen eigenen Gedanken klar zum Ausdruck gebracht, hätte sich diese Doppeldeutigkeit nicht eingeschlichen.

Die Fragen, zu welchem Zeitpunkt der Briefschreiber welchen Brief schreibt und welche Überlegungen zum „richtigen Ton" führen, gehören zur psychologischen Situation des Briefschreibens. Die Psychologie des Briefschreibens ist keine Geheimlehre, die eigens für Briefschreiber erfunden wurde. Es sind Erkenntnisse darüber, wie Menschen, die miteinander kommunizieren – gleich ob im Gespräch oder in Briefen –, miteinander umgehen, aufeinander eingehen, wie sie reagieren, welche Rollen sie einnehmen und an welchen „Spielen" sie in der Kommunikation teilhaben. Nicht zuletzt hält die Psychologie des Briefschreibens Ratschläge bereit, wie solche Kommunikationsspiele von den Teilnehmern beeinflusst werden können.

Zur Psychologie des Briefschreibens

Jeder Brief gestaltet die Beziehung zwischen den Briefpartnern

Im persönlichen Gespräch spielen Körperhaltung und Gestik eine entscheidende Rolle. Mit ihnen bringt der Sprecher oder Hörer seine Einstellung zum Inhalt des Gesagten oder zum Gesprächspartner selbst zum Ausdruck. Beim Briefschreiben ist es die Sprache allein, die beide Aspekte der Kommunikation – die Inhaltsseite und die Beziehungsseite – übernimmt. Also ist es hier besonders wichtig, sich um klaren Ausdruck zu bemühen, weil sich der Briefpartner nicht an Ihrer Körperhaltung und Gestik orientieren kann, um zu erkennen, wie das Gesagte gemeint ist. Wenn er sich bei einem Brief zwischen mehreren Lesarten nicht entscheiden kann, die Worte des Absenders erst interpretieren muss, dann können Missverständnisse entstehen.

Missverständnisse vorausdenkend zu vermeiden ist jedoch leichter, als sie im Nachhinein zu beseitigen.
Wer Missverständnisse vermeiden will, bemüht sich, die Inhaltsseite wie die Beziehungsseite von Briefen klar und offen zu gestalten. Er wird auch, wenn es die Situation erfordert, Unerfreuliches formulieren, ohne damit Gräben zwischen den Briefpartnern zu ziehen. Dazu gehören Einfühlungsvermögen und die Bereitschaft, sich in die Rolle des anderen zu versetzen.

„Wechselspiele"

Wer weniger an einem entwickelbaren Dialog interessiert ist als an einer Pingpong-Korrespondenz, dessen Verhalten sieht so aus:

- Er reagiert sehr schnell auf Fragen oder Vorschläge – meist ohne weiter darüber nachgedacht zu haben.
- Er neigt zu Entweder-oder-Lösungen und kann mit Kompromissen nicht leben.
- Er hüllt sich in Schweigen, was den Briefpartner provoziert oder zumindest verunsichert.
- Schlimmstenfalls legt er es darauf an, den Partner misszuverstehen, und sucht Gründe, die Beziehung abzubrechen, woran sich eine Entweder-oder-Einstellung am eindeutigsten erkennen lässt.

Wie kann der Briefpartner damit umgehen? Wenn Versuche, eine offene Dialogsituation herzustellen, nichts fruchten, wird er die Missstände ansprechen müssen, das Gespräch über das Gespräch suchen, also eine so genannte Meta-Kommunikation beginnen. Der Partner darf nicht im Glauben gelassen werden, dass auf jeden Fall „die anderen" schuld sind, wenn etwas nicht so klappt, wie er es sich vorgestellt hat. Je weniger Unangenehmes sich aufstaut, desto leichter kann man damit umgehen. Also nicht warten, bis das gestörte Verhältnis zum Briefpartner nur mehr mit dem „großen Krach" zu bereinigen ist!

Soll neben der Inhaltsseite Ihrer Briefe auch die Beziehungsseite „stimmen", dann gehört das Folgende zu den Voraussetzungen:

- die Einstellung zum Briefpartner offen aussprechen,
- eigene Wertschätzung formulieren,
- auch Unerfreuliches zum Ausdruck bringen,
- bei Konflikten keine Pauschalanschuldigungen erheben und keine fixen „Feindbilder" errichten,
- offene Fragen Schritt für Schritt abklären, kein Entweder-oder-Spiel beginnen,
- Kompromissbereitschaft signalisieren,
- Einfühlungsvermögen zeigen,
- nicht zu schnell reagieren (Sofortreaktionen sind oft nichts anderes als Abwehrreaktionen),
- sollte Ihre Gesprächsbereitschaft sinken, lassen Sie es den Briefpartner wissen – nur endgültig den „Punkt zu setzen" ist unfair,

- Wünsche unmissverständlich formulieren, den Briefpartner nicht herumraten lassen,
- Schweigen nicht als Provokation einsetzen – besser eine Antwort formulieren, auch wenn diese ablehnend ist.

Briefe sind Zeugnisse der Selbsteinschätzung

Jeder legt Wert auf gesundes Selbstbewusstsein oder hat den Wunsch nach selbstsicherem Auftreten. Selbstbewusstsein lässt sich durch „fassadenhaftes" Verhalten nur kurzfristig vortäuschen. Wenn andere bemerken, dass die Selbstsicherheit des Herrn X lediglich gespielt ist, werden sie ihm gegenüber ihre Gefühle nicht mehr allzu deutlich zeigen, weniger auf ihn bauen, und Herrn X wird es schwer fallen zu entscheiden, wie er mit anderen dran ist. Und: Nachdem Herr X lange Zeit damit beschäftigt war, Selbstsicherheit vorzutäuschen, und sich schließlich gezwungen sieht herauszubekommen, was seine Umgebung von ihm hält, wird er es verlernt haben, echte Gefühle auszudrücken. Dann kann ihm niemand mehr helfen, seinem „Selbstbewusstsein", das zuerst eine Fassade war, zu entkommen. Für Herrn X ist es zur Zwangsjacke geworden.

Wer ein von Beziehungen unabhängiges Selbstbewusstsein anstrebt, wird sich mit einem kargen Pflänzchen zufrieden geben müssen. Ein entwickelbares Selbstbewusstsein entsteht nur im Kontakt zu den Gedanken des Partners. Erst an den Berührungspunkten mit den Gedanken des anderen/der anderen wird die eigene Rolle klar. Zu wissen, wie man vom Partner eingeschätzt wird, ist für ein gesundes Selbstbewusstsein ebenso wichtig wie die Unterschiede, die sich zwischen mehreren Fremdeinschätzungen der eigenen Person ergeben.

Selbst- und Fremdeinschätzung sind Bestandteil eines lebendigen Dialoges und müssen realisiert werden. Wer seine Einstellungen und Absichten klar zum Ausdruck bringt, gibt damit auch ein Zeugnis seiner Selbsteinschätzung ab. Klare Aussagen in konkreten Angelegenheiten leisten jedenfalls bessere Dienste als allgemein gehaltene Behauptungen von Selbstbewusstsein: Der Partner kann präzise reagieren, ein entwickelbarer Dialog kann entstehen.

Der Ton zeigt Ihre Haltung an

Vieles, wofür im persönlichen Gespräch keine Worte nötig sind, bedarf beim Briefschreiben eigener Formulierungen. Im Gespräch kann man etwa allein durch Gesten Interesse an etwas zeigen oder Ablehnung signalisieren, was im schriftlichen Austausch, im Brief, in Worten zum Ausdruck gebracht werden muss. Hier müssen die Formulierungen genauer gewählt sein als im mündlichen Umgang, weil der Partner nicht aus Betonung und Gestik schließen kann, wie er sie auffassen soll. Ohne Betonung lassen sich die Worte „Sie sind ein wahrer Held" sowohl als Kompliment („Ich schätze Sie für Ihren Mut") wie auch als ironisch formulierte Geringschätzung („Sie sind aber ein Feigling") auffassen.

Gerade in Briefen ist es der Ton, der „die Musik macht", und deshalb sollte ein unmissverständlicher Ton gewählt werden. Den Briefpartner zwischen den Zeilen lesen zu lassen kann in vertrauten Beziehungen eine stilistische Raffinesse sein, sollte aber jedenfalls in klärungsbedürftigen Situationen vermieden werden.

Kooperieren oder „Ich bin ich"

Wer dem Partner seine Ziele kompromisslos präsentiert, lässt ihm zwei Möglichkeiten: sie zu unterstützen oder sie abzulehnen.
Geschickter ist es, die Gedanken des Gesprächspartners schrittweise und nachvollziehbar auf das gewünschte Ziel hinzulenken. So können konkrete Einwände im Detail vorgebracht werden, und der Gesprächspartner wird nicht „entmündigt". Den Partner mitsprechen zu lassen ist Voraussetzung für einen erfolgreichen Dialog. Wer Argumente und Informationen nicht überflüssig einsetzen will, regt den Partner zum Fragen an. Informationen und Argumente haben eine viel größere Wirkung, wenn danach gefragt wird.

Selbsterfüllende Beschreibungen

Jeder kennt die vertrackten Situationen, die sich aus selbsterfüllenden Prophezeiungen ergeben: Herr X wird in einer beruflichen Angelegenheit von Y kritisiert. Da er seit längerem schon den Verdacht hegt, Y wolle ihn ärgern, geht Herr X plötzlich nicht auf den Inhalt der Kritik ein, sondern reagiert zunächst einmal mit einem Wutanfall.
Y hält den Wutanfall nicht für eine einmalige, situationsbedingte Reaktion, sondern meint, Aggressivität sei ein fixes Persönlichkeitsmerkmal von X. Deshalb warnt Y andere vor dem Umgang mit X. Diese anderen verhalten sich daraufhin tatsächlich X gegenüber reserviert oder gar ablehnend, was dazu führt, dass X immer öfter wütend reagiert, sodass sich die Beschreibung von Y („X neigt zu Wutanfällen") erfüllt hat.
Oft entstehen solche Situationen, wenn jemand auf eine geringfügige Kritik pauschal ablehnend reagiert und diese Ablehnung mit unwiderlegbaren Gründen stützt, anstatt locker auf die Kritik einzugehen. Deshalb ist es für jede Korrespondenz besonders wichtig, dem Briefpartner Raum für ein Feedback zu lassen, sodass eine Fortsetzung des Dialogs möglich ist. Andernfalls entstehen womöglich ungünstige Beschreibungen, deren Selbsterfüllung niemandem dient.
Eine allgemeine Abwehrhaltung gegenüber dem Briefpartner kann dazu führen, dass man ihm Gleichgültigkeit signalisiert, auch um gegen einen möglichen Misserfolg von vornherein gewappnet zu sein. Man schreibt: „Es ist mir egal, ob Ihnen meine Vorschläge recht sind" – und der Briefpartner kann es dem Schreiber kaum mehr recht machen: Auch wenn er positiv reagiert, bestätigt er seine Abwehrhaltung. Das Sprichwort „Wie man in den Wald hineinruft, so schallt es heraus" hat beim Briefschreiben eine besondere Bedeutung: Ein geschriebener Text ist viel weniger korrigierbar als das gesprochene Wort. Deshalb: Nur Prophezeiungen machen, deren Erfüllung man sich wünscht!

Ein Brief, den Sie schreiben, beeinflusst auch Ihre eigene Erwartung

Wie wird der Empfänger reagieren? Wird er meinen Brief verstehen? Solche Fragen begleiten Ihren Brief, sobald er abgeschickt ist und während er den Weg zum Empfänger zurücklegt.
Achten Sie darauf, welche Erwartung Sie in Ihrem Brief signalisieren! Wenn Sie sich mit Gedanken wie „Er wird meine Vorschläge ohnedies ablehnen" ans Briefschreiben machen, wird diese Erwartung zum einen im Brief selbst, wenn auch unterschwellig, aufscheinen; zum anderen werden Sie versucht sein, Ihre Meinung bestätigt zu bekommen, indem Sie aus der Reaktion des Empfängers tatsächlich zuerst das Negative herauslesen und darüber womöglich die Chancen für einen erfolgreichen Dialog übersehen. Daher: Signalisieren Sie Gesprächsbereitschaft, auch um Ihre eigene Sichtweise der Dinge nicht unnötig einzuschränken!

Lernen Sie die Reaktion des Empfängers auf Ihre Briefe einschätzen

Wer an Reaktionen auf seine Briefe interessiert ist, schreibt keine Monologe, sondern entwickelt seine Gedanken und Argumente adressatenbezogen. Er bemüht sich um genaue Ausdrucksweise und um Verständlichkeit in der Abfolge der Gedanken. Ist der Brief dann geschrieben, wird er probehalber durchgelesen: Der Absender versetzt sich dabei in die Rolle des Empfängers.
Und doch können Sie in kaum einem Fall die tatsächliche Reaktion des Empfängers abschätzen (ausgenommen vielleicht, Sie verschicken in Ihren Briefkuverts Bündel von Banknoten) oder einschätzen, was an Ihrem Brief für die Reaktion des Empfängers den Ausschlag gegeben hat. Hier heißt es, mit allen Briefen, die Sie schreiben, Erfahrungen zu sammeln, aus der Korrespondenz zu lernen. Über einen längeren Zeitraum werden Sie dann herausbekommen, bei welchen Anlässen welche Elemente von Briefen erfolgreich sind und welche Sie besser vermeiden sollten.
Selbst die Werbung, die die Sprache sehr bewusst einsetzt, um ein Produkt als das beste hinzustellen, kann nicht allein aus dem Werbetext schließen, welchen Erfolg eine Kampagne haben wird. Die Wirkung von Texten hängt von sehr vielen Faktoren ab, die wir im Einzelfall nicht kennen oder erst später kennen lernen.
Was man tun kann, um die Reaktion des Empfängers nicht dem Zufall zu überlassen, ist:

- die Gedanken für einen Brief empfängerbezogen entwickeln,
- sich um klare Abfolge der Gedanken sowie
- konkreten sprachlichen Ausdruck bemühen,
- den Empfänger „zu Wort kommen lassen", also keinen Monolog schreiben, und
- sich im Zuge einer Korrespondenz ein Bild vom Briefpartner machen, ohne dieses aber zu fixieren.

Wie wirkt Ihr Brief auf die Stimmung des Lesers?

Der Stimmung des Lesers können wir mit Argumenten oder mit einem perfekten Stil nicht beikommen. Niemand handelt rein aus Verstandesgründen oder lässt sich von einem Stil beeindrucken, der zwar mit ausgefeilten Formulierungen brilliert, ansonsten aber kalt bleibt.
Natürlich hängt die Stimmung, in die Ihr Brief den Leser versetzt, auch vom Zeitpunkt ab, in dem er den Brief liest. Von der Schwierigkeit, Briefe zum richtigen Zeitpunkt abzuschicken oder zu lesen, ist in „Gezeiten der Liebe" von Eugen Roth die Rede:

> Ein Mensch schreibt mitternächtig tief
> An die Geliebte einen Brief,
> Der schwül und voller Nachtgefühl.
> Sie aber kriegt ihn morgenkühl,
> Liest gähnend ihn und wirft ihn weg.
> Man sieht, der Brief verfehlt den Zweck.
> Der Mensch, der nichts mehr von ihr hört,
> Ist seinerseits mit Recht empört
> Und schreibt am hellen Tag, gekränkt
> Und saugrob, was er von ihr denkt.
> Die Liebste kriegt den Brief am Abend,
> Soeben sich entschlossen habend,
> Den Menschen dennoch zu erhören –
> Der Brief muss diesen Vorsatz stören.
> Nun schreibt, die Grobheit abzubitten,
> Der Mensch noch einen zarten dritten
> Und vierten, fünften, sechsten, siebten
> Der herzlos schweigenden Geliebten.
> Doch bleibt vergeblich alle Schrift,
> Wenn man zuerst daneben trifft.

Ohne Übereinstimmung auf der nichtrationalen Ebene wird keine Korrespondenz lange überleben können. Deshalb: Der maximal perfektionierte, der „vollendete" Text allein ist kein Mittel für erfolgreiche Briefe; eher nimmt er den Raum weg, der für einen zwischenmenschlichen Dialog notwendig wäre, und es bleiben die abgekühlten Sachverhalte übrig.
Was kann für die Stimmung des Briefempfängers ausschlaggebend sein? Es sind dies:

- die Anrede und die ersten Worte des Briefes: Sie lösen eine Reaktion aus, die das Verständnis des ganzen Briefes beeinflusst,
- die Reserviertheit oder Wärme des Tons,
- der Zeitpunkt, zu dem, und die persönliche Situation, in der der Leser den Brief bekommt beziehungsweise beantwortet,
- die Frage, ob die Erwartungen des Briefempfängers erfüllt werden oder ob der Brief an seinen Interessen vorbeizielt.

Briefe richtig lesen

Um die Reaktion eines Lesers auf Ihren Brief einschätzen zu können, sollten Sie sich in dessen Lage versetzen. Was gilt allgemein für das „richtige" Lesen von Briefen?

- Erstens festzustellen, was in dem Brief tatsächlich steht. Welche Fragen werden gestellt, was wird formuliert, welche Begründungen werden angeführt?
- Zweitens festzustellen, was nicht in dem Brief steht. Was wurde ausgelassen? Wird der Gegenstand in seiner Gesamtheit dargestellt oder wird ein Teil davon herausgegriffen? Was bewirkt eine solche Teildarstellung?
- Drittens: Wie wird das Dargestellte zum Ausdruck gebracht, wie werden Fragen formuliert? Wird etwas verzerrt, und wenn ja, wodurch ergibt sich dieser Eindruck?

Briefe gestalten

Einerseits: Wenn der „Gedanke" für einen Brief nicht stimmt, kann man an den Formulierungen und an der äußeren Form lange laborieren – der Brief wird dadurch nicht besser. Andererseits: Die äußere Form kann den richtigen Gedanken wohl nicht ersetzen, ihn aber verstärken.
Zur äußeren Form gehören der Aufbau, die Gliederung des Briefes genauso wie die Wortwahl, die Anrede- und Schlussformeln. Natürlich gibt es nicht *den* richtigen Brief und *den* falschen Brief, aber äußerliche Fehler schaden dem Brief mehr, als ihm die „richtigen" Formen nützen. Die richtigen Formen sind selbstverständlich, während die Mängel auffallen. Ein zerknittertes oder fettiges Briefpapier erlaubt die erste Aussage über das Niveau und die Umgangsformen des Briefschreibers. Auf die Äußerlichkeiten zu achten macht sich schon deshalb bezahlt, weil ein einziger Fehler die Wirkung aller Bemühungen schmälern kann:
Sie wählen makelloses Briefpapier, bemühen sich um säuberliche Handschrift und schreiben einen stilistisch einwandfreien Brief – vergessen aber die Briefmarke oder frankieren nicht ausreichend. Der Empfänger muss Porto nachzahlen oder erhält gar anstelle Ihres Briefes eine Benachrichtigung, kann den Brief erst am nächsten Tag auf dem Postamt abholen, ist womöglich wegen dieser Verzögerung und der Nachgebühren verärgert und überträgt seinen Ärger auf den Inhalt des Briefes.

Handschrift und Maschinenschrift

Gleichgültig, ob die Maschinenschrift aus dem Computer stammt oder von der mechanischen Schreibmaschine – es gibt Anlässe, bei denen Briefe unbedingt mit der Hand geschrieben werden sollten: Beileidsschreiben, Dankschreiben und Glück-

wunschbriefe. Beileidsschreiben sollten nicht mit gedruckten Todesanzeigen verwechselt werden, also kein Kuvert mit schwarzem Rand verwenden!
In allen anderen Fällen entscheidet die Gewohnheit oder die Einschätzung, wie der Briefempfänger reagieren wird: Empfindet er Maschinenschrift als sachlich-kühl oder ist ihm die gute Lesbarkeit wichtiger? Ausschlaggebend ist natürlich auch die Handschrift des Briefschreibers. Wenn diese gerade dazu ausreicht, eine entzifferbare Unterschrift herzustellen, dann wird man wohl die Schreibmaschine wählen. Die Grußformel und die Unterschrift müssen in Privatbriefen jedenfalls immer mit der Hand geschrieben werden, in geschäftlichen Briefen nur die Unterschrift.
Zur guten Lesbarkeit von Briefen gehört neben der Wahl der Schrift folgendes: mit Durchstreichungen, Korrekturen und Wortumstellungen den Leser nicht zu belasten. Wer aus Erfahrung weiß, dass er auf Anhieb keine fehlerfreien Briefe aufs Papier bringt, wird den Empfänger nicht mit durchgestrichenen Vorvarianten bemühen, sondern zunächst einen Entwurf schreiben und erst dann zur postfertigen Niederschrift schreiten.
Wer maschinengeschriebene Briefe vorzieht und Rechtschreibfehler macht, kann diese möglicherweise als Tippfehler hinstellen – besser wäre es jedoch, nach dem Entwurf den Duden zu Rate zu ziehen und Wörter, die auf unsicheren Orthographiebeinen stehen, nachzuschlagen.

Briefpapier

Individualität ist gut, sollte aber nicht den Eindruck erwecken, erzwungen zu sein. Für geschäftliche Angelegenheiten und Briefe an Behörden eignet sich wohl nur A4-formatiges weißes Briefpapier, für Briefe im privaten Bereich gibt es neben teurem handgeschöpftem Büttenpapier die Möglichkeit, Briefpapier selbst zu gestalten. Es muss auch nicht immer Papier sein: In einer Kalendergeschichte von Johann Peter Hebel fährt ein Bauer mit einer Tür zur Apotheke – es hatte sich für das Rezept kein Papier im Haus gefunden.
In der Praxis spielt für die Wahl des Briefpapiers heutzutage eher die Anordnung des Geschriebenen auf dem Briefbogen eine Rolle. Ein erster Entwurf lässt rasch erkennen, wie sich der Briefinhalt auf dem verwendeten Briefpapier ausnimmt. Kurze Mitteilungen wirken auf einem A4-formatigen Briefbogen ein wenig verloren. Wenn es ein handgeschriebener Brief werden soll, gibt es in solchen Fällen zwei Möglichkeiten:

- entweder größer schreiben und die Abstände zwischen den Zeilen beziehungsweise zwischen den Absätzen ebenfalls großzügiger bemessen oder
- statt eines A4-Bogens eine Briefkarte verwenden und den Text in der gewohnten Schriftgröße darauf anordnen.

Für die zweite Alternative gibt es zu den gängigen Formaten und Farben der Briefhüllen passende Briefkarten. Sie haben mehrere Vorzüge gegenüber den Postkarten: Man kann sie, wenn nötig, sowohl auf der Vorder- als auch auf der Rückseite beschreiben, bei Bedarf eine zweite Briefkarte dazustecken (bei gleichbleibendem

Porto) und sie werden im Umschlag versendet. Das bedeutet, dass der Inhalt von Dritten nicht gelesen werden kann, bevor die Sendung den Empfänger erreicht.
Für maschinengeschriebene kurze Mitteilungen mit geschäftlichem Hintergrund hat sich der so genannte Kurzbrief sehr bewährt. Es gibt dafür vorgedruckte Formulare, mann kann sich aber auch auf dem PC seine eigenen Vordrucke gestalten. Ein Kurzbrief ist im Gegensatz zur Briefkarte aus Papier (was Porto spart!), hat in der Regel Lang-DIN-Format und wird meist dann verwendet, wenn man Unterlagen (beispielsweise für die Erstellung der Steuererklärung) an jemanden versenden will und einen Beleg über Absendedatum und Empfänger für die Ablage braucht.
Der Kurzbrief hat noch einen weiteren Vorteil: Die korrekt im vorgedruckten Adressfeld angebrachte Empfängeranschrift ermöglicht den Versand im Fensterkuvert – und stellt dadurch automatisch sicher, dass man nicht versehentlich den falschen Brief samt Anlagen in den Briefumschlag steckt, wenn mehrere Briefe gleichzeitig versandfertig gemacht werden.

Briefablage

Wem gehören Briefe? Briefe sind Eigentum des Schreibers, auch nachdem sie abgeschickt worden sind. Erst wenn sie dem Empfänger zugestellt werden, gehen sie in dessen Eigentum über. Das Briefgeheimnis (im juristischen Sinn) verbietet Dritten das Ansichnehmen ungeöffneter Briefe. Das betrifft sowohl Mitarbeiter der Post als auch alle anderen Personen, die den Brief auf dem Weg zum Empfänger in die Hände bekommen können, Familienmitglieder nicht ausgeschlossen. Allerdings: Ob der Ehemann, der einen an ihn gerichteten Brief geöffnet vorfindet, gerichtliche Klage erhebt, wenn seine Frau sagt: „Ich pflege deine Briefe nicht zu öffnen, auf diesem aber stand ‚privat' "?
Jedenfalls ist das Sichaneignen ungeöffneter Briefe Diebstahl, auch wenn die (geöffneten) Briefe im materiellen Sinn den Empfänger erreichen. „Nur" Indiskretion liegt vor, wenn geöffnete Briefe von Dritten gelesen werden.
Briefe können über ihren Mitteilungswert hinaus zu Dokumenten werden, etwa wenn sie zur Beweisführung in einem Gerichtsverfahren herangezogen werden. Briefe im Geschäftsbereich haben stets juristische Bedeutung, weil die Abwicklung von Kaufen und Verkaufen immer an Rechtsgrundlagen gebunden ist, die in den Brief- und Vertragsunterlagen berührt werden können.
Natürlich sind es nur selten rechtliche Gründe, die einen veranlassen, Briefe aufzubewahren. Briefe werden seltener Dokumente im juristischen Sinn sein, als dass sie einer Dokumentation mit biografischer Bedeutung dienen. Im Laufe der Zeit werden einige Privatbriefe wertvoller, andere hingegen wird man nicht länger aufbewahren wollen.
Briefe rein nach Datum zu ordnen wird auf Dauer nicht hilfreich sein. Nicht nur verschiedene Schreiber und Briefformate vermischen sich dadurch, vor allem sollten zunächst reine Privatbriefe und Briefe in geschäftlichen und anderen Angelegenheiten getrennt werden. Nichts spricht gegen das Abheften der Korrespondenz in Ordnern – doch reine Privatbriefe sollten nicht aus den zu ihnen gehörenden Um-

schlägen genommen werden, um gelocht in einem Ordner zu verschwinden. Zwar wäre das die platzsparendste Art, doch würde es nicht nur die Atmosphäre der einzelnen Briefe unwiederbringlich zerstören, sondern auch die Briefe selbst entwerten.

- Briefe in geschäftlichen Angelegenheiten, Briefe von Ämtern und Behörden: Nur die aktuelle Korrespondenz wird aufbewahrt (Rechnungen und andere für das Finanzamt interessante Unterlagen müssen die gesetzlich vorgeschriebene Zeitspanne aufgehoben werden), und zwar zusammen mit den dazugehörigen Papieren und Dokumenten. Kopien oder Durchschläge Ihrer eigenen Briefe gehören ebenfalls dazu, am günstigsten in der tatsächlichen Abfolge der Korrespondenz geordnet.
- Privatbriefe: nach Schreiber und Datum geordnet aufbewahren, Briefe nicht büromäßig bearbeiten (lochen, abheften) oder vom Umschlag trennen.

Briefbausteine

Was gehört bei der Anschrift in welche Zeile, was ist eine Berufsbezeichnung und was ein Titel? Welche Anrede wähle ich und wie gestalte ich die Betreffzeile? Diese Fragen sollen niemanden davon abhalten, Briefe zu schreiben. Die Zeiten barocker Schlussformeln sind vorbei und fünfzeilige Adelstitel auch schon selten geworden.

Anschrift und Anrede

Die Adresse des Empfängers steht in Briefen an öffentliche Institutionen oder in geschäftlichen Angelegenheiten nicht nur auf der Briefhülle, sondern auch auf dem Briefbogen selbst, und zwar unter der vollständigen Anschrift des Absenders, von dieser (wenn Sie einen A4-Briefbogen verwenden) durch Leerzeilen getrennt:

Helmut Steiner
Schulstraße 15
80634 München

Herrn Rechtsanwalt
Dr. Albert Wagner
Drachengasse 41

14199 Berlin

Wenn Sie einen Normbrief schreiben wollen, wie er für den Geschäftsbrief üblich ist (siehe dazu das Kapitel „Gestaltung von Geschäftsbriefen", Seite 290 ff.), folgt nun, wieder durch eine Leerzeile getrennt, die Orts- und Datumsangabe, also „München, den ...", und zwar an den rechten Rand gerückt.
Der Orts- und Datumsangabe folgt (am linken Rand ausgerichtet) die sogenannte Betreffzeile (siehe dazu Seite 27 f.), danach die Anrede.

Anschrift und Anrede müssen aufeinander abgestimmt sein. Während Sie in der Anschrift eine Berufsbezeichnung (Rechtsanwalt) und den Titel (Doktor, zusammen mit dem Namen immer abgekürzt: Dr.) anführen, steht in der Anrede nur der Titel. Der Titel (Doktor) ist Bestandteil des Namens und wird immer angeführt, Berufsbezeichnungen können vorangestellt werden. Bei näherer Bekanntschaft mit dem Empfänger kann die Berufsbezeichnung wegfallen, sodass in der Anschrift nur „Herrn Dr. Albert Wagner" steht. In beiden Fällen lautet die Anrede „Sehr geehrter Herr Doktor" oder „Sehr geehrter Herr Dr. Wagner". Doktoren untereinander werden in der Anrede nur den Namen nennen oder die Anrede „Sehr geehrter Herr Kollege" verwenden.

Hat der Empfänger einen über dem Doktorgrad stehenden akademischen Rang (beispielsweise Professor), so gilt für die Anschrift: „Herrn Professor Dr. Albert Wagner"; die Anrede ist dann „Sehr geehrter Herr Professor" oder „Sehr verehrter Herr Professor". Bei näherer Vertrautheit mit dem Empfänger können Sie dieser Anrede den Namen des Professors anfügen.

Berufsbezeichnungen werden in der Anrede nicht verwendet, es sei denn, es handelt sich um Mitglieder der Regierung, Militärangehörige, Geistliche oder Schuldirektoren. In diesen Fällen gehören sie sowohl in die Anschrift als auch in die Anrede.

Bei Unklarheiten über Titel, Rang, Dienst- und Berufsbezeichnungen ist zweierlei zu empfehlen: sich danach zu richten, wie es der Empfänger selbst damit hält (also die Anschrift so zu gestalten, wie der Empfänger seinen Absender angegeben hat, oder im Telefonbuch nachzuschlagen, welche Titel oder Bezeichnungen eingetragen sind) – oder den Rang in der Anschrift wegzulassen. Das wird Ihnen sicher weniger übelgenommen als die Verwendung eines falschen Ranges, unabhängig davon, ob Ihre Wahl zu weit nach oben oder zu weit nach unten ausfallen sollte.

Übliche Anschriften und Anreden

Anschrift	Anrede
Firmen	
Immobilien Hohler + Kohler KG	Sehr geehrte Damen und Herren
Feinkost Maria Rossi	Sehr geehrte Frau Rossi
Firma Hans Schmieder	Sehr geehrter Herr Schmieder/Sehr geehrte Damen und Herren
Schulen und Universität	
Frau Professor(in) Dr. Emilia Reiners	Sehr geehrte/verehrte Frau Professor(in)
Herrn Volksschuldirektor Franz Kurz	Sehr geehrter/verehrter Herr Direktor
Herrn Studienrat Dr. Hans Böck	Sehr geehrter Herr Dr. Böck
Kirche	
Evangelische Kirche (EKD):	
Frau Pastorin (Pfarrerin, Pröpstin, Superintendentin) Helga Schmidt	Sehr verehrte/geehrte Frau Pastorin (Pfarrerin, Pröpstin, Superintendentin)

Briefbausteine

Anschrift	Anrede
An den Präses der Evangelischen Kirche im Rheinland, Herrn ...	Sehr verehrter/geehrter Herr Präses
An die Bischöfin der Pommerschen Evangelischen Kirche, Frau ...	Sehr verehrte/geehrte Frau Bischöfin

Katholische Kirche:
Dem hochwürdigen Herrn Pfarrer (Dekan, Geistlicher Rat)	Hochwürdiger/Sehr verehrter/geehrter Herr Pfarrer (Dekan, Geistlicher Rat)
Bischof: Seiner Exzellenz dem hochwürdigsten Herrn Bischof von Trier	Exzellenz/Hochwürdigster/ Sehr verehrter/geehrter Herr Bischof
Kardinal: Seiner Eminenz dem hochwürdigsten Herrn Leo (Vorname) Kardinal Brantner (Nachname)	Eminenz/Hochwürdigster/Hochverehrter Sehr verehrter/geehrter Herr Kardinal

Regierung und Parlament

Herrn Bundesminister des Innern	Sehr geehrter Herr Bundesminister
Herrn Bundeskanzler	Sehr verehrter/geehrter Herr Bundeskanzler
An den Abgeordneten des Deutschen Bundestages Herrn Wilhelm Meister	Sehr geehrter Herr Abgeordneter/ Herr Meister

Diplomatie

Missionschef: Seiner Exzellenz dem Botschafter der Republik Österreich	Exzellenz/Herr Botschafter
Herrn Vizekonsul ... beim Konsulat der Tschechischen Republik	Sehr geehrter Herr Konsul

Das früher übliche Ausrufezeichen der Anrede wird heute gewöhnlich durch ein Komma ersetzt, der Brieftext beginnt dann mit kleinem Anfangsbuchstaben.
Die Anrede „Sehr geehrte(r) Frau/Herr ..." lässt sich je nach persönlicher Beziehung zum Empfänger variieren, förmlicher ist

> Sehr verehrte gnädige Frau!
> Hochverehrter Herr Hohler,

vertrauter wirkt:

> Sehr geehrte, liebe Frau Gärtner,
> Verehrter Herr Rolz!

Statt der sozusagen anonymen Anrede „Sehr geehrte Damen und Herren" bahnt sich allmählich eine andere Form des Eröffnens ihren Weg in die Welt des Briefschreibens: Sie ersetzt die Anrede durch einen Gruß („Guten Tag"), der weniger steif wirkt, schon weil es die Gesprächseröffnung ist, die auch im persönlichen Umgang gewählt wird. Den Geschäftsmann reden wir in seinem Büro mit „Guten Tag, Herr Kohler" oder „Grüß Gott, Herr Kohler" an, warum nicht auch in einem Brief? Wendet sich der Brief an eine bestimmte Person, ist die Eröffnung mit „Guten Tag, Frau Silber" oder „Grüß Gott, Herr Gold" sicher eine gute Alternative zu dem üblichen „Sehr geehrte Frau Silber/Sehr geehrter Herr Gold". Das unpersönliche „Guten Tag!" hingegen ist (noch) etwas befremdlich. Sie werden von Fall zu Fall entscheiden müssen, welche Anrede oder welchen Gruß Sie wählen wollen.

Müssen Sie etwa ein Schadensgutachten an eine Firma schicken, ohne den dortigen Bearbeiter namentlich zu kennen, können Sie ein Begleitschreiben durchaus mit „Guten Tag, es hat lange gedauert, nun aber kann ich Ihnen endlich das Gutachten schicken ..." beginnen. Die Alternative wäre: „Sehr geehrte Damen und Herren, mit einiger Verzögerung sende ich Ihnen nun das Gutachten ...".

Beim Ansprechen einer breiteren Leserschaft (etwa „Kolleginnen und Kollegen" ...) steht übrigens auch einer etwas persönlicheren, weil den einzelnen ansprechenden Anrede nichts im Weg: „Liebe Kollegin, lieber Kollege ..."

Anrede in Briefen an vertraute Personen

„Liebe Maria, ich ..." oder „Liebe Maria! Ich ..."?
Zwischen der Anrede, der ein Komma folgt und nach der mit kleinem Anfangsbuchstaben weitergeschrieben wird, und der Anrede mit dem Ausrufezeichen besteht ein Unterschied. Mit Ausrufezeichen wird die Anrede hervorgehoben, weil danach eine Pause folgt. Mit Komma erhält die Anrede dagegen kein größeres Gewicht als jeder andere Teil des ersten Satzes. Diese Anrede werden Briefpartner wählen, die sich häufig schreiben.

In Briefen an vertraute Personen sind dem Erfindungsreichtum bei der Anrede keine Grenzen gesetzt, niemand muss sich an erstarrte Grußformeln halten, wenn ihn die üblichen Anreden zu sehr beengen. Der Zeitpunkt und der Anlass, einen Brief an einen vertrauten Menschen zu schreiben, bieten genug „Aufhänger", um einen Brief unkonventioneller beginnen zu können.

Anmerkung zu den BriefschreiberINNEn

Aus einem Absagebrief: „... leider ist mein Mann im Juni auf Geschäftsreise, wir können deshalb nicht zu Ihrer Vernissage kommen." – Der Brief muss aus der Zeit unserer Großeltern stammen, denn heute ist die Emanzipation sicherlich so weit fortgeschritten, dass die Frau entweder allein zur Vernissage geht oder der Entschuldigungsgrund des Mannes nicht gleichzeitig der ihre ist.

An die Schlussformel „Ihr Heinz Stadler und Frau" hat man sich gewöhnt. Aber was ist mit „Ihre Helga Stadler und Mann"? – Jedenfalls gewöhnungsbedürftig, aber sicher die beste Lösung, wenn die Frau in ihrem Namen und im Namen ihres Mannes Briefe schreibt.

Die in Rundschreiben und auf öffentlichen Papieren verbreitete Doppelform (Briefeschreiber/innen oder BriefschreiberINNEn) allerdings ist eine Sache für sich. Abgesehen davon, dass sie jeden flüssig lesbaren Satz zu einem sperrigen Unding macht, ist der Aufwand, mit dem man vor allem den Briefeschreiber*innen* gerecht werden will, manchmal erheblich. Besonders in Sätzen, in denen der/die Briefschreiber/in als Einzelperson vorkommt, oder wenn dem (der) Briefschreiber(in) ein Preis verliehen werden soll, wird es eckig. Und außerdem: Der Briefschreiber und der Teilnehmer finden ja noch recht einfach zu ihrem weiblichen Pendant, aber wie sieht es mit dem Gast aus oder dem Flüchtling? Gästin, Flüchtlingin ...?

Schlussformel

In der Unterhaltung finden sich gegen Ende des Gesprächsbeitrags Wendungen oder Zeichen, die dem Empfänger signalisieren, dass er das Wort ergreifen kann. Ein Gesprächsbeitrag bricht nicht unvermittelt ab. Unhöflich wäre es, einen Brief abzubrechen, weil Sie glauben, das Wichtigste gesagt zu haben, und nur noch eine Grußformel daruntersetzen. Antiquiert ist es hingegen, wenn Sie nach einem „würdigen" Abschluss suchen und eine Reihe von Schlusssätzen hinschreiben, die den Gehalt des Briefes verwässern.
Die Schlussformel

   – soll mit der Anrede in Ton und Grad der Höflichkeit übereinstimmen,
   – fasst das Thema in Form einer Bitte, Anfrage, Empfehlung usw. zusammen,
   – leitet zum Beitrag des Briefpartners über (insbesondere in Form einer Frage).

„Mit verbindlichsten Empfehlungen", „Ich verbleibe mit vorzüglicher Hochachtung" sind antiquiert und passen heute in keinen Brief mehr. Auch das verdiente „Hochachtungsvoll" hat schon den Weg in die Antiquitätenkiste angetreten. Viele Behörden und Ämter sind bereits zu den „freundlichen Grüßen" übergegangen. Zwischen „Mit freundlichen Grüßen", „Mit freundlichem Gruß" und „Freundliche Grüße" lässt sich ebenso nuancieren wie zwischen abgesetzten Schlussformeln wie:

   „Ich erwarte Ihre Antwort.
   Mit freundlichen Grüßen ..."

und Grußformeln, die in den letzten Satz aufgenommen werden:

   „Ich erwarte Ihre Antwort und verbleibe
   mit freundlichen Grüßen ..."

Dabei wird die Grußformel immer in die nächste Zeile geschoben.
In der Unterschrift wird der Vorname im Übrigen stets vor den Nachnamen gesetzt – es heißt also nicht: „Ihr Klinger Hermann", sondern „Ihr Hermann Klinger".
Wenn Sie schon einmal eine Einladung bekommen haben, deren Schluss „Mit freundlichen Grüßen, Ihre Margarethe und Hermann Klinger" lautete und die Ihnen etwas seltsam vorgekommen ist, dann wissen Sie, worum es nun geht. Es heißt richtig:

   „Ihre Margarethe und Ihr Hermann Klinger",

was allerdings kaum weniger seltsam klingt. Und wie wär's mit

   „Ihr Hermann Klinger und Frau" oder
   „Ihre Margarethe Klinger und Mann"?

Für beide Varianten lassen sich kaum passende Situationen vorstellen – entweder schreibt das Ehepaar einen Brief oder einer der Ehepartner. Der Duden hat entschieden: Die Pluralform „Ihre" ist zwar nicht korrekt, aber „allgemein üblich". Schreiben Sie also mit ruhigem Gewissen

> „Mit freundlichen Grüßen
> Ihre Margarethe und Hermann Klinger",

und in dieser Reihenfolge wird Ihnen niemand vorhalten, dass „Ihre ... Hermann Klinger" nicht ganz richtig ist.

Betreffzeile

Die sogenannte Betreffzeile kann in Briefen im Geschäftsbereich eine entscheidende Rolle spielen. Der Betreff

- ist der eigentliche Einstieg des Briefes, er steht vor der Anrede,
- formuliert Inhalt und Ziel des Briefes,
- bestimmt den ersten Eindruck, den der Empfänger von Ihrem Brief erhält.

Deshalb macht es einen Unterschied, ob Sie schreiben:

> „Betreff: Beschwerde wegen Betriebskostenerhöhung
> Sehr geehrter Herr Fuchs, die Betriebskosten für ..."

oder ob Sie eine noch sehr unübliche Briefform wählen, die den Vorteil hat, den steifen und leblosen Hauptwortstil der Betreffzeile zu überwinden:

> „Woher kommen diese Kosten?
> Sehr geehrter Herr Fuchs,
> halbjährlich werden die Betriebskosten für ... erhöht, diesmal ohne jede Begründung ..."

Das Unübliche liegt darin, die Betreffzeile wegzulassen, den Brief aber dennoch vor der Anrede zu beginnen. Und zwar mit einem Satz, an den nach der Anrede wieder angeknüpft werden kann:

> „Den Kaufvertrag schicke ich zurück.
> Sehr geehrter Herr Kunkel,
> ich habe mich anders entschieden, weil der Vertrag Punkte enthält, die nie zuvor erwähnt wurden, obwohl wir den Vertragsbesprechungen nicht gerade wenig Zeit gewidmet haben ..."

Probieren Sie diesen Einstieg! Er nimmt die erste Schreibhemmung, weil er vom Papierstil Abstand nimmt und sich einer Eröffnung bedient, die wir vom Beginn eines mündlichen Gesprächs kennen: direkt, ohne Umschweife, lebendig. Versuchen Sie auch Menschen, die sehr an Antiquiertheiten hängen, von einem lebendigen Briefstil zu überzeugen.
Davon, dass das Wort „Betreff" oder „Betrifft" überhaupt geschrieben wird, ist auch der Duden abgekommen. Die Normen für Geschäftsbriefe (DIN 5008) sehen eine

stichwortartige Zusammenfassung beziehungsweise das Nennen des Themas für die Betreffzeile vor:

> „Ihr Inserat in den ... Nachrichten vom ...
> Sehr geehrte Damen und Herren, ..."

oder

> „Bewerbung
> Sehr geehrte Damen und Herren,
> mit Interesse habe ich Ihr Stellenangebot in ... gelesen ...".

Das sind immer noch Briefeinstiege, die sehr allgemein und manchmal fast unsicher wirken. Wenn sich eine Firma im Stellenangebot mit lockerem, modernem Stil vorstellt, können Sie ruhig einen lebendigeren Einstieg wählen, der beispielsweise Ihre Reaktion auf das Stellenangebot formuliert:

> „Acht Jahre habe ich als Chefsekretärin gearbeitet.
> Sehr geehrter Herr Frühauf,
> ich traue mir den von Ihnen ausgeschriebenen Aufgabenbereich zu ..."

Die Betreffzeile ist in vielen Fällen ein zu wertvoller Baustein des Briefes, um diesen Platz so allgemeinen Wendungen wie „Bewerbung" oder „Ihr Schreiben vom ..." zu opfern. Einen ansprechenden Briefstil wird man daher den DIN-Normen oft vorziehen, jedenfalls dann, wenn Sie den Briefpartner näher kennen oder wenn Sie einschätzen können, wie er es mit den altüberlieferten Gepflogenheiten des Briefschreibens hält. Ein Übriges zur allgemeinen Lockerung des Briefstils werden die neuen Telekommunikationsmittel beitragen. Kaum jemand wird sich die Möglichkeit, das Fax oder die E-Mail für rasche Nachrichtenübermittlung zu verwenden, dadurch erschweren, dass er ausufernde und schwerfällige Satzgebilde fabriziert.

Postskriptum

Die „Nachschrift" stammt aus Zeiten, in denen Papier zu teuer war, um einen Brief wegen einer Ergänzung noch einmal zu schreiben. Man stellte dem Brief die Ergänzung nach und nannte sie lateinisch „post scriptum", also „nach dem Geschriebenen". Das P. S. überlebte bis heute, bis ins Zeitalter des Desktop-Publishing, wo es keine Schwierigkeit wäre, eine Ergänzung in den fertigen Brief- oder auch Werbetext einzuarbeiten.
Die Pflege des Postskriptums hat einen guten Grund: Das zuletzt Gesagte bleibt am deutlichsten in Erinnerung. Werbebriefe wissen das zu nutzen und formulieren in der Nachschrift:

> „PS: Bei uns finden Sie immer einen Parkplatz –
> wir sind von 8 bis 18 Uhr für Sie da!"

Beim Leser bleibt die Vorstellung vom problemlosen Parken haften – und dass man für ihn da ist. Beides schafft Raum für seine Überlegung, das Geschäft aufzusuchen.

Das Postskriptum lässt sich als eigener Textbaustein gestalten und schon beim Aufsetzen des Briefes einplanen. Die Schwierigkeit, einen bestimmten Sachverhalt im Brief unterzubringen, kann vielleicht durch ein Postskriptum gelöst werden. Es erlaubt ein neues Ansetzen, noch einmal kann das Wort ergriffen werden.

Aufbau von Briefen

Im Gespräch helfen die Gesprächspartner bei Formulierungsschwierigkeiten oft aus, vorschnell gemachte Äußerungen lassen sich korrigieren, und man kann rückfragen, um zu sehen, ob man verstanden worden ist. Die Reaktion der Gesprächspartner erfolgt unmittelbar, und man kann auf Einwände oder Kritik sofort eingehen. Mit einem Wort, es wird einem „auf die Sprünge geholfen". Beim Texten hingegen bleibt man oft lange sitzen, bevor ein gelungener Entwurf auf dem Tisch liegt. Da ergeht es auch Vielschreibern und Profis nicht anders.
Der Briefschreiber befindet sich genau genommen in der Mitte zwischen persönlichem Gespräch und „unpersönlichem" Schreiben. Er kann sich auf den Empfänger einstellen, sozusagen auf ihn einreden. Das wird bei ihm eine mögliche Schreibhemmung lösen. Aber zwischen Drauflos-Reden und Drauflos-Schreiben ist eben doch ein Unterschied. Allerdings kommt beim Drauflos-Schreiben zumindest ein Entwurf heraus, und ein Entwurf ist schon sehr viel mehr als ein weißes Blatt Papier.
Eine andere Möglichkeit, einen Text zu verfassen, besteht darin, in der Phase des Entwerfens keine ganzen Sätze zu bilden, sondern nur Stichwörter festzuhalten.
Sie wollen Ihrem Onkel zu einem runden Geburtstag gratulieren; zwei Briefe haben Sie schon angefangen, aber das Schreiben ist nach ein paar allgemein gehaltenen Anfangssätzen ins Stocken geraten. Was tun?
Sie stellen sich vor, Ihrem Onkel persönlich zu begegnen und ihm mündlich zu gratulieren. Wie wird er reagieren, welchen Verlauf könnte das Gespräch nehmen? Diese Gedanken halten Sie in einer Liste von Stichworten fest, noch ohne zu überlegen, welche Stichworte Sie in Ihrem Brief aufgreifen und ausformulieren werden. Erst in einem zweiten Schritt bestimmen Sie, welche Stichworte sich dazu eignen, in ganze Sätze verwandelt zu werden. Diese Stichworte müssen dann in die Reihenfolge gebracht werden, in der sie im Brief aufgegriffen werden sollen. Nun braucht der Brief nicht mehr mit allgemeinen Sätzen zu beginnen.
Also anstatt vieler Entwürfe, die wieder verworfen werden: Stellen Sie sich auf den Empfänger ein und halten Sie zunächst in Stichworten fest, wie Sie diesen Briefempfänger anreden.

Sieben Schritte von der Idee zum fertigen Brief

1. Sich auf den Empfänger einstellen, sich eine Gesprächssituation vorstellen (eventuell auch: Wie würde ich telefonisch vorgehen?).
2. Alle Gedanken dazu in Stichworten festhalten – keine Stichworte nach dem Motto „Das kann ich aber nicht schreiben" weglassen.
3. Zeit vergehen lassen, dann die Stichworte auswählen, die in den Brief müssen.

4. Diese Hauptstichworte in ihrer logischen Reihenfolge notieren.
5. Unterpunkte und Nebensächliches dazuordnen.
6. Den Brief mit einem konkreten, lebendigen, interessanten Detail beginnen (keine Einleitung!).
7. Wenn Ihnen keine Überleitung zwischen den einzelnen Punkten einfällt, liegen Sie genau richtig: Die beste Überleitung ist gar keine!

Jeder Hauptpunkt hat ein Recht auf einen eigenen Absatz

Ihre Versicherung antwortet auf Ihre Schadensmeldung und die daran geknüpfte Forderung abschlägig. Sie wollen nicht aufgeben und schreiben zurück, weil Ihnen die Begründung der Versicherung fadenscheinig vorkommt. Den einzelnen Punkten oder Schritten des Briefes gebührt ein eigener Absatz:

- Anrede
- Bezugnehmen auf das Schreiben der Versicherung
- die fragliche Begründung aufgreifen
- den Einwand formulieren
- den Einwand begründen
- um Klärung des Sachverhaltes bitten
- Schlussformel

Eine gute Gliederung ist der halbe Brief. Gliederungen erleichtern aber nicht nur das Schreiben, auch der Empfänger liest lieber übersichtliche Briefe. Wer irgendwie drauflosschreibt und einen unlogischen Gedankenwust ohne Absätze abschickt, überlässt die eigentliche Arbeit der Kommunikation dem Empfänger. Dieser muss die Teile des Briefes erst einmal in eine logische Reihenfolge bringen, bevor er den Inhalt verstehen kann. Solche Briefe werden das angestrebte Ziel nur durch Zufall erreichen.
Der logisch durchdachte Aufbau von Briefen hingegen vermeidet Missverständnisse und ein langwieriges Hin und Her.
Zusammen mit einer übersichtlichen Anordnung auf dem Briefbogen trägt der Aufbau ganz erheblich zum ersten Eindruck Ihres Briefes bei. Und da auch in Ämtern und Behörden Menschen Ihre Briefe lesen, wird niemand darauf verzichten, auf diesen Eindruck zu achten. Gut gegliederte Briefe versetzen den Leser in eine Stimmung, die es ihm erleichtert, Ihr Anliegen zu verwirklichen.

Pol. Nr. 2344.234

Sehr geehrter Herr Liebmann,

ich habe Sie am ... um Übernahme der Reparaturkosten für meinen Wagen, Kennzeichen ..., gebeten, der bei einem Unfall schwer beschädigt wurde.
Sie schreiben, dass Sie die Kosten nicht zur Gänze tragen werden, weil der Schaden an der Lichtmaschine nicht in ursächlichem Zusammenhang mit dem Unfall steht.

Dieser Darstellung muss ich jedoch widersprechen, weil tatsächlich alle gemeldeten Schäden durch den Unfall verursacht worden sind.
Herr Petermichl, der Mechaniker der Firma Automax, wird Ihrem Sachverständigen gerne bestätigen, dass ein ursächlicher Zusammenhang aller von ihm behobenen Schäden mit dem Unfall bestanden hat.
Bitte klären Sie diesen Sachverhalt!

Besten Dank im Voraus,
Hermann Klinger

Tipps für Briefschreiber

Jeder kennt das Verhängnis eines Menschen, der mit steifen Knien und vorgebeugtem Oberkörper auf Skiern steht und sich der Schwerkraft ausliefert: Das erste Hindernis bringt ihn zu Fall. Andere Skifahrer beäugen ihn, er wird unsicher und versucht, alles unter Kontrolle zu bringen, steife Knie, vorgebeugter Oberkörper ... Am Ende des Tages unterscheidet er zwei Klassen von Menschen: Skifahrer und Nichtskifahrer, und er zählt sich zu den letzteren. Ein Skilehrer würde ihm raten: federnde Knie, locker bleiben, üben, üben, üben ...
Beim Schreiben ist es nicht anders.
Schreiben ist – jedenfalls für den Normalverbraucher – keine „Talentsache", bei der es darauf ankommt, ob er Talent hat, oder bei der er sich damit beruhigen kann, dass er es eben nicht hat. Schreiben kann man lernen, und dabei helfen ein paar Tipps, und außerdem hilft Üben, Üben ...
Eine Unbedingt-Liste für Briefschreiber:

- kurze Sätze
- Zeitwörter statt Hauptwörter
- konkrete Bezeichnungen statt allgemeine Umschreibungen
- anschaulich schreiben
- aktivisch schreiben statt passivisch
- ansprechend schreiben

Stilarten und Stilunarten

Stil ist keine Eigenschaft von Texten allein. Denn so, wie ein und derselbe Text in verschiedenen Situationen einen jeweils anderen Zweck verfolgt, kommt es auch in der Frage des Stils darauf an, ihn der Situation entsprechend zu wählen. Ein Student, der um neun Uhr vormittags einen Professor mit „Guten Morgen, Herr Professor" begrüßt, wird als höflich gelten; wenn er sich, nachdem dem Herrn Professor in einem Vortrag ein Irrtum unterlaufen ist, mit dieser Wendung bemerkbar macht, wird man vielleicht seine Direktheit zu schätzen wissen, sein Verhalten wird man aber eher als frech in Erinnerung behalten.

Stilarten und Stilunarten

Erst die Situation des Briefschreibers, erst das Verhältnis von Schreiber und Empfänger, das Verhältnis, in dem ein Text (also Gesprochenes oder Geschriebenes) eine Rolle spielt, bestimmt den „Stil" eines Textes. Stil ist eine Haltung, eine Einstellung beim Gebrauch der Sprache.
Nun lassen sich alle Texte, also auch Briefe, in Textsorten einteilen und als Textsorten beschreiben. Die einzelnen Textsorten (z. B. Kaufvertrag, Einladungsschreiben, Urlaubspostkarte) verlangen von sich aus einen bestimmten Ton. „Stil" ist jeweils eine Verlagerung des Tones in eine bestimmte Richtung.
Stil ist die Differenz zum erwartbaren Ton.
Einen holprigen oder hölzernen Stil wird der, der ihn schreibt, einheitlich gebrauchen, weil er eben über keinen gewandten und flüssigen Stil verfügt. Würden wir von diesem Schreiber einen Brief bekommen, der sich mit einem gepflegten und lebendigen Stil unsere Aufmerksamkeit verschafft, wäre das ebenso ungewöhnlich wie unglaubwürdig. Stil ist kein Konsumartikel, mit dem Texte und Briefe gewürzt werden.
Viele Faktoren sind es, die die Art und Weise, wie man Sprache als Werkzeug der Kommunikation verwendet, mitbestimmen. Vor allem sind es Schule und Berufsausbildung, aber auch die Rolle, die die Sprache im Alltag spielt, die mündliche Redegewandtheit, der Einfluss von Lektüre. Der persönliche Stil ist deshalb keine abgeschlossene Größe, die sich nicht mehr verändern lässt. Auch für jene, denen in der Schule Papierdeutsch vorgesetzt wurde und für die der Anlass, einen Brief zu schreiben, einer Schreibblockade gleichkommt, gilt:

Schreiben kann man lernen!

Die Marotte derer, die Lesen und Schreiben an Universitäten lernen (und lehren), ist wahrscheinlich schwerer abzulegen, als sich von Null auf einen lebendigen Stil anzueignen: nämlich die eigenartige Gewohnheit, um den heißen Brei herumzureden.
„Man könnte sagen, dass sich aus der Tatsache des Briefschreibens sozusagen ein Mehrbedarf an Kuverts folgern lässt …"
Wer Briefe schreibt, braucht nicht nur viele Kuverts, sondern vor allem eine Sprache, die die Dinge beim Namen nennt.
Ein guter persönlicher Briefstil hat viele Vorteile:

- Er lässt Schreibblockaden gar nicht erst aufkommen, weil das Schreiben Spaß macht.
- Er erhellt Sachverhalte und Beziehungen in der Form des Dialogs – also kein Sich-Verbohren in „endgültige" Darstellungen.
- Er versetzt den Briefempfänger in eine Stimmung, in der er den Inhalt des Briefes wohlwollend aufnehmen kann.

Briefe, die man mehrmals lesen muss, um ihrem Inhalt näher zu kommen, erreichen nur selten ihr Ziel.
Die Arbeit, aus mehreren Anläufen einen verständlichen Brief zu machen, sollte Sache des Briefschreibers sein, denn für gewöhnlich sind nicht viele Leser bereit, sich durch Brief-Romane durchzuarbeiten. Nur Madame de Sévigné, eine berühmte Briefschreiberin des 17. Jahrhunderts, durfte es sich erlauben, einen fünf Seiten langen Brief mit den Worten zu schließen:

„Ich bitte Sie, mein langes Schreiben zu entschuldigen. Stünde mir mehr Zeit zur Verfügung, hätte ich mich kürzer gefasst."

Mit „ich" beginnen?

Zu Zeiten unserer Großeltern gehörte es zum guten Ton, das Wörtchen „ich" zu unterdrücken, sich in Briefen nicht in den Vordergrund zu drängen. Man versuchte auf Wendungen auszuweichen, in denen die erste Person ausgespart war: „Teile Ihnen mit, dass ...", „In Erwartung Ihrer Antwort ..."
Diese Formulierungen wirken aus heutiger Sicht schwerfällig. Weder in Privatbriefen noch in Schreiben im geschäftlichen Bereich wird man es heute für unhöflich halten, wenn Sie Ihre Briefe nach der Anrede mit „ich" beginnen. Statt „Bitte das Fernbleiben meines Sohnes vom Unterricht zu entschuldigen" schreiben Sie besser: „Ich bitte Sie zu entschuldigen, dass mein Sohn den Unterricht versäumt hat."
Wo eine Umstellung der Satzteile möglich ist, ohne dass ein verkrampfter Stil entsteht, kann das „Ich" vom Briefanfang in Richtung Satzmitte verschoben werden. Neben „Ich habe mich sehr über deinen Brief gefreut" klingt „Über deinen Brief habe ich mich sehr gefreut" ebenfalls gut. Nur das „Ich" sollten Sie nicht weglassen, also nicht: „Habe mich sehr über deinen Brief gefreut ..."
Auch in Lebensläufen brauchen Sie sich nicht zu verleugnen. Ein Lebenslauf ist in der ersten Person geschrieben und kann ruhig mit dem Satz beginnen: „Ich wurde am ... in ... geboren." Wer sich beim Schreiben eines Lebenslaufes nur im Sonntagsanzug an den Tisch setzt, wählt die steifere Version, in der das „Ich" vom Satzanfang zurückgedrängt wird: „Am 7. Mai wurde ich in Fürth geboren." So könnte auch ein Roman beginnen: „Am 7. Mai, einem Sonntag, wurde ich in Fürth geboren." Direktheit ist für einen Lebenslauf jedoch wichtiger als ein bedeutungsvoller Ton, und die Maxime, Briefe nicht mit „Ich" zu beginnen, können Sie jedenfalls vergessen.
Den richtigen Ton treffen Sie in der Regel dann, wenn Sie die Wahl der Wörter danach richten, wie Sie sich mündlich ausdrücken würden. Wenn Sie sich vornehmen, einen sehr höflichen Stil zu wählen, werden Sie nach längerem Überlegen vielleicht schreiben: „Es ist mir eine Freude, Ihnen mitteilen zu dürfen, wie sehr ich mich über Ihren Brief gefreut habe." Was Sie für einen Brief in höflichem Stil halten, mag aber beim Empfänger einen anderen Eindruck hervorrufen: Er sieht Sie als einen Schreibenden, der seinen Kopf von Nebensatz zu Nebensatz weiter einzieht und in befangenem Flüsterton viele überflüssige Floskeln vor die eigentliche Mitteilung schiebt. Ein abstrakt formuliertes Ziel („höflicher Stil") hilft beim Briefschreiben nicht weiter, sondern hemmt eher den natürlichen Gang des Formulierens. Daher: Halten Sie sich nicht auf mit Überlegungen, welchen Stil Sie wählen sollen, sondern beginnen Sie den Brief und:

Schreiben Sie ansprechend!

Und zwar im konkreten Sinn von „an-sprechend". Stellen Sie sich vor, wie Sie den Empfänger mündlich ansprechen würden, denn damit versetzen Sie sich in die Lage, in der Sie den richtigen Ton treffen. Der Bezug zum Empfänger ist beim Briefschreiben wichtiger als die Beurteilung des Briefstils oder die Einhaltung starrer Regeln.

Ansprechend schreiben! Das bedeutet, die Formulierungen zu wählen, mit denen man mündlich das Ziel des Briefes erreichen würde, und es bewahrt vor den meisten stilistischen Unarten. Die gesprochene Sprache lässt sich auf überflüssige oder störende Wendungen weit weniger ein als die geschriebene. Zwar läßt sich Geschriebenes im Nachhinein korrigieren und ergänzen, doch gerade beim Ergänzen ist Vorsicht angebracht: Verzichten Sie auf unnötige Floskeln und leere Phrasen!

Um sie vermeiden zu können, müssen Sie sie kennen lernen, diese stilistischen Unarten, die leicht zu vermeiden wären und doch häufig anzutreffen sind – auch in der Korrespondenz im geschäftlichen Bereich.

Vorreiter

Vorreiter sind Satzanfänge, die keine Aussage enthalten. Mit ihnen wird das, was gesagt werden soll, nur aufgeschoben. Das zu Sagende wird dadurch aber nicht bedeutender.

„Wir teilen Ihnen mit, dass ..."
„Es ist uns eine Freude, Ihnen mitteilen zu dürfen, dass ..."

Solche Briefanfänge finden wir in Schreiben von Geschäftsleuten, die auf möglichst höfliche Art unser Interesse gewinnen wollen. In Privatbriefen machen diese Vorreiter eher den Eindruck von Unsicherheit: „Ich möchte mich bei dir bedanken", „Es freut mich, dir gratulieren zu dürfen ..."

Sie lassen sich auch als Ausdruck von Zurückhaltung lesen; nur kann der Leser dabei nicht entscheiden, ob diese Zurückhaltung aus Höflichkeit oder vielleicht aus einem Gefühl des Ressentiments heraus geübt wird. Vorreiter können Vorbehalte, Reserviertheit anklingen lassen: „Gern möchte ich mich bei dir bedanken ..." (aber ich tue es nicht). Bei empfindlichen und gleichzeitig spitzfindigen Briefpartnern ist jedenfalls eine direktere Form anzuraten, um keine Missverständnisse aufkommen zu lassen:

„Vielen Dank für ..." oder „Glückwunsch zu Deinem ..."

Zudem bewirken Vorreiter auch für den Schreiber selbst nichts Gutes. Denn mit der Wahl eines indirekten Stils ist weiteren Stilunarten der Weg geebnet (Papierdeutsch, zu lange Sätze etc.). Natürlich sind nicht alle Einleitungen in Bausch und Bogen zu verwerfen, es gibt auch lebendige Einleitungen:

„Es ist so weit: Wir übersiedeln!"

Aber vermeiden Sie Einleitungen, die die Hauptsache in den mit „dass" eingeleiteten Nebensatz abdrängen: „Was Ihr Schreiben vom 25. 2. betrifft, so ist es uns eine Ehre, Ihnen mitteilen zu dürfen, dass ..." Solche Sätze muss man oft zweimal lesen, um die Hauptsache aus nebensächlichen Einleitungen herauszuschälen.

Floskeln und Papierdeutsch

Je „ansprechender" Sie schreiben, desto störender wirken Floskeln und abgenutzte Phrasen, die wir im persönlichen Gespräch nie benutzen würden. Solche Wendungen leisten auch in Briefen nichts, sondern erinnern nur daran, wie in verstaubten Kanzleien geschrieben wurde:

> Bezugnehmend auf Ihren Brief vom …
> Unter Bezugnahme auf Ihr Schreiben vom …
> Unter Hintanstellung von …
> In Erwartung einer Antwort …

Papierdeutsch ist die Stilunart, die man wohl nicht einmal im ironischen Gebrauch aufwerten kann. Tote Phrasen lassen sich nicht zum Leben erwecken. Stellen Sie sich den Empfänger Ihrer Briefe vor! Er muss beim Lesen von Papierdeutsch-Briefen eine Menge Hindernisse überwinden, bevor er auf den Kern der Sache kommt. Sollten Sie in Ihren Briefen auf Symptome der Krankheit mit dem Namen „Papierdeutsch" stoßen, bietet die neuere Nachrichtentechnik möglicherweise eine Abhilfe, nämlich das Fax. Wenn Sie Mitteilungen schreiben, die dem Empfänger fast zur gleichen Zeit auf den Tisch flattern, dann ist die Kommunikation so sehr einer mündlichen Situation angenähert, dass es schwer fallen dürfte, ins Papierdeutsch zu verfallen.

Füllwörter

Im Mündlichen werden Aussagen nuanciert, indem Füllwörter eingeschoben werden. Man sagt „Ich bin ja nicht auf den Kopf gefallen" und „Das geht denn doch zu weit", und die Füllwörter geben dem Gesprochenen eine bestimmte Würze. Im Schriftlichen ist für diese Würze Vorsicht angebracht, weil Füllwörter den Ton eines Briefes über Gebühr bestimmen können. Im geschriebenen Text fallen sie auf, und sie stören. Füllwörter sollten Sie daher nur dort verwenden, wo eine innere Beteiligung zum Ausdruck gebracht werden soll, und nur in Briefen an Briefpartner, mit denen Sie auch mündlich verkehren.

Allgemeine Aussagen und Wiederholungen

Den Schreiber von Briefen, der allgemeine Aussagen und Wiederholungen nicht vermeidet, wird man als unsicher einschätzen, vielleicht auch annehmen, es fehle ihm der Mut, eine eigene Meinung zu äußern:
„Leider muss ich Ihnen mit Bedauern mitteilen, dass ich mit dem Kaufvertrag, den Sie mir geschickt haben, nicht einverstanden bin, weil er nicht meinen Vorstellungen entspricht. Die Vertragssumme ist höher angegeben als die, die wir am 4. Juli mündlich vereinbart haben. Ich habe erwartet, dass die Summe mit der damals vereinbarten übereinstimmt …"
Ohne Allgemeinheiten und Wiederholungen geht es auch:

> „Wir haben am 4. Juli eine Vertragssumme von 1.000 € vereinbart, im Kaufvertrag sind jedoch 1.500 angegeben – das sollten wir klären …"

Wiederholungen können auch als Stilmittel herangezogen werden. Um etwas hervorzuheben oder zu betonen, kann man zwei ähnliche Ausdrücke aufeinander folgen lassen: „Wie der Sprecher hervorgehoben und erläutert hat …" Die Ausdrücke

sollten aber nicht bedeutungsgleich sein („Wie der Sprecher betont und unterstrichen hat ...") oder sich gar gegenseitig ausschließen („Ich werde Ihre Vorschläge berücksichtigen und genau prüfen").
Bisweilen verleiten Wörter, bei denen nicht auf die genaue Bedeutung geachtet wird, zu Doppelbildungen. Das bekannte Beispiel der Volksdemokratie ist ein solcher Pleonasmus, ebenso der weiße Schimmel, und auch an das Sehen „mit meinen eigenen Augen" hat man sich schon gewöhnt. Aufpassen sollte man vor allem, wenn man Fremdwörter mit einem erklärenden Zusatz versieht, sodass in der Formulierung ein Teil überflüssig ist, weil er im anderen Teil bereits enthalten ist: „Zukunftsprognosen", „maximales Optimum", „neurenoviert", „Gratisgeschenk" – Wortbildungen, vor denen erwiesenermaßen auch Journalisten und Werbetexter nicht gefeit sind.

Hauptwortstil

Den Stil, der zu viele Hauptwörter verwendet, nennt man auch Amtsdeutsch oder Nominalstil. Es wimmelt von -ung, -heit und -keit; schwerfällige Konstruktionen und lange, in sich verschachtelte Sätze sollen den Eindruck von Bedeutsamkeit erwecken. Leser von heute werden jedoch vom Hauptwortstil nur noch abgeschreckt. „Die Inanspruchnahme einer Vergütung des Schadens ist gewährleistet, wenn die Prämienzahlung unter Berücksichtigung der Zahlungsrückstandsbestimmungen erfolgt ist." Diese Versicherung ist Ihnen sicher nicht unsympathischer, wenn es heißt:

„Zahlen Sie die Prämie pünktlich, damit Ihr Versicherungsschutz gewahrt bleibt."

Der Hauptwortstil verleitet zu einer Reihe von Stilunarten:

- allgemeine Aussagen
- schwer verständliche Wendungen
- zusammengesetzte Wörter
- Wiederholungen
- zu lange Sätze
- Vermischen verschiedener Perspektiven

Allen diesen Unarten können Sie mit einer einzigen Strategie begegnen: Zeitwörter verwenden! Wenn Sie Zeitwörter (Verben) verwenden, können Sie Sachverhalte und Zusammenhänge nur Schritt für Schritt vorbringen. Das hat auch den Vorteil, dass Sie sich nicht damit aufhalten müssen, Monstersätze zu einem grammatisch richtigen Ende zu bringen, wobei Sie sich vielleicht, was die Sache selbst betrifft, verheddern und schließlich von vorn beginnen müssen.
Bekämpfen Sie den Stil der Amtsschimmel, indem Sie, wenn Sie Schreiben von Behörden beantworten, deren Inhalt zunächst in verständlichen Sätzen zusammenfassen – nämlich so, wie Sie den Inhalt des Schreibens aufgefasst haben. Das beugt auch Missverständnissen vor, die sich durch die Verdunkelungen und Doppeldeutigkeiten des Hauptwortstils ergeben können.
Bestimmte Wörter und Wendungen machen in Briefen einen schlechten Eindruck und sollten daher in der privaten, nach Möglichkeit aber auch in der geschäftlichen Korrespondenz vermieden werden. Dazu gehören:

- bezugnehmend auf
- seitens
- obig, obiger, obiges
- hiermit
- beiliegend übersende ich Ihnen
- tunlichst

Unterhaltungswert von Briefen

Die bekannteste Stilistik des Deutschen, „der Reiners", verdankt ihr Entstehen der Unzufriedenheit mit dem Rede- und Schreibstil an Schulen und Universitäten. Ludwig Reiners wollte zunächst eine „Kunst zu lehren" schreiben, aus dieser wurde dann die umfangreiche „Stilkunst". Das 1943 erstmals erschienene Werk setzt dort kritisch an, wo sich der Gebrauch der Sprache verselbständigt, wo der Hörer und Leser aus den Augen verloren wird, wo seine (berechtigten) Erwartungen nach Unterhaltung und aktivem Mitgestalten übergangen werden. Wo sich Sprache nicht mehr an Hörer wendet, wird der Stil trocken und schwerfällig. Aber auch dort, wo die Sache „Klarheit" fordert (und auf den Unterhaltungswert verzichtet wird), hat trockener und schwerfälliger Stil keinen Wert. Der Leser oder Hörer überspringt die ersten komplizierten Wendungen, macht sich nicht die Mühe, abstrakte Wortmonster anschaulicher zu machen, und schließlich wird er nur mehr mit Kopfnicken antworten, weil es ihm die Sprache verschlagen hat.

Reden und Schreiben sind Handlungen, die sich an Hörer oder Leser wenden. Fühlt sich der Hörer oder Leser nicht angesprochen, erreichen diese Handlungen nicht ihr Ziel.

Lebendiger und unterhaltsamer Stil, der Hörer und Leser einbezieht, muss von innen kommen. Es gibt keine Stilmittel, die Unterhaltungswert erzeugen. Und gerade für Briefe ist es entscheidend, ob sie den Leser erreichen oder ob dieser den Brief distanziert als ein Stück Text betrachtet. Ein Ausweichen in die Festzelt-Rhetorik bietet da sicher keinen Ausweg. Zwar würde der eine oder andere über Witze (als Postskriptum) lachen, der Unterhaltungswert des Briefes wäre gegeben, nur – ob der Brief auch seinen Zweck erfüllt?

Aktivieren Sie den Leser!

Die Werbung in den verschiedenen Medien kennt eine Menge Tricks, um die Aufmerksamkeit zu aktivieren:

- Sie bildet eine Erwartungshaltung auf „das Ganze", indem ein konkretes Detail in verknappter Form präsentiert wird,
- mit Wort- und Sprachspielen, die vom Adressaten vervollständigt werden müssen, wodurch dieser sich an der Texterzeugung beteiligt,
- mit Andeutungen oder Rätselhaftem, auch Unsinnigem, das nicht weiter erklärt wird.

Ebenso gibt es für das Briefschreiben Tricks, die den Leser aktivieren:

- Einleitungen nur dann, wenn sie etwas ankündigen, was nicht unmittelbar anschließend ausgeführt wird – also Ankündigungen, die eine Erwartungshaltung erzeugen.
- Spannungsbögen, wenn etwas erzählt wird.
- Sich nicht selbst erklären, auf Sprach- oder Wortspiele nicht hinweisen (kein Leser möchte für dumm gehalten werden: besser zwei Wortspiele, die der Leser nicht versteht, als eines, das ihm erklärt wird).
- Perspektivenwechsel, also nicht monoton aus einer Sicht schreiben, sondern: in Privatbriefen Personen aus dem täglichen Umgang zu Wort kommen lassen oder auch Schriftsteller zitieren.
- Ironische Darstellung („Mein Freund Peter hat gestern Erfahrungen am Steuer meines Autos gemacht – er verwechselte die Gartenmauer mit der Garage"): Hier muss nicht der Blechschaden beschrieben werden und muss nicht erklärt werden, wie „mein Freund Peter" gemeint ist.
- Wiederholte Anrede: Die Rhetorik empfiehlt dieses Mittel, wenn der Redner einen wichtigen Punkt oder eine abschließende These hervorheben will („Eines steht fest, meine Damen und Herren, wir können uns diese Schulden auf Dauer nicht leisten ..."). Auch die Anrede des Briefpartners lässt sich im Brief wiederholen oder abwandeln, um einen neuen Akzent zu setzen („Jetzt habe ich dir, liebe Konstanze, von meinen Sorgen erzählt, und wollte dir doch zuerst sagen, wie mich dein Brief aus Zürich gefreut hat ..."). Ein wiederholtes Ansprechen des Briefempfängers lockert das Schreiben auf, verhindert ein „Festfahren" und kann zu einer neuen Perspektive überleiten.

Familienleben

Geburt

Die Journalistin Susanna Franke und ihr Lebensgefährte, der Pianist Georg Krendl, freuen sich über ihr erstes Kind. Nun soll eine große Schar Bekannter und Freunde eine Geburtsanzeige erhalten. Die jungen Eltern erwägen mehrere Möglichkeiten für die Gestaltung.

Geburtsanzeige

Er ist da!
Valentin, 20. Mai 2000
Susanna Franke & Georg Krendl
Hohenzollernstraße 86, 80796 München

Wir freuen uns über die Geburt unseres Sohnes
Valentin
20. Mai 2000
Susanna Franke & Georg Krendl
Hohenzollernstraße 86, 80796 München

Valentins erste Spuren ...

Steckbrief:
Name: Valentin Franke
Eltern: Susanna Franke & Georg Krendl
Geburtsdatum: 20. Mai 2000
Größe und Gewicht: 51 Zentimeter, 3450 Gramm
Besondere Kennzeichen: immer hungrig

Am 20. Mai 2000 erblickte ich um 2.15 Uhr das Licht dieser Welt.
Ich bin 51 cm groß, 3450 Gramm schwer und grüße meine Mama Susanna und meinen Papa Georg, die sich über meine Ankunft sehr freuen!

20. Mai 2000, 2.15 Uhr
Guten Tag! Gestatten, Valentin Franke mein Name, und so sehe ich aus:

(Foto)

Blaue Augen wie Papa Georg und schwarze Haare wie meine Mama Susanna. Ich freue mich schon darauf, euch alle kennen zu lernen!

Glückwunsch zur Geburt

Eine Bekannte Susannas antwortet auf die Geburtsanzeige:

Liebe Susanna,
meine besten Wünsche zur Geburt eures Sohnes!
Er sieht euch beiden sehr ähnlich, hat ganz deinen Mund – das kann ja nur ein gutes Omen für den kleinen Mann sein. Wenn sich in ihm die guten Eigenschaften seiner Eltern verbinden, darf die Welt gespannt sein!
Hoffentlich bleibt dir und Georg trotz der großen Veränderung noch genügend Freiraum – nicht nur zum „Verschnaufen".

Geburt

Natürlich kann ich den Wunsch nicht verhehlen, das Wunderwerk einmal in natura zu bewundern – aber das hat ja noch ein bisschen Zeit.
Ich wünsche euch alles Gute, Glück und Freude und viel Energie, um das Kind zu schaukeln!

>Mit lieben Grüßen
>Maria

Deinem Georg natürlich auch herzlichen Glückwunsch und viele Grüße!

Kollegen in der Redaktion gratulieren der jungen Mutter mit einem Glückwunschschreiben, dem ein kleines Geschenk beigelegt ist:

Liebe Frau Franke,

wir gratulieren Ihnen sehr herzlich zur Geburt Ihres Sohnes! Dass man auch dem Kind zu seiner Mutter gratulieren sollte, ist unsere feste Überzeugung – deshalb bitten wir Sie, diese Kleinigkeit einstweilen stellvertretend für Ihren Sohn in Empfang zu nehmen.
Es ist uns eine große Freude, dass Sie in Kürze wieder bei uns sein wollen!
Mit den besten Wünschen

>Ihre ...

Nachbarn gratulieren zum ersten Kind:

Liebe Frau Franke, lieber Herr Krendl!

Mit großer Freude haben wir die Nachricht von der Geburt Ihres ersten Kindes vernommen.
Alles Gute, besonders für Mutter und Sohn, sowie die besten Wünsche für ein recht gutes Gedeihen des Kleinen!

>Ihre Hildegard und Markus Werner

Bekannte gratulieren zur Geburt des zweiten Kindes (die Eltern haben inzwischen geheiratet – siehe dazu Seite 49):

Herzlichen Glückwunsch!

Liebe Frau Krendl-Franke, sehr geehrter Herr Krendl,

wir haben uns sehr über die Geburt Ihrer Tochter gefreut und wünschen der kleinen Dame alles Gute. Möge sie recht gesund und munter werden und Ihnen ebenso viel Freude bereiten wie Ihr „großer" Valentin!

                                                          Mit besten Grüßen
                                         Ihre Anita und Ihr Hannes Berger

Eine Nachbarin gratuliert einer anderen größer gewordenen Familie:

Liebe Frau Steiner, lieber Herr Steiner,

zur Geburt Ihres jüngsten Sprösslings meine besten Glückwünsche!
Ihnen, liebe Frau Steiner, wünsche ich besonders, dass die Beschwerlichkeiten nun vorüber sind.
Damit Ihnen die nächste Zeit, in der Sie mit fünf Kindern sicherlich alle Hände voll zu tun haben werden, nicht allzu anstrengend wird, möchte ich Sie, wenn es geht, von einer Sorge entlasten: Rufen Sie mich an, wenn es Ihnen einmal „zu viel wird" oder wenn Sie einen Babysitter brauchen! Ich werde gerne kommen, und Sie können mir Ihre Kinder auch gerne herüberbringen.

                                        Mit den herzlichsten Grüßen
                                        Ihre Helga Hübner

Geburtstag

Den Untugenden in Gratulationsbriefen und Gratulationskarten hat Ödön von Horváth den Anfang seines Romans „Jugend ohne Gott" gewidmet. Beispielsweise ist es unnötig zu sagen, zum wievielten Geburtstag gratuliert wird. Der oder die Glückliche weiß dies in der Regel selbst, und nicht immer mag es als höflich empfunden werden, wenn das erreichte Alter hervorgehoben wird. Anders aber bei Kindern – denn diese sind stolz auf jedes Jahr, das sie älter geworden sind.
Das Verharren im Floskelhaften, in kraftvollen und dennoch abgegriffenen Formulierungen wird bei Horváth ironisiert, wenn innerhalb eines Briefes zwei fast identische Glückwünsche vorkommen. Horváth schreibt:

Geburtstag

„25. März.
Auf meinem Tisch stehen Blumen. Lieblich. Ein Geschenk meiner braven Hausfrau, denn heute ist mein Geburtstag.
Aber ich brauche den Tisch und rücke die Blumen beiseite und auch den Brief meiner alten Eltern. Meine Mutter schrieb: ‚Zu Deinem vierunddreißigsten Geburtstage wünsche ich Dir, mein liebes Kind, das Allerbeste. Gott, der Allmächtige, gebe Dir Gesundheit, Glück und Zufriedenheit!' Und mein Vater schrieb: ‚Zu Deinem vierunddreißigsten Geburtstage, mein lieber Sohn, wünsche ich Dir alles Gute. Gott, der Allmächtige, gebe Dir Glück, Zufriedenheit und Gesundheit!'"

Gratulation zum Geburtstag

Liebe Margarethe,

zu deinem Geburtstag alles Liebe und Gute!
Ich wünsche dir vor allem, dass deine Familie bleibt, wie sie ist: dir eine Freude und Stütze, aber durchaus veränderlich, was die wachsende Anzahl ihrer Mitglieder betrifft.
Deine Tochter beschert dir vielleicht in nicht allzu langer Zeit hübschen Enkelnachwuchs und wie ich dich kenne, freust du dich schon sehr darauf, eine so agile und junge Großmutter zu werden.
Für die nächsten 49 Jahre dieselbe robuste Gesundheit, damit „deinen" Bergen nie etwas im Wege stehe!
Und natürlich wünsche ich dir liebe, begeisterungsfähige Schüler, die dazu beitragen, dass dir dein Beruf auch weiterhin viel Freude macht!

Mit den besten Wünschen
deine Leonore

Grüße bitte Hermann und Kinder von mir!

Liebe Beate!

Zu deinem Geburtstag wünsche ich dir alles Gute, und das bedeutet wahrscheinlich vor allem ruhige, besinnliche Stunden nach der letzten stürmischen Zeit. Du musst dich aus der Hektik lösen, wenn wir dich nicht eines schönen und nicht allzu fernen Tages als unverbesserlichen „Workaholic" in Erinnerung behalten sollen.
Vielleicht kann der gute alte Platon etwas dazu beitragen mit seiner Philosophie der Gelassenheit, der Besonnenheit, des Gleichgewichts. Ich habe dir von diesem Buch

einmal erzählt und deine Fragen haben mich vermuten lassen, dass es dir Freude machen würde, es selbst zu lesen. Ich hoffe, ich komme dir noch zuvor und du hast es dir nicht schon beschafft.

       Schöne Stunden damit und alles Liebe wünscht dir
       deine Brigitte

Gratulation zum Geburtstag eines Kindes

Dem Geburtstagskind Alfred alles Liebe und Gute zu seinem 12. Geburtstag!
Wir haben schon gehört, dass es zu diesem Anlass in diesem Jahr ein großes Fest geben wird, zu dem du so viele Freunde einladen darfst, wie du willst. Hoffentlich platzt das Haus nicht aus allen Nähten!
Ist dein Interesse an Brieftauben noch immer so groß wie im letzten Sommer? Wenn ja, dann frag deine Eltern, ob du bei der Holzhütte einen Taubenschlag hinzimmern darfst. Für sechs bis acht Tauben wäre doch unter dem Dach noch Platz.
Wir haben nämlich einen italienischen Taubenhändler kennen gelernt, der uns einige sehr schöne Brieftauben gezeigt hat. Wir haben gleich an dich gedacht und wie du davon geschwärmt hast, der Post ein bisschen Arbeit abzunehmen.
Würde es dir immer noch Spaß machen?
Für deine bevorstehende Geburtstagsfeier wünschen wir dir viel Vergnügen, eine Menge „Action" und Gepolter!

       Liebe Grüße von
       Onkel Hermann und Tante Margarethe

Gratulation zum 60. Geburtstag eines Verwandten

Ein Gratulant, der zur Geburtstagsfeier seines Onkels kommen wird, schreibt dennoch kurz davor einen Brief:

Lieber Onkel Gerhard!

Alles Gute!
Dir zum Geburtstag zu gratulieren bedeutet für mich eine frohe Stunde. Ich erinnere mich noch gut an deinen letzten runden Geburtstag. Du bist mittlerweile wieder fünf Jahre jünger geworden! Dir sieht man es an, dass es darauf ankommt, dass der Mensch das, was er tut, gern tut.

Ich weiß nicht, ob du am Tag nach der Geburtstagsfeier in der Galerie sein wirst, jedenfalls würde ich gern deine zuletzt angekauften Schätze sehen, vor allem die Bilder der Wiener Sezessionisten. – Ich freue mich schon auf die Feier!

                                                            Liebe Grüße von
                                                            deinem Ernst

Taufe

Susanna und ihre Freundin Greta sind in regem Kontakt, aus Anlass der Taufe schreibt Susanna aber dennoch einen Brief. Ein Brief verleiht der Frage beziehungsweise Bitte, ob Greta Taufpatin werden wolle, größeres Gewicht als ein Telefongespräch oder ein Ansprechen am Kaffeehaustisch – selbst wenn der Brief so kurz ist wie der folgende. Schließlich ist er eine besondere Aufmerksamkeit dem Empfänger gegenüber.

Liebe Greta,

du weißt zwar, wer Valentin ist, aber seinen Namen muss er eigentlich erst bekommen. Wer ihn dabei über das Taufbecken hält, muss allerdings mit einer langwierigen Verbandelung mit Familie Krendl-Franke rechnen. Wir finden aber, unserer Greta ist das zuzumuten. Liebe Greta, willst du Valentins Taufpatin sein?

                                          Eine große Freude wäre dies für
                                              deine Susanna & Georg

Wie soll die Empfängerin antworten?

Liebe Susanna, lieber Georg!

Die große Verantwortung der Taufpatin nehme ich gerne auf mich! Besonders freut es mich, dass es ein so hübsches Kind ist, das mir die große Ehre des Zutritts zum engeren Kreis eurer Familie verschafft. Ich hoffe, meiner schwierigen Aufgabe gerecht zu werden!

                                                            Eure Greta

Obwohl dieser Brief passend wäre und auf den Ton von Susannas Schreiben eingeht, gefällt Greta auch eine zweite Version sehr gut, eine schlichte, offene Antwort:

Liebe Susanna, lieber Georg,

ich danke euch für die Einladung, eurem Sohn als Patin bei der Taufe und im Leben beizustehen. Natürlich will ich das sehr, sehr gerne, noch dazu, wo es ein so liebes Kind ist, das ich im Arm halten darf.

Eure Greta

Einladung zur Taufe

Die Taufvorbereitungen können beginnen. Eine Taufanzeige ergeht an Verwandte und nähere Bekannte:

> Unser Sohn Valentin wird am
> 24. Juni um 15 Uhr
> in der St.-Ursula-Kirche getauft.
>
> Wir würden uns über Ihre/eure Begleitung freuen.
>
> Susanna Franke & Georg Krendl

Nahe stehende Personen werden oft entweder zusätzlich zur Taufanzeige mündlich oder aber in einem persönlichen Schreiben eingeladen:

Liebe Großmama,

am letzten Samstag im Juni, am 24., wird Valentin getauft, und zwar um 15 Uhr in der St.-Ursula-Kirche am Kaiserplatz.
Wir würden uns sehr über dein Kommen freuen! Falls du Lust hast, einige Tage in München zu verbringen, werden wir dich gerne bei uns aufnehmen.

Sehr liebe Grüße!
Dein Georg und deine Susanna

Gratulation zur Taufe

Die Taufe wird heute meist im engeren Familienkreis gefeiert – „offizielle" Glückwünsche wie die folgenden sind kaum noch üblich:

Liebe Taufeltern,

wir wünschen euch und dem kleinen Valentin zum Tauffest alles Gute. Am Samstag werden wir es nicht versäumen, in der Kirche dabei zu sein, um den Täufling in unser Gebet einzuschließen.

Herzliche Segenswünsche
von eurer Familie Obletter

Herr Gmeiner ist vor Jahren aus der Kirche ausgetreten, er wird bei der Taufe nicht anwesend sein. Er verfasst ein Glückwunschschreiben, insbesondere weil er die Taufeltern sehr schätzt:

Liebe Frau Franke, lieber Herr Krendl,

zur Taufe Ihres Kindes die herzlichsten Wünsche! Der Kleine gedeihe im Schutz guter Gedanken und in Frieden! Ich werde der Taufe nicht beiwohnen – aus Gründen, die Sie hoffentlich verstehen. Ich bitte Sie, meine besten Wünsche für Ihren Sohn trotzdem anzunehmen!

Mit herzlichen Grüßen
Ihr Wendelin Gmeiner

Kommunion

Familie Klinger freut sich mit ihrer jüngsten Tochter auf deren bevorstehende Erstkommunion.

Einladung

Sehr geehrte, liebe Frau Fels,

an den Kindern sieht man, wie die Zeit vergeht. Gerade erst haben wir Marietta aus

der Taufe gehoben, schon empfängt sie die Erstkommunion. Zu Christi Himmelfahrt, am Donnerstag, 1. Juni, beginnt um 11 Uhr die Feier in der St.-Severin-Kirche.
Wir freuen uns sehr, wenn Sie auch anschließend in den Bürgerstuben mit uns feiern wollen!

Mit bestem Gruß
Ihre Margarethe und Hermann Klinger

Gratulation zur Erstkommunion

Liebe Marietta!

Zu deiner Erstkommunion wünschen wir dir, dass Gott dich auf allen deinen Wegen begleite und schütze. Das Schutzengelchen, das du bekommst, soll dich immer an den heutigen Tag erinnern. Bleib ein so fröhliches Kind!
Viel Glück auf deinem Lebensweg, auf dem dich stets gute Gedanken begleiten sollen, wünschen dir, liebe Marietta, von Herzen

Großmama und Großpapa

Firmung

Einladung zur Firmung

Liebe Frau Sommer, lieber Herr Sommer,

am Pfingstsonntag, dem 11. Juni, wird Markus in der St.-Katharina-Kirche gefirmt. Wir bitten Sie herzlich, an der kleinen Feier teilzunehmen. Der Gottesdienst beginnt um 9 Uhr.

Mit freundlichen Grüßen
Margarethe und Hermann Klinger

Danksagung für die Einladung zur Firmung

Liebe Frau Klinger, lieber Herr Klinger,

wir kommen gerne zur Firmung Ihres Sohnes – herzlichen Dank für die Einladung!

Können Sie uns vielleicht einen Tipp geben, was sich Markus besonders wünscht?

Viele Grüße
Ihre Familie Sommer

Gratulation zur Firmung

Verwandte, die nicht zur Firmung kommen können, schreiben an den Firmling:

Lieber Markus!

Wenn du am kommenden Sonntag in St. Katharina das feierliche Bekenntnis zum christlichen Glauben ablegst, werden wir in Gedanken bei dir sein. Du wirst damit zu einem erwachsenen Mitglied einer großen Gemeinde. Wir wünschen dir von ganzem Herzen Gottes Segen auf deinem Lebensweg.
Doch wir wollen darüber die praktischen Dinge des Lebens nicht vergessen! Wie wir gehört haben, bist du von der Chemie fasziniert. Wir schicken dir deshalb den Grundstein für einen Chemiebaukasten – natürlich mit der Auflage, dass du euer Haus nicht „in die Luft gehen" lässt! Vielleicht erzählst du uns bei Gelegenheit von Deinen erfolgreichen Versuchen.
Mit allen guten Wünschen grüßen dich sehr herzlich

Tante Emma und Onkel Ernst

Eine Bekannte seiner Eltern schickt dem Firmling ein kleines Präsent:

Lieber Markus,

zu deiner Firmung wünsche ich dir alles Gute.
Das Buch soll ein kleines Andenken an diesen besonderen Tag sein, und ich hoffe, dass es dir gefällt.

Alles Gute wünscht dir
Elvira Steiner

Verlobung

Die in Heidelberg studierende 20-jährige Tochter der Familie Klinger verlobt sich. Das junge Paar schreibt eine Verlobungsanzeige, um Verwandte und Bekannte über den neuen Bund in Kenntnis zu setzen.

Verlobungsanzeige

Auch in einer Verlobungsanzeige wird – wie in allen Anzeigen – üblicherweise der Name der Frau zuerst genannt.

Wir haben uns verlobt.

Alexandra Klinger	Peter Friedmann
Königsbergerstr. 12	Bismarckstr. 9
85748 Garching	69115 Heidelberg

Gratulation

Bei Verlobungen genügt ein allgemeiner gehaltenes Glückwunschschreiben, da in diesem Zusammenhang die Hochzeit das eigentliche Ereignis ist, zu dem man ausführlich gratuliert.

Liebe Alexandra, lieber Peter,

herzlichen Glückwunsch zu eurer Verlobung!
Ihr seid eben wirklich vorbildlich – und eine gewisse Romantik kann man der Verlobung auch in heutigen Zeiten keineswegs absprechen.
Alles Gute für euch, eure Brautzeit und eure Zukunft wünscht euch

Wolfgang

Heirat

Zwei Jahre nach der Geburt des Sohnes Valentin entschließen sich Susanna Franke und ihr Lebensgefährte zu heiraten. Auch diesmal fällt ihnen die Wahl zwischen den verschiedenen Möglichkeiten, ihre Umwelt in Kenntnis zu setzen, nicht leicht.

Einladung zur Hochzeit

Wir heiraten!

Susanna Franke   Georg Krendl

Die standesamtliche Trauung findet am 5. Mai um 10 Uhr im Rathaus statt.

Auf dieser schlichten Einladungskarte findet sich für engere Freunde und Verwandte eine handschriftliche Einladung zur Feier:

> Zur anschließenden Feier im Hotel Schönfels laden wir euch herzlich ein!
> Susanna, Georg und Valentin

Einladung zur Hochzeitsfeier

> Zwei Herzen haben sich gefunden.
>
> Susanna Franke   Georg Krendl
> Hohenzollernstraße 86
> 80796 München
>
> Die Hochzeit findet am 5. Mai
> um 11 Uhr in der Mariahilfkirche statt.
> Wir laden herzlich ein,
> ab 13 Uhr im „Goldenen Bären" mit uns zu feiern!

Alte Weisheiten, Verse bedeutender Dichter oder allgemeine Sentenzen, die der Briefkarte vorangestellt sind, machen die Einladung zur Hochzeit zu einem unverwechselbaren Zeugnis dieses wichtigen Schrittes.

> Liebe ist nicht, nur noch Augen für den anderen zu haben.
> Liebe ist, gemeinsam in dieselbe Richtung zu blicken.
>
> Wir heiraten am 5. Mai um 10 Uhr im Rathaus. Die kirchliche Trauung ist für
> 11 Uhr in der Mariahilfkirche angesetzt.
>
> Susanna Franke   Georg Krendl
>
> Hohenzollernstraße 86
> 80796 München
>
> Zur Hochzeitsfeier im „Goldenen Bären" um 13 Uhr laden wir herzlich ein.

Gratulation zur Hochzeit

Ein früherer Bekannter Susannas gratuliert mit gemischten Gefühlen:

Heirat

Liebe Susanna,

deine Hochzeitsanzeige hat mich nicht wenig überrascht! Ich danke dir für deine Einladung – aber ich hoffe, du hast Verständnis dafür, dass ich nicht kommen werde. Es fällt mir schwer, mir vorzustellen, dass du nun „in den Hafen der Ehe einläufst". Obwohl sich an deinem Leben wahrscheinlich nicht sehr viel ändern wird. Oder täusche ich mich und du wirst wirklich zur braven Frau am Herd?
Ich wünsche dir, dass du dir stets die Unabhängigkeit bewahren kannst, die so gut zu dir passt und die dir immer Kraft gegeben hat.
Ich will nicht verhehlen, dass ich deinen zukünftigen Mann beneide – nichtsdestoweniger wünsche ich dir und euch das Beste, eine schöne Feier und für die folgenden Jahre viel Glück!

Liebe Grüße
Franz

Ein Freund des Bräutigams, dem die Einladung nach Hamburg nachgesandt wurde, antwortet fürs Erste auf dem Postweg:

Lieber Georg,

etwas ungewohnt ist für mich das Briefschreiben zwar, aber da ich zur Zeit nicht wegkomme aus Hamburg, wo wir Beethovens Dritte proben, greife ich also zum Papier.
Denn gratulieren muss ich dir gleich, du hast ja, wie man sagt, eine gute Wahl getroffen. Dazu hätte ich dir natürlich auch schon früher gratulieren können. Aber erst mit Trauschein und Hochzeitsfeier glaubt man an das Glück zu zweit.
Gib trotzdem Acht auf dich. Vielleicht birgt das (zweifellos große) Glück, Familienvater zu sein, auch eine Gefahr in sich – für den Musiker, der sich Ausdauer und Konsequenz schon lange zuvor verschrieben hat.
Die Arbeit hier mit Crotach ist eine Bereicherung; er erklärt, beschreibt, singend und auf das Pult klopfend, ins Klavier hämmernd, und lässt uns wieder und wieder dieselben Stellen durchspielen. Zehn Stunden am Tag vergehen wie im Flug. Am 25. April ist Aufführung, dann sind wir noch eine Woche in Norddeutschland unterwegs.
Danach sehen wir uns – spätestens am 5. Mai! Bis bald,

dein Rupert

Heirat

Bekannte aus dem letzten Urlaub gratulieren:

Liebe Susanna, lieber Georg,
zu eurer Hochzeit wünschen wir euch, wie könnte es anders sein, nur das Beste. Viel Glück für euer weiteres Zusammenleben! Wir haben die Sommertage in so guter Erinnerung, dass wir uns fragen, welches Glück da erst der Ehestand bringen wird! Dass eure Freude immer so nach außen strahlen kann, wünschen euch von Herzen

Andrea und Markus

PS: Wir wollen uns schon lange für deine weihnachtliche Gastfreundschaft bedanken, Susanna! Wenn sich der Trubel gelegt hat, müsst ihr drei unbedingt kommen! Ruft uns doch einmal an: ... Auf bald!

Ein älterer Bekannter des Paares gratuliert:

Liebe Frau Krendl-Franke, lieber Herr Krendl,
zu Ihrer Vermählung wünsche ich Ihnen, auch im Namen meiner Familie, herzlich viel Glück!
Leben Sie in Harmonie und seien Sie einander eine Stütze im Alltag.
Reichen Kindersegen zu beschwören ist, wie ich mir habe sagen lassen, nicht mehr zeitgemäß – so möchte ich Ihnen angelegen sein lassen, dass Ihre Familie durch viele neue Freunde und wertvolle Bekanntschaften steten Zuwachs habe.
Die besten Wünsche für Ihre gemeinsame Zukunft,

Ihr Heinz Fink

An Vorgesetzte und Respektspersonen wird die Gratulation eher knapp und korrekt ausfallen – wie etwa die folgende von einem Klavierschüler Georg Krendls:

Sehr geehrter Herr Krendl,
zu Ihrer Vermählung möchte ich Ihnen und Ihrer zukünftigen Gattin herzlich gratulieren. Ich wünsche Ihnen viel Glück und Segen!

Ihr ergebener
Walter Hoffmann

Ablehnen der Hochzeitseinladung

Wird eine Einladung abgelehnt, muss bei wichtigen Anlässen eine Begründung angegeben werden:

Liebe Susanna, lieber Georg!

Wir haben uns so auf eure Hochzeit gefreut und wären sehr gern dabei gewesen.
Karlheinz liegt jedoch seit gestern mit starken Nierenschmerzen im Bett und muss wahrscheinlich, wenn es in den nächsten Tagen nicht besser wird, ins Krankenhaus. Ich möchte ihn jetzt nicht allein lassen, das versteht ihr sicherlich.
Wenn wir euch nur schriftlich ein schönes Fest wünschen können, ändert das aber nichts am Ausmaß unserer guten Wünsche!
Unser Hochzeitsgeschenk wird Ilse mitbringen, und ich hoffe, wir sehen uns, sobald es Karlheinz besser geht. Er wünscht euch wie ich das Beste, Glück und Segen und dass ihr eure Erfolge gegenseitig verstärkt!

Es umarmt euch beide
eure Ingeborg

Hochzeitsjubiläum

Als Erinnerungsfest an den Hochzeitstag („grüne Hochzeit") wird nach fünf Jahren die hölzerne Hochzeit, nach 25 Jahren die silberne und nach 50 Jahren die goldene Hochzeit gefeiert, die diamantene Hochzeit nach 60 Jahren, die eiserne Hochzeit nach 65 und die Gnadenhochzeit nach 70 Jahren.

Liebe Lieselotte,

vielen Dank für eure Sommergrüße! Hermann und ich sind in diesem Jahr hier geblieben, nur auf ein paar Tage in die Dolomiten gefahren. Wir haben einige Kletterereien hinter uns und sind über den festen Boden wieder ganz froh.
Hast du auch schon festgestellt, dass Mama und Papa im November ihre goldene Hochzeit feiern? Wir sollten uns etwas Besonderes einfallen lassen.
Auf der Burg Hohenau gibt es zum Beispiel ein hervorragendes Hotel, in dessen Restaurant Hermann und ich einmal gegessen haben. Wir könnten dort feiern, wenn es allen recht ist. Den Eltern mieten wir eine Suite auf der Burg, und wir anderen bleiben über Nacht unten im Dorf.

Für den nächsten Tag bietet sich eine Wanderung durch den Oberseer Wald an, schönes Spätherbstwetter vorausgesetzt. Was hältst du davon? Das Organisatorische übernehme ich gerne und wir können uns dann noch arrangieren.
Ich hoffe, bald von dir zu hören!

Liebe Grüße von Hermann, den Kindern
und deiner Margarethe

Gratulation zur goldenen Hochzeit

Liebe Großeltern,

leider kann ich euch nicht an Ort und Stelle zu eurer goldenen Hochzeit gratulieren. Ich hoffe aber, dass mein Brief euch trotzdem sagen kann, was ich sagen möchte: Dass eure Ehe für mich stets ein Vorbild war und ist. Lebensgemeinschaften, die zu eurer Zeit geschlossen wurden, sind zwar meist noch aufrecht, aber selten findet man dort auch die Herzlichkeit, Achtung und gegenseitige geistige Anregung, wie es bei euch der Fall ist.
Ich wünsche euch ein wunderschönes Fest und für die Jahre bis zur diamantenen Hochzeit Gesundheit, Zufriedenheit und viel Freude!

Eure Alexandra

Herzliche Grüße und Glückwünsche auch von Peter!

Gratulation zur silbernen Hochzeit

Liebe Frau Hofer, lieber Herr Hofer,

fünfundzwanzig Jahre sind eine lange Zeit, und diese Zeit in einer harmonischen Ehe zu verbringen grenzt an ein Kunststück. Wenn nur die Jugend Ihrem Beispiel folgen würde!
Ich wünsche Ihnen von Herzen, dass Sie sich immer gern an die vergangene Zeit erinnern und dass Sie den Schritt ins nächste Vierteljahrhundert würdig feiern.
Herzlichen Glückwunsch zur silbernen Hochzeit und alles Gute für die Jahre, die vor Ihnen liegen!

Ihr Theobald Frohmann

Feiern im Familienkreis

Einladung zum Familientreffen

Liebe ..., lieber ...,

unsere Familie besteht zur Zeit aus dreiundfünfzig Mitgliedern, das sind acht Personen mehr als vor drei Jahren, als wir das letzte Mal in großer Runde zusammengetroffen sind.
Zum diesjährigen Familientreffen lade ich daher alle, besonders die neu Hinzugekommenen, herzlich ein!
Wir treffen uns am 26. Mai um 16 Uhr im Gasthof Wiesental.
Für die Auswärtigen werde ich mich, wie letztes Mal, um Nachtquartiere kümmern, wenn ich rechtzeitig Bescheid weiß, wer für wie viele Tage bleiben wird. Ich hoffe, dass ihr zahlreich kommt!
Mit lieben Grüßen, auf eure Zusage freut sich

                eure Margarethe

Zusage

Liebe Margarethe,

eine gute Idee, wieder einmal ein Familientreffen zu veranstalten! Wir sind schon gespannt, die Familie im vollen Umfang zu erleben.
Könntest du bitte drei Doppelzimmer für uns reservieren? Babsi und Johannes bringen nämlich beide ihre Bekannten mit.
Danke im Voraus.

            Bis bald, wir freuen uns schon!
            Hubert und Angelika

Essenseinladung

Werte Freunde des Lukullus!
Die Rede sei von Sonntag, dem vierten Juno:
So fastet bitte den ganzen Tag, bis dass die Glocke 18 Uhr schlägt.

Dann bringt euch in Schwung und stellt euch vor: Spargel. Butterzart. Entenbraten, ebenso. Erdbeeren. Rot und süß. Der Saft mischet sich mit edlem Weine, Ihr seid berauscht und sinket in die Kissen.
Da nahet eine Muse und reichet den Kaffee.
Dieser Film läuft am 4. Juni in der Fabianstraße 8, 4. Stock, Einlass ist um 18.15 Uhr. Damit wir uns das Delirium verdienen, gibt es zuvor Arbeit – bringt bitte Spargelschäler mit! Bis dahin mit nüchternem Gruß

Lukullus & Bacchantine

Danksagungen

Danksagung für Glückwünsche zur Geburt

Die Journalistin Susanna Franke muss sich bei ihrem Bekanntenkreis bedanken:

Für die zahlreichen Glückwünsche, Blumen und Geschenke zur Geburt unseres Sohnes Valentin bedanken wir uns herzlich.

Susanna Franke & Georg Krendl

Und ihrer besten Freundin schreibt sie nach Zürich:

Liebe Maria,

danke für deine vielen lieben Wünsche und den entzückenden Beitrag zu Valentins erster Modenschau!
Dass die Geburt so problemlos verlaufen ist, ist wirklich nicht selbstverständlich, da hast du recht – und wir sind nur umso glücklicher. Alles ist jetzt anders. Die Tage beginnen, verlaufen und enden mit einem einzigen Gedanken: Valentin. Es ist unwahrscheinlich, wie viel Aufmerksamkeit so ein kleines Bündel Mensch schon verlangt! Aber Valentin ist sehr brav, schläft außergewöhnlich viel, und Georg, wenn er nicht gerade am Klavier sitzt, steht vor seinem Bettchen.
Kommst du zur Taufe am 28. Juni? Wenn du bei unserer anschließenden Feier dabei sein kannst, freue ich mich sehr!

Liebe Grüße,
Susanna

Danksagung für Glückwünsche zur Hochzeit

Ihr Lieben!

Wir danken für die herzlichen Glück- und Zukunftswünsche zu unserer Hochzeit. Wir sind auf dem besten Weg in ein glückliches und erfülltes Leben und es wird uns nicht schwer fallen, euren Wünschen gemäß zu leben.
Vielen Dank für die lieben Worte und Taten, die das Fest erst wirklich festlich werden ließen.

Susanna Krendl-Franke & Georg Krendl

Liebe Elise,

wie sollen wir dir für dein Hochzeitsgeschenk danken? Wir haben uns, wie man so schön sagt, „wahnsinnig" gefreut und können es kaum glauben, dass ein echter Moschetti bei uns an der Wand hängt. Doch es ist wahr – über dem Klavier prangt das kostbare Stück und Georg kann nicht genug davon schwärmen, dass ihn die Farben spürbar (und hörbar) inspirieren.
Woher hast du gewusst, dass wir gerade dieses Bild besonders lieben? Worte reichen gar nicht aus, um dir zu danken.
Wir hoffen, dass du bald wieder nach München kommst – du weißt ja, dass du jederzeit willkommen bist!

Mit vielen lieben Grüßen
deine glückliche Susanna & Georg

Danksagung für eine Feier

Etwas ungewöhnlich, dafür überraschend nett ist die Danksagung eines Hochzeitsgastes:

Liebe Susanna, lieber Georg,

wenn eure Ehe so stürmisch wird wie die Hochzeitsfeier, dann „Prost"! Ich glaube, ich habe eure Verbindung so ausgiebig begossen, dass nichts mehr schief gehen kann. Aber Scherz beiseite. Ich möchte euch danken, dass eure Hochzeit eine Feier

war, von der so viel Wärme ausging, wie ich es noch bei keiner Hochzeit erlebt habe. Man könnte fast wieder beginnen, an die Liebe zu glauben.
Hoffentlich seid ihr aus Frankreich wohlbehalten und fröhlich zurückgekommen!
Es grüßt euch ein noch immer etwas sentimentaler

Rupert

Danksagung für Gratulation zur silbernen Hochzeit

Sehr geehrter Herr Frohmann,

haben Sie vielen herzlichen Dank für Ihre freundlichen Worte zu unserem Ehejubiläum. Wir haben uns über diese Aufmerksamkeit sehr gefreut.

Mit den besten Grüßen,
Ihre G. und H. Hofer

Danksagung für Einladung

Eine Absage:

Liebe Alexandra,

vielen Dank für deine Einladung! Ich habe in letzter Zeit sehr oft an dich gedacht und es wäre nur noch eine Frage von Tagen gewesen, bis ich endlich zum Papier gegriffen hätte. Nun bist du mir zuvorgekommen – was mich natürlich erfreut!
Du weißt ja vielleicht, dass ich nie ein Freund großer Feste war. Daran hat sich bis heute nichts geändert. Mehr als fünf Menschen auf einmal irritieren mich, und auf Festen ist es mir noch nie gelungen, mich mit den Personen zu unterhalten, derentwegen ich gekommen bin. Mir läge jedoch viel daran, wieder einmal in aller Ruhe mit dir zusammenzutreffen! Sei also bitte nicht böse, wenn ich auf deinem Fest durch Abwesenheit glänze, sondern lass es mich wissen, wenn du wieder in Garching bist und meine Einladung zu einem Abendessen annehmen kannst und willst.
Zu deinem Geburtstag jedenfalls alles Gute und feiere ausgiebig!

Viele Grüße von
deinem Onkel Josef

Danksagungen

Eine Zusage:

Sehr geehrte Frau Hölty,

herzlichen Dank für Ihre Einladung zur Ausstellungseröffnung, mein Mann und ich nehmen sie gerne an!
Wir blicken Ihren Arbeiten erwartungsvoll entgegen.

Freundliche Grüße
Valentina Stemberger

Und noch eine Absage:

Sehr geehrte Frau Hölty!

Herzlichen Dank für die Einladung zu Ihrer Vernissage! Wir wären sehr gerne gekommen, doch es ist leider unmöglich. Mein Mann spielt am selben Abend in Wien und ich werde ihn dorthin begleiten.
Ich bedauere es sehr, den Abend bei Molenz zu versäumen – Ihre Ausstellung werde ich natürlich besuchen, sobald wir wieder zurück sind.
Guten Erfolg wünscht Ihnen

Susanna Krendl-Franke

Danksagung nach einem Fest

Es war ein fantastisches Fest,

liebe Alexandra,

wie ich schon lange keines mehr erlebt habe. Ich habe getanzt wie Jahre nicht mehr und sehr nette Freunde von dir kennen gelernt. Danke, dass ich dabei sein durfte!

Lisbeth

Ehescheidung

Im Hause Krendl hängt nach einigen Jahren Ehe der Haussegen schief. Wer aus der Bekanntschaft davon hört, ist bestürzt. Zwei Briefe ergehen in der Folge an Susanna – zwei Briefe, die in der Art und Weise, wie sie auf die Nachricht der bevorstehenden Scheidung reagieren, sehr unterschiedlich sind. Beide Briefe gehen auf die Situation der Empfängerin ein – und doch sind sie nicht in gleichem Maß dialogisch.

Meine liebe Susanna,

es tut mir sehr leid für euch, dass ihr nicht das Glück gefunden habt, das ihr zu suchen bereit wart! Manchmal scheinen die Tiefen des Lebens wirklich so tief zu sein, dass die Höhen sie nicht mehr ausgleichen können. Ich wünsche dir für deinen Schritt das Beste, was sich hier eben wünschen lässt – viel Kraft und Mut. Verzweifle nicht. Du wirst bestimmt in nicht allzu ferner Zukunft wieder glücklich werden.
Was wird mit Valentin und Johanna sein? Kinder brauchen einen Vater. Kannst du es verkraften, wenn sich die drei oft sehen? Es ist sicherlich nicht leicht für dich, aber für die Kinder wäre es zweifellos das Beste.
Du weißt ja, dass ich dir gerne helfe, wenn ich kann und wenn du mich brauchst. Falls du wieder in Garching leben möchtest, wirst du selbstverständlich ein offenes Haus finden. Ich kann dann auch auf die Kleine Acht geben, wann immer du willst.
Mit den besten Wünschen für dich, meine Liebe, umarmt dich

deine Mutter

Dieser Brief akzeptiert die Tatsache einer bevorstehenden Scheidung vielleicht sogar ausdrücklicher, als es die Empfängerin selbst tut. „Höhen und Tiefen" werden von der Mutter als einleuchtende Argumente für eine Scheidung angeführt – obwohl die Tochter in ihrem vorhergegangenen Brief gerade solche Begründungen ausgeschlossen hatte. Ein liebevoller Ton und die realistische Einschätzung der Lage prägen die Reaktion der Mutter, die jedoch möglicherweise an der Empfängerin vorbeigeht und von dieser missinterpretiert wird.
Anders der Brief von Susannas bester Freundin, der die angekündigte Trennung nicht sofort akzeptiert und damit der Empfängerin die Möglichkeit zeigt, ihre Entscheidung neu zu überdenken:

Liebe Susanna,

ihr wollt euch wirklich trennen? Das ist mir ganz unvorstellbar. Wahrscheinlich hört ihr nicht nur von mir, dass ihr eine Art Idealpaar gewesen seid. Aber es ist tatsächlich

so – und deine Nachricht hat mich sehr betroffen gemacht, gerade weil sie so aus heiterem Himmel kam.
Du hast gesagt, dass du die größten Schuldgefühle hast, weil du egoistisch seist. Es ist aber nicht egoistisch, auf seine Gefühle zu achten, und ich hätte eigentlich gedacht, dass gerade dir diese Unterscheidung geläufig ist.
Zu dieser Verwunderung über deine Befürchtung, „egoistisch" zu sein, wo du doch nur ehrlich sein willst, mischt sich bei mir die undeutliche Ahnung, dass du dir über deine Gefühle vielleicht noch nicht ganz im Klaren bist. Du hast Gewissensbisse – aber wem gegenüber? Valentin? Oder Johanna, die noch so klein ist? Oder Georg? Oder vielleicht doch dir selbst?
Dass es Georg „wehtut", schmerzt dich. Aber was ist dieser Schmerz? Hat er vielleicht mit deinen Gefühlen für ihn zu tun? Oder ist es bloßes Mitleid?
Du meinst, dass du selbst nicht genau sagen kannst, was zwischen dir und Georg „nicht mehr stimmt". Nur dass nicht mehr alles so ist wie in früheren Zeiten, das glaubst du mit Sicherheit zu erkennen.
Aber ist das nicht notwendigerweise so? Den Gedanken, wegen aller möglichen Veränderungen nicht mehr zusammenzupassen, kenne ich ja aus eigener Erfahrung gut. Ich habe einmal die fixe Idee gehabt, dass Jonas „nicht der Richtige" für mich sei. Wochenlang konnte ich kaum an etwas anderes denken – bis ich bemerkt habe, dass auch ich unsere Beziehung steuern kann, wenn ich bloß nicht ständig auf etwas warte, das meine Erwartungen bestätigt. Als ich Jonas meine Schwierigkeiten gestand, sagte er mir offen, dass er ebenfalls nicht immer mit Glücksgefühlen herumlaufe. Das traf mich zutiefst. Bald darauf habe ich erkannt, dass das Leben viel formbarer ist, als ich es lange Zeit für möglich gehalten hätte. Seither bin ich zumindest von solchen schlechten Gedanken geheilt.
Aber du wirst natürlich selbst am besten wissen, was du tust und denkst. Nur das Dreimal-drüber-Schlafen, das solltest du auf keinen Fall vergessen.
Ich bin immer für dich da – es umarmt dich deine

Maria

Briefwechsel zwischen getrennten Eheleuten

Leider hat der Brief der Freundin ebenso wenig gefruchtet wie zuvor schon der Brief des Gatten, der verlassen werden sollte (siehe Seite 112 f.; Briefe nach der Trennung, die nicht so konfliktfrei sind wie der folgende, finden Sie ab Seite 113).

Lieber Georg,

ich danke dir, dass es möglich war, die Formalitäten unserer Scheidung ohne gegenseitige Vorwürfe und ohne Reibereien zu erledigen. Auch für deine Bereitwilligkeit,

mir und den Kindern die Wohnung zu überlassen, muss ich dir noch einmal danken. Die neue Situation ist fremd – aber wir werden uns alle früher oder später an sie gewöhnen und das Beste daraus machen.
Was die Kinder angeht, so werden wir uns kaum an die formalen Vereinbarungen halten – du kannst sie natürlich sehen, sooft du möchtest und sie es möchten. Ich hoffe, dass unsere Trennung für sie nicht so katastrophal sein wird, wie es bei anderen oft der Fall ist.
Dir und uns allen wünsche ich das Beste.

Susanna

Briefe zu Weihnachten und Neujahr

Liebe Tante Therese!

Unsere Weihnachtsgrüße kommen in diesem Jahr aus einem sehr ruhigen Garching, in dem wir alle fast im Schnee versinken.
Ich bin vor den Feiertagen mit einem Kollegen zur Betriebsbesichtigung in einem großen Möbelwerk in der Nähe von Mailand eingeladen und danach werden Margarethe und ich die Festtage bei Freunden in Norditalien verbringen.
Wir hoffen, dass du dich wie stets bester Gesundheit erfreust!
Bei uns gibt es einstweilen nichts Neues. Alexandra ist sehr tüchtig und wird voraussichtlich im Frühjahr ihr Studium abschließen.
Ein gesegnetes Weihnachtsfest im Kreis deiner Familie und für das neue Jahr alles erdenklich Gute, viel Freude und weiterhin so viel Energie wünscht dir von Herzen

dein Hermann
mit Familie

Liebe Alexandra, lieber Peter!

Da wir dieses Jahr Weihnachten nicht mit euch verbringen können, weil Hermann und ich ein wenig in die Sonne des Südens blinzeln werden, wünschen wir uns ein gemeinsames Abendessen im Advent!
Seid ihr mit dem Wochenende 16./17. Dezember einverstanden? Später geht es leider nicht mehr, weil wir am 20. nach Mailand fahren; die Wochenenden davor sind wir jedoch immer frei (und ihr werdet wahrscheinlich nur am Wochenende fahren können). Lasst es uns bald wissen, wann der Zug aus Heidelberg ankommt!
Wir freuen uns schon auf das Wiedersehen.

Mit lieben Grüßen auch von Papa, der gerade in die Kohlendioxid-Aufnahme von Wäldern in gemäßigten Breiten vertieft und überhaupt vom Schreibtisch kaum wegzubringen ist,

eure Mama

Liebe Mama, lieber Papa,

danke für eure vorweihnachtlichen Grüße! Wir kommen mit Freuden, allerdings nicht, ohne zuvor erfahren zu haben, was ihr euch wünscht.
„Dass ihr kommt", werdet ihr sagen – doch was wünscht ihr euch außerdem?
Wir überraschen euch ansonsten gerne, zur Abwechslung vielleicht wieder einmal mit Büchergutscheinen ... aber vielleicht könnt ihr uns für diesmal einen heißeren Tipp geben?

Mit lieben Grüßen inzwischen,
Alexandra und Peter

Briefe an Kinder

Wer Kindern in seinem Verwandten- oder Bekanntenkreis Briefe schreibt, setzt auch ein Zeichen gegen den anscheinend unerschütterlichen Glauben an Walkman, Fernsehen und Computerspiele. Kinder zum Sprechen oder gar zum Erzählen zu bringen ist heute oft keine leichte Aufgabe mehr. Der eigene Zugriff auf die Welt und die Möglichkeiten des Lebens wird jedenfalls durch die Sprache wirkungsvoller geweckt als durch Fernsehen und Unterhaltungsmedien.
Natürlich sollen Briefe an Kinder nicht den Opa ersetzen, der aus dem Lehnsessel heraus Geschichten aus vergangenen Zeiten erzählt. Vielmehr sollen Kinder dazu ermutigt werden, von ihren eigenen Erlebnissen zu berichten. Anschaulichkeit und kurze Sätze sind das wichtigste Stilgebot für Briefe an Kinder (weitere Beispiele finden Sie auf Seite 100 ff.).

Lieber Sebastian!

Die Johannisbeeren sind reif und wollen gepflückt werden. Paul hat deine Schaukel wieder hergerichtet. Das Schwimmbecken ist eingelassen und schon ganz warm. Und die Meier-Kinder fragen mich fast jeden Tag, wann du endlich wieder einmal kommst. Du siehst: Alles in Neustadt wartet auf dich!
Frag also geschwind deine Mama, ob du fahren und zwei Wochen oder länger bei uns bleiben kannst!

Schule

Und dann pack geschwind deine Siebensachen und komm! Wir freuen uns schon! Es grüßt dich und deine Mama herzlich
Tante Lina

Wenn die Eltern sich trennen, bedürfen die Kinder besonderer Zuwendung. Ein Brief – wie der folgende an einen Vierzehnjährigen – kommt da oft gerade recht.

Lieber Thomas!

Onkel Felix ist letzte Woche in den Ruhestand gegangen. Er hat jetzt Zeit für all das, worum er sich schon lange kümmern wollte. Und so hat er neulich den Motorsegler wieder aus dem Keller geholt und hergerichtet. Du musst unbedingt kommen und ihn ausprobieren! Das Zimmer unterm Dach steht schon für dich bereit. Lass bald etwas von dir hören!
Deine Tante Lore

Lieber Knabe, ich weiß, dass ein Motorsegler dir nur ein schwacher Trost sein kann, aber Tante Lore hat Recht, wenn sie darauf besteht, dass du kommst. Die Waldgänge hier haben schon so manchen auf gute oder wenigstens andere Gedanken gebracht, nicht zuletzt in Zeiten, wo man weder aus noch ein weiß.
Wie geht es dir in der Schule? Habt ihr schon mit dem Cicero begonnen? Wir werden sicherlich wieder einiges zu reden haben! Und bring deine Bücher mit!
Dein Onkel Felix

Schule

Die Familie von Georg Krendl muss zur Hochzeit aus Berlin anreisen. Da der kleine Bruder von Georg noch schulpflichtig ist, schreibt seine Mutter einen Entschuldigungsbrief mit der Bitte um Freistellung an die Klassleiterin.

Freistellung vom Unterricht

Sehr geehrte Frau Höflehner,

am 5. Mai heiratet mein ältester Sohn in München. Da er für Klaus eine wichtige Bezugsperson ist, möchte ich, dass Klaus bei der Feier dabei sein kann. Ich bitte Sie, ihn

für diesen Tag vom Unterricht freizustellen. Selbstverständlich werde ich dafür sorgen, dass er das Versäumte umgehend nachholt.
Mit freundlichen Grüßen und vielem Dank für Ihr Verständnis
Maria Krendl

Befreiung vom Turnunterricht

Sehr geehrter Herr Eckmayr,

mein Sohn hat sich im Urlaub einen Bänderriss zugezogen, der ihm laut unserem Hausarzt Dr. Steinlechner für mindestens zwei Monate jede sportliche Betätigung verbietet. Bitte stellen Sie ihn für diese Zeit vom Turnunterricht frei. Die Bestätigung des Arztes liegt bei.

Mit freundlichen Grüßen
Gabriele Meinhart

Entschuldigung

Wenn Sie keines der an den meisten Schulen üblichen Entschuldigungsformulare verwenden wollen, steht Ihnen auch eine freie Formulierung offen:

Franziska konnte am Freitag, 10. November, nicht zur Schule kommen, weil sie starke Kopfschmerzen hatte. Ich bitte Sie, ihr Fehlen (fünf Unterrichtsstunden) zu entschuldigen.

Mit freundlichen Grüßen
Gabriele Meinhart

Gratulation zum Schulabschluss

Lieber Klausi!

Gratuliere zum Schulabschluss!
Ich bin sehr stolz auf meinen tüchtigen „kleinen" Bruder, der so genau weiß, was er will. Du hast Glück gehabt – nur wenige schaffen es, gleich die Lehrstelle zu bekom-

Schule

men, die sie sich wünschen, und dir ist es gelungen! Herr Enzinger wird dich sofort aufgenommen haben, weil er gleich erkannt hat, dass dir wirklich viel an der Arbeit mit Holz liegt und dass du geschickt bist.
Ich wünsche dir alles Gute! Vor deinem Eintritt in die Lehre machst du sicher noch Ferien, da kommst du uns einmal besuchen, nicht wahr? Wir beide werden dann endlich alle Sehenswürdigkeiten Münchens erkunden, angefangen beim Alten Peter mit seinen 306 Stufen in der Wendeltreppe – du wirst eine gute Kondition brauchen!
Bis dahin grüßt dich sehr herzlich

dein Bruder Georg

Liebe Grüße und herzlichen Glückwunsch auch von Susanna!

Gratulation zum Abitur

Herzlichen Glückwunsch zum Abitur!

Lieber Roland,

endlich hältst du das ersehnte Papier in Händen. Ich freue mich sehr, dass du es geschafft hast! Lass dir über den ersten Versuch keine grauen Haare wachsen. Viele bedeutende und berühmte Männer haben schlechte Schulerfolge gehabt. Newton zum Beispiel, dem während seiner gesamten Schulzeit prophezeit wurde, dass er zu nichts tauge und spätestens im folgenden Jahr die Schule verlassen müsse. Und was ist aus ihm geworden? Na siehst du.
Lass dir die Entscheidung über deine Zukunft nur gut durch den Kopf gehen, Zeit dazu hast du ja noch während des ganzen langen Zivildienstes.
Es grüßt dich und wünscht dir alles Gute

dein Onkel Sepp

Antrag auf Zurückstellung vom Wehrdienst

Antrag auf Zurückstellung vom Wehrdienst (wegen Ausbildung oder Studium) oder um Befreiung davon (wegen ehrenamtlichem Dienst bei Zivil- oder Katastrophenschutz beziehungsweise wegen Eintritt in Polizeivollzugs- oder Grenzschutzdienst) müssen frühzeitig beim zuständigen Kreiswehrersatzamt eingebracht werden. Ansonsten ist die juristische Lage eindeutig: Nach der ständigen Rechtsprechung hat jeder Wehrpflichtige seine beruflichen und privaten Angelegenheiten so zu planen, dass er seiner Wehrpflicht nachkommen kann.
Die Eltern des 19-jährigen Markus wagen dennoch einen Versuch:

An das
Kreiswehrersatzamt

Unser Sohn Markus Gruber hat für den ... einen Einberufungsbescheid erhalten.

Sehr geehrter Herr ...,

wir müssen Sie dringend bitten, die Einberufung unseres Sohnes bis auf weiteres aufzuschieben. Meine Frau und ich führen eine Landwirtschaft und haben vor kurzem den Viehbestand fast verdoppelt, was wesentlich mehr Arbeit und daher mehr Zeitaufwand bedeutet. Wir sind völlig auf die Hilfe eines Dritten angewiesen. Es ist uns jedoch aus finanziellen Gründen nicht möglich, eine Hilfskraft anzustellen. Unser Sohn ist daher derzeit für uns unentbehrlich. Bitte haben Sie Verständnis!
Sobald sich die Lage auf dem Hof normalisiert hat, was hoffentlich bis zum nächsten Jahr der Fall ist, will Markus seinen Wehrdienst antreten.

Hochachtungsvoll
Hans Gruber

Krankheit

Genesungswünsche

Liebe Tante Annemarie,

wie ich von Monika erfahren habe, liegst du mit Bronchitis „darnieder". Hast du auch genügend Sorge und Pflege um dich? Brauchst du etwas aus der Stadt?
Sobald es mir möglich ist, komme ich dich besuchen und bringe dir einen besonders wirksamen Hustentee mit – und was du sonst noch brauchst.
Bis dahin alles Liebe und Gute – und baldige Genesung!

Deine Margarethe

Liebe Ingrid,

die Nachricht, dass du im Krankenhaus liegst, hat mir einen großen Schreck eingejagt. Leider kann ich dich im Moment nicht besuchen kommen, weil ich selbst krank bin: Ich liege mit Stirnhöhlenentzündung und Fieber im Bett.

Wie ist das alles passiert? Es tut mir wirklich leid für dich, dass du jetzt die wichtigsten Termine absagen musst!
Ich wünsche dir, dass alles bald heilt. Mein Vater hatte einmal ein ähnliches Malheur, war aber innerhalb weniger Wochen wieder auf den Beinen. Vielleicht erholte er sich deshalb so rasch, weil er versuchte, das Beste daraus zu machen – er erzählte nämlich jedem, dass er jetzt endlich einmal Zeit habe, sich auszuruhen und auszuschlafen. Ist es bei dir nicht vielleicht auch so, dass deine Kräfte sich längst schon hätten sammeln wollen und nun Gelegenheit dazu haben?
Liebe Ingrid, sobald ich wieder auf den Beinen bin, komme ich zu dir!
Bis dahin nur das Beste von

deiner Susanna

Vollmacht

Die Vollmacht ist eine Ermächtigung, die der Vollmachtgeber jemandem (häufig einem Familienmitglied) erteilt, der damit in seinem Namen handeln oder etwas an seiner Stelle tun kann.
Vollmachten werden für verschiedene Zwecke ausgestellt – die wichtigsten sind:

- Generalvollmacht
- Prozessvollmacht
- Spezialvollmacht
- Handlungsvollmacht
- Postvollmacht

Genaue Angaben sind notwendig, um zu verhindern, dass die Vollmacht missbraucht werden kann. Diese Angaben umfassen:

- die Person, die die Vollmacht ausstellt,
- die Person, der die Vollmacht erteilt wird,
- den Handlungsbereich, für den die Vollmacht gelten soll,
- den Zeitraum, in dem die Vollmacht gültig ist.

Das gilt auch für alle Vollmachten, die bei Gericht oder dem Finanzamt vorgelegt werden.
Out sind übrigens Formulierungen wie „Ich, der Unterzeichnete", *in* hingegen sind klare Sätze, unter die Sie Ihren Namen setzen.

Generalvollmacht

Ich, Werner Hendrik, geboren 27. 3. 1947, wohnhaft Kollwitzstr. 38, 10405 Berlin, erteile hiermit meiner Gattin Marietta Hendrik, geb. Opitz, wohnhaft ebenda, die

Vollmacht

Generalvollmacht, mich in allen geschäftlichen und persönlichen Angelegenheiten zu vertreten. Die Bevollmächtigte ist berechtigt, in meinem Namen Erklärungen gegenüber Gerichten, Behörden und Privatpersonen nach ihrem Ermessen abzugeben. Die Vollmacht soll auch über meinen Tod hinaus gelten.

Berlin, 28. November 2000   Werner Hendrik

Prozessvollmacht

Hiermit erteile ich, Hermann Klinger, Königsbergerstraße 12, 85748 Garching, Herrn Dr. Edmund Reisinger, Magdalenenstraße 1, 80638 München, die

Prozessvollmacht,

mich in dem Rechtsstreit Klinger – Sommer in Sachen Vertragsbruch vor dem Amtsgericht München zu vertreten.

Garching, 4. April 2000   Hermann Klinger

Spezialvollmacht

Vollmacht

Herbert Kurz, Tischlermeister, geb. 22. 6. 1932, wohnhaft in Münchner Bundesstraße 64/1, 83395 Freilassing.
Als Eigentümer des Grundstücks Klagenfurter Str. 2, 81669 München, eingetragen im Grundbuch München-Ramersdorf, EZ 28, ermächtige ich Herrn Gottfried Schulz, Kaufmann, geb. 7. 7. 1941, Richelstr. 25, 80634 München, das Grundbuch einzusehen und die entsprechenden Grundbuchauszüge anzufordern.

Freilassing, 3. Juli 2000   Herbert Kurz

Eine Handlungsvollmacht wird oft mündlich erteilt, etwa wenn der Chef den Portier bittet, seinen Wagen in die Werkstatt zu bringen, oder wenn die Mutter ein Kind zum Einkaufen schickt. (Eine schriftlich erteilte Handlungsvollmacht finden Sie auf Seite 364.) Für die Postvollmacht liegen auf den Postämtern eigene Formulare aus; sie erlaubt auch einem anderen als dem Adressaten, eingeschriebene Briefe oder Wertpakete in Empfang zu nehmen.

Todesfälle

Trauerbriefe und Todesanzeigen

Trauerbriefe werden von fast allen Bestattungsinstituten selbst angefertigt, diese leiten oft auch den Text für die Todesanzeige an Zeitungen weiter.

Trauerbriefe (oder Trauerkarten) werden üblicherweise an Verwandte und Bekannte, Nachbarn, Geschäftspartner oder Arbeitgeber sowie an wichtige Kunden gesandt. Jemanden dabei zu vergessen, der aufgrund seiner Beziehungen zum Verstorbenen einen Trauerbrief erwarten dürfte, bedeutet eine nicht geringe Unhöflichkeit.

Der Trauerbrief enthält üblicherweise

- den Namen des Verstorbenen
- Alter oder Geburtsdatum
- das Datum des Ablebens
- Zeitpunkt und Ort des Begräbnisses
- letzte Grüße der Angehörigen
- die Namen der Angehörigen
- eventuell einige Worte zum Lebensweg des Verstorbenen
- eventuell die Todesursache

Dass der Trauerbrief nicht die alleinige Art der Benachrichtigung sein kann, zeigt sich beim Gedanken an nahe Angehörige. Diese werden in jedem Fall umgehend persönlich verständigt.

Trauerbriefe

> Am ... verstarb unsere liebe Mutter und Großmutter, Frau
>
> Hermine Bachler
>
> im Alter von 80 Jahren.
>
> In tiefer Trauer:
> Christine Bachler
> im Namen aller Angehörigen
>
> Die Beisetzung der Urne findet am ... um ... auf dem Friedhof in ... statt.

> Unser lieber Vater, Großvater und Onkel, Herr
>
> Joachim Krause
>
> ist am ... im Alter von 95 Jahren sanft entschlafen.
> Wir werden dir ein ehrenvolles Andenken bewahren.
> Familie Krause

Todesanzeigen

Als Text der Todesanzeige, die in Zeitungen veröffentlicht werden soll, wird häufig jener des Trauerbriefes verwendet. Wichtig ist auch hier, dass der Sterbetag sowie das Datum des Begräbnisses angeführt ist oder der Vermerk „Wir haben uns in aller Stille von … verabschiedet", wenn die Todesanzeige erst nach dem Begräbnis erscheint. Die familiären Beziehungen werden in einer Todesanzeige häufig mit angegeben:

Mein geliebter, guter Mann, unser lieber Vater und Großvater

Otto Klinger

ist am … nach langem, schwerem Leiden im 79. Lebensjahr von uns gegangen. Wir geleiten unseren lieben Verstorbenen am … um … auf dem Stadtfriedhof zur letzten Ruhe.

Maria Klinger
Gattin
Hermann und Margarethe Klinger, geb. Hofer
Ernst und Lieselotte Trondheim, geb. Klinger
Josef Klinger
Kinder
Alexandra, Roland, Markus, Marietta
Franziska, Clemens, Herbert
Enkelkinder

Ein gutes Herz hat aufgehört zu schlagen.
Nach einem erfüllten Leben hat uns mein geliebter Mann, unser lieber Vater, Großvater und Urgroßvater

Gustav Steinwender
14. 1. 1911 – 2. 7. 2000

verlassen.

Wir werden dich nicht vergessen!

In Liebe und Dankbarkeit:

Maria Steinwender

Helga und Karl Ambacher　　　　Franz und Frieda Steinwender
Karoline　　　　　　　　　　　　Martina und Moritz mit Elvira

Die Trauerfeier findet am … um … auf dem Waldfriedhof statt.

Trauerbriefe und Todesanzeigen

Völlig unerwartet hat uns unser Bruder

Dr. Hans Castorp
14. 5. 1943 – 13. 9. 2000

nach kurzer schwerer Krankheit verlassen.

In tiefer Trauer
Werner Castorp, Helga Lengauer, geb. Castorp

Die Beisetzung hat auf Wunsch des Verstorbenen in aller Stille stattgefunden.

Gottes Wille war es, unsere liebe Mutter, Schwiegermutter, Oma und Tante,
Frau

Maria Oppenheimer
geb. Lengauer
Obfrau des Trachtenvereins Bad Tölz

am 21. August im 71. Lebensjahr von ihrem schweren Leiden zu erlösen.
Wir betten unsere liebe Verstorbene am Mittwoch, dem …, um 14 Uhr auf
dem Friedhof Bad Tölz zur letzten Ruhe.

In Liebe und Dankbarkeit:
Lieselotte Oppenheimer im Namen aller Verwandten

---

*Die wirkliche Liebe beginnt,
wo keine Gegengabe erwartet wird.*
Antoine de Saint-Exupéry

Traurig geben wir davon Nachricht, dass unsere liebe Schwester, Schwägerin,
Tante und Großtante, Frau

Dr. phil. Maria Burtscher

am Montag, dem 25. September 2000,
nach kurzer schwerer Krankheit im 74. Lebensjahr von uns gegangen ist.

Wir begleiten unsere liebe Verstorbene am Freitag, dem 30. September 2000,
um 13 Uhr auf dem Friedhof in … zu ihrer letzten Ruhestätte.

In Gedanken bleibst du bei uns.

Die Geschwister mit ihren Familien und alle Verwandten

Es gibt Situationen, in denen Angehörige die Todesursache des Verstorbenen lieber verschweigen oder sogar auf eine Todesanzeige verzichten. So ist es zweifellos hei-

kel, vom Freitod eines Familienmitglieds Nachricht zu geben. Das gänzliche Verschweigen des tragischen Todesfalls ist jedoch sicherlich kein Ausweg, da sich hier der Verdacht geradezu aufdrängt, es bestünde Ursache für das Verbergen.
Besser wird es sein, einen Trauerbrief zu versenden oder eine Todesanzeige zu veröffentlichen, in der die Nachricht zurückhaltend und neutral gefasst ist:

Dein Leben war viel zu kurz.

Mit großer Bestürzung geben wir Nachricht, dass unsere geliebte Tochter

Claudia

am ... von uns gegangen ist.

Wir begleiten unser Kind am ... um ... zur letzten Ruhe.

In tiefer Trauer:
Renate und Helmut Holzknecht

Ihr, die Ihr mich geliebt habt,
seht nicht auf das Leben,
das ich beendet habe,
sondern auf das, welches ich beginne.
(Hl. Augustinus)

Schmerzerfüllt geben wir Nachricht, dass mein geliebter Mann,
unser lieber Vater, Schwiegervater und Großvater

Dr. Heinrich Bergheim

am ... im 58. Lebensjahr aus einem von tiefem Glauben erfüllten Leben
völlig unerwartet von uns gegangen ist.

Das Begräbnis fand dem Wunsche des Verstorbenen entsprechend
im engsten Familienkreis statt.
Die Seelenmesse wird am ... um ... in der Pfarrkirche gelesen.

In tiefer Trauer:
Renate Bergheim, geb. Herder

Dr. Peter Bergheim und Dietlinde, geb. Dönitz, mit Moritz und Anna
Elisabeth, geb. Bergheim, und Charles Winston
Michaela Bergheim

im Namen aller übrigen Verwandten.

Kondolenzschreiben

Kondolenz an die Witwe

Liebe Maria,

dass Otto nun nicht mehr leiden muss, ist ein schwacher Trost für die, die ihn jetzt vermissen. Er war ein so guter, humorvoller Mensch, und ich habe ihn sehr gern gehabt. Deine Kinder und ihre Familien werden dir sicherlich helfen, diese schwere Zeit gut zu überstehen. Und auch ich bin für dich da, wenn du mich brauchst.
In tiefer Trauer und Anteilnahme,

deine Schwester Margit

Sehr geehrte Frau Klinger,

mit großer Bestürzung habe ich die Nachricht vom Tod Ihres lieben Mannes aufgenommen. Sein Humor und seine Lebenslust sind auch durch sein Leiden nie gebrochen worden – dies mag allen, die ihn kannten, ein Trost sein, sowie der Glaube daran, dass er nun keine Schmerzen mehr hat.
Ich habe Ihren Mann vor allem in den letzten Jahren als Kenner der Renaissancemalerei sehr schätzen gelernt, und seine sinnigen Bemerkungen zur Kunst werden mir stets unvergesslich sein. Nehmen Sie bitte meine aufrichtige Teilnahme an – wenn ich etwas für Sie tun kann, werde ich es gerne tun.

Ihr ergebener Franz Steindl

Sehr verehrte Frau Klinger,

die Nachricht vom Heimgang Ihres Mannes, unseres hochgeschätzten Seniors, hat uns tief getroffen. Wir haben in ihm nicht nur eine wichtige Autoritätsperson, sondern auch einen treuen Freund verloren. Sein Andenken werden wir stets hoch in Ehren halten.

In aufrichtiger Teilnahme
Ihr Benedikt Wieser

Sehr geehrte Frau Klinger,

lassen Sie mich Ihnen mein aufrichtiges Beileid aussprechen. Ich habe Ihren Gatten sehr geschätzt und verehrt.

In tiefer Anteilnahme
Ihr Theo Gluck

Kondolenz an den Sohn

Sehr geehrter Herr Klinger,

die Nachricht vom Ableben Ihres Vaters, unseres verehrten Seniors, hat mich tief bewegt. Er war ein sehr wertvolles Mitglied unserer Runde. Seine menschliche Wärme und sein Humor haben jeder Zusammenkunft einen unverwechselbaren Charakter gegeben. Wir werden Ihren Vater nicht vergessen.
Ihnen und Ihrer Gemahlin mein herzliches Beileid.

Ihr Benedikt Wieser

Kondolenz an die Schwiegertochter

Liebe Margarethe,

dass dein Schwiegervater nun nicht mehr länger leiden muss, wird dir und deiner Familie sicherlich helfen, über seinen Tod hinwegzukommen.
Es ist für uns hierzulande unvorstellbar, dass in manchen Kulturen das Begräbnis ein Freudenfest ist. Und doch ist es eigentlich nicht ohne Sinn, sich mit dem Verstorbenen zu freuen, der eine schmerzfreie Daseinsstufe erlangt hat – im Gegensatz zu denen, die nun um ihn trauern.
Dein Schwiegervater war ein großartiger Mensch, der sich um seine Familie in rührender Weise kümmerte, wie ich miterleben durfte. Dass er ein erfülltes Leben hatte und ihr viele gute Erinnerungen an ihn bewahren könnt, wird dir sicherlich helfen, in der schwersten Zeit Trost zu finden und deiner Schwiegermutter eine Stütze zu sein. Auch sie ist ein wunderbarer Mensch und braucht dich.

In Liebe und Anteilnahme
deine Leonore

Kondolenz an eine gute Freundin

Liebe Renate,

mit großer Bestürzung erfuhr ich erst aus dem Trauerbrief, dass du so früh und so plötzlich von deinem Mann Abschied nehmen musstest.
Es ist immer eine Tragödie, wenn der Familienvater durch den Tod aus dem vollen Schaffen gerissen wird. Ich weiß, was in dieser Situation auf die Witwe zukommt – zusätzlich zur Trauer und zum Schmerz muss auch noch die Belastung, alles regeln zu müssen, getragen werden.
Ich hoffe und wünsche dir, dass deine Kinder dir in dieser schweren Zeit beistehen und dich mit ihrer Liebe umgeben.
Wenn es irgend etwas gibt, was ich für dich tun kann, lass es mich bitte wissen.

In herzlicher Anteilnahme
deine Annemarie

Danksagungen

Für Kondolenzschreiben bedanken sich die Empfänger üblicherweise etwa vier Wochen nach der Beerdigung.
Möglich sind Kartenvordrucke:

> Für die vielen Beweise der Anteilnahme und die zahlreichen Blumen- und Kranzspenden nach dem Tod meines geliebten Mannes, unseres Vaters und Großvaters sprechen wir allen unseren Dank aus.
>
> Maria Klinger
Geschwister Klinger und Angehörige

Ein Brief ist jedoch sicherlich persönlicher:

Sehr geehrter Herr Wieser,

haben Sie vielen Dank für Ihre Worte der Anteilnahme am Heimgang meines lieben Mannes. In einer schweren Zeit ist man für freundliche Gedanken umso empfänglicher.

Mein Mann hat Sie ebenfalls sehr geschätzt und war glücklich über Ihre Gesellschaft. Behalten Sie meinen Mann so, wie Sie geschrieben haben, in gutem Andenken! Damit helfen Sie auch mir.

Ihre Maria Klinger

Danksagungen in der Zeitung wird man vor allem dann veröffentlichen, wenn der Verstorbene eine bekannte Persönlichkeit war.

Herzlichen Dank
allen, die mir beim Heimgang meines geliebten Mannes, Herrn

Otto Klinger

durch tröstende Worte und Kondolenzschreiben sowie Kranz- und Blumenspenden ihre große Anteilnahme erwiesen haben.
Es ist mir zudem ein besonderes Bedürfnis, mich für die vielen Zeichen der Freundschaft während der schweren Krankheit meines Mannes innig zu bedanken.

Maria Klinger

DANK
Für die vielen schriftlichen und mündlichen Beweise der aufrichtigen Anteilnahme anlässlich des Ablebens meiner geliebten Mutter, Frau

Maria Oppenheimer, geb. Lengauer,

sowie die schönen Kranz- und Blumenspenden spreche ich allen meinen tiefempfundenen Dank aus.
Herrn Dr. Manfred Hofreiter von der Gästeinformation Bad Tölz danke ich von ganzem Herzen für den ehrenden Nachruf.

Lieselotte Oppenheimer

Allen, die unsere liebe Tochter

Claudia

auf ihrem letzten Weg begleitet und die uns über den ersten Schmerz hinweggeholfen haben, danken wir herzlich.

Renate und Helmut Holzknecht

Erzählende Briefe

Urlaubspost

Auf Haiti oder in Afrika Urlaub zu machen und von dort die allerschönsten Ansichtskarten zu schreiben, das kann auch für jemanden zum Sport werden, der nur ungern Briefe schreibt. Die lästigen Überlegungen, welche Anrede die passende ist, können wegfallen, und die thematischen Anknüpfungspunkte liefert die Ansichtskarte selbst. Oder die Urlaubsgrüße beschränken sich bei Reisenden mit großer Handschrift auf „Herzliche Grüße aus Mogadischu, Anton", wodurch der Verbrauch von Briefmarken an einem einzigen Tag nahezu mühelos den des sonstigen Jahresdurchschnitts übersteigen kann.
Natürlich ist die Postkarte nicht dazu geeignet, allzu private Bezüge zum Empfänger herzustellen, schon weil sie jeder lesen kann. Ist aber die Beziehung zum Empfänger getrübt, etwa durch einen Streit, wird man nicht die Ansichtskarte dazu verwenden, mit neutralen Urlaubsgrüßen so zu tun, als seien alle Unstimmigkeiten aus der Welt geräumt. Mindestens ein „Brief folgt" sollte dem Empfänger ein darüber hinausgehendes Bewusstsein signalisieren.
Gegen die Allerweltsfloskel „Wetter gut, Essen gut" gibt es ein wunderbares Mittel: Alle abstrakten Wörter durch konkrete Details ersetzen! „Die Frühstückssemmeln sind zäh, wir platschen täglich durch tiefe Regenpfützen und sehen nichts als den verhangenen Himmel …" Nur mit konkreten Schilderungen kann man dem Empfänger einen lebendigen Eindruck vom Urlaubsort vermitteln.

Urlaubsgrüße auf Postkarten

Liebe Marianne, servus Armin!

Ein überfüllter Strand, öliges Meer und schmutzverkrustete Teller im Restaurant machen unseren Urlaub zu einem, wie er im Bilderbuch steht. Wenn (!) uns die Moskitos schlafen lassen, träumen wir von unserer kühlen Wohnung und einem wunderbaren Münchner Weißbier.
Wir denken oft an euch – und sind sicher, dass wir uns bald wieder „zusammenraufen" werden! Bis dahin liebe Grüße von

Erik und Martina

Ciao Valerie! Schade, dass du nicht hier bist! Diese Stadt würde dir gefallen. An jeder Ecke stößt man auf Reste der alten Befestigungsanlage, auf Mosaikfragmente und natürlich jede Menge Sandstein- und Marmorskulpturen. Der Espresso ist erwartungsgemäß hervorragend und ich freue mich schon darauf, dir in meiner soeben erstandenen Lavazzakanne (echt italienisches Design) köstlichen Kaffee zu kredenzen!

Viele Grüße von Sabrina

Urlaubsbriefe

Liebe Leonore,

vor den Fenstern Schneegestöber, auf dem Tisch vier Teetassen und eine halb leere Schachtel Schokokekse: So sitzen wir da, Hermann und ich, in der Stube des Rifugio Fonda Savio. Seit drei Tagen warten wir hier mit einem Ehepaar aus Hagen in der wohlig warmen Stube darauf, dass wir unseren Weg fortsetzen können – selbst ein Abstieg wäre bei dem jetzigen Wetter und der schlechten Sicht zu gefährlich. Wir sind letzten Mittwoch von San Candido aufgebrochen, bei strahlendem Septemberwetter, und wollten eigentlich Richtung Süden. Dort haben jedoch die Hütten bereits geschlossen, sodass wir gleich wieder gegen Norden ziehen mussten.
Auf diese Weise sitze ich jetzt also hier und habe sehr viel Zeit. Deshalb habe ich gestern Abend das Hüttenbuch genauestens studiert und im 83er Jahr tatsächlich einen bekannten Schriftzug entdeckt: deinen Namen! Ich war nicht wenig überrascht – du hast mir nie erzählt, dass du hier gewesen bist!
Es ist schön, auch unterwegs auf Vertrautes zu stoßen. Das ist auch der Grund, weshalb ich dir einen Brief und keine Karte schreibe: Ich wollte dir wieder einmal sagen, wie froh ich über unsere Freundschaft bin.
Ich hoffe, wir können uns bald sehen!

Es grüßt dich sehr herzlich
deine Margarethe

Reisebericht

Wuhan, 10. Oktober 2000

Lieber Max,

inzwischen bin ich nach Aufenthalten in Singapur und Peking hier in Wuhan angelangt. Europäische Gesichter sind in dieser Gegend noch selten, und man muss sich erst daran gewöhnen, dauernd angestarrt zu werden. Das einzig Exotische in der Fremde – ist eben der Fremde selbst. Die üblichen Fremdsprachenkenntnisse nützen mir auch nicht mehr viel, weil außer einigen jüngeren Leuten, meist Studenten, niemand Englisch oder Französisch spricht. Was hingegen *mir* fremd erscheint, sind die

Bedingungen der Ernährung und Hygiene – ich muss mich erst darauf einstellen, wenn ich in Wuhan länger bleiben möchte, was ich eigentlich vorhabe.
Die Universität Wuhan, die in China zu den Eliteschulen zählt, liegt inmitten eines riesigen Campus, der Hügel und Seen einschließt. Die Institute sind in vielen Pavillons in traditioneller Bauart untergebracht. Bisher habe ich die Gegend erkundet, entweder mit dem Fahrrad, womit außerhalb der Zentren stundenlange Fahrten an Teefeldern entlang möglich sind, oder mit dem Bus. Interessant sind aber auch die Jangtse-Überquerungen mit dem Führer zum Preis von 2 bis 3 Mark.
Nächstes Mal werde ich nicht von mir berichten, sondern davon, wie die Chinesen hier leben.

Liebe Grüße von Jonas

Eine ungewöhnliche und originelle Art, von einer Weltreise zu berichten, besteht darin, eine durchgehende Schilderung der Reiseetappen auf mehrere Postkarten aufzuteilen und diese an verschiedene Personen aus dem Freundeskreis zu adressieren. Die Freunde müssen dann, um den Bericht zu einem Ganzen zusammenzusetzen, untereinander die Karten weitergeben. Deshalb teilt der Weltreisende seinen Bericht so auf, dass er an spannenden Stellen den untersten Rand der Postkarte erreicht und auf einer nächsten fortgesetzt werden muss ...

... (2) Im Kongo kam ich an eine Holzbrücke, die einzige, die auf einer Strecke von 300 Kilometern über den Sanga führt. Zwei Planken, an Seilen befestigt – das war alles. Da mir diese Art von Brücken noch nie besonders geheuer war, beschloss ich, meine Gepäckstücke einzeln über den Fluss zu tragen, um das Gewicht zu verringern, und anschließend den Wagen über die Brücke zu ziehen. Als ich meine Habe gerade zur Gänze ans andere Ufer gebracht hatte, näherte sich ein Lastwagen. Ich begann jetzt, den Jeep, den ich bis an den äußersten Rand der Brücke gefahren hatte, an einem Seil vorsichtig auf die Planken zu ziehen. Aus dem Lastwagen ...

... (3) sprangen drei Afrikaner, die laut zu lachen begannen und auf mich zeigten, um sich dann wieder auf die Schenkel zu klatschen. Sie bedeuteten mir, dass die Brücke leicht befahren werden könne. Ich zögerte, sie wurden ungeduldig, wollten selbst den Fluss überqueren. Ich weigerte mich jedoch, einzusteigen und zu fahren, sodass einer der drei sich schließlich bereit erklärte, meinen Wagen über die Brücke zu lotsen. Ich dankte ihm und sah nun aufgeregt zu, wie sich die Seile spannten und das Auto langsam, aber sicher das jenseitige Ufer erreichte und fuhr und fuhr ..., während ich in Shorts am diesseitigen Ufer stand und ...

Leserbriefe

Jede Zeitung veröffentlicht Meinungsäußerungen ihrer Leser; es sind meist knappe, verständliche Texte, an denen keine Zeile überflüssig ist. Das liegt nicht zuletzt daran, dass die Zeitungsredakteure in den Leserbriefen, die veröffentlicht werden, jede Wiederholung und jedes unnötige Element (lange Einleitungen, uferlose Polemiken) streichen, um Platz zu sparen. Daher – gleich, ob Sie mit einem Leserbrief Kritik anbringen, Sachverhalte richtig stellen oder dem Autor eines Artikels beipflichten wollen: Bemühen Sie sich um einen logischen Aufbau des Textes und darum, unnötige Längen zu vermeiden.
Das vergrößert die Chance, dass Ihr Leserbrief unverändert abgedruckt wird – und erspart der Redaktion das Kürzen. Diese richtet ohnedies meist eine kurze Bitte ...

> *An unsere Leser!*
> *Wir bitten um Verständnis, dass wegen der Fülle der Einsendungen Leserbriefe nicht länger als 25 Schreibmaschinenzeilen sein sollten. Wird dieses Maß überschritten, behält sich die Redaktion Kürzungen vor. Generell nicht abgedruckt werden Briefe mit juristisch angreifbaren Textstellen. Die Veröffentlichung ist kostenlos.*
> *Die Redaktion*

Was gehört zu einem Leserbrief?

- Thema, schlagwortartig im Titel formuliert
- Anlass des Briefes (Bezugnahme auf einen Artikel der jeweiligen Zeitung)
- Position des Schreibers (als Landwirt zu den EU-Vorschriften, als Mutter zum Thema Schulpolitik)
- Stellungnahme zu dem Artikel
- Formulieren des Gegenstandes/Richtigstellung des Artikels/Sachverhalt aus eigener Perspektive beschreiben
- eigene Schlussfolgerungen ziehen/neue Perspektiven für die Diskussion vorschlagen

Der Leserbrief dient der freien Meinungsäußerung, er ist ein Stück lebendiger Demokratie. Deshalb sollte er nicht zum Polemisieren verwendet werden oder ein Tummelplatz persönlicher Antipathie sein.

Artikelbezogener Leserbrief

Als Single nicht weniger tüchtig
Zu „Ist eine Solidaritätssteuer für Singles zumutbar?" (18. 10.)

Leserbriefe

Sehr geehrter Herr Schneider,

mit großer Aufmerksamkeit habe ich Ihren Artikel gelesen und vermute, dass Sie nie über einen längeren Zeitraum als Single gelebt haben. Wäre dies der Fall, wüssten Sie, wie viel es einen Single kostet, auf die Geborgenheit, die andere in ihrer Familie finden und die wohl jeder Mensch lebensnotwendig braucht, zu verzichten. Ein Single hat alle Kosten für die Lebensführung allein zu tragen (das Kochen etwa ist für eine Person nicht viel billiger als für zwei Personen). Zudem sind unter den Singles viele, die gerne das „Opfer für Partner und Kinder" bringen würden, denen es aber aufgrund ihrer Lebensumstände nicht oder noch nicht möglich war, eine Familie zu gründen!
Denken Sie auch an die vielen Singles, die sich sozial betätigen und mit ihrer ganzen Kraft bedürftige Menschen betreuen. Und – ist es denn wirklich erstrebenswert, dass jeder, auf Biegen und Brechen, selbst wenn die nötigen Voraussetzungen nicht gegeben sind, eine Familie gründet?
Ich fühle mich ungerecht behandelt, wenn Sie schreiben, dass die Kinder anderer meine Rente aufbringen werden. Ich zahle genauso die Rente vieler anderer mit, und schließlich muss ich alles, ebenso meine Rente, selbst verdienen.
Ich fühle mich als Single nicht weniger tüchtig als die vielen Familienmitglieder, die sich mit mehr oder weniger Geld um die Schaffung und Erhaltung einer bestimmt verantwortungsvollen Lebensform bemühen.

Elvira Moltke, 14163 Berlin

Männer als Ungeheuer
Als Mann wäre es wohl verwerflich, diesen Brief zu schreiben, aber als Frau ...
Ich beziehe mich auf Ihre Ausgabe vom 4. August d. J. Tatsächlich ein schweres „Frauen-Los", in Frau Krassers Quatsch-Spalte zu erfahren, dass der eigene Mann ein Macho sei.
Regelmäßig ärgere ich mich über die nicht gerade niveauvoll verfassten emanzipatorischen Ergüsse einer unzufriedenen Frau, die Männer als die Ungeheuer unserer Gesellschaft beschreibt. Wie sehr schätze ich hingegen die feine Ironie eines Dr. Sommer, der in seiner Kolumne auch Meinungen anderer berücksichtigt. Sobald auch andere zu Wort kommen, entsteht ein umfassenderes und sicherlich objektiveres Bild der Wirklichkeit, mit dem ich mehr anfangen kann als mit den schneidenden Tönen der Frau Krasser.
Welche Zeitung kann es sich leisten, auf Dauer Mitarbeiter zu bezahlen, die diese Zeitung als Ventil für ihre Unzufriedenheit verwenden?

Margarethe Klinger
85748 Garching

Berichtigung (artikelbezogener Leserbrief)

Auch Deutsch ist eine Sprache Belgiens
Zu: „Europas weiter Horizont: Unsere Partner heute und morgen – Albanien, Andorra, Belgien" (18. 10.)
„Die Zeitung", sonst zumeist geschichtsbewusst und jedenfalls bedeutend als deutschsprachige Zeitung in Europa, hat vergessen, Deutsch als eine von drei Amtssprachen Belgiens zu nennen. Artikel 1 der belgischen Verfassung lautet: „Belgien ist ein Föderalstaat, der sich aus Gemeinschaften und Regionen zusammensetzt."
Die Gemeinschaften sind nach Sprachen organisiert. Die „deutschsprachige Gemeinschaft" zählt etwa 67.000 Menschen, also mehr als der Staat Andorra. Ihr Gebiet umfasst den östlichen Teil des Landes und war, wie der größte Teil Belgiens, im 18. Jahrhundert Bestandteil der österreichischen Niederlande. Vom Wiener Kongress bis zum Ende des Ersten Weltkriegs gehörte das Gebiet zu Preußen.
Der „deutschsprachigen Gemeinschaft" obliegen zahlreiche Verfassungsaufträge. Sitz ihrer Legislative und Exekutive, das heißt ihres Parlaments und ihrer Regierung, ist die Stadt Eupen, in der noch manches an die Habsburger erinnert, vor allem an die römisch-deutsche Kaiserin Maria Theresia. Gemäß dieser Sachlage und wie unlängst im Fernsehen zu sehen war, hat daher auch der neue König der Belgier seinen Amtseid auf französisch, niederländisch und deutsch abgelegt.
Hermann Klinger, 85748 Garching

Am Rande des Gipfels
„Am Rande des Wiener Europarat-Gipfels" (9. 10.)
Sie schreiben, dass man anlässlich des Banketts im Schloss Schönbrunn beim Rotwein „vielleicht weniger patriotisch und mehr europäisch hätte sein können."
Wie uns bekannt ist, wurden hervorragende österreichische Rotweine serviert. Wir finden es durchaus in Ordnung, dass bei Banketten österreichischer Regierungsmitglieder österreichische Weine serviert werden, da etwa bei einem Bankett in Frankreich auch niemand erwartet, andere als französische Weine kredenzt zu bekommen.
Gerade in den vergangenen Jahren hat die heimische Qualitätswein-Produktion enorme Fortschritte erzielt. Während Österreich seit jeher zu den weltbesten Weißweinproduzenten zählt, ist es umso erfreulicher, dass heute auch der Rotwein den internationalen Vergleich nicht mehr scheuen muss.
Im Hinblick auf Österreichs Position in der Europäischen Union erachten wir es als sinnvoll, unsere Stärken zum Ausdruck zu bringen und selbstbewusst zu sein. Dazu gehört die Präsentation österreichischen Weins.
Österreichisches Weinkonsortium

Leserbriefe

Themenbezogener Leserbrief

Fahrradkontrollen in Neustadt
Zu der seit 25. September durchgeführten polizeilichen Überprüfung der vorschriftsmäßigen Ausstattung von Fahrrädern möchte ich Folgendes anmerken:
Als langjähriger Radfahrer habe ich schon einige Unfälle miterlebt, an denen Radfahrer beteiligt waren, aber in 90 Prozent der Fälle war die Unfallursache keineswegs ein nicht ganz vorschriftsmäßig ausgestattetes Fahrrad, sondern das rücksichtslose und vorschriftswidrige Verhalten der Radfahrer, aber auch anderer Verkehrsteilnehmer. Es wäre wohl sinnvoller, den Schwerpunkt der Kontrollen auf die Fahrweise der Radfahrer zu verlegen.
Es ist jedoch bezeichnend für unsere materialistische Gesellschaft, dass man bei der (materiellen) Ausstattung zu prüfen beginnt und nicht bei der Verantwortung des einzelnen Verkehrsteilnehmers gegenüber seinen Mitmenschen.

Peter Friedheim, Neustadt

Triste Zukunft
Landwirtschaftskammer-Präsident Müller ist schockiert über die Abnahme der Arbeitskräfte in der Landwirtschaft. Der Blick in die Nachbarländer ist jedoch noch trostloser. Dort ist innerhalb von etwa sechs Jahren mit einer Halbierung der Zahl der Milchkuhhalter zu rechnen. Eine eventuelle Zulassung des Rinderwachstumshormons würde den Bauern den Todesstoß versetzen und damit das Ende der bäuerlichen Landwirtschaft herbeiführen.
Der LWK-Präsident sollte deshalb den Bauern nicht mehr länger Hoffnung machen, dass es in der EU wärmer werden könnte. Was die Bauern jetzt brauchen, ist eine offene Diskussion! Die Verbraucher sind aufgerufen, sich mit den Bauern zur Verhinderung des Rinderwachstumshormons zu verbünden.

Karl Pappel
EU-Sprecher der überparteilichen Bauernschaft

Leserbriefe an Verlage

Leserbriefe, die sich auf Bücher beziehen, werden meist an den jeweiligen Verlag gesandt. Sofern er den Inhalt eines Buches betrifft, ist der Leserbrief an den Autor des Buches gerichtet. Handelt es sich um Druckfehler, vertauschte Bilder, verbundene Seiten oder Ähnliches, was der Verlag zu verantworten hat, wird man den Brief an den Verleger richten.

Leserbriefe

Anna Brockmeier
Kleinaustraße 13
65201 Wiesbaden

Verlag Stein & Beißer
Klostermühlenweg 8
59075 Hamm

Folgenschwere Druckfehler

Sehr geehrte Damen und Herren!

Seit vielen Jahren, seit fast zwei Jahrzehnten, gehöre ich zu den Lesern Ihrer Bücher zur internationalen Küche und Kochkunst, ohne dass mein Vertrauen in das gedruckte Wort jemals erschüttert worden wäre.
Erst in dem jüngst erschienenen Bildband „Köstliches aus der Naturküche" von Hans Dinkel haben sich drei Druckfehler eingeschlichen, deren einer das Rezept „Flaumiger Gemüseauflauf" in Richtung Ungenießbarkeit verändert:
Wie in dem Rezept (Seite 156) zu lesen ist, soll dem geschmorten Gemüse, nachdem es gewürzt wurde, die Teigmasse untergemischt werden. Zubereitet wird diese folgendermaßen: „Die Butter schaumig rühren, Dotter und 250 g Milch zugeben, anschließend Eischnee unter die Masse heben." Das Unbehagen über die Konsistenz der Auflaufmasse hielt auch bei ständigem Verlängern der Backzeit an; als ich schließlich, ungeduldig geworden, die Springform öffnete, schwappte mir der „Auflauf" entgegen. Statt Milch muss es wohl heißen: *Mehl*.
Der zweite Druckfehler ist allerdings weniger tragisch, denn selbst Ungeübten wird dämmern, dass hier etwas nicht stimmen kann: Um eine „Mayonnaise à la campagne" anzurichten, sollte man anstelle der zwei „sehr alten Eier" wahrscheinlich besser sehr *kalte* Eier verwenden!
Und dass gerade Herr Dinkel, der zu Recht vor der Schädlichkeit des Raffineriezuckers warnt, für den „kreolischen Bananentraum" 1000 g Zucker benötigt? Ich habe das Rezept mit 100 g ausprobiert, es schmeckt trotzdem hervorragend.
Sollte der „Naturküche"-Band Ihrer gut gestalteten Kochbuchreihe eine zweite Auflage erleben – was wohl gerade angesichts des immer noch wachsenden Interesses an gesunder Ernährung sehr wahrscheinlich ist –, hoffe ich, dass Ihnen meine Bemerkungen von Nutzen sein werden.

Mit freundlichen Grüßen
Anna Brockmeier

Briefe von Lesern

Die Fragekolumnen in Zeitungen erfordern ebenfalls eine gewisse Geübtheit im schriftlichen Artikulieren von Fragen und Problemen. Insbesondere im juristischen Bereich ist es wichtig, sich genau auszudrücken.

> *Fragen Sie den Notar!*
> *Wir sind drei Geschwister. Unsere Eltern haben vor einiger Zeit ihr Haus mit Grund an unsere Schwester übertragen, ohne mich und meinen Bruder zu verständigen. Unsere Schwester hat es daraufhin umgebaut. Hätte man nicht damit rechnen können, anlässlich dieser Übertragung vorher vom Notar angeschrieben zu werden? Wie steht es jetzt mit unserem Pflichtteil? Jeder von uns hat zu seiner Hochzeit eine kleine Aussteuer (Geld bzw. Wohnzimmereinrichtung) bekommen. Ist das nun unser Erbe von unseren Eltern? Wir haben ansonsten ein gutes Verhältnis zueinander, aber das Ganze ging ohne Worte über die Bühne. Wie sieht die Angelegenheit rechtlich aus?*

Offener Brief

Einen Leserbrief, der in einer oder mehreren Zeitungen abgedruckt wird und gleichzeitig an eine bestimmte Person gerichtet ist, bezeichnet man als „offenen Brief". Mit offenen Briefen werden Verantwortliche, oft Politiker oder Personen in öffentlichen Institutionen, aufgefordert, zu den im Brief vorgebrachten Aussagen und Fragen Stellung zu nehmen, dem Schreiber verbindlich zu antworten. Der offene Brief ist meist ein Beschwerdebrief, der die Öffentlichkeit über Missstände aufklärt und gleichzeitig die Zuständigen zu verantwortlichem Handeln aufruft.

An die Direktion der
Fluggesellschaft Aeroplan

Sehr geehrte Damen und Herren,

mit großer Empörung habe ich kürzlich die Pressemeldungen darüber gelesen, dass Ihre Luftlinie dem Schriftsteller Salomon Russel die Benutzung ihrer Flugzeuge verwehrt. Mir erscheint diese „Maßnahme" als ein opportunistischer Kniefall vor jenen Fanatikern, die dem Schriftsteller nach dem Leben trachten. Sind Sie sich dessen bewusst, dass Sie sich damit faktisch zu deren Komplizen machen?
Ich bin jedenfalls der Ansicht, dass jede Buchung einer Flugreise bei Ihrer Fluggesellschaft diese Komplizenschaft in Kauf nimmt, und bin fest entschlossen, in meinen Wirkungsbereichen für diese Ansicht zu werben. Und als meine Wirkungsbereiche betrachte ich nicht nur die Pfadfinderorganisation im Bundesgebiet und auf inter-

nationaler Ebene, sondern darüber hinaus alle Menschen, mit denen ein Gespräch möglich ist. Es ist zu hoffen, dass den meisten Weltbürgern Menschenrechte und Humanität noch ein Anliegen sind.
Und ich hoffe noch immer, dass sich die Meldung über Ihren Boykott Russels als Zeitungsente herausstellt oder, wenn die Meldungen stimmen, dass Sie Ihre verwerfliche Haltung öffentlich widerrufen.
Ich verabschiede mich in Erwartung einer Antwort.

Dr. Karl Quandt
Leiter der Pfadfindergruppe Höchst

Sehr geehrter Herr Bürgermeister!

Die Bürger der Stadt rufen Sie dazu auf, Ihre Forderung nach „Kürzung der Ausgaben für Behindertenförderung" zu widerrufen.
Unsere Stadt hat sich gerade in den letzten Jahren zu einer wichtigen Stätte der Integration behinderter Menschen entwickelt, was angesichts dessen, dass hierrein materialistische Gesinnungen stets überwogen haben, keine geringe Leistung darstellt. Dass die Stadtverwaltung ständig mit Haushaltsproblemen zu kämpfen hat, ist bekannt. Vielleicht sollte man endlich beginnen, im Amt der Stadt- und Verkehrsplanung kompetente Personen einzusetzen, wodurch sich das ständige Abreißen gerade neu geschaffener Verkehrseinrichtungen erübrigen würde.
Die schändliche Verschwendung von Steuergeldern ist unserer Ansicht nach vermeidbar, und die ohnehin lächerlich geringen Zuwendungen der Stadt an Behindertenheime sind als Ausgaben nicht einmal der Rede wert. Wir warten auf Ihre Antwort!

Dachverband der Behindertenheime

Partnerschaft

Heiratsannoncen

Wer sich bei der Partnersuche an ein Eheanbahnungsinstitut wendet, braucht sich um Heiratsannoncen nicht zu kümmern. Wer jedoch die eigene Suche vorzieht, sollte ein paar Dinge beachten:

- Finden sich die gewünschten Interessenten im Leserkreis der Zeitung, in der Ihr Inserat erscheinen soll?

Heiratsannoncen

- Ihre Chiffreanzeige sollte unbedingt mit dem Vermerk „Privat" versehen werden, weil manche Leser auf Inserate von Instituten nicht eingehen.
- Die Annonce soll eine vorläufige Orientierung über den Partnersuchenden erlauben (Alter, Größe, Typ, Beruf, Interessen, Angaben über Eigentum und bisherige Ehen, eventuell Religionsbekenntnis).
- Die Annonce soll leserorientiert sein, das heißt, Mann und Frau sollten erkennen können, wann er/sie angesprochen wird.

Nur wer ausschließlich daran interessiert ist, auf seine Anzeige möglichst viele Antwortschreiben zu bekommen, kann versuchen, von seiner Person ein falsches oder unvollständiges Bild zu entwerfen, etwa indem Mängel oder Gebrechen verschwiegen werden.
Auf sympathische Weise präsentiert sich der folgende Herr, gleichzeitig auch die Leserin ansprechend:

> *Witwer, 52, mit großen Fehlern, aber noch nicht total verkalkt, möchte Kontakt finden zu gebildeter Dame mit kleinen Fehlern, die nie auf eine Anzeige schreiben würde. Unter 245.453 „Privat" an ...*

Hier sei ausnahmsweise ein Inserat eingefügt, das ein Beispiel dafür ist, wie Inserate *nicht* sein sollen:

> *Erfolgreiche, selbstbewusste, schlanke Akademikerin (Unternehmerin unter 45 J.), Naturliebhaberin, vielseitige Sportlerin (z. B. Bergsteigen, Tourenski), aber auch Tanzen und Reisen nicht abgeneigt, möchte ich, Akademiker, 36 J., kennenlernen. Chiffre 29.043 ...*

Beginnen Sie mit der Beschreibung Ihrer eigenen Person! Dieses Inserat werden genau die Frauen *nicht* lesen, die sich angesprochen fühlen könnten, nachdem die ersten Worte ja gemäß der Konvention den Eindruck erwecken, hier spreche eine Frau. Wichtiger anstelle der so ausführlichen Beschreibung der Traumfrau wäre eine Schilderung der eigenen Person, durch die sich besagte Traumfrau angesprochen fühlen könnte:

> *In meinem Beruf habe ich viel erreicht: Akademiker, leitender Beamter, 36/176, privat bin ich noch zu haben. Freunde und Hobbys habe ich viele, in meinem Haus aber bin ich allein. Unter 32.453 an ...*

Auch in den folgenden Inseraten wird die Wunschperson geschildert, was allerdings sofort erkennbar ist; die Beschreibung der eigenen Person ist ausführlicher:

> *Privat: Welche jüngere, natürliche Sie mit Herzensbildung möchte gute und schlechte Tage mit mir teilen? Bin Anfang 50, groß, etwas sportlich, als Installateur beruflich erfolgreich, habe Kameradschaftssinn und lache gerne, rauche nicht. Kinder sind kein Hindernis. Chiffre 29.012.*

> *Damit Sie wissen, was auf Sie „zukommen" könnte: ein optimistischer, selbstbewusster Mann, 49, eigener Betrieb, der wieder für jemanden da sein möchte. Ich würde mir sehr gern die Zeit nehmen, einer liebenswerten Partnerin das Gefühl von Harmonie und Geborgenheit zu geben. Unter „Wolfram" an ...*

Ein Kennwort kann dazu benutzt werden, zusätzliche Information zu transportieren:

> *Ich liebe das Leben, aber zu zweit wäre vieles schöner! Sind Sie der gleichen Meinung? Bin Dr. pharm., 32 Jahre jung, zierliche, hübsche, sehr weibliche Brünette, ledig. Ein charaktervoller, gereifter Mann bis 50, kulturinteressiert, wäre mein Traumpartner. Unter „Gemeinsame Zukunft" an ...*

> *Warum es nicht ein zweites Mal versuchen? Bin eine blonde, vollschlanke, temperamentvolle Geschäftsfrau, 42/174, anhanglos und wieder solo. Unter „Lebensbejahend" an ...*

> *Rothaarige Schöne mit grünen Augen, 37/168, kulturell interessiert, modebewusst, einfühlsam, geschieden mit Kind, sucht kinderfreundlichen, sehr zärtlichen Partner mit Niveau! Unter „Unternehmungslustig" an ...*

> *Da ich auf flüchtige Bekanntschaften keinen Wert lege, suche ich durch diese Zeilen einen lieben, treuen Mann. Ich heiße Birgit, bin 46 J., Angestellte, häuslich, sportlich und gesellig. Wenn Sie Interesse an einem Kennenlernen haben, schreiben Sie an Kennwort „Ernsthaft", Postfach 1234, 24111 Kiel.*

Der Leser der letzten Annonce erkennt sogleich, wer hier schreibt: eine Dame, die sich eine ernsthafte Antwort erwartet und bald Sicherheit über die Dauerhaftigkeit der Beziehung haben möchte. Zweifellos wird dieses Inserat einen Leser genau dann ansprechen, wenn er dieselbe Einstellung hat – und also der Wunschpartner sein könnte.

Antwort auf Heiratsannoncen

Wer sich durch eine Heiratsannonce angesprochen fühlt und mit ihrem Verfasser oder ihrer Verfasserin in Kontakt treten möchte, sieht sich einem Dilemma gegenüber:

- Einerseits möchte er offen und ausführlich schreiben, um sich in der vermutlich größeren Menge von Beantwortern gebührend auszuzeichnen,
- andererseits aber weiß er nicht, ob jede Gefahr von Missbrauch seiner Antwort wirklich ausgeschlossen ist – was ihm eine gewisse Zurückhaltung nahe legt.

Neben der einfachsten Möglichkeit, diesen Schwierigkeiten aus dem Weg zu gehen – die Partnersuche weiterhin dem Zufall zu überlassen und die Annonce eben nicht zu beantworten –, gibt es einen guten Mittelweg zwischen den möglichen Extremen einer Antwort: eine persönliche Begegnung vorzuschlagen, anstatt einen langen Brief zu schreiben. Ausführliche Selbstdarstellungen sind auch deswegen eher unangenehm, weil man über den Empfänger/die Empfängerin tatsächlich noch zu wenig weiß, um sich ihm/ihr brieflich zu offenbaren.
Eine freundliche, ermunternde Einladung, sich so bald wie möglich persönlich kennen zu lernen, läßt sich in einem Brief gut formulieren. Wichtig ist dabei natürlich, den richtigen Ton zu treffen und nicht zu schüchtern zu schreiben, weil sich das erste Treffen sonst schwierig gestalten könnte.
Frau John fühlt sich von folgendem Inserat angesprochen:

> *Geburtstagsgeschenk*
> *Vor 40 Jahren kam ein kleiner Löwe, der jetzt in Bayern lebt, zur Welt. Heute ist er auf 184 cm angewachsen, stattlich, Unternehmer, Hobbyflieger. Nach einigen Berufserfahrungen im Ausland hat er sich in die bayrische Mentalität so sehr verliebt, dass es für ihn feststeht: Es muss eine Bayerin (schlank, attraktiv, 29-38 J., sportlich) sein. Ich freue mich, wenn du ein Bild (garantiert zurück) von dir beilegst. Unter 26.763 an ...*

Das „du" wird bereits in der Annonce angeboten, was die Wahl des Tones jedoch nicht allzu stark beeinflussen sollte. Frau Riederers Antwortschreiben ist ungezwungen, vielleicht etwas mutig, da sie auf die Wirkung ihres Fotos vertraut.

Antwort auf Chiffreanzeigen

Werter Unbekannter,

es ist das erste Mal, dass ich auf eine Anzeige antworte. Deine Merkmale haben mich tatsächlich sofort angesprochen. Du suchst ein Geburtstagsgeschenk – für nichts gibt

es mich allerdings nicht. Ich erwarte mir nämlich dasselbe Entgegenkommen und dieselbe Zuwendung, die auch ich zu geben bereit bin.
Ich glaube zu erkennen, dass die Beschreibung deiner Wunschfrau genau auf mich, 32 Jahre jung, passt. Ich bin Waage – was für Löwemänner nicht gerade von Übel ist, wie dir sicherlich bekannt ist.
Alles Weitere über mich würde ich jedoch lieber mündlich mitteilen. Wenn auch du glaubst, dass man sich im Gespräch am besten kennen lernen kann, dann lass uns ein Treffen vereinbaren! Meine Nummer ist ...
Mit vielen Grüßen unbekannterweise verbleibe ich bis dahin

Else Riederer

Eine andere Dame schreibt an die Chiffre 29.012 (Annonce des Installateurs, siehe Seite 89 oben) – etwas gesetzter als die Schreiberin des vorigen Briefes:

Lieber Herr,

als geschiedene Frau Anfang vierzig ist mein Wunsch, wieder zu heiraten, vielleicht nicht unverzeihlich. Meine 13-jährige Tochter Marlies sehnt sich nach einem liebevollen Vaterersatz und ich mich nach einem Partner, dem ich eine verständnisvolle, anschmiegsame und zärtliche Gefährtin sein will. So hat mich Ihre Anzeige natürlich angesprochen.
Als Druckgrafikerin bin ich selbstständig und einigermaßen erfolgreich tätig, und an Herzensbildung sollte es mir auch nicht fehlen. Wollen Sie mich kennen lernen? Dann rufen Sie mich doch bitte einfach an (Tel.: ... / ...).

Mit freundlichen Grüßen
Gertrude Lehmann

Auf die Anzeige der Angestellten namens Birgit (siehe Seite 89 unten) geht folgende Antwort ein:

Liebe Birgit,

wie schön, dass ich Sie schon mit Ihrem Namen ansprechen darf. Auch ich lege auf flüchtige Bekanntschaften keinen Wert und bin deshalb schon seit längerem allein – seit meine Frau vor vier Jahren bei einem Autounfall ums Leben gekommen ist.
In den letzten Jahren habe ich mich beruflich stark engagiert, sodass ich heute sogar auf ein kleines erwirtschaftetes Vermögen blicken kann.

Was Sie auf dem Foto nicht erkennen können, sind meine Größe von 1,80, mein Alter von 58 und meine beiden erwachsenen Töchter.
Die Decke meiner Eigentumswohnung beginnt mir auf den Kopf zu fallen, und ein Leben als lieber, treuer Mann an der Seite einer liebenswerten Frau erscheint mir immer mehr als das einzig Sinnvolle. Kurz: Ich möchte Sie gern kennen lernen.
Bitte schreiben Sie mir oder rufen Sie mich an (Tel.: ... / ...).

Ihr ergebener Friedrich Scheinast

Liebesbriefe

Das Thema Liebe ist so vielschichtig und facettenreich, dass ein Kapitel unseres Buches niemals ausreichen wird, ihrer Bedeutung gerecht zu werden – ist doch die Liebe die treibende Kraft in jedem von uns.
Die Liebe, dieses zentrale Thema der Menschheit – wie kann man sie beschreiben? Nach der prosaischen Definition des Brockhaus ist „Liebe" die mit der menschlichen Existenz gegebene Fähigkeit, eine intensive gefühlsmäßige, vor allem positiv erlebte Beziehung zu einem Menschen zu entwickeln. Kaum weniger prosaisch sieht es Honoré de Balzac, wenn er schreibt: „Liebe ist vielleicht nichts anderes als Dankbarkeit für empfangenes Vergnügen." In jedem Fall ist Liebe eine Form affektiver Zuwendung zu anderen, die in unterschiedlichen Epochen und Kulturen verschieden erlebt, aufgefasst und durch Verhaltensregeln geprägt wird.
Die Formen der Liebe sind vielfältig. Wir kennen die Selbstliebe, die Nächstenliebe, die Eltern-Kind-Liebe, die partnerschaftliche Liebe, die platonische Liebe, die Liebe zu Gott, zu Christus, die körperliche Liebe, die erotische Liebe ...
Wie alles in unserem Leben, ist auch die Liebe – und damit der Liebesbrief – dem kulturellen und gesellschaftlichen Wandel unterworfen. Schon aus der griechischen Antike sind erotische Briefe überliefert. Im Spätmittelalter waren Liebesbriefe bereits eine selbstständige literarische Erscheinung: Aus dem 14. Jahrhundert sind Liebesgrüße als Musterbriefe (Minnebriefe) in so genannten Liebesbriefstellern erhalten. Im 18. Jahrhundert hatte das Briefeschreiben Hochkonjunktur. Jedermann schrieb, und mancher brauchte Hilfe. Dem diente ein Buch aus dem Jahr 1751, das die deutschen Sprachpäpste Johann Christoph Gottsched und Christian Fürchtegott Gellert dem Thema gewidmet haben: „Briefe nebst einer praktischen Abhandlung von dem guten Geschmacke in Briefen".
In der modernen Zeit hingegen, im Zeitalter der Kommunikationsgesellschaft, wo das Zusammentragen und Übermitteln von Informationen eine der wichtigsten Beschäftigungen der Industrienationen bildet, ist das Schreiben von Privatbriefen im Allgemeinen und von Liebesbriefen im Besonderen unmodern geworden. Haben wir Angst, Gefühle auszudrücken? Liegt es daran, dass das „Ich liebe dich" im Grunde zu einer banalen Floskel verkommen ist? Man sagt es in Trivialromanen, in Schlagern und Filmen – aber findet sich dieser kleine und doch so wichtige Satz auch noch in Briefen?

In der Hektik und Schnelllebigkeit, die alle Bereiche unseres Lebens erfasst hat, nimmt man sich oft nicht die Zeit und hat auch nicht die Muße, etwas zu tun oder gar zu schreiben, was „nicht sein muss". Die Kunst, seine Liebe in Worten auszudrücken und diese Worte auch zu Papier zu bringen, die Kunst, einen Liebesbrief zu schreiben, scheint dem Verfall preisgegeben.

Allerdings erwecken Liebesgeschichten und Liebesbriefe nach wie vor unser Interesse, erregen unsere Neugier. Der Leser mag in dem einen oder anderen „fremden" Liebesbrief seine eigenen Empfindungen wiederfinden; die Sätze, die er liest, drücken vielleicht genau die Gefühle und Gedanken aus, für die er selbst nicht die passenden Worte gefunden hat.

Liebesbriefe als „Musterbriefe" also? Nun, Liebesbriefe sind eine sehr private Angelegenheit. „Was ist ein Liebesbrief?", fragt Kurt Fassmann, Herausgeber einer Anthologie mit Briefen der Weltliteratur. „Wer kann ihn verstehen außer dem, an den er gerichtet war, wenn überhaupt einer?"

Wir sind hier in einen Bereich vorgedrungen, in dem man keine Vorschläge machen kann und den man nicht mit vorgefertigten Formulierungen abtun darf. Auch mag uns das Zartgefühl verbieten, dem Schreiber (respektive der Schreiberin) über die Schulter zu schauen, wenn er seine Gefühle für die Herzallerliebste zu Papier bringt. Liebesbriefe von Persönlichkeiten, die der Geschichte angehören – sei es der Welt- oder der Literaturgeschichte –, sind allerdings immer wieder ans Licht der Öffentlichkeit gelangt: in gesammelten Werken, in Korrespondenzbänden und Anthologien. Der Stil dieser Briefe mag überholt sein, die Gefühle, die darin ausgedrückt werden, sind es nicht. Wollen Sie mir auf einem kleinen Streifzug durch die Welt der Liebe und der Liebesbriefe folgen?

Einer der größten Dichter deutscher Sprache, Johann Wolfgang von Goethe, war nicht nur ein Leben lang Liebender, sondern auch ein glühender Schreiber von Liebesbriefen. An Friederike Brion schrieb er:

Straßburg, den 15. Oktober 1770.

Liebe neue Freundin!

Ich zweifle nicht, Sie so zu nennen; denn wenn ich mich anders nur ein klein wenig auf die Augen verstehe, so fand mein Auge im ersten Blick die Hoffnung zu dieser Freundschaft in Ihrem, und für unsre Herzen wollte ich schwören. Sie, zärtlich und gut, wie ich Sie kenne, sollten Sie mir, da ich Sie so liebhabe, nicht wieder ein bißchen günstig sein? Liebe, liebe Freundin! Ob ich Ihnen was zu sagen habe, ist wohl keine Frage; ob ich aber just weiß, warum ich jetzt schreiben will, und was ich schreiben möchte, das ist ein anderes; so viel merke ich an einer gewissen innerlichen Unruhe, daß ich gerne bei Ihnen sein möchte, und in dem Falle ist ein Stückchen Papier so ein wahrer Trost, so ein geflügeltes Pferd für mich, hier, mitten in dem lärmenden Straßburg, als es Ihnen in Ihrer Ruhe nur sein kann, wenn Sie die Entfernung von Ihren Freunden recht lebhaft fühlen …

Liebesbriefe

Es ist ein gar zu herziges Ding um die Hoffnung, wiederzusehen. Und wir anderen, mit den verwöhnten Herzchen, wenn uns ein bißchen was leid tut, gleich sind wir mit der Arznei da und sagen: Liebes Herzchen, sei ruhig, du wirst nicht lange von ihnen entfernt bleiben, von den Leuten, die du liebst; sei ruhig, liebes Herzchen! Und dann geben wir ihm inzwischen ein Schattenbild, daß es doch was hat, und dann ist es geschickt, und still wie ein kleines Kind, dem die Mama eine Puppe statt des Apfels gibt, wovon es nicht essen sollte ...
Straßburg ist mir noch nie so leer vorgekommen als jetzt. Zwar hoffe ich, es soll besser werden, wenn die Zeit das Andenken unsrer niedlichen und mutwilligen Lustbarkeiten ein wenig ausgelöscht haben wird, wenn ich nicht mehr so lebhaft fühlen werde, wie gut, wie angenehm meine Freundin ist; doch sollte ich das vergessen können oder wollen? Nein, ich will lieber das wenig Herzwehe behalten und oft an Sie schreiben.
Und nun noch vielen Dank, noch viele aufrichtige Empfehlungen Ihren teuren Eltern, Ihrer lieben Schwester, viel hundert – was ich Ihnen gerne wieder gäbe.

Der französische Moralphilosoph Jean-Jacques Rousseau, Autor des „Gesellschaftsvertrags" und von „Emile oder Über die Erziehung", war als Liebhaber und Vater nicht unproblematisch: Seine Kinder landeten im Findelhaus. Vor seiner wilden Ehe mit Thérèse Levasseur entflammte er für Suzanne Serre:

Lyon, ... 1741

Ich habe mich der Gefahr ausgesetzt, Sie wiederzusehen, und Ihr Anblick erwies meine Befürchtungen als nur zu begründet, denn erneut riß er alle Wunden meines Herzens auf. Ich habe bei Ihnen das bißchen Vernunft, das mir noch blieb, vollends verloren, und ich merke, in der Verfassung, in der ich mich durch Sie befinde, tauge ich nur noch dazu, Sie anzubeten. Mein Übel ist um so betrüblicher, als ich weder Hoffnung noch Willen habe, davon zu genesen, und komme, was da kommen mag, ich muß Sie immerdar lieben. Ich begreife, mein Fräulein, daß kein Hoffen auf eine Wandlung Ihrerseits erlaubt ist; ich bin ein junger Mensch ohne Vermögen; ich habe Ihnen nur ein Herz darzubieten, und dies Herz, mag es gleich an feurig-zarten Empfindungen überquellen, ist doch ohne Zweifel noch immer keine Gabe, die Ihrer würdig wäre. Allein ich spüre in einem unerschöpflichen Hort von Zärtlichkeit, in einer stets bewegten und doch steten Wesensart glückspendende Kräfte die Fülle, die bei einer nicht völlig gefühllosen Geliebten wohl als Ersatz für mir abgehende Vorzüge an Gut und Gestalt mögen gelten können. Und doch! Sie haben mich mit unerträglicher Härte behandelt, und fühlten Sie sich je bewogen, mir irgendwie freundlich zu begegnen, so haben Sie es mich danach so sehr büßen lassen, daß ich schwören würde, Sie hätten nichts anderes im Sinne gehabt, als mich zu foltern. All dies macht mich verzweifelt, ohne mich doch zu verwundern, denn ich finde in meinen Fehlern Anlaß übergenug, um Ihre Kühle mir gegenüber zu rechtfertigen:

allein glauben Sie darum nicht, daß ich Sie tatsächlich für eine kühle Natur hielte. Nein, Ihr Herz ist nicht weniger zur Liebe geschaffen als Ihr Antlitz. Ich verzweifle nur darüber, daß nicht ich den Zugang zu ihm soll finden können. Ich weiß für gewiß, daß Sie zärtliche Bindungen eingegangen sind, ich kenne selbst den Namen dieses glücklichen Sterblichen, der sich auf die Kunst verstand, sich bei Ihnen Gehör zu verschaffen …

Aber da es mir einmal bestimmt ist, mich Trugbildern hinzugeben, so will ich mir wenigstens die lieblichsten davon aussuchen, nämlich diejenigen, welche Sie zum Ziele haben: verschmähen Sie nicht, Mademoiselle, einem leidenschaftlich Liebenden ein wenig Güte zu erweisen, einem Liebenden, der sich nur dadurch gegen Sie vergangen hat, daß er Sie allzu liebenswert findet; teilen Sie mir eine Anschrift für die Briefe mit, die Ihnen zu schreiben mir vergönnt sein wird, und erlauben Sie, daß ich Ihnen eine solche für die Antwortschreiben gebe, die Sie mir zukommen lassen wollen; mit einem Wort, lassen Sie mir aus Mitgefühl einen Hoffnungsschimmer, wäre es auch nur zur Besänftigung der Torheiten, deren ich fähig bin …

Der Pianist und Komponist Franz Liszt lebte in den Jahren 1835 bis 1839 mit der Gräfin Marie d'Agoult zusammen. Zu Beginn dieser Liebesgeschichte, 1835, schrieb er ihr:

Marie! Marie! Ach lassen Sie mich diesen Namen hundert Mal, tausend Mal wiederholen, jetzt sind es drei Tage, daß er in mir lebt, mich bedrängt und in mir brennt. Ich schreibe Ihnen nicht, nein, ich bin bei Ihnen. Ich sehe Sie, ich höre Sie. Die Ewigkeit in Ihren Armen. Himmel, Hölle, alles, alles in Ihnen und abermals in Ihnen. Ach, lassen Sie mich verrückt, wahnsinnig sein. Die kleinliche vernünftige, enge Wirklichkeit genügt mir nicht mehr, wir müssen unser ganzes Leben, unsere ganze Liebe, unser ganzes Unglück erleben! Ach, nicht wahr, Sie trauen mir Opfermut, Tugend, Mäßigung, Religion zu? Also, reden wir nicht mehr davon. Ihre Sache ist es, zu fragen, zu erraten, zu retten. Lassen Sie mich verrückt und wahnsinnig sein, da Sie nichts, nichts für mich tun können.

An jenem Tage, an dem Sie mir sagen: Franz, wir wollen einander alles sein, werden wir weit, weit weg sein von der Welt und allein leben, lieben und sterben.

Und am 1. Mai 1836:

Marie, Marie, lehre mich die geheimnisvolle Sprache Deiner Seele, laß uns im Schlummer miteinander reden, laß unsere tiefbewegten Herzen einander Antwort geben, ohne irgendein äußeres Zeichen. Lege Deine Hand in meine und laß Dein edles, so blondes, so goldiges Haar wieder meine bedrückte Brust weich umschmeicheln.

Liebesbriefe

Liebe Seele, warum habe ich Dich verlassen? Warum hast Du mich gehen lassen? Ach, wir sind so kläglich vernünftig! Ach, wenn Du den leisesten Wunsch verspürst, mich wiederzusehen, so komm, Du wirst mich einsam, einsam finden! Denn ohne Dich gibt es für mich weder Blick, noch Sonne, noch Natur, noch Gott, noch Heiligkeit, noch Leben.

Ein großer Mann der Geschichte und auch ein großer Liebender war Napoleon Bonaparte. 1794 lernte der spätere Kaiser von Frankreich Désirée (Eugénie) Clary kennen. Aus Marseille ermahnte ihn seine Freundin im April 1795:

Du hättest zwei Worte schreiben können Deiner guten kleinen Eugénie, die seit Deiner Abreise in der größten Traurigkeit ist, die keine Ruhe hat, der alles mißfällt, die alles beunruhigt, fern von ihrem Freunde, den sie sehr liebt. Du weißt, wie sehr ich Dich liebe? Aber ich vermag es Dir nie so gut zu sagen, wie ich es fühle. Die Abwesenheit verändert das Gefühl, das Du mir eingeflößt hast, in keiner Weise. Meine Existenz ist Dir gewidmet.

Am 9. März 1796 heiratete Napoleon Bonaparte eine andere: Joséphine de Beauharnais. Drei Tage später mußte er zurück aufs Schlachtfeld. Der Frau seines Herzens und späteren Kaiserin von Frankreich schrieb der Korse am 30. März 1796:

Nizza, den 10. Germinal

Es verging kein Tag, an dem ich Dich nicht liebte; es verging keine Nacht, in der ich Dich nicht in meine Arme schloß; ich trank keine Tasse Tee, ohne Ruhm und Ehrgeiz zu verwünschen, die mich von der Seele meines Lebens fernhalten. Inmitten der Arbeit, an der Spitze der Truppen, am Weg durch die Lager ist meine angebetete Joséphine allein in meinem Herzen, beschäftigt meinen Geist und beansprucht all mein Denken. Wenn ich mich mit der Geschwindigkeit der reißenden Rhône von Dir entferne, so geschieht das, um Dich schneller wiederzusehen. Wenn ich mitten in der Nacht noch aufstehe, so geschieht das, um die Ankunft meiner sanften Freundin um einige Tage zu beschleunigen ...
Adieu, Frau, Schmerz, Glück, Hoffnung und Seele meines Lebens, die ich liebe, die ich fürchte, die zärtliche Gefühle in mir weckt, Gefühle, die mich hinaus in die Natur ziehen, zu Ausbrüchen veranlassen, die so gewaltig sind wie der Donner. Ich verlange von Dir weder ewige Liebe noch Treue, sondern nur Wahrheit, unumschränkte Offenheit. Der Tag, an dem Du mir sagen wirst: ich liebe Dich weniger, wird entweder der letzte meiner Liebe oder der letzte meines Lebens sein. Wenn mein Herz so

niedrig wäre, ohne Gegenliebe zu lieben, würde ich es mit den Zähnen zerreißen. Joséphine! Joséphine! Erinnere Dich an das, was ich Dir manchmal sagte: die Natur stattete mich mit einer starken und entschlossenen Seele aus; Dich schuf sie aus Spitzen und Gaze. Hast Du aufgehört, mich zu lieben!! Verzeih, Seele meines Lebens, meine Seele ist weich von endlosen Spekulationen. Mein Herz ist ganz mit Dir beschäftigt und hegt Befürchtungen, die mich unglücklich machen. Es ärgert mich, Dich nicht beim Namen rufen zu können. Ich warte, daß Du ihn mir schreibst.
Adieu! Ach! Wenn Du mich weniger liebst, hast Du mich nie geliebt. Ich wäre dann sehr zu beklagen.

Bonaparte

Die Höhen der hohen Politik und die Niederungen der Scheinmoral hat der bayrische Schriftsteller Ludwig Thoma kritisch-satirisch aufs Korn genommen. Privat war der Autor der „Lausbubengeschichten" ein umgänglicher Mensch. Seiner geliebten Marion schrieb er:

München, 4. September 1905, Montag früh.

Süßer Liebling, mein liebster Schatz!

Das schreib ich noch in München ... Ich muß ein paar Zeilen an Dich schicken, denn ich meine, wenn Du mich nur halb so liebst, wie ich Dich, dann freuen Dich auch ein paar Worte. Und wenn sie auch nichts enthalten, als die Versicherung: „Ich hab' Dich lieb. Ich kann den Tag nicht erwarten, wo Du mir gehörst." Ich folge Dir mit meinen Augen in Berlin, ich sehe Dich alte Bekannte grüßen. Sie werden Dir vertraulich zunicken und sagen: „Da bist Du wieder, Marietta, und es muß wieder anfangen wie es aufhörte mit Kabarett und Gesellschaft."
Ich weiß ja, daß es nicht mehr sein wird, aber schon der Gedanke, daß andere dies glauben, quält mich. Und muß mich quälen bis zu dem Augenblick, wo ich Dich in meine Arme nehme für immer. O Liebling, süßer zarter Liebling, nimm Dich in acht vor meinen Küssen, daß ich Dich nicht totdrücke, wenn ich Dich wiedersehe. Noch vier Tage, vier Tage! Leb wohl, Du! Mein Herz brennt, und so viele Flammen schlagen heraus nach Dir. Ich küsse Dich tausendmal und noch einmal, Du!

Immer Dein Ludwig.

Verschwenderisch ist Ferdinand Raimund, Autor des „Verschwenders" und anderer Bühnenstücke, mit seinen Liebesbriefen umgegangen: Ungezählte hat er zwischen 1819 und 1836 an seine Geliebte Antonie Wagner geschrieben. Immer wieder verstand es die „liebe gute Toni", den in Liebesdingen nicht gerade verwöhnten Dichter zu reizen. Melancholisch machte er sich Luft:

Liebesbriefe

Liebe Toni!
Ich kann dir nichts schreiben, als daß mein Herz betrübt ist bis in den Tod.
Wenn ich heute durch mein leidenschaftliches Betragen dich beleidigt habe, so verzeihe mir – wenn du kannst –? Ich fühle es tief in meinem Innern, daß ich Glück und Ruhe vergebens über dieser Erde suche, ich bin nur geboren, um mich und andere zu quälen, die das Schicksal in meine Nähe stellt; habe daher Nachsicht mit meinem heutigen Betragen und meinem heutigen Schreiben, denn die Blicke, die du mir vom Fenster zuwarfst, waren keine Beweise von Versöhnlichkeit. Ich will dich nicht beleidigen, denn du verdienst es in keinem Falle, und ich bin nicht undankbar, denn mein Herz ist wahrlich nicht schlecht …
Ich kann dir nicht mehr schreiben, denn meine Seele brütet in diesem Augenblicke zu sehr über die Gewöhnlichkeiten dieser Welt, als daß ich deine Augen beleidigen möchte mit dem, was ich niederzuschreiben im Stande wäre.
So lange ich noch atme, werde ich nie aufhören dich zu lieben, doch manchmal habe ich Augenblicke, in denen ich deutlich fühle, daß sich dein Herz immer weiter von mir entfernt. Wenn du Worte des Gemütes hast für deinen Ferdinand, so schreibe sie nieder und sende sie mir, ich bin seit langer Zeit nicht so traurig gewesen, als ich es heute bin. Lebe wohl, und wenn du übrige Augenblicke hast, so denk auch an deinen

Ferdinand.

Ludwig van Beethoven schrieb nicht nur unsterbliche Sinfonien und eine Oper „Fidelio". Der Komponist, der mit zunehmender Taubheit immer ungeselliger wurde, schrieb im Jahre 1806 auch an die „unsterbliche Geliebte" (die Adressatin könnte Maximiliane Brentano gewesen sein, die Tochter von Antonie Brentano):

Guten Morgen am 7. Juli
Schon im Bette drangen sich die Ideen zu Dir, meine unsterbliche Geliebte, hier und da freudig, dann wieder traurig, vom Schicksal abwartend, ob es uns erhört. – Leben kann ich entweder nur ganz mit Dir oder gar nicht; ja ich habe beschlossen, in der Ferne so lange herumzuirren, bis ich in Deine Arme fliegen kann und mich ganz heimatlich bei Dir nennen kann, meine Seele von Dir umgeben ins Reich der Geister schicken kann – ja leider muß es sein. – Du wirst Dich fassen, um so mehr, da Du meine Treue gegen Dich kennst, nie eine andre kann mein Herz besitzen, nie – nie – o Gott, warum sich entfernen müssen, was man so liebt, und doch ist mein Leben in W., so wie jetzt, ein kümmerliches Leben. – Deine Liebe macht mich zum Glücklichsten und Unglücklichsten zugleich. – In meinen Jahren jetzt bedürfte ich einiger Einförmigkeit, Gleichheit des Lebens – kann diese bei unserm Verhältnisse bestehn? – Engel, eben erfahre ich, daß die Post alle Tage abgeht – und ich muß daher schließen, damit Du den Brief gleich erhältst. – Sei ruhig, nur durch ruhiges Beschau-

en unsres Daseins können wir unsern Zweck, zusammen zu leben, erreichen – sei ruhig – liebe mich. – Heute – gestern – welche Sehnsucht mit Tränen nach Dir – Dir – Dir, mein Leben – mein Alles. – Leb wohl – o liebe mich fort. Verkenne nie das treuste Herz Deines

>Geliebten L. –
>Ewig Dein,
>ewig mein,
>ewig uns.

Der Maler Vincent van Gogh schreibt in einem Brief an den Künstlerkollegen und Freund Emile Bernard über seine Liebe zur Kunst:

Die Ausschmückung des Hauses absorbiert mich gänzlich, und ich hoffe und glaube, daß es ganz geschmackvoll wird, wenn auch ganz verschieden von allem, was Du machst. Ich wäre recht neugierig, Skizzen aus Pont-Aven zu sehen, Du mußt mir aber eine ausgeführtere Studie schicken. Na, Du wirst schon alles aufs beste machen, ich liebe nämlich Dein Talent so, daß ich mir mit der Zeit eine kleine Sammlung Deiner Werke anlegen will. – Mir war es immer sehr rührend, daß die japanischen Künstler oft solche Tauschgeschäfte untereinander gemacht haben. Das zeigt doch, daß sie sich liebten und zusammenhielten, daß eine gewisse Harmonie unter ihnen herrschte und daß sie in brüderlicher Eintracht lebten statt in Intrigen. Je mehr wir ihnen darin gleichen, desto wohler wird es uns ergehen.

(Vincent van Gogh, „Briefe", Verlag Bruno Cassirer, Berlin um 1910)

Auch hinter Klostermauern wurden und werden Briefe über die Liebe geschrieben, sei es die Liebe zu Gott, sei es die zu einem Menschen. Absender und Adressat sind hier anonym geblieben:

Für Dich,
     weil ich Dich liebe.
Du bist so anders als ich, daß Du mir manchmal fremd bist;
Du bist so fremd, daß mir manchmal angst wird;
ich bin so voll Angst, weil Du mich vielleicht nicht lieben wirst.
Du bist mir vielleicht so ähnlich, daß Du mich aufgeben könntest, so wie ich es schon oft getan habe.
Und ich bin so voll Angst, weil ich vielleicht einmal aufhöre zu lieben,
weil Du mir so fremd bist, weil ich mir so fremd bin.

Liebesbriefe

Vielleicht höre ich einmal auf zu lieben, weil ich erkenne, daß ich nicht liebe, daß ich mich danach sehne, Dich zu lieben, weil ich Dich nicht wirklich liebe.
Du bist so anders als ich, und ich bitte Dich, mich lieben zu lernen, wie ich lieben möchte ...
In den Bewegungen meines Herzens spüre ich schmerzlich, daß ich Dich nicht so lieben kann, wie ich es gerne möchte. Und es tut mir unendlich weh, wenn ich fühle, daß Du an mir leidest, weil ich nicht liebe.
Und das ist meine Liebe zu Dir, daß ich Dich unvollkommen liebe und die Schmerzen ertrage, die ich uns zufüge, weil ich Dich liebe.
Und niemals werden wir einander begegnen, es sei denn in der grenzenlosen Freiheit der Liebe und für immer jetzt in der zeitenlosen Ewigkeit.

("Liebesbriefe hinter Klostermauern", herausgegeben von Sabine B. Spitzlei, Herder Taschenbuch Verlag, Freiburg 1990)

Neben der platonischen Liebe, der Liebe zu Gott und der allumfassenden Liebe zwischen Mann und Frau dürfen wir die Liebe zwischen Kindern und Eltern nicht vergessen. Königin Luise von Preußen musste nach der Schlacht von Jena und Auerstedt mit dem preußischen Hof nach Memel fliehen. Von dort schrieb sie an ihren Vater, Herzog Karl II. von Mecklenburg-Strelitz:

Memel, den 17. Juni 1807

Mit der innigsten Rührung und unter tausend Tränen der dankbarsten Zärtlichkeit hab ich Ihren Brief vom Monat April gelesen. Wie soll ich Ihnen danken, bester, zärtlichster Vater, für die vielen Beweise Ihrer Liebe, Ihrer Huld und unbeschreiblichen Vatergüte! Welcher Trost ist dieses nicht für mich in meinen Leiden und welche Stärkung! Wenn man so geliebt wird, kann man nie ganz unglücklich sein ...

Den Winter 1860/1861 verbrachte Kaiserin Elisabeth („Sissy"), Gemahlin Kaiser Franz Josephs I., auf Madeira. Sie hatte Sehnsucht nach ihren in Wien gebliebenen Kindern, der Tochter Gisela und dem Kronprinzen Rudolf. Dem Dreijährigen schrieb sie:

Mein lieber Rudolf,

Ich habe gehört, Du warst ja ganz bös, daß ich Dir nicht auch geschrieben habe. Ich habe gedacht, Du wärest zu klein, um das zu verstehen, aber Du bist ja jetzt auch schon ganz vernünftig. Ich werde Dir recht viele und schöne Spielsachen mitbringen.

Erinnerst Du Dich denn noch ein wenig an mich?
Es küßt Dich innigst und von ganzem Herzen, mein liebes Bubi
                                    Deine Mama.

Im April 1868 gebar Kaiserin Elisabeth in Ofen ihr viertes Kind, Marie Valerie. Kronprinz Rudolf wurde von Papa Franz Joseph ausführlich informiert:

                                    Ofen, den 28. April 1868
Lieber Rudolf,

die liebe Mama hat mich beauftragt, Dir für Deinen Brief vom 24., der uns sehr gefreut hat, zu danken. Ich freue mich unendlich, Euch Freitag früh nach so langer Zeit wiederzusehen, und hoffe, Euch recht wohl wiederzufinden. Anfang der nächsten Woche werde ich mit Euch nach Schönbrunn ziehen, und ich lasse daher den Obersten Latour bitten, Euere Zimmer lüften und heizen zu lassen.
Der kleinen Schwester und der lieben Mama geht es, Gott lob, sehr gut, aber sie werden noch nicht so schnell nach Wien reisen können, weil die Kleine noch zu klein ist und sich erst an die Luft gewöhnen muß, was auch erst in einiger Zeit geschehen kann. Jetzt kommt sie noch nicht aus den Zimmern. Sie schläft in Deinem Schlafzimmer und wird in Deinem Salon gewaschen. Wenn das in der Früh fertig ist, wird sie zur Mama getragen, wo sie bis 7 Uhr abends bleibt und sehr oft und mit großer Passion von der Amme trinkt.
Jetzt muß ich Deine Fragen beantworten. Wir nennen die Schwester Valerie, weil das ein sehr hübscher Name ist. Sie ist recht hübsch, hat große dunkelblaue Augen, eine noch etwas zu dicke Nase, sehr kleinen Mund, ungeheuer dicke Backen und so dichte dunkle Haare, daß man sie jetzt schon frisieren könnte. Auch am Körper ist sie sehr stark und sie schlägt sehr frisch mit Händen und Füßen herum. Sie schreit sehr selten, hat aber eine kräftige Stimme. Sie kanoniert öfter und dann stinkt sie meistens ein wenig, was bei kleinen Kindern nicht anders möglich ist ...
Bei der Beschreibung der Kleinen vergaß ich zu sagen, daß alle finden, daß sie Eurer verstorbenen Schwester Sophie ganz ähnlich sieht. Mit der lieben Mama umarme ich Euch von ganzem Herzen. Den Großeltern küssen wir die Hände. Mit der frohen Hoffnung, Euch sehr bald wiederzusehen

                                    Dein Dich innigst liebender
                                    Papa

Viele Kinder hatte auch einer der Dichterfürsten des 20. Jahrhunderts, Thomas Mann. Ihnen allen schrieb er am 12. August 1921 eine Ansichtskarte vom Timmendorfer Strand (Ostsee):

Liebesbriefe

Liebe Eri, lieber Eissi, lieber Golo, liebe Moni, liebe Mädi, lieber Bibi!
So lustig ist es hier, wie umstehend zu sehen. Wir denken oft, daß es euch großen Spaß machen würde, besonders gestern, bei ziemlich starker Brandung wäre das Baden etwas für euch gewesen. Aber eisig würdet ihr das Wasser finden gegen das Starnberger. Wenn die Großen schon fort sind, sollen die Kleinen ihnen diese Karte nur nachschicken. Seid alle brav und froh.
                                                            Euer P., der auch Frl. Thea grüßen läßt.

Seiner Tochter Erika hat Thomas Mann über Jahre hinweg zahlreiche Briefe geschrieben:

                                                                                München den 16. VIII. 25
Geliebtes E.,
Dank für den lebhaften Brief und die schönen Bilder! Über beides hat der Greis vor Freude gezittert ...
Es bedrückt mich, daß Du Dir in Bremen noch so wenig behagst. Aber ich hoffe immer, Du wirst Dich, soweit es möglich und nötig, noch einleben und Wurzel schlagen, vorausgesetzt, daß erste Erfolge in Deinem hohen Beruf Dir lachen und Du das Gefühl hast, vorwärts zu kommen ... Freue mich schon darauf, wenn Du dann hier bei Falckenberg spielst ...
Nun ade! Tausend gute Wünsche und auf Wiedersehen im Herbst! Zugetan heißt Dein Hahn.
        Z.

                                                                                München den 6. XI. 25
Liebes Erikind,
nimm viele herzliche Glückwünsche zu Deinem Wiegenfest und verzeih auch vielmals, daß wir Dich in bodenlosem Leichtsinn auf die Welt gesetzt! Es soll dergleichen nicht wieder vorkommen und schließlich ist es uns ja auch nicht besser ergangen ...

(Thomas Mann: „Briefe 1889 – 1936", S. Fischer Verlag, Frankfurt 1962)

Antoine de Saint-Exupéry, der Autor von „Wind, Sand und Sterne" und „Der kleine Prinz", meldete sich 1926 aus Dakar:

Meine kleine Mama –

Dieses wöchentliche Briefchen dient zu Deiner Beruhigung. Ich bin glücklich und wohlauf. Und es soll Dir auch meine ganze zärtliche Liebe sagen, meine kleine Mama; Du bist das Allerliebste auf der Welt, und ich bin so besorgt, weil Du mir diese Woche nicht geschrieben hast.
Meine arme kleine Mama, Du bist sehr weit fort. Und ich denke an Deine Einsamkeit. Ich wüßte Dich so gern in Agay. Wenn ich erst heimkomme, kann ich ein Sohn für Dich sein, wie es mein Traum ist, und Dich zum Diner einladen und Dir so viele kleine Freuden machen ...
Sage Dir auch, daß ich ein wunderbares Leben lebe.
Ich umarme Dich zärtlich.

Wenn es nach den Veröffentlichungen geht, möchte man meinen, daß im 20. Jahrhundert so gut wie keine Liebesbriefe mehr geschrieben werden. Der 1988 verstorbene österreichische Schriftsteller Erich Fried hat die Liebe in Gedichten besungen, etwa als:

Sucht

ich wünsche manchmal
ich könnte
mich an dir sattküssen
aber dann müßte ich sterben
vor Hunger nach dir
denn je mehr ich dich küsse
desto mehr muß ich dich küssen:
Die Küsse nähren nicht mich
nur meinen Hunger

(Erich Fried: „Als ich mich nach dir verzehrte", Verlag Klaus Wagenbach, Berlin 1990)

Heiratsantrag

Der förmliche Heiratsantrag, bei dem der Mann zuweilen auch noch bei den Eltern seiner Angebeteten um die Hand der Tochter anhält, wird heute mehr als selten geschrieben. Unverheiratete Paare leben nicht mehr in „wilder Ehe", sondern sind als Lebensgemeinschaft ein neuer Bestandteil der modernen Gesellschaft. Die Forderung nach einem Heiratsantrag stellen mehr oder weniger allein die schon Verheirateten, weil sie es gerne sehen würden, dass auch die nächsten „unter die Haube" kommen.

Heiratsantrag

Bevor der Mann daran denkt, um die Hand der Tochter anzuhalten, haben die Eltern schon angefragt, ob er denn auch eine Heirat im Sinn habe ...
Herr Stoll, der seit einigen Jahren mit einer um 15 Jahre jüngeren Frau befreundet ist, fährt nach Genua, um dort seine Yacht für einen bevorstehenden Törn zu rüsten. Von seiner Geliebten durch einige hundert Kilometer getrennt, beginnt er das Verhältnis zu ihr in neuem Licht zu sehen:

Meine liebe Anita,

mein Schiffchen hat gut überwintert, in eineinhalb Wochen schon stechen wir in See! Bevor du abreist und mir folgst, soll dich aber dieser Brief noch erreichen.
Ich fühle mich, als würde ich für unsere Flitterwochen Vorbereitungen treffen. Seit viereinhalb Jahren machen wir alles gemeinsam und verhalten uns, als wären wir unzertrennlich. Und wir sind es, aber ich will nun, dass nicht nur du und ich es wissen, sondern dass die ganze Welt es weiß. Ich erwarte dich in Genua, du fliegst in meine Arme, und so vereint trägt es uns aufs Standesamt ...
Die „Baiadera" tanzt auf den Wellen, wiegt sich, wartet schon darauf, dass du kommst ...

Voll Sehnsucht,
dein Peter

Ich liebe dich.

Dass dieser Brief sein Ziel nicht verfehlt, dessen ist sich der Schreiber völlig gewiss – und wirklich ist es sehr wahrscheinlich, dass ihn in Genua noch vor der Geliebten der folgende Brief erreicht:

Antwort auf einen Heiratsantrag

Pietro mio,

in welche Höhen entführt dich die Meeresluft! Die Vorstellung, als deine rechtmäßige Gemahlin neben dir das Meer zu durchschneiden, beflügelt meine Sinne und lässt mein Herz erbeben.
Ich bin zugleich entzückt, verwirrt, ratlos und glücklich – und gespannt darauf, in welche neuen Dimensionen uns dieser Schritt führen wird.
Ich sehne mich nach dir, mit allen meinen Fasern! Noch fünf lange Tage, dann bin ich bei dir!

Ein zärtlicher Kuss von deiner
Anita

Doch tatsächlich kommt es in diesem Fall anders. Herr Stoll hält wenige Tage nach seinem Brief ein ganz anders geartetes Schreiben seiner Geliebten in Händen:

Lieber Peter,

du hast in Genua ja besonders lieb an mich gedacht! Ich danke dir für deinen Brief – auch wenn er mich in arge Bedrängnis versetzt hat. Ich habe nicht gewusst, wie ernst es dir mit uns ist!
Ja, wir haben viel zusammen erlebt, und das soll auch in Zukunft möglich sein. Aber bitte, bitte nicht so! Ich brauche das bisschen Freiheit und kann und will dir heute nichts auf Lebenszeit versprechen – niemand kann das wirklich ehrlich tun, glaube ich.
Von zu Hause weiß ich zu gut, was die Ehe mit sich bringt: Eintönigkeit, Überdruss, Streit. Und wie sollte es bei uns anders sein, wo ich doch kaum Besseres gesehen habe als die Ehe meiner Eltern?
Lass uns weiter ungebunden so viel Freude aneinander haben wie bisher! Ich eile, ich fliege nach Genua – aber unter einer Bedingung: kein Wort mehr von Heirat und Standesamt. Sei mir bitte nicht böse deshalb – ich weiß sehr gut, dass ich stolz sein müsste, und ich bin es auch. Aber der Stolz ist mir nicht so viel wert wie das Glück, dich in meiner Nähe zu haben, ohne dass das Wort „Ehe" wie eine Drohung zwischen uns steht.
Wir sehen uns Sonntag – in fünf Tagen!

            Bis dahin denkt an dich
            deine Anita

Konfliktsituationen und heikle Angelegenheiten

Konfliktbriefe zwischen Eltern und Kindern

Wenn in Konflikten zwischen Eltern und Kindern Briefe geschrieben werden, dann oft auch deshalb, weil der Sohn oder die Tochter, der Vater oder die Mutter keine Möglichkeit mehr sieht, die gespannte Lage in einem klärenden Gespräch in den Griff zu bekommen.
Zu Anfang dieses Jahrhunderts befand sich der Prager Schriftsteller Franz Kafka in dieser Situation. Er schrieb den „Brief an den Vater", ein berühmt gewordenes Stück Prosa, das den Konflikt zwischen den Generationen wortgewandt zum Ausdruck

bringt. Kafkas Brief an den Vater enthält nicht nur eine Reihe von Vorwürfen, sondern auch fiktive Antworten des Vaters, auf die Kafka wiederum Einwände formuliert. Ein möglicher Dialog zwischen Vater und Sohn wird in dem Brief zum Monolog, und die Folgen eines solchen Briefes sind gemeinhin, dass der Vater nicht mehr natürlich reagieren kann, weil seine Reaktionen vorweggenommen sind; der Sohn aber ist mit dem Konflikt „fertig", er hat ihn sich vom Leib geschrieben.
Kafka hat den „Brief an den Vater" allerdings nie abgeschickt.
Briefe in Konfliktsituationen sollten natürlich in keinem Fall monologisch sein und sollten mögliche Einwände und Reaktionen des Empfängers nicht vorwegnehmen, denn sonst wird der Briefpartner „mundtot" gemacht. Ihm wird gezeigt, dass, was immer er antworten wird, dem Schreiber nicht recht sein wird. Ist ihm an einer Beilegung des Konflikts gelegen, sollte der Schreiber statt dessen Gesprächsbereitschaft signalisieren.
Ein Gedankenexperiment zeigt schnell, welche Rolle ein Brief in einem Konflikt spielt: Wenn sich der Schreiber schon beim Abschicken des Briefes „wohler fühlt", weil er endlich seine Meinung gesagt hat, dann erwartet er im Grunde genommen vom Briefpartner keine Reaktion, oder wenn doch, dann eine, die die Situation nicht wesentlich verändern kann.
Daher: Konfliktbriefe nur schreiben und abschicken, wenn man bereit ist, dem Briefpartner Bewegungsspielraum zu gewähren, und ihn nicht mit seinen Ausführungen „festnageln" will, um so den Konflikt loszuwerden.
Ein möglicher Aufbau von Briefen in Konfliktsituationen:

- mit der Schilderung der eigenen Lage beginnen
- versuchen, sich in den anderen zu versetzen
- Lösungsvorschläge bringen

Brief einer jungen Frau an ihre Mutter

Liebe Mama,

es tut mir sehr Leid, wie wir neulich auseinander gegangen sind. Entschuldige bitte meine Grobheit. Unser Streit wäre sicherlich vermeidbar gewesen, wenn ich dir schon früher einmal und bei besserer Gelegenheit gesagt hätte, was mich seit langem stört.
Du sagtest während unserer Auseinandersetzung, dass du meine „übertriebene Reaktion" nicht verstehen könntest, dass sie dir „inszeniert" vorkäme. Du konntest natürlich nicht wissen, wie überempfindlich ich gegenüber jeder Zurechtweisung bin, die das zum Gegenstand hat, was für meine Kinder gut und richtig sei, besonders wenn sie von anderen Müttern stammt. Denn dieses andauernde Bekümmertsein, Gutmeinen und Besserwissen regt mich in zweifacher Hinsicht auf.
Erstens glaube ich einfach nicht, dass die bloße Tatsache, selbst schon Kinder gehabt zu haben, zur großen Weisheit der Kindererziehung führt. Natürlich gibt es be-

Konfliktbriefe

stimmte Erfahrungswerte und ein Wissen, das von Generation zu Generation weitergegeben wird und auch weitergegeben werden muss; aber dieses „Mützchen aufsetzen", „Jäckchen zuknöpfen" und so weiter scheint mir nicht dazuzugehören.
Ich glaube, mit diesen Alltagsdingen wird jede Mutter, also auch ich, selbst fertig. Viel wichtiger fände ich es zum Beispiel, wenn einem jemand sagen würde, wie man kleinen Kindern hilft, ihr gesundes, noch völlig natürliches Ausleben von Bedürfnissen in die Zeit des Größerwerdens hinüberzuretten. Aber darum kümmert sich leider niemand.
Der zweite Grund für meine ärgerliche Reaktion liegt in meiner eigenen, das heißt: deiner und meiner Vergangenheit. In letzter Zeit erinnere ich mich immer häufiger an unerfreuliche Vorkommnisse in meiner Kindheit, und immer hängen diese Erinnerungen mit dir zusammen. Ich will auf die Straße laufen, weil Jo und Marga etwas gefunden haben, sehr geheimnisvoll tun und ich doch wissen muss, was los ist! Du aber fängst mich an der Tür ab, stopfst mich in Stiefel, steckst mich in den Mantel, rückst mir die Kappe zurecht, zupfst noch hier und da an mir herum, und dann darf ich endlich hinunter. Die beiden sind natürlich längst nicht mehr auf der Straße.
„Erst Schuhe ausziehen!" habe ich ständig im Ohr. Das ist ja alles schön und gut, aber es hemmt jegliches spontane Handeln.
Ich ärgere mich jetzt häufig über mich selbst, wenn ich an eine Sache nach allen Seiten abgesichert und wohl überlegt herangehe und beinahe wirklich nicht mehr anders, spontan, handeln kann.
Bitte unterstütze mich in der Erziehung meiner Kinder anders!
Zum Beispiel, indem du den Kindern „wirklichere" Dinge als Verhaltensvorschriften erzählst und zeigst. Erzähl ihnen doch einmal, wie du früher getanzt hast, wie du als Kind gelebt und gespielt hast, all das wird für sie viel interessanter, viel wichtiger sein!
Ich wäre sehr froh, wenn du mich verstehen und akzeptieren könntest, dass ich ein wenig andere Vorstellungen davon habe, was für meine Kinder gut ist, als du sie hast.

Mit vielen lieben Grüßen
Susanna

Ein sechzehnjähriger Sohn, der zu keinem Gespräch mit Vater und Mutter mehr zu bewegen ist, lässt seine Eltern bald verzweifeln. Die Gereiztheit der Erzeuger nimmt ständig zu, und Vorwürfe sind an der Tagesordnung.
Sinnvoll für eine Beilegung des Konflikts wäre jedoch das genaue Gegenteil. Die Vorwürfe – die zweifellos häufig gerechtfertigt sind – sollten keinesfalls als direkte Anschuldigung formuliert werden, weil dies den Angeschuldigten im allgemeinen nur noch verstockter macht, sondern sie sollten in ein etwas freundlicheres Gewand „verpackt" werden.
Im folgenden Brief trägt der Vater mit diesem „Verpacken" bereits wesentlich zur Lösung des Konflikts bei. Schon durch den Briefanfang wird der Sohn angehalten, sich den Vater als einen Menschen vorzustellen, der einen Sohn hat.

Brief eines Vaters an den Sohn

Lieber Markus,

du bist gerade mit deinen Freunden unterwegs, und ich sitze im Arbeitszimmer und bemerke, dass die Wohnung jetzt sehr still ist.
Du wirst dich wahrscheinlich wundern, dass dir dein Vater schreibt, der dir doch auch sagen könnte, was er will – aber leider, genau das ist nicht mehr so einfach möglich. Entweder bist du in deinem Zimmer und hörst Musik, dass man in der Küche sein eigenes Wort kaum versteht. Oder wir begegnen uns zufällig im Vorzimmer, du schaust kurz auf und erwiderst nicht einmal das „Guten Morgen". Nun ja, ich verstehe es ja, dass du nicht begeistert über das Aufstehen bist, ich war es als Schüler auch nicht, und frühes Aufstehen fällt mir immer noch schwer. Aber könntest du nicht vielleicht wenigstens tagsüber ein bisschen gesprächiger sein? Zum Beispiel, wenn wir uns beim Essen gegenübersitzen. Ich habe mich daran gewöhnt, dass du während der Mahlzeiten vor allem Comics zu dir nehmen musst, aber ich wüßte doch hin und wieder wirklich gern, was in der Schule los war, ob dein finsteres Gesicht mit dem Essen zusammenhängt, ob du Liebeskummer hast oder ob du Ärger gehabt hast.
Es steht dir völlig frei, selbst einmal das Wort zu ergreifen! Und würdest du bei mir anklopfen, könnten wir uns wie vernünftige Menschen unterhalten – ich würde dir sogar eine Zigarette anbieten, damit du sie nicht aus meiner Manteltasche stibitzen musst.
Gib dir einen Stoß, junger Mann! Auch Eltern sind Menschen, und umso mehr

dein Vater

Sein eigentliches Anliegen, den Sohn aus der Reserve zu locken, sodass dieser wieder mitteilsamer wird, formuliert der Vater eher beiläufig (wenn man bedenkt, dass dieses Thema in der Familie ständig angesprochen wird) und relativ unbetont. Der Schluss, der zweifellos gut gemeint ist, könnte jedoch durch die direkte Aufforderung wieder verhindern, dass der Sohn von sich aus auf den Vater zugeht – weshalb hier noch eine Variante der letzten beiden Absätze vorgeschlagen wird:

Du siehst wahrscheinlich keinen Grund, weshalb du mit „den Alten" reden solltest. Als konsequenter junger Mann, der du ja bist, wirst du, fürchte ich, auch weiterhin bei dieser Einstellung bleiben. Vielleicht aber soll unser Verhältnis so bleiben, wie es ist, und sicherlich ist es das Beste, wenn du aus meiner Manteltasche Zigaretten stibitzt, die ich dir womöglich von Mann zu Mann anbieten könnte, wenn du bei mir

anklopftest. Denn dann wärst du ja nicht mehr der „schlimme Sohn", der du bestimmt bleiben willst.
Vielleicht begegnen wir uns bald wieder einmal am Gang! Bis dahin grüßt dich

dein Vater

Briefe in Beziehungskonflikten

Mit einem Brief ist in schwierigen Angelegenheiten ein erster Schritt oft leichter getan als auf andere Art. Briefe, die an Nahestehende oder an Partner geschrieben werden, zeigen, dass der Empfänger im Leben des Absenders einen bestimmten Stellenwert, eine größere Bedeutung hat. Diese Eigenschaft von Briefen birgt zwar auch Gefahr in sich, doch die Vorteile dürften überwiegen. Dass der Schreiber die Möglichkeit hat, seine Gedankenführung klar und ohne Unterbrechung durch den anderen zu formulieren, ist sicherlich bedeutsamer als die Tatsache, dass er einer persönlichen Konfrontation ausweicht und für feige gehalten werden könnte. Vor allem hat der Adressat bei einem Brief Gelegenheit, ausgiebig nachzudenken, bevor er – sonst vielleicht vorschnell – reagiert.
Der Brief ist, weil er der Angelegenheit Bedeutung beimisst, zweifellos die Aufforderung zu einer Antwort auf die angeschnittenen Fragen und Probleme, die im Gespräch vielleicht schneller abgetan werden können. Natürlich kann niemand gezwungen werden, auf einen Brief zu reagieren, wenn er den Eindruck hat, der Inhalt sei übertrieben, unverständlich oder fehl am Platz. Doch die Gefahr, eine Sache zu dramatisieren, besteht sicherlich nicht nur in der schriftlichen Kommunikation. Ist der Partner verwundert über einen Brief, der einen Konflikt zum Thema hat, und weiß er nicht so recht, wie er reagieren soll, wird er diese Meinung auch zum Ausdruck bringen können. Der Brief stellt es dem Empfänger frei, auf welche Weise er reagieren möchte – ob in einem Brief oder mit einer Aussprache oder gar nicht.

Brief an die Freundin

Rainer K. lebt mit seiner Freundin nicht zusammen, die Bindung ist noch locker, wenngleich sich die beiden häufig sehen. Schwierigkeiten versucht er stets im Aufkeimen zu erkennen und zu lösen. Daher wirft er eines Tages – das nächste Treffen ist erst für ein paar Tage später vereinbart – ein Kuvert in den Briefkasten, das folgenden Brief enthält:

Liebe Andrea!

Zwischen uns ist manches anders geworden, als ich es mir gewünscht habe, und vielleicht sollten wir einfach einmal offen über unsere Beziehung sprechen, anstatt

uns nach kurzen Auseinandersetzungen wieder das große Glück zu erhoffen und vorzumachen.
Du sprichst in letzter Zeit oft von „Selbstverwirklichung" und dass du völlige Freiheit und Unabhängigkeit brauchst, um dich zu entfalten. Ich kann das nicht so ganz hinnehmen: Warum sollte man mit einem Menschen zusammen sein wollen, wenn dieser nur auf seine eigenen Freiräume bedacht ist? Wenn ich das Bedürfnis habe, mit dir zu reden, dann sehe ich nicht ein, warum ich damit warten soll, bis du gerade Lust hast, mit mir zu reden. Warum kannst du nicht ein bisschen weniger egoistisch sein? Du verlangst ja auch von mir, dass ich zärtlich bin, wenn du es brauchst. Und du weißt nicht, wie schwer es mir gerade dann fällt, wenn du mich dazu aufforderst – aber unsere Beziehung ist mir immer wichtiger als meine momentanen Launen, und darum habe ich dir bisher auch nie etwas davon gesagt.
Es ist schön, eine selbstständige Freundin zu haben, aber es wäre noch schöner, wenn sie nicht ständig auf ihre Selbstständigkeit pochen würde. Und das hättest doch gerade du nicht nötig!
Ich hoffe, du findest meinen Brief nicht feige, sondern siehst ihn wie ich als eine Gelegenheit, einmal in Ruhe über Verschiedenes nachzudenken, ohne dass der andere sofort reagieren muss.
Wenn es dir recht ist, bleibt es bei unserem Treffen am Donnerstag?
Ich freue mich schon auf dich!

Dein Rainer

Die Empfängerin hat genügend Zeit, um in Ruhe den Brief des Freundes zu lesen, bis sie versteht, worum es ihm geht. Sie hat nun mit einem Mal das Bedürfnis nach einer Klarstellung, und da zwar ein Treffen stattfinden wird, sie aber ebenfalls die Gelegenheit haben möchte, sich vorerst uneingeschränkt zu artikulieren, antwortet sie mit einem Brief.
Dass die Schreiberin sehr gewandt ist, was ihr Problem betrifft, mag ein Hinweis darauf sein, wie intensiv sie sich mit einschlägiger Literatur beschäftigt – was dem Empfänger nicht neu ist, denn gerade auch darauf hat sich sein Unbehagen gegründet. Indem die Schreiberin diese Tatsache nicht bemerkt und genau das, was ihrem Freund missfällt, noch verstärkt, wird ein Gelingen der Verständigung gefährdet. Wüsste sie sich etwas unabhängiger vom Jargon der Persönlichkeitsapostel auszudrücken, hätte sie vielleicht mehr Glück.

Lieber Rainer,

schreibst du mir, so schreib ich dir.
Denn ich fühle mich missverstanden – du bist offenbar verärgert oder wenigstens unangenehm berührt davon, dass ich meiner Selbstverwirklichung viel Bedeutung beimesse, sodass ich nicht immer „Zeit" habe, wenn sie andere Menschen von mir fordern.

Tatsächlich ist die Selbstfindung für mich eine der größten Aufgaben jedes Menschen, und um sie zu erfüllen, ist es notwendig, dass jeder den anderen gewähren lässt. Das bedeutet eben auch, dass man ihn in seinem Bedürfnis, *nicht* zu kommunizieren, respektiert.
Jede Kommunikation hat nur dann Sinn, wenn innere Aufnahmebereitschaft dafür besteht – ist das nicht der Fall, ist es auch kein Dialog, der entsteht. Ich empfinde Aufdrängen von Kommunikation wirklich als eine Form der Gewalt, und das Vermitteln von Schuldgefühlen („Du redest nicht mit mir, wenn ich es brauche") ebenso. Natürlich ist es schwierig, das zu akzeptieren. Aber es ist nicht unmöglich – und wer selbst Einsicht ins eigene Wesen hat, der kann sich auch in andere einfühlen, davon bin ich überzeugt. Und das bedeutet nicht, den Wünschen des anderen dann unwidersprochen nachzukommen!
Es schmerzt mich, dass ich nicht bemerkt habe, dass deine Zärtlichkeit manchmal erzwungen war. Lieber wäre es mir gewesen, du hättest mir ehrlich gesagt, was du denkst und fühlst. Was ist Zärtlichkeit wert, wenn sie nur dazu dient, den anderen zu beschwichtigen und etwas aufrechtzuerhalten, anstatt Ausdruck zu sein?
Ich hoffe, dass du bereit bist, auch deinen Anteil an der Entwicklung zu sehen und sie nicht mir allein zum Vorwurf zu machen. Du musst selbst leben! Nur wenn du dich nicht an mich heftest, können wir gemeinsam glücklich werden.
Lass es mich wissen, ob du dazu bereit bist!

deine Andrea

Trennungsbrief einer Frau

Lieber Kurt,

es war eine schöne Zeit mit dir, aber leider kurz.
Dein Schwärmen von der Burschenschaft langweilt mich entsetzlich, und dass dir dein Beruf immer wichtiger war als ich, wird mir erst jetzt allmählich klar.
Vielleicht weißt du nicht, wie verletzend das Vernachlässigtwerden für eine Frau ist, und ich kann dir gar keinen Vorwurf machen. Ich kann dir nur sagen, dass ich mit Menschen, die sich nie in andere versetzt haben, weil sie es nicht können, wenig anfangen kann.
Es ist daher, glaube ich, besser, wenn wir uns nicht mehr sehen. Bitte schick mir meinen Ring zurück, ich lege dir den deinen bei.

Evelyn

Dass Susanna und Georg Krendl sich wenige Jahre nach ihrer Hochzeit wieder trennen, dieser Tatsache sind wir schon auf Seite 60 begegnet. Der Trennung gingen einige Briefe voraus, die die beiden Partner einander schrieben.

Lieber Georg,

es fällt mir sehr schwer, mich meinen eigenen Gefühlen zu stellen. Aber ich muss es endlich tun, und ich muss dir die Wahrheit sagen, bevor es zu spät ist.
Mein Leben ist bereits gespalten in ein Denken und ein Fühlen. Ich denke, dass wir uns gut verstehen und zusammengehören und dass Valentin und Johanna ihren Papa brauchen. Aber ich fühle, dass wir uns nicht mehr so lieben wie früher.
Unsere Gespräche machen mich in letzter Zeit unruhig, sie werden für mich unfruchtbar, ich habe hinterher häufig das Gefühl, als würden sie meine Zeit fressen. Wenn ich darüber nachdenke, schrecke ich vor dem Gedanken zurück, dass ich dich vielleicht nicht mehr liebe. Ich habe diesen Gedanken bisher immer verdrängt, mir immer gesagt, es sei nicht so, ich sei nur launisch – aber Gefühle sind doch wirklicher als Gedanken, und irgendwann funktioniert der Abwehrmechanismus nicht mehr. Ich darf nicht länger verdrängen, was ich fühle oder vielmehr nicht fühle, ich darf nicht so unehrlich zu mir sein.
Lieber Georg, du bist sicher einer Meinung mit mir, dass niemand einen Mangel an Gefühlen mit Gedanken ausgleichen darf. Aus dieser Erkenntnis die Folgerung zu ziehen, ist mir unerträglich. Aber es scheint mir, dass wir uns trennen müssen. Ich werde eine Wohnung für die Kinder und mich finden, und ich kann nur hoffen, dass du mir verzeihst. Nietzsche sagt: „Schweigen ist schlimmer. Alle verschwjegenen Wahrheiten werden giftig" (auch wenn er damit nicht Gefühle gemeint hat).
Ich werde noch länger mit den Kindern in Mondsee bleiben und hoffe darauf, deine Antwort zu bekommen.

Susanna

Antwortbrief

Liebe Susanna,

zuerst einmal sollst du wissen, dass du nicht zu befürchten brauchst, ich sei dir böse. Ich bin zwar verletzt, wie du dir denken kannst, aber ich bin froh über deine Ehrlichkeit und ganz deiner Meinung, dass es nur ungesund ist, etwas Bedrückendes zu verschweigen. Und ich bin verwundert, dass es dir so schwer fällt zu sagen, was du willst. Willst du dich scheiden lassen? Ich kann es nur vermuten, und da du zum Glück in deinem Brief nicht so konkret wirst, habe ich Hoffnung, dass noch gar nicht alles zu spät ist.
Liebste Susanna! Überwinde doch bitte deine Illusion von der Ewigen Großen Liebe! Es gibt auch im Zusammenleben nicht nur das Abwarten beglückender Gefühle. Irgendwann kommt Neues hinzu, und ich bin schockiert, dass du unsere Gespräche als „zeitfressend" empfindest. Das kann ich überhaupt nicht nachvollziehen. Dass manche Themen immer in dieselbe Sackgasse führen, gebe ich zu, und ich ärgere

mich darüber ebenfalls. Aber wenn du mir darlegst, wie du bestimmte Dirigenten empfindest, ist das stets auch für mich eine Bereicherung, und dir tut es sichtlich gut, wenn du dich in Feuer redest. Deshalb glaube ich nicht, dass es um uns wirklich so schlimm steht, wie du meinst. Und sollte es sich tatsächlich herausstellen, dass wir an unserem Zusammenleben etwas ändern müssen, so ist es doch eine große Hoffnung, dass wir beide noch lernfähig sind!
Ich will dich auf keinen Fall dazu verleiten oder gar überreden, etwas zu verdrängen. Wenn du diesen Eindruck hast, hast du mich noch nicht verstanden. Ich will dir nur eins ans Herz legen: Warum sehen wir den Tatsachen nicht ins Auge? Eine Ehe ist zwar eine Wirtschaftsgemeinschaft, aber eine, die nicht nur praktisch ist, sondern die auch einen ständigen Gedankenaustausch ermöglicht. Wir können ja die Wohnung umstellen, wenn du das wirklich willst, aber, Susanna, ist das nicht vielleicht überflüssig?
Es gibt viel zu viele Gründe, die alten Vorstellungen abzuschütteln und ein freier Mensch zu sein. Es gibt eben Menschen, mit denen zu leben nicht leicht ist, von denen man aber auch nicht lassen kann. Zu diesen gehörst du für mich. Und ich hoffe sehr, dass du das einfach übersehen hast und ich für dich auch so einer bin.

Dein Georg

Briefe zwischen getrennten Partnern

Die Trennung einer eheähnlichen Gemeinschaft wird nicht nach dem Scheidungsrecht vollzogen, daher ist die Aufteilung des Vermögens, des Hausrats und so weiter ganz den Partnern überlassen. Die Grundregel dabei ist – wie bei der einvernehmlichen Scheidung –, dass jeder das erhält, was er selbst in die Gemeinschaft mitgebracht hat, und vom gemeinschaftlich erwirtschafteten Vermögen die Hälfte. Verbrauchtes Geld kann nicht zurückgefordert werden. Und die Probleme, die aus einer Lebensgemeinschaft stammende Kinder machen, wollen wir hier ausklammern.
Ilse Stadler hat gerade ihren Lebensgefährten verlassen und ist aus der gemeinsamen Wohnung ausgezogen. Sie bemerkt nun, dass sie einiges zurückgelassen hat, von dem sie glaubt, dass es ihr gehört. Da sie den Kontakt zu ihrem ehemaligen Gefährten völlig abgebrochen hat und ihr Stolz sie an einem Telefonat hindert, schreibt sie:

Lieber Hans,

ich habe mehreres in der Wohnung vergessen, das ich dringend brauche. Macht es dir etwas aus, wenn ich es mir bei Gelegenheit hole?
Bitte lass mich wissen, wann es dir recht ist.

Grüße, Ilse

Beziehungskonflikte

Die Schwierigkeit besteht darin, dass Frau Stadler ihre Gedanken und Gefühle nicht mit ihrem Anliegen in Verbindung bringen möchte, da sie dies als unpassend empfindet. Sie wollte ihre Gefühle völlig aussparen und auf diese Weise einen „neutralen" Brief schreiben.

Die Frau, die selbst nur unpersönlich Kontakt aufnimmt, erwartet mit diesem Brief vom anderen, dass nun er die Initiative ergreift. Nicht ganz zu Unrecht könnte sich der andere denken, das sei etwas unfair – und könnte abwarten, ob seine frühere Partnerin nicht doch auf den Gedanken kommt, einmal anzurufen.

Doch der Brief hat den verlassenen Lebensgefährten, der über die Schroffheit erstaunt ist, zu sehr verärgert, als dass er ruhig abwarten könnte, was Frau Stadler tun wird, wenn er nicht reagiert.

Liebe Ilse,

als ich das Kuvert mit deiner Schrift sah, hat mich kurz die wahnwitzige Idee gestreift, du könntest es dir noch einmal überlegt haben. Dass allerdings nicht die Spur von Menschlichkeit in deinen Worten enthalten sein würde, hätte ich nicht für möglich gehalten.
Sind denn vergessene Dinge alles, wovon du mir etwas zu sagen hast? Ich habe keine Lust, mit dir um irgendwelche Sachen zu streiten, aber trotz einigen Nachdenkens kann ich mir eigentlich nicht vorstellen, *was* von dem hier Verbliebenen du als dein Eigentum betrachten könntest. Vielleicht sagst du mir das bei Gelegenheit einmal.
Ich bitte dich, mir die Briefe zurückzugeben, die ich an dich geschickt habe. Ich weiß, dass ich eigentlich kein Recht habe, sie zurückzufordern, ebensowenig wie die Goldohrringe, die ich dir geschenkt habe. Aber es wäre trotzdem ein netter Zug von dir, mir diesen einen Wunsch, die Briefe wiederzugeben, zu erfüllen, nach allem, was war.

Hans

Aber auch das war nicht das letzte Wort in dieser Angelegenheit. Wieder fühlt sich jemand missverstanden – der schroffe oder eben nur distanzierte Ton des ersten Briefes war anscheinend doch kein untrügliches Zeichen für die Unmenschlichkeit der Absenderin.

Lieber Hans,

es tut mir Leid, dass du andere Briefe von mir erwartest, als ich schreiben kann. Lass uns doch, wie auch du vorgeschlagen hast, einen Schlussstrich ziehen. Was hätte dir

„Menschlichkeit in meinen Worten" genutzt? Ich kann mich nicht verstellen und wüsste auch nicht, wozu, denn das fände ich unfair, hier Menschlichkeit über mein ganz schlichtes Anliegen „drüber zu streuen".
Die Dinge allerdings kann ich dir gerne nennen: ein paar Esoterikbücher, die wohl im Regal stehen, die Stühle auf dem Dachboden und der Vorzimmerspiegel.
Da ich mir nicht vorstellen kann, dass du besonderen Wert auf diese Dinge legst, darf ich doch hoffen, dass du mich einlässt? Oder sie mir bringst – die Sache mit den Briefen können wir dann ja immer noch bereden.

Liebe Grüße, Ilse

Briefe bei Intrigen

Auch bei Intrigen sollte man sich davor hüten, Briefe zu schreiben, in denen man „das Gras wachsen hört". Ist der Ärger aber einmal so gewachsen, dass er sich Luft machen muss, dann ist es eine Möglichkeit, an den Betreffenden einen Brief mit der Bitte um Unterlassung zu richten.
Wie schon aus dem Brief auf Seite 106 f. hervorgeht, ist das Verhältnis zwischen Susanna Krendl-Franke und ihrer Mutter eher gespannt. Dennoch schreibt die Mutter einen vordergründig sehr netten Brief, als sie von der Scheidung der Tochter erfährt. Dieser Brief (siehe Seite 60) hat die Auflösung der Ehe zwar weder befürwortet noch abgelehnt, aber ein stillschweigendes Akzeptieren der Verhältnisse war nicht zu übersehen. Jetzt allerdings redet die Mutter Susannas Ehemann Georg hinter dem Rücken der Tochter plötzlich zu, sich nicht zu trennen. Dagegen verwahrt sich die Tochter entschieden:

Liebe Mama,

es ist mehr als störend, dass ich mich in einer ohnehin schwierigen Zeit zu allem Überfluss mit Intrigen herumärgern muss. Denn als solches muss ich fast bezeichnen, was mir durch Georg zu Ohren gekommen ist: Du hast ihm eingeredet, dass ich es mit der Trennung gar nicht so ernst meinen würde.
Dazu muss ich sagen, dass ich es nie als besonders günstig empfunden habe, wenn Eltern sich in die Ehe ihrer Kinder einmischen. Aber wenn sie gescheiterte Ehen zwanghaft aufrechterhalten wollen, finde ich das noch schlimmer. Immerhin bin es ja ich, deine Tochter, die eine Scheidung will, und dass du hinter meinem Rücken agierst und Georg verunsicherst, finde ich, gelinde gesagt, intrigant.
Es war ohnehin schwierig genug, ihn davon zu überzeugen, dass es besser für uns beide ist, wenn wir uns jetzt trennen, wo noch nichts zu spät ist. Und dann kommst du mit deinem „Probiert es doch noch einmal" und wendest dich damit an *ihn*. Erinnerst du dich, dass du mir gleich nach der Nachricht von unserer Trennung einen Brief geschrieben hast, in dem du mit keinem Sterbenswörtchen erwähnst, dass du

findest, wir sollten zusammenbleiben? Ich habe diesen Brief noch einmal gelesen – du scheinst darin alles genau so, wie ich es dir geschrieben habe, zu akzeptieren. Was bezweckst du also? Warum handelst du hinter meinem Rücken?
Ich fordere dich auf, deine heimlichen Aktivitäten einzustellen.
Außerdem lade ich dich ein, nächsten Sonntag mit uns zu Mittag zu essen, damit du deine Wünsche und Ziele vor uns beiden äußern kannst. Denn darum muss ich dich bitten, und solltest du damit nicht einverstanden sein, dann solltest du auch deine Einflüsterungen bleiben lassen.

Mit aufmüpfigen Grüßen
deine Tochter Susanna

Brief an den Vorgesetzten

Eine Hörfunkmoderatorin sieht sich einer Intrige ausgesetzt. Um das Problem nicht am Telefon breit zu treten, schreibt sie an ihren Vorgesetzten einen Brief, in dem sie sowohl die Sachlage kurz schildert als auch einen Lösungsvorschlag bringt:

Sehr geehrter Herr Dr. Reichle,

seit einem halben Jahr gestalte ich die Sendung „Reprise" und habe von Ihnen schon mehrmals Worte der Anerkennung erhalten, die für mich sehr wichtig waren und sind.
In letzter Zeit haben sich in die Live-Sendungen des öfteren kleine Pannen eingeschlichen, die Ihnen kaum verborgen geblieben sein können. Ich kann mir diese Pannen jedoch nicht erklären. Ich kontrolliere stets am Vorabend zwei- bis dreimal, ob die CDs in der richtigen Reihenfolge beim Techniker aufliegen. Dass nun schon dreimal die Reihenfolge durcheinander gebracht war – zweimal hat es zu einer längeren unfreiwilligen Sendepause geführt –, hat in mir den Verdacht einer gegen mich gerichteten Intrige aufkommen lassen.
Ich will niemanden denunzieren, doch es gibt in unserem Studio tatsächlich eine gewisse feindselige Haltung gegenüber freien Mitarbeitern und ich habe diese Feindseligkeit auch schon des öfteren gegen mich gerichtet gefühlt. Ich kann mir nicht vorstellen, was Kapazitäten des Studios von Leuten wie mir zu befürchten haben, doch es scheint hier eine Abwehrhaltung zu geben, deren Gründe mir nicht bekannt sind.
Mir ist an meiner Sendung allerdings sehr gelegen, und ich möchte sie nicht abtreten müssen. Würden Sie mir Gelegenheit geben, einige Sendungen vorzuproduzieren? Ich bin überzeugt, Sie auf diese Weise von der Qualität meiner Arbeit überzeugen zu können.

Mit der Bitte um Ihr Vertrauen grüßt Sie
Ihre Ingrid Pfisterer

Die heikle Angelegenheit

Um in heiklen Angelegenheiten brieflich vorzugehen, braucht man Fingerspitzengefühl. Scheinbar unumstößliche Argumente helfen weit weniger als gefühlsmäßig richtig gewählte Worte.
Für heikle Angelegenheiten gilt, was zur Psychologie des Briefeschreibens gesagt wurde und was auch in Konfliktbriefen eine entscheidende Rolle spielt:

- Gesprächsbereitschaft signalisieren!
- Dialog statt Monolog!
- Keine endgültigen „Lösungen", sondern einzelne Schritte, die nicht selbstherrlich gesetzt, sondern zusammen mit dem Briefpartner festgelegt werden.
- Alternativlose Situationen vermeiden, keine Entweder-oder-Spiele!
- Nicht antworten ist kein Weg, einer heiklen Angelegenheit beizukommen, sondern spannt die Situation noch mehr an.
- Probleme nicht isolieren, sondern aufgreifen und außerdem an gemeinsame Interessen erinnern!

Zwei Vorhaben helfen dabei, keine „endgültigen" Briefe zu schreiben, nämlich: Fragen zu stellen und diese Fragen so zu stellen, dass dem Briefpartner mehr als die bloße Antwort auf die Fragen möglich ist, dass er also darüber hinaus noch zu Wort kommen kann. Dazu eignen sich Ergänzungsfragen. Entscheidungsfragen erlauben nur die Antwort „Ja" oder „Nein" – und niemand lässt sich gern „entselbsten".
Stellen Sie Ergänzungsfragen so, dass sich der Briefpartner nicht eingeengt fühlt und im besten Fall nur mehr Ihre bereits vorformulierte Antwort wiedergeben kann. Wer freiwillig handelt, tut es meist mit größerer Überzeugung. Wer sich hingegen gezwungen fühlt, könnte zu einer Trotzreaktion neigen, die kaum im Sinne des Briefschreibers sein wird. Daher sollten auch unterschwellige Drohungen in Briefen nach Möglichkeit vermieden werden.

Brief wegen Erbteils

Eine junge Frau erfährt „über drei Ecken", dass ihr Vater das Haus, das die Familie in früheren Jahren gemeinsam bewohnte, verkauft hat. Betroffen schreibt sie:

Lieber Papa,

wie ich gehört habe, hast du unser Haus verkauft. Ich bin über diese Nachricht sehr erstaunt und vor allem darüber, dass du dieses Vorhaben mit keinem Wort erwähnt hast, als wir uns das letzte Mal gesehen haben. Für mich ist damit ein Teil meiner Kindheit unwiederbringlich ausgelöscht, und alle Hoffnungen, einmal mit meinen eigenen Kindern darin wohnen zu können, sind zunichte.
Was du mit dem Verkaufserlös vorhast, habe ich ebenfalls über drei Ecken erfahren, und es kann natürlich niemand etwas dagegen einwenden. Dass du damit allerdings

Beschwerden

die Zukunft deiner Tochter in ein sehr trübes Licht rückst, finde ich nicht mehr ganz unproblematisch. Du hast dieses Haus selbst von deinen Eltern geerbt. Wie aber habe ich verdient, dass ich am Ende eines Stammbaumes mit völlig leeren Händen dastehen muss?
Wenn ich mein Erbteil auch nicht rechtmäßig fordern kann, bitte ich dich doch sehr, irgendwie Vorsorge zu treffen, dass es gesichert ist. Ich glaube nicht, dass du jemals Schwierigkeiten mit mir hattest; auch die Berufsausbildung habe ich mir schließlich selbst finanziert. So hoffe ich, dass du dich nicht vor meinem Anliegen verschließt und dass ich einmal erfahre, warum du so heimlich gegen deine Tochter agierst.

Als solche grüßt dich
Greta

Beschwerdebriefe

Gesellschaft für Konversationsanalyse

Sehr geehrte Damen und Herren,

seit Sie die Räumlichkeiten im Nebenhaus bezogen haben, werden wir fast täglich auch nach 22 Uhr durch Lärm belästigt. Dieser Lärm geht von Ihren Seminarteilnehmern aus, die offenbar nach Schulungsschluss noch sitzen bleiben und erst sehr spät das Gebäude unter großem Hallo verlassen. Dabei findet der Aufbruch mit den Fahrzeugen direkt unter unserem Schlafzimmerfenster statt, sodass eine Störung nicht ausbleiben kann. Die Musik, die letzten Donnerstag offensichtlich im Rahmen eines Festes erklungen ist, war gleichfalls unerträglich laut.
Ich sehe mich genötigt, Sie darauf aufmerksam zu machen, dass Sie Ihre Unternehmungen in einem „reinen Wohngebiet" durchführen. Wir wünschen uns jedoch gute nachbarliche Kontakte und bitten Sie, zukünftig auf die Ruhestörung nach 22 Uhr zu verzichten.

Mit freundlichen Grüßen
Hermann Klinger

Antwort auf Beschwerdebrief

Sehr geehrter Herr Klinger!

Es tut uns Leid, dass wir als Ihre neuen Nachbarn Ihnen sofort Ärger bereitet haben.

Unsere Seminarteilnehmer werden künftig zu größerer Disziplin beim Verlassen des Hauses angehalten werden.
Entschuldigen Sie bitte außerdem die Störung am Donnerstag vergangener Woche. Wir werden uns bemühen, für derartige Festlichkeiten in Zukunft andere Räume zu finden oder den Lautstärkepegel heruntersetzen.
Wir hoffen, dass sich unsere Nachbarschaftskontakte in Zukunft positiv entwickeln, und bitten Sie, uns bei eventuell auftretenden Störungen auch weiterhin sofort zu informieren.
Mit freundlichen Grüßen
Franz Jung
Gesellschaft für Konversationsanalyse

Beschwerde an den Betriebsrat

Susanna Krendl-Franke fühlt sich durch einen Redakteur der Zeitung, bei der sie tätig ist, belästigt und schreibt einen Beschwerdebrief an den Betriebsrat:

Sehr geehrter Herr Schmidt,

ich wende mich brieflich an Sie, weil dies meiner Meinung nach die weniger auffällige Art ist, eine Beschwerde vorzubringen.
Beschweren muss ich mich über Herrn Wastl, der mir und anderen weiblichen Redaktionsmitgliedern entschieden zu nahe tritt. Ich empfinde die sich wie zufällig ergebenden Berührungen, wenn Herr Wastl an mir vorübergeht, aufgrund ihrer Häufigkeit bereits als sexuelle Belästigung am Arbeitsplatz.
Ich würde das offenbar unvermeidliche Anstreifen gern als Zeichen der Ungeschicklichkeit auffassen, wenn nicht mehreres, das ich beobachtet habe, gegen eine Zufälligkeit dieser Vorfälle spräche: einerseits die Häufigkeit, andererseits die Regelmäßigkeit und drittens die Tatsache, dass nur Frauen zu Opfern dieser „Ungeschicklichkeit" werden.
Aus Rücksicht auf das Betriebsklima und auf meine eigene Person habe ich Herrn Wastl nie direkt auf sein Verhalten angesprochen, doch auch ihm auszuweichen gelingt mir nicht immer.
Ich möchte, wie gesagt, selbst nichts unternehmen, doch ich weiß, dass sich einige meiner Kolleginnen in ähnlicher Weise ärgern. Es ist daher nicht nur in meinem eigenen Interesse gesprochen, wenn ich Sie bitte, in Ihrer Funktion als Betriebsrat Herrn Wastl zur Rede zu stellen.

Mit bestem Dank und freundlichem Gruß!
Susanna Krendl-Franke

Beschwerde bei der Gemeinde

Helmut Hauser
Kapellenweg 13
82335 Berg / Starnberger See

Gemeindeverwaltung
Rathaus

82335 Berg / Starnberger See

Sehr geehrter Herr Bürgermeister,

meine Beschwerde bei der Polizei hatte keinen Erfolg, deshalb wende ich mich an Sie. Grund meiner Beschwerde sind die zahlreichen Fahrzeuge, die Herr Moritz Gassner regelmäßig an der Zufahrt zum Sonnberg, auf Höhe der Häuser Hinterhuber bis Feuerwehrhaus, abstellt. Gassner ist Gebrauchtwagenhändler, die Kraftfahrzeuge sind daher nie angemeldet. Die Straße ist aber kein Betriebsgelände!
Ich möchte hinzufügen, dass ich beim Bau meines am Sonnberg gelegenen Hauses verpflichtet wurde, einen Kfz-Abstellplatz innerhalb des Grundstücks einzuplanen, um die Straße für den Verkehr freizuhalten. Diese Verpflichtung sollte für alle Anlieger gelten. Ich hoffe, dass Sie dahingehend etwas unternehmen werden.

Hochachtungsvoll
H. Hauser

Beschwerdebrief an den Schuldirektor

Nachdem persönliche Vorstöße in Richtung Konfliktlösung erfolglos geblieben sind, richtet eine besorgte Mutter einen Brief an den Direktor der Privatschule, in der ihr Sohn Schwierigkeiten hat:

Sehr geehrter Herr Direktor!

Mein Sohn Fritz – er besucht die Klasse 4a – fühlt sich im Internat sehr wohl. Er hat jedoch seit Jahren ein Problem, das selbst meine gesamten bisherigen Anstrengungen nicht zu lösen vermochten. Deshalb muss ich mich nun an Sie wenden.
Fritz hatte bei seinem Sportlehrer, Herrn Eckmayr, schon immer einen schweren Stand. Seine Fähigkeiten liegen mehr auf dem musischen Gebiet, er ist nicht besonders sportlich. Seinen Erzählungen zufolge ist er im Turnunterricht häufig vor allen Mitschülern gehänselt worden, und zwar vom Lehrer, nicht von den Klassenkameraden. Ich habe am Elternsprechtag selbstverständlich persönlich mit Herrn Eckmayr

über diese Demütigungen gesprochen, und nicht nur einmal, denn diese Vorkommnisse sind auch nach der Aussprache nicht ausgeblieben. Selbst meine Bemerkung, mich an Sie wenden zu wollen, hat bisher keine Wirkung gezeigt.
Der Anlass, aus dem ich mich nun wirklich an Sie wende, ist allerdings greifbarer, als es die bloße allgemeine Benachteiligung den Mitschülern gegenüber wäre:
Fritz hat sich im Urlaub am Knöchel verletzt, sein Bänderriss muss zwei Monate lang ausheilen. Ich habe Herrn Eckmayr die Arztbestätigung zugesandt und ihn zusätzlich schriftlich um Freistellung gebeten. Heute rief mich mein Sohn völlig verstört an und erzählte, dass er in der heutigen Turnstunde habe mitturnen müssen. Herr Eckmayr habe zu ihm gesagt, er könne ohne weiteres turnen, das sei gesund, und habe ihn gezwungen, sich umzukleiden. Mein Sohn hat daraufhin tatsächlich kurz versucht, sich an den Übungen zu beteiligen. Dies grenzt jedoch nicht nur vom medizinischen Standpunkt aus an nicht entschuldbare Rücksichtslosigkeit, sondern ist Missachtung der Würde eines Menschen. Auch wenn oder gerade weil mein Sohn noch ein Kind ist, ist das kein Grund für diese unmenschliche Behandlung.
Ich habe nach diesem Anruf meines Sohnes nicht mehr versucht, Herrn Eckmayr telefonisch zu erreichen. Ich wähle den hoffentlich wirksameren Weg und bitte Sie, Ihren Sportpädagogen zur Rechenschaft zu ziehen. Ich glaube nach wie vor daran, dass sich Veränderungen auch ohne die Androhung eines Disziplinarverfahrens bewirken lassen müssten. So hoffe ich auf Ihre Unterstützung und verbleibe

mit freundlichen Grüßen
Gabriele Meinhart

Beschwerde beim Innungsmeister

Was tun, wenn der eigene Sohn eine Lehre absolviert, in der er nichts für sein künftiges Handwerk Nützliches lernt, sondern nur zu niederen Diensten eingesetzt wird? Ein Brief an den Innungsmeister schafft vielleicht Abhilfe.

Sehr geehrter Herr Frach,

als Mutter eines Lehrlings wende ich mich an Sie. Mein Sohn Klaus Krendl möchte Tischler werden; darum besucht er die Berufsschule und absolviert bei der Firma Brantner in … eine Lehre. Dass er dort jedoch seit zwei Jahren Furniere schleift, scheint mir kaum der geeignete Grundstock einer fundierten Ausbildung zu sein. Spricht man seinen Ausbilder, Herrn Topitsch, darauf an, zeigt dieser keine Reaktion und wendet sich ungerührt anderen Dingen zu.
Ich bitte Sie, in Ihrer Funktion als Innungsmeister etwas dagegen zu unternehmen, dass Lehrlinge in der Firma Brantner als billige Hilfskräfte eingesetzt werden!

Mit freundlichen Grüßen
Maria Krendl

Zurückweisen von Beleidigungen

Oft gelingt es nicht, auf Beleidigungen direkt zu reagieren – sei es, dass man nicht schlagfertig genug war oder erst hinterher bemerkt, was der andere gesagt hat, sei es, dass einem die Beleidigung über Dritte zu Ohren kommt.
Eine Frau erfährt von einer früheren gemeinsamen Freundin, mit welchen Worten ihr geschiedener Mann in letzter Zeit über sie spricht. Sie richtet an diesen einen Brief:

Servus Reinhard,

mir ist zu Ohren gekommen, dass du dich nicht scheust, Verleumdungen über mich in die Welt zu setzen. Was du in deinem Bekanntenkreis über mich und unser beider Vergangenheit verbreitest, empfinde ich als ungeheuerlich und als Beleidigung meiner Person.
Nicht nur, dass nichts davon wahr ist. Gerade du hättest, glaube ich, keinen Grund, dich im Nachhinein für etwas zu rächen.
Ich fordere dich also auf, deine diffamierenden Worte sofort zurückzunehmen, und zwar vor allen, die sie gehört haben. Mir gegenüber erwarte ich eine Entschuldigung.

Katharina

Die Familien der beiden Schülerinnen Anna und Christine haben sich zum ersten Mal getroffen. Am Tag nach dem gemeinsam verbrachten Abend erzählt Christine ihrer Freundin Anna, was ihre eigenen Eltern über Annas Eltern redeten, als sie zu Hause angelangt waren. Anna gibt diese Neuigkeit an ihre Mutter weiter. Der Brief, den Annas Vater in der Folge schreibt, folgt dem Aufbau

- Ausdruck des Bedauerns
- Schilderung der eigenen Lage
- Zurückweisen der Beleidigung
- Argument
- Bitte um Antwort

Sehr geehrter Herr Dr. Korn,

schade, dass Ihr Besuch bei uns mit Ärger enden muss – ich habe unser Zusammensein als sehr gemütlich und interessant empfunden.
Unsere Tochter hat uns heute erzählt, was Christine ihr berichtet hat: Sie haben nach dem Besuch bei uns unsere Wohnung geschmacklos gefunden – nun, über Geschmäcker lässt sich bekanntlich streiten. Dass Sie oder Ihre Frau jedoch meine Gat-

tin als „gewöhnlich" und „derb" bezeichnen, verbitte ich mir, denn diese Worte sind ungemein verletzend, auch wenn sie nicht für unsere Ohren bestimmt waren.
Ich muss Sie unter diesen Umständen um eine Rechtfertigung bitten.
Ich habe keinen akademischen Titel, aber dasselbe Recht wie Sie, als Mensch würdig behandelt zu werden. Die Würde verletzen jedoch in meinen Augen auch abschätzige Bemerkungen, die hinter dem Rücken des Betroffenen gemacht werden und diesen noch dazu völlig zu Unrecht treffen. Ich hatte, als Sie bei uns waren, eigentlich den Eindruck gewonnen, dass Sie ein Mensch seien, der andere nicht nach dem Versicherungswert ihrer Wohnungseinrichtung beurteilt.
In diesem Sinn hoffe ich, von Ihnen zu hören, und grüße Sie

Heinz Holberg

PS: Ich bin Ihrer Tochter dankbar, dass sie so offen zu unserer Tochter ist – Sie werden sie für ihre Offenheit hoffentlich nicht bestrafen.

Aufforderung zur Entschuldigung

Muss jemand aufgefordert werden, sich zu entschuldigen, ist ein knapper Brief vorzuziehen. Wichtig ist, dass daraus klar hervorgeht, worin die Beleidigung besteht.

Sehr geehrter Herr Schmidt,

Sie haben neulich, als wir uns begegnet sind, Ihren Ärger über die Widerstände in der Bevölkerung gegen die EU zum Ausdruck gebracht. Ich habe Ihnen entgegnet, dass ich die Befürchtungen der Landwirte sehr gut verstehen kann.
Was Sie daraufhin gesagt haben, war nicht sehr nett – jedenfalls fühle ich mich durch die unsachliche Bemerkung, dass alle, die diesen Befürchtungen Glauben schenken, schwachsinnige Provinzler seien, von Ihnen persönlich angegriffen, und ich sehe keinen Grund, diese Beleidigung auf mir sitzen zu lassen. Sollte ich Sie missverstanden haben, bin ich gern bereit, mich aufklären zu lassen.

Bruno Meier

Entschuldigung

Sehr geehrter Herr Meier,

es tut mir sehr Leid, dass Sie sich durch meine Bemerkung persönlich angegriffen fühlten. Ich habe damit, dass alle schwachsinnig sind, die auf die Landwirte hören,

selbstverständlich nicht Sie gemeint – auch wenn das im Gesprächszusammenhang für Sie so geklungen haben muss.
Leider hatte ich keine Gelegenheit mehr, mich näher zu erklären, was sicherlich zu einer Aufklärung des Missverständnisses geführt hätte, weil Sie unmittelbar darauf Ihren Hut gezogen haben und gegangen sind.
Mit meiner Äußerung, die tatsächlich sehr unglücklich formuliert war, wollte ich den Umstand ansprechen, dass viele Menschen sich ohne viel Denken fremden Meinungen anschließen. Ich nehme diese unbedachte Äußerung aber zur Gänze zurück, da ich weder über Sie im Besonderen noch über die Landwirte im Allgemeinen etwas Abwertendes sagen wollte. Bitte nehmen Sie meine Entschuldigung an! Es täte mir wirklich Leid um unsere gute Bekanntschaft.

Mit herzlichen Grüßen
Ihr Hans Schmidt

Rat suchen – Rat erteilen in Briefen

Wer sich mit einem Brief an eine vertraute Person wendet, um in einer bestimmten Angelegenheit ihren Rat einzuholen, muss besonders darauf achten, seine Situation

- – präzise
- – ausführlich
- – nachvollziehbar

zu schildern. Nur dann kann ein erteilter Rat auch konkrete Formen annehmen.

Bitte um Hilfestellung

Um durch einen persönlichen Besuch nicht den Verdacht ihres Gatten zu erwecken, wendet sich eine Frau schriftlich an den Arzt ihres Mannes mit der Bitte, ihr zu Hilfe zu kommen:

Sehr geehrter Herr Doktor!

Wie Sie vielleicht bemerkt haben, ist der Umgang mit meinem Mann in letzter Zeit schwierig geworden. Was Sie wahrscheinlich nicht wissen, ist, dass er an Wahnvorstellungen leidet. Er ist nicht von der Meinung abzubringen, ich würde ihm mit Küchengeräten nachstellen, um seine Gedanken zu zerstreuen und zu verwüsten. In jeder meiner Gesten sieht er einen Angriff auf seine Person oder eine Verhöhnung. Ich bin völlig ratlos, weil ich nichts mehr tun kann, ohne meinen Mann zu erzürnen – versichere ich ihm, dass er sich irrt und ich ihn nicht verfolge, sieht er darin nur einen weiteren Ausdruck des Hohns.

Ich wende mich an Sie, weil ich weiß, wie sehr mein Mann Sie schätzt und achtet. Können Sie mir einen Rat geben, was ich tun soll? Oder können Sie vielleicht selbst auf ihn Einfluss nehmen? Ich begebe mich hier natürlich auf gefährliches Gelände, wenn ich von Ihnen eine Beeinflussung meines Mannes erbitte. Doch mir scheint, dass nur ein Mann noch etwas zu ihm sagen kann, ohne dass er sofort in Abwehrstellung geht. Vielleicht aber wissen Sie selbst sogar mehr über ihn als ich?

Ich wäre Ihnen sehr dankbar, wenn Sie bereit wären, mit mir Kontakt aufzunehmen und mir zu helfen. In der Hoffnung auf Ihre Unterstützung verbleibe ich

Ihre Emma Schrank

PS: Dass es für mich wichtig ist, dass mein Mann von diesem Brief nichts erfährt, brauche ich sicherlich nicht zu betonen?

Bitte um Rat

Der Freund einer jungen Frau verbüßt eine mehrmonatige Gefängnisstrafe. Die Frau fühlt sich mit einem Mal sehr verlassen und verliebt sich in einen anderen Mann. Das Hinundhergerissensein zwischen den beiden Männern wird ihr zum Problem; schließlich wendet sie sich an ihre Mutter, die in einer anderen Stadt lebt.
Was in ratsuchenden Briefen oberstes Gebot ist – nämlich Ehrlichkeit –, missachtet die Tochter allerdings in einem ersten Entwurf: Sie verheimlicht die Gefängnisstrafe, um die Mutter nicht zu erschrecken.

Liebe Mama,

ich grüble Tag und Nacht an einem Problem und komme zu keinem Ergebnis. Durch das viele Grübeln fehlt mir bereits der nötige Abstand und vielleicht auch schon die Kraft, eine Entscheidung zu treffen.
Ich glaube, nur jemand anders kann mir noch helfen. Ich stehe nämlich zwischen zwei Männern und weiß einfach nicht, wie ich mich entscheiden soll. Die Sache ist die: Mein Freund Karl hat vor kurzem eine Weltreise angetreten, auf der ich ihn nicht begleiten wollte. Wir haben einander zwar versprochen, treu zu bleiben, aber …

Hier bemerkt die Frau, dass sie ihr Problem nur dann sinnvoll schildern kann, wenn sie die Wahrheit sagt. Sie streicht daher die letzten beiden Sätze und fährt fort:

Die Sache ist die: Mit Karl bin ich seit vier Jahren zusammen. Seit drei Monaten ist er in Haft. Er hat aus einer Kapelle eine wertvolle Statue mitgenommen. Seit Karl im Gefängnis ist, besuche ich ihn, sooft es mir möglich ist. Er sagt immer, wenn ich nicht

wäre, würde er sich sofort das Leben nehmen. Und nun habe ich mich in einen anderen verliebt ... Er heißt Peter und ist wunderbar. Noch sind wir nicht richtig zusammen, aber meine Gefühle für ihn werden immer stärker.
Einerseits habe ich ein schlechtes Gewissen, weil ich Karl jetzt nicht im Stich lassen darf. Aber es geht mir so gut, wenn ich bei Peter bin! Nur bei ihm habe ich das Gefühl, richtig geborgen zu sein. Aber ich mag Karl ebenfalls sehr gern, und er braucht mich doch! Ich schaffe es nicht, ihn im Stich zu lassen, vor allem jetzt nicht.
Liebe Mama, das ist meine Geschichte. Was soll ich tun? Kannst du mir helfen?

Deine Vera

Die Mutter antwortet erstaunlich fortschrittlich:

Liebe Vera!

Natürlich würde es mich freuen, wenn ich dir helfen kann. Aber dein Brief klingt gar nicht so verstört und hilflos, wie du vielleicht selbst den Eindruck hattest. Dein „Problem" besteht ja vielmehr darin, dass du eine Entscheidung haben willst, weil du eigentlich weißt, was du willst. Ich weiß nicht, ob ich dir hier wirklich helfen kann.
Vielleicht solltest du dich einmal fragen, warum du eigentlich eine Entscheidung haben möchtest. Hat Karl dich zu einer Entscheidung gezwungen? Weiß er überhaupt von deiner Lage? Und so gesehen gibst du dir ja selbst die Antwort in deinem Brief: Du hast beide gern, fühlst dich beim einen geborgen und willst auch den anderen nicht von dir stoßen und verletzen. Bei den Verhältnissen, die du schilderst, könntest es ja vielleicht bis auf weiteres belassen!?
Mit einer Entscheidung, die du jetzt erzwingst, obwohl dein Gefühl dagegen ankämpft, erreichst du wahrscheinlich nicht das Beste für dich. Nur nichts überstürzen! Vielleicht arbeitet die Zeit für dich, vielleicht ergibt sich etwas Unerwartetes, bis Karl wieder frei ist. Und: Wann wird das sein?
Mit den besten Wünschen für dich, mach's gut und behalt den Kopf oben!

Mama

Nicht alle ratsuchenden Briefe betreffen zum Glück dramatische Situationen. So sucht eine ehemalige Schulkollegin Rat bei einer „Frau vom Fach":

Hallo, liebe Susanna,

wie geht es dir? Mir geht es unverändert gut, aber: Ich brauche deine Hilfe. Meine erste Kollektion ist fertig, heißt „Summerline" und soll auf der Herbstmodemesse in

Düsseldorf präsentiert werden. Ich brauche daher dringend einen Katalog. Fotografen kenne ich zur Genüge, aber wer macht mir einen guten Text? Ich habe da an dich gedacht. Hättest du Zeit und Lust, mir etwas unter die Arme zu greifen? Ich schicke dir ein paar Fotos!
In gespannter Erwartung deiner Antwort und mit lieben Grüßen!

Anke

Liebe Anke,

ich habe mich sehr gefreut, wieder einmal von dir zu hören. Gratuliere zu deinem Erfolg! Die Kleider gefallen mir gut, und ich würde dir sehr gern helfen, aber meine Zeit lässt es einfach nicht zu.
Auf meinem Schreibtisch türmen sich Manuskripte und zu rezensierende Bücher, und wenn ich nicht gerade in einer Ausstellung oder einem Konzert meine Sinne wach halte, werden sie von meinem stets munteren Valentin in Anspruch genommen.
Leider kenne ich hier niemanden, der für Textiles Begleittexte schreibt – aber ich glaube, dass man dir bei einem Textstudio ohnehin besser behilflich sein kann, als mir das möglich wäre. Denn dort hat man die nötige Distanz und Routine für genau diese Belange. Falls du keines kennst – ich wüsste zum Beispiel die „Textwerkstatt" in Regensburg. Von Vorteil ist es außerdem, wenn der Modetexter, mit dem du zusammenarbeitest, halbwegs in deiner Nähe ist, weil sich sonst vor allem der zeitliche Aufwand unnötig erhöht.
Ich wünsche dir viel Glück und Erfolg!
Liebe Grüße aus München von
deiner Susanna

Berufsleben

Einladungen und Gratulationen

Im privaten Leben werden Einladungen, etwa zu einem Essen oder zu einer Geburtstagsfeier, meist (fern-)mündlich ausgesprochen. Bei besonderen Anlässen jedoch, wie runden Geburtstagen oder Familienfeiern, werden Einladungskarten verschickt, wie sie auch bei berufsbedingten Anlässen üblich sind.
Schriftliche Einladungen, ob sie nun privat oder beruflich sind, müssen in jedem Fall die wichtigsten Angaben enthalten, nämlich:

Gratulationen

- Anlass der Einladung
- Ort und Zeit der Feier
- Name des Gastgebers/der Einladenden

Geht es um private Einladungen, kann man den knappen Einladungstext mit ein paar persönlichen Worten ergänzen.

Die Formel „U. A. w. g." – „Um Antwort wird gebeten" – setzt man unter den Einladungstext, wenn man die Zahl derer, die die Einladung annehmen – zu einer Vernissage, einem Empfang, einem Firmenjubiläum –, im Voraus wissen möchte oder muss (etwa um das kalte Buffet zu planen).

Die Antwort auf eine Einladung sollte sich nach dem Stil der Einladung richten, aber auch der Absender wird eine Rolle spielen: Je nachdem, wer wen wozu einlädt (ein Theater zur Premierenfeier, die Großeltern zum Spargelessen), wird das Antwortschreiben nicht nur die Zu- oder Absage enthalten, sondern darüber hinaus ein Dankeschön für die Einladung.

Wie bei allen formellen Schreiben gilt auch für Gratulationen: Verwenden Sie bitte keine Standard-Phrasen, die den Empfänger nicht berühren. Das heißt beispielsweise, dem Adressaten nicht zu schreiben: „Gratuliere zur bestandenen Meisterprüfung", denn dass er sie bestanden hat, geht aus der Gratulation selbst hervor. Schreiben Sie Ihre eigenen Gedanken – ein Glückwunsch darf ruhig eine persönliche Note haben!

Gratulation zur Aufnahmeprüfung

Freunde gratulieren Roland Schulze zur bestandenen Aufnahmeprüfung für die Ausbildung zum Physiotherapeuten:

Lieber Roland!
Wir freuen uns mit dir! Allerdings haben wir nie daran gezweifelt, dass du sofort aufgenommen werden wirst.
Dürfen wir uns später einmal von dir massieren lassen? Wenn du Versuchskaninchen brauchst – wir stehen dir gerne zur Verfügung!

Alles Liebe!
Dein Walter,
Margit und Angelika

Gratulation zum Ausbildungsabschluss

Herr Burkhardt erhält nach seiner Abschlussprüfung bei einem renommierten Trompeter an der Musikhochschule ein Glückwunschschreiben seines Volksschullehrers, der davon zufällig erfahren hat und sich an den jungen Mann noch gut erinnert. Herr Burkhardt bedankt sich für die Gratulation:

Gratulationen

Sehr geehrter Herr Ostwald!
Es ist mir eine besondere Ehre, dass Sie sich noch an mich erinnern können!
Hätte ich gewusst, dass Sie am Leben Ihrer ehemaligen Schützlinge so regen Anteil nehmen, hätte ich ganz bestimmt schon einmal von mir hören lassen. So aber sind Sie mir zuvorgekommen und haben mir eine sehr große Freude bereitet.
Ihr Unterricht in den ersten Schuljahren war sicher ein wesentlicher Beitrag zu meiner Freude an der Musik. Ich möchte Ihnen – sehr spät, aber dafür nicht minder herzlich – für die lebendigen Musikstunden danken, wie überhaupt für Ihren gesamten Unterricht, den ich in so angenehmer Erinnerung behalten habe.
Vielen Dank nochmals für Ihre freundlichen Worte!

Mit herzlichen Grüßen
Ihr Alfred Burkhardt

Gratulation zum Diplom

Sehr geehrter Herr Meisel,
Sie haben Ihre Ausbildung zum Architekten mit Auszeichnung beendet. Ich beglückwünsche Sie zu diesem hervorragenden Abschluß Ihres Studiums!
In einer Zeit, in der jeder nur noch auf schnellen Gewinn setzt (oder überhaupt auf den Lottogewinn wartet), haben Sie die Mühe einer langen Ausbildung auf sich genommen und Ihr Ziel nun erreicht.
Alles Gute und weiterhin schöne Erfolge

Ihr Alfred Kocher

Gratulation zum Gesellenbrief

Lieber Klaus,
ich gratuliere dir ganz herzlich zum Gesellenbrief! Du hältst mit ihm etwas in Händen, worum dich jeder, der dergleichen nicht besitzt, beneiden kann!
Du hast eine gute Ausbildung hinter dir, deren Erfolg dir jetzt schwarz auf weiß bestätigt wurde. Das heißt – den Erfolg wirst du bald unter Beweis stellen, oder?
Alles, alles Gute und ebenso viel Tatkraft bei deinen nächsten Schritten, die dich, wie ich dich kenne, zum Meister führen werden.

Dein Bruder Georg

Gratulationen

Lieber Klaus Krendl,

es freut mich ganz besonders, dass ich Ihnen zum Lehrabschluss gratulieren darf. Sie sind sicherlich einer der jüngsten Gesellen in München. Trotz Ihrer jungen Jahre sind Sie ein Mann, der mitten im Leben steht, und dafür wünsche ich Ihnen alles Gute. Bleiben Sie auch weiterhin so unbeirrbar an dem orientiert, woran Ihnen gelegen ist!
Mit den besten Wünschen für Ihre Zukunft,
Ihr Franz Schneider

Gratulation zum Meisterbrief

Zur Meisterprüfung,

lieber Klaus,

unsere herzlichsten Glückwünsche!
dass du mühelos erreichst, was immer du dir vornimmst und was immer du anstrebst, ist damit wieder einmal offenkundig geworden. Du hast jetzt den Freibrief, dich handwerklich selbstständig zu machen, eine Zukunft auf deine eigenen zwei Beine zu stellen – wir sind jetzt schon neugierig! Weiterhin so viel Durchhaltevermögen und Lust an der Tätigkeit!

Mit vielen lieben Grüßen
deine Freunde Erika und Peter

Lieber Herr Pfister,

mit großer Freude haben wir heute erfahren, dass Sie letzte Woche Ihre Meisterprüfung für das Bäckerhandwerk mit gutem Erfolg abgelegt haben.
Unsere ganze Familie gratuliert Ihnen herzlich zum Meisterbrief. Dass Sie nicht immer nur „kleine Brötchen backen", sondern die Bäckerei mit Ihrem Vater auch in der nächsten Generation zu Erfolg und Wohlstand führen können, wünscht Ihnen – und uns! –

Ihr
Heinz Othmann samt Familie

Gratulation zur Verleihung des Magistertitels

Freunde, Verwandte und Bekannte werden von Frau Klinger von der bevorstehenden Verleihung des Magistertitels in Kenntnis gesetzt:

> Mit Freude und Erleichterung gebe ich bekannt, dass mir am 16. Juli 2000 um 11 Uhr in der Großen Aula der Universität der Titel einer Magistra der Philosophie verliehen werden soll.
>
> *Alexandra Klinger*
>
> Ich freue mich sehr, wenn du bei meiner Feier am Abend dabei sein kannst! Wir treffen uns um 20 Uhr im Gasthof „Schlosswirt".

Promotionsanzeige

Reservierter informiert Herr Denkendorf seine Bekannten davon, dass er seine Ausbildung abgeschlossen hat. Da ihm Feierlichkeiten nicht sehr zusagen, umgeht er dergleichen durch eine nachträgliche Anzeige:

> Heinrich Denkendorf erlaubt sich anzuzeigen, dass er am 11. Oktober 2000 zum Doktor der Naturwissenschaften (Dr. rer. nat.) promoviert wurde.

Gratulation zur Promotion

Sehr geehrter Herr Dr. Denkendorf,

es ist mir eine besondere Freude, Ihnen heute gratulieren zu dürfen. Nie waren Sie von Ihrem Weg durch irgendwelche Steine abzubringen, die Ihnen in den Weg gelegt wurden, weil Sie Ihre Meinung unverhohlen zum Ausdruck brachten – ein Grund zur Bewunderung.
Für Ihre berufliche Laufbahn wünsche ich Ihnen viel Erfolg! Dass Sie sich entschlossen haben, nicht am Institut zu bleiben, sondern Ihre eigenen Wege zu gehen, ist zwar zweifellos ein Verlust für alle kommenden Studenten der Biologie, doch bin ich sicher, dass Sie das tun werden, was Ihnen am meisten liegt und wobei Sie die größten Fortschritte erzielen werden.

Mit allen guten Wünschen
Ihr Dr. Franz Winterstätter

Gratulationen

Sehr geehrter Herr Doktor!

Ich freue mich sehr über die gute Nachricht von Ihrer Promotion zum Doktor der Naturwissenschaften und gratuliere Ihnen dazu herzlich.
Mit dem Abschluss Ihres Studiums treten Sie in einen neuen Lebensabschnitt ein, der in den meisten Fällen beträchtliche Umstellungen mit sich bringt. Ich wünsche Ihnen dafür viel Glück und Erfolg und hoffe, dass Sie auf Ihrem weiteren Lebensweg Ihre persönlichen Wünsche und Vorstellungen so wie bisher verwirklichen können.
Ich freue mich mit Ihnen über das erreichte Ziel.

Mit freundlichen Grüßen
Ihre Irmgard Haberl

Gratulation zur bestandenen Magisterprüfung

Liebe Alexandra,

gratuliere zu deinem raschen Studienabschluss!
Umso mehr bewundere ich dich, als ich selbst mich schämen sollte, noch nicht einmal halb so weit gekommen zu sein. Ich habe einfach zu viel anderes im Kopf, als dass ein Abschluss auch nur in absehbare Nähe gerückt wäre.
Was wirst du jetzt machen? Darf ich raten? Nun, du wirst bestimmt weiterstudieren und in kürzester Frist den Doktorhut aufsetzen. Ich wünsche dir dafür alles Gute und würde mich über ein Wiedersehen freuen!

Liebe Grüße
deine Erna

Unter den Gratulationsschreiben findet sich ein Kärtchen, das auf den ersten Blick recht frech anmutet. Der Schreiber ist der Bruder der Empfängerin – die ihm die kleine Unverschämtheit nach einer Rüge wohl verzeihen wird.

Liebe Alex,

gratuliere! Du hast die Hochzeitsvorbereitungen besonders hurtig abgeschlossen. Wann wird geheiratet? Mit den allerbesten Wünschen für deine Zukunft, liebe Frau Magister, entschuldige, Magistra,

dein Bruderherz Roland

Die Eltern eines Kindes, dem Frau Klinger bisher Nachhilfestunden erteilt hat, gratulieren ebenfalls:

Liebe Frau Magistra!

Wir freuen uns, Sie zum erfolgreichen Abschluss Ihres Studiums beglückwünschen zu können! Dass Sie alle Anforderungen mit Bravour erfüllen würden, stand für uns immer außer Frage.
Wir möchten Ihnen bei dieser Gelegenheit ein weiteres Mal sagen, wie dankbar wir für Ihre Geduld mit Sebastian sind, der im Schulbetrieb ohne Sie vielleicht schon untergegangen wäre.
Dürfen wir hoffen, dass Sie trotz des wichtigen Schrittes, den Sie nun in Ihrer Ausbildung geschafft haben, noch ab und zu Zeit für unseren Sohn finden werden?
Mit den besten Grüßen verbleiben wir voll Hochachtung

Ihre Familie Hochrein

Danksagung für Gratulation

Liebe Familie Hochrein,

vielen Dank für Ihre freundlichen Worte! Auch ich bin sehr froh, die letzte Zeit, die doch sehr anstrengend war, hinter mich gebracht zu haben.
Ich werde in der Stadt bleiben – es besteht also kein Grund zu der Befürchtung, dass ich Sebastian vergessen könnte.
Zwei Monate Nichtstun werde ich mir zwar gönnen, doch Anfang Oktober werde ich mich bei Ihnen melden!

Mit lieben Grüßen
Ihre Alexandra Klinger

Beförderung und Auszeichnung

Herzlichen Glückwunsch zur Beförderung!

Liebe Frau Stembacher,

es freut mich sehr, dass Sie zur Abteilungsleiterin ernannt worden sind. Sie haben diese Anerkennung Ihrer Tätigkeit wirklich verdient – nicht nur durch Ihre großen

Fachkenntnisse, sondern auch und vor allem durch Ihren persönlichen Einsatz und Ihre durch nichts zu erschütternde Freundlichkeit!
Ich werde Ihnen auch weiterhin als Ihre Kundin treu bleiben.
Viel Erfolg für die Zukunft wünscht Ihnen Ihre

Margarethe Klinger

Sehr geehrter Herr Widmer,

Sie haben sich durch Ihr langjähriges Engagement eine Auszeichnung erworben, um die Sie viele beneiden werden. Ich gratuliere Ihnen herzlich zur Verleihung des Ehrenabzeichens der Landwirtschaftskammer und wünsche Ihnen auch für Ihre weitere Tätigkeit gute Erfolge!

Ihr Hans Auerbach

Dienst- und Geschäftsjubiläum

Dem Geschenk, das das Redaktionsteam Herrn Schuster zu seinem 25-jährigen Dienstjubiläum überreicht, ist ein Briefchen beigelegt, das sämtliche Mitarbeiter unterschrieben haben. Trotzdem wird niemand darauf verzichten, ihm bei der Feier auch persönlich zu gratulieren.

Gratulation zum Dienstjubiläum

Lieber, sehr verehrter Herr Schuster,

ein Vierteljahrhundert lang sind Sie bereits im Dienst unserer Zeitung engagiert tätig und haben in den vielen Jahren durch Ihre Person nicht nur die Kulturredaktion wesentlich geprägt.
Wir möchten Ihnen zu diesem Jubiläum herzlichst gratulieren!
Außerdem möchten wir es zum Anlass nehmen, Ihnen zu danken für Ihre konstruktive Kritik, für Ihre unerbittliche Genauigkeit und den Scharfsinn, der schon so oft Gutes bewirkt und Übles verhindert hat, sowie für Ihr Verständnis für unsere großen und kleinen Kümmernisse.
Sie sind in den letzten 25 Jahren nicht nur für unsere Leser zu einer Institution geworden – Ihre Meinung ist auch für das kulturelle Leben in unserer Stadt von nicht zu unterschätzender Bedeutung.
Da ist es kein Wunder, wenn Ihre Mitarbeiter ständig von Ihnen profitieren!

Wir wünschen Ihnen für die nächsten 25 Jahre journalistischer Tätigkeit ergiebige Themen, interessante Zeitgenossen, beste Gesundheit, weiterhin so großen Elan und dass Sie sich in Zukunft öfter Erholung gönnen!
Herzlichen Glückwunsch!
Ihre Susanna Krendl-Franke und ...

Gratulation zum Geschäftsjubiläum

Sehr geehrte Familie Hofinger,

unsere Großeltern waren bereits Stammkunden Ihres Hauses, bei vollster Zufriedenheit! Dass wir Ihnen nun zum 100-jährigen Bestehen des Geschäfts gratulieren können, ist uns eine besondere Freude. In einer Zeit, in der traditionelle Läden mehr und mehr verschwinden oder in einer Handelskette aufgehen und ihre Individualität einbüßen, ist Ihr Geschäft eine kleine Rarität. Wir freuen uns schon darauf, wenn wir unsere Enkel „zum Hofinger" schicken können!

Mit den besten Wünschen
Ihre Familie Trattner

Abschluss des Berufslebens

Gratulation zum Eintritt in den Ruhestand

Lieber Onkel Harald,

zu deinem Entschluss, den Beruf an den Nagel zu hängen und nun endlich die Freuden des Ruhestands zu genießen, gratuliere ich dir ganz herzlich. Du hast in all den arbeitsreichen Jahren für diese Zeit gut vorgesorgt und bist auch bestimmt nicht traurig, dass jetzt endlich geruhsamere Tage anbrechen.
Du kannst auf eine Karriere zurückblicken, wie sie im Bilderbuch steht. Ich kenne dich zwar nur als den souveränen Anwalt, bei dem die „oberen Zehntausend" Zuflucht suchen, aber wie du dich hoch arbeiten musstest, weiß ich aus deinen Erzählungen, und das ist natürlich immer Anlass zu großer Bewunderung.
Dass du dich an die langen Jahre deiner Tätigkeit stets gerne erinnerst und dein großes Wissen jetzt vermehrt in deine ehrenamtlichen Tätigkeiten einbringen kannst, das wünscht dir von Herzen

deine Alexandra

Eintritt in den Ruhestand

Sehr geehrter Herr Professor,

Sie haben mit Ihren Untersuchungen Großes geleistet und lange Jahre die Forschung an unserer Universität maßgeblich beeinflusst. Zahlreiche Studenten sind „durch Ihre Hände gegangen" und wurden von Ihrem wissenschaftlichen Ethos geprägt.
Wenn Sie nun emeritieren, gibt es, wie ich weiß, eine große Zahl von Kollegen, die Ihren Verlust mehr als bedauern und die sich freuen würden, mit Ihnen weiterhin in Verbindung zu bleiben. Ich zähle mich zu diesem Kreis und wünsche Ihnen, dass Sie in der nun anbrechenden Zeit ebenso viel Erfüllung finden werden wie in der Zeit als aktiv Lehrender.

Es grüßt Sie sehr herzlich und voll Hochachtung
Siegfried Eckmair

Sehr geehrte, liebe Frau Hofstadler,

ich wünsche Ihnen das Allerbeste für den Lebensabschnitt, der für Sie nun beginnt! Sie haben sich den Ruhestand redlich verdient, wie man so schön sagt.
Redlich und tatkräftig, das sind die Worte, die Ihre Haltung am besten zum Ausdruck bringen können. Nicht nur, dass Ihr Engagement in sozialen Belangen Sie schon bald zur Stationsleiterin aufrücken ließ – vor allem waren Sie um das Wohl der Patienten bemüht, die besonders Ihre Menschlichkeit und Freundlichkeit zu schätzen wussten. Für die kommenden Jahre wünsche ich Ihnen viel Freude bei all Ihren Hobbys, denen Sie sich schon lange widmen wollten, und schöne Unternehmungen, die Sie mit Ihren Kindern und Enkelkindern oder auch allein genießen werden.
Die besten Grüße sendet Ihnen

Ihre dankbare
Ilse Schwefler

Herzlichen Glückwunsch zum Eintritt in den Ruhestand!

Sehr geehrter Herr Dr. Hohenberg,

Sie haben in Ihrem Berufsleben zahlreichen Menschen mit Ihrem großen Wissen und Ihrer Hilfsbereitschaft Wege geebnet. Dank sagen für die Zusammenarbeit wollen Ihnen aus Anlass Ihrer Pensionierung nicht nur Ihre Mitarbeiter, die in Ihnen ein Vorbild erblicken konnten, sondern auch alle Ihre Schützlinge. Wie viele mögen es wohl sein, denen Sie mit Rat und Tat zur Seite gestanden haben, ohne dafür die gebührende Anerkennung zu empfangen? Auch ich bin Ihnen für viele gute Gespräche und für

Ihre Hilfestellung in der einen und anderen beruflichen Frage sehr zu Dank verpflichtet. Genießen Sie nach all den Mühen den wohlverdienten Ruhestand! Ich bin überzeugt, dass dies einem Mann wie Ihnen nicht schwerfallen wird und dass Sie die nun in Hülle und Fülle vor Ihnen liegende Zeit gut zu nutzen wissen.

Mit den besten Wünschen und Grüßen
Ihre Susanna Krendl-Franke

Arbeitsmarkt

Inserieren auf dem Stellenmarkt

Tageszeitungen, besonders die Wochenendausgaben, sind häufig der Schauplatz für den ersten Schritt auf dem Weg zu einem Arbeitsplatz. Ob man die Stellenangebote liest oder selbst ein Stellengesuch aufgibt – nach dem Prinzip Sehen und Gesehenwerden findet der Arbeitnehmer den Arbeitgeber.
Angenommen, Peter Maier hat gerade die Hauptschule abgeschlossen und sucht eine Lehrstelle als Augenoptiker. Er lässt folgendes Stellengesuch in die Zeitung setzen:

> Augenoptiker-Ausbildungsplatz gesucht. Hauptschüler, 16 Jahre, mit guten Zeugnissen, sucht ab Herbst eine Lehrstelle. Besonders gute Kenntnisse in Physik und Biologie.

Gut sind die Formulierung „Augenoptiker-Ausbildungsplatz gesucht" sowie der Beginn. Außerdem ist es gut, dass das Inserat mit dem Wichtigsten beginnt, nämlich mit dem Schlagwort „Augenoptiker". Am ersten Wort orientiert sich der Interessent und entscheidet, ob er die weiteren Informationen lesen wird. Dennoch wird die Anzeige von Peter Maier keinen Erfolg haben, denn am Ende fehlt etwas: die Angabe, an wen ein Interessent sich wenden soll. Peter Maier hat vergessen, in seiner Anzeige eine Kontaktmöglichkeit anzugeben.
Vergessen Sie also nicht, ein Stellengesuch mit Ihrer Telefonnummer abzuschließen oder, wenn Sie telefonisch nicht erreichbar sind, die Anzeige unter einer Chiffre aufzugeben!

Wenig erfolgreich dürften auch Stellengesuche der folgenden Art sein:

> Junger Mann, 25 Jahre, sucht dringend Arbeit jeder Art bei gutem Lohn. Führerschein B und C vorhanden. Zuschriften erbeten an ...

Inserieren auf dem Stellenmarkt

Der „junge Mann" lässt in seiner Anzeige lange auf Angaben über seine Qualifikationen warten, mit denen er den Arbeitsmarkt erobern will – kaum ein Interessent wird die Anzeige bis zum Ende lesen. Denn die Tatsache, dass es dem jungen Mann an Geld mangelt (er sucht „dringend") und dass er selbst nicht weiß, welche Arbeit er sucht, ist zu offensichtlich. Der Arbeitgeber findet die für ihn wichtigen Interessen und Qualifikationen aber in anderen Anzeigen, deshalb wird er bei dem jungen Mann kaum nachfragen. Annoncen dieser Art werden also eher unbeantwortet bleiben.
Welche Angaben sollte ein Stellenangebot enthalten?

- Berufliche Qualifikationen (Art der Ausbildung, Berufsbezeichnung)
- Alter
- eventuell derzeitige Tätigkeit
- gewünschte Art der Branche oder Tätigkeit
- besondere Kenntnisse, Interessen
- eventuell Angaben zur erwünschten Lage des Betriebes

Für die Reihenfolge der Angaben gilt allgemein: zuerst Angaben zum Beruf oder zur Art der Tätigkeit, die gesucht wird, erst dann Details zur Ausbildung.
Für Stellengesuche noch ein paar Tipps:

- Eventuelle Mängel nicht verschweigen – beispielsweise körperliche Behinderungen oder dass der Arbeitsuchende (noch) eine Freiheitsstrafe verbüßt.
- Nicht das „Dringende" der Arbeitsuche betonen – es sei denn, Sie wollen sich um jeden Preis verkaufen.
- Die optische Gestaltung der Anzeige nicht allein der Anzeigenabteilung überlassen, sondern sich über mögliche Hervorhebungen, Schriftarten, größere Druckformate informieren.
- Den Anzeigentext auf jeden Fall auf Korrektheit hin durchlesen.
- Stellengesuche (auch) in Fachzeitschriften oder in branchenspezifischen Blättern veröffentlichen.

Stellengesuche

Examinierte Krankenschwester, 45, sucht Halbtagsstellung als Arzthelferin. Langjährige Berufspraxisraxis, organisatorische Fähigkeiten, einfache Buchführung, Steno und Schreibmaschine. Angebote bitte unter ... an ...

Gebrauchsgrafiker, 31, Atelier- und Agenturerfahrung, fotografische Kenntnisse, erfahrener Typograf, sucht schwierige Aufgaben – auch mit Werkvertrag! Bitte schreiben Sie an ...

Werkstoffprüfer, 35, Dipl.-Ing., Kenntnisse in Metallographie, Ultraschall, OS-Systemaufbau, statischen und dynamischen Prüfungsmethoden, sucht entsprechende Stelle im Raum Frankfurt/Main. Tel. ...

> *Chefsekretärin, 37 J., vertraut mit sämtlichen Sekretariats- und Organisationsaufgaben, steuerrechtliche und juristische Kenntnisse, sucht neuen Aufgabenbereich, vorzugsweise München-Innenstadt. Zuschriften erbeten an ...*

Analyse von Stellenanzeigen

Stellenanzeigen sind gleichzeitig Aushängeschilder der Firmen, die einen Arbeitnehmer suchen. Der Stil der Anzeige sagt viel über die Firma aus, etwa wenn Unterlagen „erbeten" werden oder es lakonisch heißt: „Unterlagen sind zu richten an ..." Oder: Wird in der Stellenanzeige die Firma deutlicher geschildert als die gewünschten Qualifikationen? Dann dient die Anzeige vielleicht mehr der Selbstdarstellung beziehungsweise der Werbung als der Suche nach Arbeitnehmern.

Als Arbeitsuchender können Sie in Ihrer Bewerbung jedoch nur auf die geforderten Qualifikationen reagieren. Ein Mittel, um sich von einer Stellenanzeige ein adäquates Bild zu machen, besteht darin, die von der Firma gewünschten Fähigkeiten im Anzeigentext zu unterstreichen und im Bewerbungsschreiben darauf einzugehen. Mit einer anderen Farbe werden dann bei der Analyse von Stellenanzeigen die Angaben über die Firma selbst, ihr Arbeitsklima und so weiter unterstrichen. So wird das Verhältnis deutlich, das im Anzeigentext zwischen Firmenpräsentation und Beschreibung des gebotenen Arbeitsplatzes besteht.

Ein gutes Bild von seinem möglichen künftigen Arbeitsplatz wird man sich machen können, wenn sowohl die Angaben darüber, was die Firma vom künftigen Arbeitnehmer erwartet, als auch die darüber, was sie ihm bieten kann, hinreichend ausführlich sind. Je vollständiger die Angaben sind, desto weniger ist der Stellensuchende darauf angewiesen, zwischen den Zeilen zu lesen oder gar Vermutungen darüber anzustellen, wer sich hinter der Stellenanzeige verbirgt oder welche Arbeitsbedingungen ihn erwarten.

Stellenangebote

> *Die Bayreuther Festspiele suchen ab sofort für Halbtagsbeschäftigung junge, gewandte Sekretärin. EDV und Englisch Voraussetzung, Italienisch erwünscht. Schriftliche Bewerbungen bitte an: ...*

> *Textilfachgeschäft sucht modebewusste, selbstständige Verkäuferin als Leiterin einer kleinen Filiale ab sofort zu besten Bedingungen. Unter 31.827 an ...*

> *Getränkehandel Eismann, Spessartstr. 5 – 7, 60385 Frankfurt/Main, Tel. ..., sucht für die Sommersaison Beifahrer mit Führerschein Klasse B und C. Gute Entlohnung, Unterkunft kann gestellt werden. Schriftliche Bewerbung erbeten.*

Bewerbung

> *Wir suchen erfolgsorientierte, attraktive Dame mit positiver Lebenseinstellung, Mindestalter 27 Jahre, kaufmännische Ausbildung von Vorteil. Wir bieten selbstständige, kreative Tätigkeit bei sehr guter Verdienstmöglichkeit. Zuschriften erbeten unter 12.504 an ...*

> *Eingeführtes Hamburger Werbeunternehmen sucht Mitarbeiter/innen (auch Anfänger) mit eigenem Pkw für den Außendienst (Anzeigenakquisition) im Raum Hannover. Hohe Provision!! Rufen Sie ...*

Weitere Anzeigen und die dazugehörigen Bewerbungen finden Sie ab Seite 144.

Bewerbung

Vor einer schriftlichen Bewerbung muss niemand zurückschrecken, auch wenn in der Stellenanzeige eine „Bewerbung mit den üblichen Unterlagen" gefordert wird. Eine Bewerbung besteht in der Regel aus folgenden Dokumenten:

- Bewerbungsschreiben
- Lebenslauf
- Foto
- Zeugnis

Die Unterlagen, die mit Bewerbungsschreiben verschickt werden, können und sollen natürlich Kopien sein. Das Lichtbild wird mit Fotoecken oder Klebstoff an die rechte obere Ecke des Lebenslaufes geheftet.

Bewerbungsschreiben

Vor dem Verfassen eines Bewerbungsschreibens sollten Sie in Ruhe überlegen, was Sie in die Bewerbung aufnehmen wollen. Notieren Sie diese Punkte auf einem Entwurfblatt. Überprüfen Sie, welche Punkte in der Stellenanzeige angesprochen werden und ob Sie diese mit dem Bewerbungsschreiben auch beantworten. Wiederholen Sie im Bewerbungsschreiben nicht einfach, was aus den Zeugniskopien oder dem Lebenslauf ersichtlich ist. Punkte, die in der Bewerbung nicht fehlen dürfen, sind:

- berufliche Entwicklung
- Kenntnisse und Fähigkeiten
- persönliche Stärken und Interessengebiete
- Grund oder Anlass der Bewerbung

Beim Ausformulieren der einzelnen Punkte können diese durch Absätze voneinander abgehoben werden; jeder Punkt bildet somit einen eigenen Absatz.

Bewerbung

Der Schlusssatz formuliert Ihre Erwartung einer Antwort (etwa: „In Erwartung Ihrer Antwort verbleibe ich ...") oder den Wunsch nach einem Vorstellungsgespräch („Ich würde mich über Ihre Einladung zu einem persönlichen Gespräch sehr freuen"). Gerade beim Formulieren Ihrer Erwartung kann ein „Zuviel des Guten" (etwa: „Mit Freude und gespannter Erwartung sehe ich Ihrer hochgeschätzten Antwort entgegen") das angestrebte Ziel verfehlen.

Vermeiden Sie in Bewerbungsschreiben auf jeden Fall Redewendungen wie „Bezugnehmend auf ..." oder „Hiermit möchte ich mich höflichst bewerben" und andere umständliche Formeln. Auch von umgangssprachlichen Formulierungen („Ihr Stellenangebot, das hat mich interessiert und ich will mich darauf hiermit bewerben") ist dringend abzuraten! Prahlerischer Stil ist ebenso wenig ratsam und Übertreibungen rächen sich meist spätestens beim Vorstellungsgespräch.

Ein Bewerbungsschreiben besteht aus folgenden Elementen:

- Anschrift des Absenders
- Anschrift der Firma (eventuell mit Ansprechpartner)
- Ort und Datum (nach rechts gerückt)
- Betreffzeile (ohne das Wort „Betreff" oder „Betrifft" zu schreiben), in der die Bewerbung stichwortartig genannt wird
- Anrede oder Gruß
- Anknüpfen an Stellenanzeige oder Telefonat
- derzeitige Beschäftigung
- Grund oder Motivation für die Bewerbung nennen, besondere Interessen betonen
- auf Qualifikationen hinweisen, die durch Zeugnisse nicht belegt werden
- eventuell Referenzen nennen
- um ein Vorstellungsgespräch bitten
- Schlussformel („Mit freundlichen Grüßen")
- unter dem Wort „Anlagen" die Dokumente der Bewerbungsunterlagen anführen

Bewerbung als Textilverkäuferin

Frau Ells antwortet auf die Anzeige mit der Chiffre Nr. 31.827 (siehe Seite 139):

Stuttgart, den 15. April 2000

Ihre Anzeige in ...
Bewerbung als Filialleiterin

Sehr geehrte Damen und Herren,

seit 1986 bin ich als Verkäuferin in der Textilbranche tätig. Meine fachlichen Kenntnisse habe ich in etlichen Spezialkursen erweitert, auch die kaufmännischen Grund-

lagen sind mir geläufig. Als Spezialgebiet kann ich die gesamte Textilkunde nennen, weil ich mich hier ständig zusätzlich durch Kurse in München, Düsseldorf und auch in Italien (u. a. bei den Firmen Sigrud und Ettore Alti) fortgebildet habe.
Dass ich über Organisationstalent und Leistungsbereitschaft verfüge, geht aus meinen Zeugnissen der Firmen ... und ... hervor.
Ich befinde mich zur Zeit in ungekündigter Stellung, suche jedoch aus privaten Gründen einen Wechsel und neue Aufstiegsmöglichkeiten.
Über Ihre Einladung zu einem Vorstellungsgespräch würde ich mich freuen.

Mit freundlichen Grüßen
Hannelore Ells

Anlagen:
Lebenslauf
Lichtbild
Schul- und Arbeitszeugnisse
Bestätigungen über Fortbildungskurse

Bewerbung als Sekretärin

Martina Schwing
Bayreuther Str. 9
90409 Nürnberg   Nürnberg, ...

Festspiele Bayreuth
Richard-Wagner-Straße 1

95444 Bayreuth

Ihre Anzeige in ...
Bewerbung als Sekretärin

Sehr geehrte Damen und Herren,

seit meinem Abitur vor drei Jahren habe ich meine Kenntnisse in Englisch und Italienisch an der Universität München vertieft, wo ich auch einen zweisemestrigen Lehrgang in Telekommunikation absolvierte.
Nun möchte ich halbtags ins Berufsleben eintreten und bin an der Stelle, die Sie anbieten, sehr interessiert.
Neben dem Studium habe ich bereits praktische Erfahrungen als Aushilfssekretärin gesammelt, und zwar als Urlaubsvertretung in der Redaktion der „Anzeiger"-Zeitung. Dabei konnte ich meine Kenntnisse in Textverarbeitung (MS-Word) gut einsetzen.

Ich bin überzeugt, dass ich mich auch in Ihr Arbeitsgebiet rasch einarbeiten könnte.
Über die Einladung zu einem Vorstellungsgespräch würde ich mich sehr freuen.

Mit freundlichen Grüßen
Alexandra Klinger

Anlagen: Lebenslauf, Lichtbild, Abiturzeugnis

Bewerbung mit Ansprechpartner

Wird im Inserat eine Telefonnummer als Kontaktmöglichkeit angeführt, bietet dies für den Interessenten den Vorteil, sich telefonisch nach etwaigen weiteren Voraussetzungen für die Bewerbung erkundigen zu können. Vor allem aber kann so der Name der Kontaktperson in Erfahrung gebracht und die schriftliche Bewerbung daraufhin persönlich an diese gerichtet werden.

Horst Ganthaler
Karolingerstraße 38
60484 Frankfurt/Main   Frankfurt, 8. März 2000

Getränkehandel Eismann
Frau Buchinger
Spessartstraße 5 – 7

60385 Frankfurt/Main

Sehr geehrte Frau Buchinger,

wie in unserem Telefonat vereinbart, übersende ich Ihnen meine Bewerbungsunterlagen. In der kommenden Sommersaison würde ich gerne in Ihrem Betrieb als Beifahrer tätig sein. Ich besitze den Führerschein der Klassen A, B und C und habe in jeder der drei Klassen praktische Erfahrung.
Seit meinem Lehrabschluss als Schlosser war ich in verschiedenen Betrieben als Hilfskraft beschäftigt, da ich nicht sofort eine Anstellung in meinem Fach finden konnte.
Zur Klärung weiterer Fragen stehe ich jederzeit zur Verfügung.

Mit freundlichen Grüßen
Horst Ganthaler

Bewerbung

Bewerbung als Lernaufsicht

Das Inserat ist allzu nichtssagend:

> Lernaufsicht zur Betreuung von Gymnasiasten gesucht. Unter 32.877 an ...

... die Bewerbung dementsprechend unsicher:

Sehr geehrte Dame oder sehr geehrter Herr,

in den letzten Jahren habe ich Unterstufenschülern mit erkennbarem Erfolg Nachhilfestunden in allen Hauptfächern erteilt. Ich bin zeitlich sehr flexibel und habe Ihr Inserat daher mit Interesse gelesen. Leider geht daraus nicht hervor, wo Sie zu finden sind und für wie viele Schüler Sie Betreuung suchen.
Ich könnte mir die Lernbetreuung von zehn, höchstens fünfzehn Schülern gut vorstellen. Sollte dies Ihren Wünschen entsprechen, nehmen Sie bitte mit mir Kontakt auf!

Mit freundlichen Grüßen
Helene Brauer

Bewerbung als Passagierdienst-Angestellter

Das Inserat ist überaus ausführlich:

> **Aeroplan Jetset**
>
> Suchen Sie eine interessante Teilzeitbeschäftigung?
> Für unsere Tochtergesellschaft Hannover Aeroplan Services GmbH suchen wir in den Bereichen Flugabfertigung und Passagierdienst für die Sommersaison vom 1. Juni bis voraussichtlich 15. September 2001
>
> *Part Time Operations Agents*
> *Part Time Passenger Service Agents*
>
> Sie sollten folgende Voraussetzungen erfüllen:
> – sehr gute Englischkenntnisse und zweite Fremdsprache
> – ausgezeichnete Umgangsformen und gepflegte Erscheinung
> – Freude am Kontakt mit Menschen
> – Abschluss einer mittleren oder höheren Schule
> – Alter bis ca. 30 Jahre
> – Führerschein Klasse B
> Die Arbeitszeit beträgt ca. 22 bis 24 Wochenstunden, wobei Sie ausschließlich an den Wochenenden zum Einsatz kommen werden.

> *Wenn Sie nach gründlicher Ausbildung in einem jungen, dynamischen Team mitwirken wollen, senden Sie uns bitte umgehend Ihre vollständigen Unterlagen (mit Foto). Ihre Bewerbung, die wir selbstverständlich vertraulich behandeln, richten Sie bitte an:*
> *Hannover Aeroplan Services GmbH*
> *Personalabt., Herr Lindenberg*
> *Goetheplatz 7*
> *30169 Hannover*

... die Bewerbung ist dementsprechend konkret:

Fritz Dannenberg
Lindenweg 18
31275 Lehrte   Lehrte, 8. Oktober 2000

Hannover Aeroplan Services GmbH
Personalabt., Herrn Lindenberg
Goetheplatz 7
30169 Hannover

Ich möchte in Ihren Passagierdienst aufgenommen werden.

Sehr geehrter Herr Lindenberg!

Als Jungkellner hatte ich bereits ausreichend Gelegenheit, mich im Umgang mit Menschen zu üben und Erfahrungen zu sammeln. Diese Erfahrungen würde ich gern an den Wochenenden in der von Ihnen angebotenen Position einsetzen. Ich bewerbe mich daher als Part Time Passenger Service Agent, da ich überdies glaube, alle von Ihnen gewünschten Eigenschaften mitzubringen.
Ich habe 1994 die Realschule in Hannover abgeschlossen und besuchte nach meinem Zivildienst die Hotelfachschule Hildesheim.
Meine Kenntnisse in Englisch und Französisch sind, wie Sie dem Abschlusszeugnis entnehmen können, sehr gut; auch Italienisch beherrsche ich leidlich, wie sich auf meinen Reisen immer wieder zeigt.
Seit zwei Jahren bin ich im Restaurant Loewe in Lehrte angestellt, an den Wochenenden habe ich jedoch frei. In dieser Zeit würde ich ebenfalls gern mit Menschen in Kontakt sein und in einem jungen Team meine Fähigkeiten unter Beweis stellen.
Ich freue mich auf Ihre Antwort und hoffe, dass Sie mich zu einem Vorstellungsgespräch einladen.

Mit den besten Grüßen   Anlagen: ...
Fritz Dannenberg

Nachfassbrief

Sehr geehrter Herr Lindenberg,

auf Ihre ansprechende Anzeige haben Sie sicherlich zahlreiche Bewerbungen erhalten. Da ich davon überzeugt bin, dass mir die von Ihnen ausgeschriebene Stelle im Bodenpersonal gut entsprechen würde, möchte ich Sie mit diesem Brief noch auf ein Detail hinweisen, das ich in meiner Bewerbung vom 8. Oktober vergessen habe. Ich habe diesen Umstand deshalb ursprünglich nicht erwähnt, weil er auf einen inoffiziellen Freundschaftsdienst zurückgeht.
Neben meiner Tätigkeit als Jungkellner habe ich im „Hotel am Stein" zeitweise bei Konferenzen in der Rezeption ausgeholfen, wenn mich der Empfangschef, Herr Lauer, darum gebeten hat. Ich lege Ihnen in diesem Brief daher eine Referenz von Herrn Lauer bei.
Es würde mich freuen, wenn diese Information Ihre Entscheidung zu meinen Gunsten beeinflussen könnte.

Mit freundlichen Grüßen
Fritz Dannenberg

Referenzen finden Sie auf Seite 158.

Bewerbung als Hotelsekretärin

> *Hotel Goldener Hirsch****, 82467 Garmisch-Partenkirchen, Tel. ..., sucht für kommende Wintersaison dynamische(n), selbständige(n) Koch/Köchin, Kellner/innen, Rezeptionistin/Sekretärin (E, F). Unterkunft und Verpflegung frei, geregelte Arbeitszeit. Bewerbungen bitte mit Foto an obige Adresse.*

Sehr geehrte Damen und Herren,

wie Sie aus den beiliegenden Unterlagen ersehen können, bringe ich alle Voraussetzungen für die von Ihnen ausgeschriebene Stelle als Sekretärin mit. Ich verfüge über sieben Jahre Berufserfahrung sowie über ausreichende Fremdsprachenkenntnisse (Englisch, Französisch, etwas Italienisch) und traue mir den von Ihnen ausgeschriebenen Aufgabenbereich einer Hotelsekretärin zu. Von meinen bisherigen Arbeitgebern wurde mir immer wieder bestätigt, dass ich zuverlässig und sehr belastbar bin.
Dass ich in der Tourismusbranche tätig sein möchte, weil ich gerne mit vielen Menschen Kontakt habe, ist der Grund für meine Bewerbung. Ich befinde mich zur Zeit in ungekündigter Position, könnte jedoch eine neue Stelle ab 1. November dieses Jahres

antreten. Mein Arbeitgeber weiß von meinem Vorhaben und ist gern bereit, Auskunft über mich zu erteilen.
Ich erwarte Ihre Antwort und verbleibe mit freundlichen Grüßen

Hanne Weingart

Anlagen:
Lebenslauf mit Lichtbild
Abiturzeugnis
Zeugnis der Bürofachschule Hübner
Arbeitszeugnisse

Bewerbung als technischer Zeichner

Sehr geehrte Damen und Herren,

im Juni vergangenen Jahres habe ich mein Fachabitur an der Berufsoberschule für Technik in München abgelegt.
Bis dahin konnte ich in den Sommermonaten durch Ferienarbeit in einem Maschinenbaubetrieb (Firma Stix) und zwei Kfz-Werkstätten meine technischen Grundkenntnisse vertiefen. Nach dem Wehrdienst war ich bisher als Aushilfskraft tätig, und zwar im Verkauf bei der Firma Universal. Ich konnte dort unter anderem wertvolle Erfahrungen im praktischen Umgang mit IBM-Systemen sammeln, was den Informatikunterricht der Schule gut ergänzt hat. Meine Englischkenntnisse sind, wie Sie dem Abschlusszeugnis entnehmen können, ebenfalls gut.
Ich interessiere mich von jeher für technische Abläufe, besonders im Zusammenhang mit Automobilen. Mein Hobby ist das Renovieren älterer Modelle, wobei ich auf die exakte Planung der Arbeitsschritte besonders stolz bin, die mir bisher stets einen reibungslosen Ablauf der Arbeiten ermöglicht hat.
Ich würde mich freuen, wenn Sie mir eine Entwicklungschance in Ihrem Unternehmen böten, und bitte um ein Vorstellungsgespräch.

Mit freundlichen Grüßen
Manfred Stebich

Bewerbung als Mechaniker

Sehr geehrte Damen und Herren,

im Juni vergangenen Jahres habe ich die Berufsoberschule mit einem guten Notendurchschnitt abgeschlossen. Mein Schwerpunkt war Maschinenbau, in diesem Fach

erhielt ich überdurchschnittlich gute Noten. In verschiedenen Aushilfstätigkeiten in Maschinenbaubetrieben (u. a. Firma Stolz & Kappel) und Kfz-Werkstätten habe ich bereits meine Leistungsbereitschaft unter Beweis stellen können. Darüber hinaus konnte ich dort meine PC-Kenntnisse vertiefen. Meine Englischkenntnisse wurden dabei zwar nur wenig gefordert, sind aber durchaus passabel.
Über Ihre Einladung zu einem Gespräch würde ich mich sehr freuen.

Mit freundlichen Grüßen
Lorenz Vorderstettner

Anlagen:
Lebenslauf
Lichtbild
Abschlusszeugnis der BOS
2 Arbeitszeugnisse

Kurzbewerbung

Viele Stellenanzeigen geben eine Telefonnummer an, unter der der Arbeitgeber erreichbar ist; der Stellensuchende kann telefonisch vereinbaren, welche Unterlagen er der Bewerbung beilegen wird.
Andere Anzeigen, meist Kurzanzeigen, begnügen sich mit einer Chiffre-Nummer. Da der Arbeitgeber auf diese Weise im Verborgenen bleiben kann, ist es für den Arbeit suchenden nicht ratsam, gleich eine Bewerbung mit allen Unterlagen abzuschicken. Vielmehr wird man diese nur in Aussicht stellen und erst zur Post geben, wenn man mehr vom Arbeitgeber weiß. Ein erstes Schreiben an diesen ist also gleichzeitig eine Bewerbung in Kurzform (ohne Unterlagen) und eine Bitte um ausführlichere Information.
Sind die „üblichen Bewerbungsunterlagen" gefordert, wird eine Kurzbewerbung allerdings wenig Erfolg haben. Denn der Arbeitgeber wird jene Bewerbungen heranziehen, denen er, ohne nachfragen zu müssen, die Angaben entnehmen kann, die für ihn von Interesse sind. In allen anderen Fällen können sich mit einer Kurzbewerbung nur branchenintern bekannte Personen vorstellen – etwa ein aus den Medien bekannter Starkoch.
Die so genannten Blindbewerbungen, also Bewerbungen ohne Stellenangebot oder „Bewerbungen auf gut Glück" stellen allerdings zumeist ebenfalls Kurzbewerbungen dar.

Kurzbewerbung für selbstständige Tätigkeit

Frau Ells, die wir schon anlässlich ihrer Bewerbung als Filialleiterin in der Textilbranche kennen gelernt haben, antwortet auch auf die Anzeige mit der Chiffre Nr. 12.504 (siehe Seite 140), mit der eine erfolgsorientierte, attraktive Dame gesucht wird:

Kurzbewerbung

Sehr geehrte Damen und Herren,

Ihre Anzeige habe ich mit großem Interesse gelesen. Seit 1974 bin ich im Einzelhandel als Verkäuferin tätig und habe mich in Abendkursen der IHK auch im kaufmännischen Bereich weitergebildet. Bitte informieren Sie mich näher. Auf Wunsch sende ich Ihnen meine vollständigen Bewerbungsunterlagen zu.

Mit freundlichen Grüßen
Hannelore Ells

Bewerbung innerhalb der Branche

Sehr geehrte Damen und Herren,

Sie suchen einen PR-Mann, der mehr als eine „flotte Schreibe" zu bieten hat? Wie Sie wissen, habe ich mehr zu bieten:
1984 bis 1988 Studium der Kommunikationswissenschaft an der Technischen Universität Berlin.
1988 bis heute Leiter des Tourismusverbandes Allgäu.
Da ich hier keine Möglichkeit sehe, mein Talent als Werbetexter voll auszuwerten, würde ich mich freuen, wenn wir zu einer gemeinsamen Zukunft finden könnten.
Bitte behandeln Sie meine Bewerbung vertraulich!

Mit freundlichem Gruß
Robert Senger

Bewerbung als Nachwuchskraft

> *Für die Mitarbeit in einem Automobilbetrieb suchen wir eine engagierte Nachwuchskraft mit kaufmännischer/technischer Ausbildung.*
> *Als Einstieg offerieren wir Ihnen die Position eines Sachbearbeiters für die Auftragsabwicklung und Disposition, wo Sie sich grundlegende Branchenkenntnisse aneignen und nach kurzer Zeit selbstständig tätig sein werden.*
> *Wir erwarten von Ihnen: ... Wir bieten: ...*
> *Ihre schriftliche Bewerbung richten Sie bitte mit allen Unterlagen an ...*

Die folgende Kurzbewerbung dient – nachdem die Anzeige der Firma sehr ausführlich ist – wohl mehr der oberflächlichen Selbstbeschwichtigung des Absenders („Ich habe wirklich viele Bewerbungen geschrieben, aber ..."), als dass sie in Zeiten immer noch hoher Arbeitslosigkeit als ernsthafter Versuch gewertet werden kann, eine Firma für sich zu interessieren.

Kurzbewerbung

Ein junger Mann bewirbt sich:

Sehr geehrte Damen und Herren,

als Berufsoberschüler habe ich in den Sommermonaten in verschiedenen Kfz-Werkstätten und Betrieben Ihrer Branche gearbeitet und viele Erfahrungen gesammelt. Ich bin an allem Technischen, besonders jedoch an Autos interessiert, und auch die übrigen von Ihnen erwarteten Fähigkeiten bringe ich mit. Ich würde daher gern in Ihrem Betrieb meine Kenntnisse erweitern und anwenden. Falls Sie an meiner Bewerbung Interesse haben, sende ich Ihnen gerne weitere Unterlagen zu.

Mit freundlichen Grüßen
Hans Hartmann

Kurzbewerbung um eine Lehrstelle

Sehr geehrte Damen und Herren,

im Juli dieses Jahres werde ich meine Schulausbildung (Hauptschule mit qualifizierendem Abschluss) beenden. Da meine Leistungen bisher immer gut gewesen sind, erwarte ich auch einen guten Abschluss. Meine Stärken liegen im mathematischen Bereich, aber auch in Deutsch und Englisch habe ich stets recht gut abgeschnitten. Ich möchte aus diesem Grund gern den Beruf einer Bürokauffrau mit Schwerpunkt Buchhaltung erlernen.
Ist in Ihrem Unternehmen noch eine Lehrstelle frei?
Ich würde mich sehr freuen, wenn Sie mir positive Nachricht geben könnten – meine vollständigen Bewerbungsunterlagen sende ich Ihnen dann umgehend zu.

Mit freundlichen Grüßen
Birgit Friedmann

Blindbewerbung

Sehr geehrte Damen und Herren!

Durch Frau Howald wurde ich auf Sie aufmerksam. Ich war bisher bei verschiedenen Firmen als Lagerarbeiter tätig und habe mir dabei durch die unkonventionelle Anordnung der Artikel im Schaufenster schon einen gewissen Ruf als Laiendekorateur verschafft. Frau Howald, die mich seit Jahren kennt, meint, dass in Ihrem Unternehmen kreative Kräfte immer willkommen sind.

Da ich eine Aufstiegsmöglichkeit finden möchte, wie sie in meiner derzeitigen Stellung nicht gegeben ist, bewerbe ich mich auf Anraten von Frau Howald bei Ihnen um eine Teilzeitstelle als Assistent des Dekorateurs. Frau Howald ist gerne bereit, über mich Auskunft zu erteilen.
Ich würde mich über eine Einladung zu einem persönlichen Gespräch sehr freuen!

Mit freundlichen Grüßen
Armin Schneider

Blindbewerbung als Altenpfleger

Arno Ernst
Adolf-Wentrup-Weg 1
48165 Hiltrup

An das
Lazarus-Hilfswerk
Brüggemannweg 27
48147 Münster (Westf.)

Sehr geehrte Damen und Herren,

ich habe soeben meinen Zivildienst beendet, wo ich als Sanitäter beim Roten Kreuz im Einsatz war. Der Umgang mit Menschen war für mich schon immer wichtig. Dass mir jedoch die Hilfeleistung für Menschen, die ihrer bedürfen, ein ganz besonderes Anliegen ist, in dem ich meine Lebensaufgabe sehe, ist mir erst in der letzten Zeit wirklich bewusst geworden.
Ich wäre daher froh, wenn Sie für meine Kräfte in Ihrem Hilfswerk Verwendung hätten. Ich bin auch gerne bereit, eine Zusatzausbildung – etwa zum Altenpfleger – zu absolvieren. Für nähere Auskünfte stehe ich jederzeit zur Verfügung: Tel. …

Mit freundlichen Grüßen
Arno Ernst

Bewerbung um eine Lehrstelle als Drucker

Sehr geehrte Damen und Herren,

das Arbeitsamt Stuttgart hat mir, auch aufgrund eines Eignungstests, geraten, mich bei Ihnen um eine Lehrstelle zu bewerben.

Lebenslauf

Ich strebe den Beruf des Druckers an, weil ich einen ausgeprägten Farbensinn besitze und bereits mehrmals als Ferienarbeiter und Aushilfskraft in einer Druckerei tätig war. Dabei habe ich mir einige Kenntnisse im Umgang mit Offsetmaschinen sowie Grundkenntnisse in Montage und Layout angeeignet.
Ich würde mich freuen, von Ihnen eine positive Antwort zu erhalten.

Mit freundlichen Grüßen
Edmund Binder

Anfrage wegen eines Sommerjobs

Frankfurt/Main, ...

Ich bewerbe mich um einen Sommerjob in Ihrem Haus.

Sehr geehrte Damen und Herren,

derzeit stehe ich in der Vorbereitung meines Abiturs, das am 23. Juni abgeschlossen sein wird. Die Zeit vor der Einberufung zur Bundeswehr möchte ich sinnvoll nutzen und in die Berufswelt einen ersten Einblick nehmen. Da ich nach dem Wehrdienst Wirtschaftswissenschaften studieren möchte, käme mir ein Kennenlernen des Bankwesens sehr gelegen; zudem möchte ich gerne in Ihrem Haus beschäftigt sein.
Darf ich Sie zu einem Vorstellungsgespräch aufsuchen? Über Ihre Zusage würde ich mich freuen.

Mit freundlichen Grüßen
Christoph Langmann

Lebenslauf

Ein wichtiger Teil der Bewerbungsunterlagen ist der Lebenslauf, der nur selten handgeschrieben verlangt wird. Für maschinengeschriebene oder mit Hilfe von Computern erstellte Lebensläufe stehen drei Formen der Gestaltung zur Auswahl:

- die Form eines Aufsatzes
- die tabellarische Form, sachlich gegliedert (Schule, Ausbildung, Tätigkeiten)
- die tabellarische Form, zeitlich gegliedert

Die dritte Variante, der zeitlich gegliederte Lebenslauf in Form einer Tabelle, ist sicherlich die gängigste. Sie bietet auch die meisten Vorteile: Übersichtlichkeit durch logischen Aufbau, kein aufwendiges Ausformulieren von ganzen Sätzen. Schulabgänger werden ihren Lebenslauf dennoch in Form eines Aufsatzes verfassen, weil das Leben, das zusammenzufassen ist, in Tabellenform noch etwas bruchstückhaft wirken würde.

Lebenslauf

Drei Anmerkungen zum Verfassen von Lebensläufen:
- Keine Zeiträume überspringen – die Lücken könnten den künftigen Arbeitgeber beim Vorstellungsgespräch am meisten interessieren.
- Der Ausblick in die Zukunft gehört nicht in den Lebenslauf, sondern ist Teil des Bewerbungsschreibens.
- Besondere Qualifikationen (Führerschein etc.) oder Interessen sollten hier nur dann erwähnt werden, wenn sie in direktem Bezug zum Stellenangebot stehen.

Lebenslauf in Aufsatzform

Lebenslauf

Am 5. Juni 1978 wurde ich als erstes Kind des Ehepaares Doris und Walter Bergmann in Wasserburg geboren. 1983 übersiedelten meine Eltern nach München, wo mein Vater als Einrichtungsberater und meine Mutter als Realschullehrerin tätig ist. Ich bin unverheiratet und habe drei jüngere Geschwister, die noch zur Schule gehen.
Die Volksschule besuchte ich bei den Armen Schulschwestern am Anger in München. 1988 trat ich in das Wittelsbacher-Gymnasium über, das ich im Juni 1997 mit dem Abitur abschloss. Ich begann im darauffolgenden Herbst Englisch und Italienisch am Sprachen- und Dolmetscherinstitut in München zu studieren und werde im kommenden Juni dort mein Abschlussexamen machen.
Seit 1986 war ich in den Sommermonaten als Ferienpraktikantin in den verschiedensten Bereichen tätig, unter anderem als Aushilfe im Münchner Stadtbüro der Eagle Airways und im Kartenverkauf der Opernfestspiele Verona.

München, 4. April 2000   Julia Bergmann

Tabellarischer Lebenslauf, zeitlich gegliedert

Hannelore Ells
Gartenstr. 17
70563 Stuttgart

Lebenslauf

Geboren am 1. April 1968 in Heilbronn als drittes Kind von Fritz und Maria Schulze, seit 2. Februar 1990 verheiratet mit Walter Ells, Kfz-Mechaniker, keine Kinder.

Ausbildung

1974 bis 1978   Grundschule in Heilbronn

Lebenslauf

1978 bis 1983	Hauptschule Heilbronn mit qualifizierendem Hauptschulabschluss
1983 bis 1986	Ausbildung zur Kauffrau im Einzelhandel (Fachrichtung Textil) bei der Fa. Bauer in Stuttgart
seit 1986	zahlreiche Textil- und andere Fortbildungskurse, auch in München, Düsseldorf und Mailand

Berufspraxis

1. 9. 1986 bis 31. 12. 1990	Verkäuferin bei Maier Moden, München
1. 1. 1991 bis 31. 10. 1996	Textilverkäuferin bei Trend Moden, Düsseldorf
seit 1. 11. 1996	Textilverkäuferin und Stoff-Fachberaterin bei Seibelt, Stuttgart

Stuttgart, 15. April 2000   Hannelore Ells

Franz Steinweger
Pottstraße 12
80999 München

Lebenslauf

4. 5. 1958	geboren in München

Ausbildung

1964–1968	Grundschule in München
1968–1974	Realschule in München
1974–1977	Lehre als Industriekaufmann bei der Firma Halter GmbH in Stuttgart
1979–1982	Abendgymnasium in Stuttgart mit Abitur-Abschluss

Berufspraxis

1. 8. 1977 – 31. 10. 1983	Sachbearbeiter Rechnungslegung bei Halter GmbH in Stuttgart
1. 1. 1984 – 30. 9. 1988	Gruppenleiter in der Personalabteilung bei Reismann & Co., München
seit 1. 10. 1988	Leiter der Personalabteilung bei Reismann & Co.

München, 11. März 2000   Franz Steinweger

Tabellarischer Lebenslauf, sachlich gegliedert

Lebenslauf

Name:	Hannelore Ells
Wohnort:	Gartenstr. 17, 70563 Stuttgart
Geburtsdatum:	1. April 1968, Heilbronn
Familienstand:	verheiratet

Schulausbildung

Grundschule:	September 1974 – Juli 1978, Heilbronn
Hauptschule:	September 1978 – Juli 1983, Heilbronn

Berufsausbildung

Ausbildung zur Kauffrau im Einzelhandel (Fachbereich Textil)	1. 9. 1983 bis 30. 7. 1986 (Fa. Bauer, Stuttgart
Textilseminare (u. a.):	München: August 1987, August 1988 (Modezentrum Schwabing)
	Mailand: September 1989 (Ettore Alti)
	Düsseldorf: März 1996 (Sigrud)

Berufspraxis

Verkäuferin bei Maier Moden, München:	1. 9. 1986 – 31. 12. 1990
Textilverkäuferin bei Trend Moden, Düsseldorf:	1. 1. 1991 – 31. 10. 1996
Textilverkäuferin und Stoff-Fachberaterin bei Seibelt, Stuttgart	seit 1. 11. 1996
Berufserfahrung:	Kundenbedienung und -beratung, Auslieferung, Lagerbuchhaltung und Bestellbuchführung, Korrespondenz aller Art; Stoffberatung, Webkunde, Farb- und Stilberatung

Stuttgart, 15. April 2000　　　　　　　　Hannelore Ells

Lebenslauf für Antrag auf Zivildienst

Wehrpflichtige, die den in Artikel 4, Abs. 3 des Grundgesetzes vorgeschriebenen „Kriegsdienst mit der Waffe" verweigern und statt dessen Zivildienst leisten wollen, müssen beim zuständigen Kreiswehrersatzamt einen formlosen Antrag stellen, dem ein Lebenslauf sowie ein polizeiliches Führungszeugnis beizulegen ist. Der Lebens-

Lebenslauf

lauf kann tabellarisch aufgebaut, aber auch in Aufsatzform verfasst sein und möglichst auf soziale Bezüge eingehen, die den Wunsch nach Ableisten des Zivildienstes untermauern:

Lebenslauf

Ich, Arno Ernst, wurde am 15. Oktober 1978 als Sohn des Postangestellten Franz Ernst und dessen Frau Maria Ernst, geborene Felder, in Königssee geboren. Seit sich meine Eltern im Jahr 1985 getrennt haben, lebe ich mit meinen drei Brüdern bei meiner Mutter in Bad Reichenhall. Meine Mutter arbeitet derzeit als Verkäuferin in einem Lebensmittelgeschäft.
Die Volksschule besuchte ich in Bad Reichenhall, derzeit gehe ich auf das sozialwissenschaftliche Gymnasium, wo ich im Juni dieses Jahres mit dem Abitur meine Schulausbildung abschließen werde.
Ich bin seit meinem achten Lebensjahr Mitglied der Pfadfindergruppe Saalach. Die Erfahrungen des Gruppenlebens haben mir stets eine wertvolle Bereicherung bedeutet. Seit 1997 leite ich selbst eine Gruppe mit 10- bis 13-jährigen Buben. Die gewaltfreie Erziehung ist mir ein besonderes Anliegen. Seit 1996 bin ich überdies Mitglied beim Verein der Naturfreunde, wo neben der sportlichen Betätigung die soziale Komponente eine wesentliche Rolle spielt.
Meine besonderen Interessen sind Musik und Bergsteigen.
Arno Ernst

Übrigens: Wehrpflichtige, die Zivildienst leisten möchten, können selbst aktiv werden, indem sie mit der Einrichtung, bei der sie arbeiten möchten, Kontakt aufnehmen. Hat ein Antragsteller bereits Kenntnisse als freiwilliger Helfer und damit einen Vorsprung gegenüber anderen, kann die betreffende Einrichtung von sich aus diesen Zivildienstwilligen anfordern, was die (meist monatelange) Wartezeit auf einen positiven Bescheid erheblich verkürzen kann.

Der Lebenslauf wird je nach Verwendungszusammenhang unterschiedlich ausfallen. Die Angaben zur Tätigkeit bei Jugendorganisationen etwa werden entfallen, wenn es sich um eine gewöhnliche Bewerbung um einen Arbeitsplatz handelt:

Lebenslauf

Ich, Arno Ernst, wurde am 15. Oktober 1978 in Königssee geboren. Mein Vater, Franz Josef Ernst, ist Postangestellter in Königssee, meine Mutter, Maria Ernst, geb. Felder, arbeitet als Verkäuferin in einem Lebensmittelgeschäft in Bad Reichenhall. Meine Eltern sind seit 1985 geschieden, meine drei Brüder und ich leben seither bei unserer Mutter. Ich selbst bin unverheiratet.

Meine Schulzeit habe ich im Juni 1999 mit dem Abitur am Sozialwissenschaftlichen Gymnasium in Bad Reichenhall abgeschlossen. Am 1. Oktober 1999 trat ich beim Roten Kreuz in Traunstein meinen Zivildienst an, wobei ich als Sanitäter im Einsatz war.
Seit Beendigung des Zivildienstes Ende August vorigen Jahres bin ich auf Arbeitsuche im sozialen Bereich.

Bad Reichenhall, ...
Arno Ernst

Referenzen

Bitte um Referenz

Sehr geehrter Herr Professor,

als Ihre ehemalige Studentin habe ich ein besonderes Anliegen: Ich möchte mich in der Schweiz um eine Stelle als Hauslehrerin und Gouvernante in einem renommierten Internat bewerben und würde dabei gern Ihren geschätzten Namen als Referenz anführen. Sie haben meine Studien einige Jahre lang betreut und dabei sicherlich sowohl meine fachlichen Fähigkeiten als auch meine persönlichen Eigenschaften kennen gelernt. Wären Sie für den Fall, dass man mich in die engere Wahl zieht, bereit, Auskunft über mich zu erteilen? Ich wäre Ihnen dafür sehr dankbar.

Es grüßt Sie hochachtungsvoll
Lieselotte Schatz

Sehr geehrter Herr Weinberger,

wie Sie sich zweifellos erinnern können, habe ich in Ihrer Redaktion im Sommer 1999 die Urlaubsvertretung für Ihre Sekretärin, Frau Ingrid Zauner, übernommen und ansonsten häufig den Sonntagsdienst versehen.
Augenblicklich bewerbe ich mich um eine Stelle als Sekretärin bei den Bayreuther Festspielen, wobei ich meine Tätigkeit bei Ihnen angegeben habe. Es könnte sein, dass man mich, wenn ich in die engere Wahl gezogen werde, nach Referenzen fragt. Wären Sie in diesem Fall bereit, mir eine Referenz zu erteilen?
Sie haben als Vorgesetzter verfolgen können, dass es mir nicht schwer fällt, mich in einem neuen Bereich zurechtzufinden. Ich hatte außerdem den Eindruck, dass Sie mit meiner Arbeit grundsätzlich zufrieden waren.
Ich bedanke mich im Voraus.

Mit freundlichen Grüßen
Martina Schwing

Referenz

Nachdem das Büro der Bayreuther Festspiele bei Herrn Weinberger nachgefragt hat, verfasst dieser eine Referenz:

Sehr geehrte Frau Meishammer,

über Martina Schwing erteile ich Ihnen gern die erwünschte Auskunft.
Frau Klinger hat im Sommer 19.. für einige Wochen unsere Sekretärin vertreten und sich dabei in überraschend kurzer Zeit mit sämtlichen Tätigkeiten vertraut gemacht. Sie hat ihre Aufgaben zur vollen Zufriedenheit der Redaktion erfüllt und zeigte sich nicht zuletzt in Fragen der Rechtschreibung und Grammatik sehr versiert.
Durch das Organisationstalent von Frau Klinger war es darüber hinaus oft möglich, den Sonntagsdienst beträchtlich früher als sonst zu beenden, weil uns ihre Umsicht viel Zeit ersparte. Sie hat sich durch Einsatzfreude und Aufgeschlossenheit ausgezeichnet und wurde von allen Mitarbeitern sehr geschätzt.
Ich bin überzeugt, dass Frau Klinger die von Ihnen zu besetzende Position hervorragend ausfüllen kann.

Mit besten Grüßen
Walter Weinberger

Lieselotte Schatz erhält dagegen auf ihre Anfrage eine abschlägige Antwort ihres früheren Professors:

Sehr geehrte Frau Schatz,

leider muss ich Ihre Bitte um eine Referenz abschlagen. Wie Sie wissen, soll eine Referenz wahrheitsgetreu sein, und dafür habe ich Sie zu wenig kennen gelernt. Sie haben bei mir einige Prüfungen abgelegt, mit gutem Erfolg, wie ich festgestellt habe, doch ich kann mich deshalb nicht als Betreuer Ihrer Studien bezeichnen. Sicherlich werden Sie aber jemanden finden, der nähere Auskünfte über Ihre Entwicklung in den letzten Jahren geben kann.
Ich bitte Sie um Verständnis für diese Haltung und wünsche Ihnen für Ihre berufliche Zukunft alles Gute.

Mit freundlichen Grüßen
Prof. Oskar Petratzki

Bitte um ein Arbeitszeugnis

Sehr geehrter Herr Döblinger,

Ich hoffe, Sie können sich noch an mich erinnern. Ich habe eineinviertel Jahre, von März 1999 bis Juni 2000, in Ihrem Betrieb gearbeitet, habe es jedoch seinerzeit versäumt, mir ein Zeugnis ausstellen zu lassen. Für mein berufliches Weiterkommen benötige ich nun Zeugnisse über alle meine bisherigen Tätigkeiten, Erfahrungen und Fähigkeiten. Würden Sie mir bitte ein Zeugnis über die Zeit in Ihrem Betrieb ausstellen?
Mit bestem Dank und freundlichen Grüßen

Irene Leitgeb

Beispiele für Arbeitszeugnisse finden Sie im Kapitel „Häufig vorkommende Geschäftsbriefe" im Abschnitt „Arbeitsverhältnis".

Bitte um Ausstellung eines Zertifikats

Sehr geehrte Damen und Herren,

im Wintersemester 1998/99 habe ich an der Münchner Volkshochschule einen Kurs in Maschinenschreiben belegt, nämlich den Kurs Nr. 062.089 bei Frau Haberl.
Aus unerfindlichen Gründen kann ich mein Zertifikat im Moment nicht finden, benötige es jedoch dringend für eine Bewerbung als Sekretärin. Wären Sie so freundlich, mir ein Duplikat auszustellen?
Ich bedanke mich im Voraus.

Mit freundlichen Grüßen
Martina Schwing

Honorarrechnungen

Honorarrechnungen werden für Leistungen von Ärzten, Juristen, Ingenieuren, Architekten, Künstlern, Schriftstellern und so weiter ausgestellt, die nicht in einem Arbeitsverhältnis (als Arbeiter oder Angestellter) entlohnt werden, also selbstständig sind. Die Höhe der Honorare richtet sich entweder nach der Gebührenordnung (z. B. für Ärzte, Rechtsanwälte, Architekten) oder ist vor Erbringung der Leistung frei vereinbart

Honorarrechnungen

worden. Honorarrechnungen müssen folgende Angaben enthalten:

- Absender
- Adressat
- Datum
- Art und Umfang der Tätigkeit oder des Auftrags
- die detaillierte Berechnung des Honorarbetrages
- den Mehrwertsteuersatz und den ausgewiesenen Mehrwertsteuer-Betrag
- zahlbar auf das Konto Nr. ... bei ...

Den einen oder anderen Teil davon auszulassen bedeutet, dass die Honorarrechnung auch im finanzrechtlichen Sinn unvollständig wird.

Honorarrechnung

für die Übersetzung Ihres Firmenprospekts (64 Seiten) in die italienische Sprache erlaube ich mir, Ihnen aufgrund meines Angebotes vom 1. 2. 2000 und Ihres Auftrags vom 18. 2. 2000 zu berechnen:

Übersetzungshonorar (64 Seiten à € 20,-)	€ 1.280,-
16 % MwSt.	€ 204,80
	€ 1.484,80

Ich bitte um Überweisung auf mein Konto Nr. 222333 bei der Sparkasse (BLZ ...).

Mit bestem Dank für Ihren Auftrag und freundlichen Grüßen
Veronika Martini (BDÜ)

Sehr geehrter Herr Prof. Petratzki,

ich erlaube mir, gemäß unserer Vereinbarung für das Erstellen der UNIX-Datenbank „Studienabgänger-Statistik"

€ 2.500,–

zu berechnen und bitte, mir den Betrag auf das Konto Nr. ... bei ... zu überweisen.

(Nach dem Umsatzsteuergesetz für Kleinunternehmer bis zu einem Jahresgesamtumsatz von DM 32.500,– mehrwertsteuerfrei, sofern der Steuerpflichtige nicht für die Mehrwertsteuer „optiert" hat.)

Gerne werde ich weitere Statistik-Aufträge für Ihre Fakultät übernehmen.

Mit freundlichen Grüßen
Ursula Itzelberg

Peter Berger
Innenarchitekt   Linz, 28. Okt. 2000

Sehr geehrte Frau Lindemann,

für die von mir durchgeführten Arbeiten: Planung, Umbau und Innenausstattung eines Büroraumes, erlaube ich mir, das vereinbarte Honorar in Rechnung zu stellen:

	€ 4.000,–
+ 16 % MwSt	€ 640,–
Summe	€ 4.640,–

Ich bitte um Überweisung auf das Konto ... bei der ... Bank (BLZ ...).

Mit besten Empfehlungen
Peter Berger

Brief an den Arzt

Sehr geehrter Herr Dr. Wagner,

ich hatte Sie Anfang Oktober telefonisch nach Ihrem Honorar für einen Allergietest und nach der Verrechenbarkeit mit der Krankenkasse gefragt. Mir erschien Ihre Antwort vage, weshalb ich Sie am 8. Oktober aufsuchte, um zu klären, wie die Verrechnung eines Allergietests nun tatsächlich funktioniert. Ihr Angebot, mir nur die Beratung zu verrechnen, den Test aber kostenlos durchzuführen, habe ich nicht in Anspruch genommen.
Ich betrachte daher Ihre Honorarabrechnung vom 25. November als gegenstandslos.

Mit freundlichen Grüßen
Alexandra Klinger

Kaufen und Verkaufen

Anbieten

Gertrude Helm ist Hausfrau und fertigt Schmuckkränze aus Papierblumen an. Sie sendet nach telefonischer Absprache Ansichtsexemplare an verschiedene Läden:

Angebot und Kostenvoranschlag

Sehr geehrte Frau Delitzsch,

wie wir telefonisch vereinbart haben, sende ich Ihnen hier drei Kränze zur Ansicht.
Sie wurden von mir in Handarbeit angefertigt.
Eine Preisliste lege ich bei.
Auf eine baldige Nachricht hofft
Gertrude Helm

Ansichtssendung

Im grauen Karton sind drei Gewürzsträußchen aus Oberbayern.

Sehr geehrte Damen und Herren,

die drei Gewürzsträußchen habe ich in Anlehnung an die oberbayrische Tradition von Hand gefertigt und mit meinen persönlichen Ideen angereichert. Ich sende sie Ihnen für die Dauer von drei Wochen zur Ansicht.

Mit vielen Grüßen aus Bad Tölz
Gertrude Helm

Für weitere Fragen stehe ich gerne zur Verfügung:
Tel. ...

Angebot und Kostenvoranschlag

Preisliste anfordern

Otto Weinzierl
Münzstraße 44
70173 Stuttgart   Stuttgart, 2. März 2000

Einrichtungshaus Clarus
Am Graben 54
90475 Nürnberg

Ihre Stühle gefallen mir sehr gut.

Guten Tag, sehr geehrte Damen und Herren,

durch Ihre Annonce in der … bin ich auf Ihre Stuhlkollektion „Sioux" aufmerksam geworden. Bitte schicken Sie mir Ihre Preisliste.

Vielen Dank schon im Voraus
Otto Weinzierl

Angebot anfordern

Fritz Krause
Schillerstraße 4
99423 Weimar   Weimar, 8. April 2000

Großmann Markisen
Steubenstr. 38

99423 Weimar

Sehr geehrte Damen und Herren,

meine Frau und ich beabsichtigen, über unserer Terrasse eine Markise anbringen zu lassen.
Die Markise sollte aus festem Baumwollstoff sein und die gesamte Terrassenfläche von 22 Quadratmetern abdecken.
Bitte machen Sie mir für eine solche Markise ein Angebot und lassen Sie mich Ihre Preise (inklusive Montage) wissen.

Mit freundlichen Grüßen
Fritz Krause

Bitte um Kostenvoranschlag

Weimar, 18. April 2000
Sehr geehrter Herr Großmann,

für die Montage einer Markise an unserem Haus erbitte ich einen verbindlichen Kostenvoranschlag.

Bitte weisen Sie die einzelnen Arbeitsleistungen und die Materialkosten getrennt aus. Ich möchte den Auftrag bald erteilen. Bitte senden Sie mir den Kostenvoranschlag daher bis zum 1. Mai zu.
Vielen Dank für Ihre Bemühungen.
Freundliche Grüße
Fritz Krause

Bestellung und Bestellungswiderruf

Meist sind Versandhauskatalogen Bestellkarten beigefügt, in die die Bestellung einfach eingetragen werden kann. Häufig genügt jedoch sogar ein Telefonanruf.
Ist keine Bestellkarte enthalten, ist eine schriftliche Bestellung trotzdem keine Schwierigkeit:

Helga Schuster
Feldweg 7
87435 Kempten   13. April 2000

Sport Frach
Dachauer Straße 138

80335 München

Sehr geehrte Damen und Herren,

aus Ihrem neuen Katalog „Bergsport" bestelle ich folgende Artikel:

2 Flaschen rot 1,5 l	(Art. Nr. 232.2065)	je € 13,50
1 Thermohülle 1,5 l	(Art. Nr. 232.9003)	€ 9,25
1 Vakuum-Isolierflasche 0,5 l	(Art. Nr. 232.1000)	€ 21,40
1 Seilrolle	(Art. Nr. 113.3005)	€ 7,--

Falls Sie die Ware nicht komplett auf Lager haben, wünsche ich die Stornierung der nicht lieferbaren Artikel.
Mit freundlichen Grüßen
Helga Schuster

Lieferverzug

Wird eine Ware nicht fristgerecht geliefert, ist eine so genannte Lieferanmahnung die Voraussetzung, um in einem weiteren Schritt vom Kaufvertrag zurücktreten zu können.

In einer Lieferanmahnung muss Folgendes enthalten sein:

- Datum der Bestellung (des Kaufs)
- Bestätigung des Interesses am Kauf
- neue Frist für Liefertermin
- Ankündigen der Konsequenzen bei nochmaligem Nichteinhalten

Frau Schuster schreibt also:

15. Mai 2000

Meine Bestellung vom 13. April 2000

Sehr geehrte Damen und Herren,

ich habe am 13. April schriftlich vier Artikel aus Ihrem Bergsport-Katalog bestellt. Seither habe ich jedoch weder die Ware erhalten, noch hat eine Mitteilung von Ihnen die Lieferverzögerung erklärt. Ich habe nach wie vor Interesse an den Flaschen und der Seilrolle.
Bitte senden Sie mir das Bestellte bis spätestens 25. Mai 2000 zu. Falls Sie den Termin nicht einhalten, muss ich die Bestellung leider widerrufen.

Vielen Dank und freundliche Grüße
Helga Schuster

Falls Schwierigkeiten aufgetreten sein sollten oder Sie Bestellungen auf diesem Weg nicht entgegennehmen, bitte ich Sie, mich davon so bald wie möglich telefonisch zu verständigen: Tel. …

Bestellungswiderruf

Frau Schuster hat allen Grund, sich zu ärgern: Auch ihre Lieferanmahnung bleibt unbeantwortet. Sie wird die Bestellung daher (per Einschreiben) widerrufen. In einem ersten Entwurf macht sie ihrem Ärger über das Verhalten der Firma Luft:

26. Mai 2000

Sehr geehrte Damen und Herren!

Es ist mir unverständlich, wie Sie mit Kunden verfahren. Sie haben weder auf meine Bestellung noch auf meine Lieferanmahnung reagiert. Ich sehe mich daher gezwungen, meine Bestellung zu widerrufen. Bitte veranlassen Sie die Stornierung.

Helga Schuster

Dieser Brief scheint der Schreiberin, nachdem sie ihn geschrieben hat, zu viel Verärgerung zu zeigen. Da ein Bestellungswiderruf an sich schon eine Aussage ist, entscheidet sie sich für eine neutralere Version:

Sehr geehrte Damen und Herren,

Sie haben meine Lieferanmahnung vom 15. Mai 2000 unbeantwortet gelassen. Wie angekündigt widerrufe ich deshalb meine Bestellung vom 13. April 2000.

Hochachtungsvoll
Helga Schuster

Auftragserteilung

Nach einer generellen Anfrage hat Herr Krause einen Kostenvoranschlag angefordert und diesen von der Firma Großmann auch umgehend erhalten. Einem eventuell bereits telefonisch erteilten Auftrag folgt sicherheitshalber eine schriftliche Auftragsbestätigung:

Lieferung und Montage einer Markise

Sehr geehrter Herr Großmann,

Ihr Angebot hat mich überzeugt. Ich erteile Ihnen den Auftrag, an unserem Haus eine Markise der Marke „Rolli", Farbe gelb-weiß, Größe 22,5 m², mit Rollsystem „Extra", zu montieren.
Bestimmend für den Umfang der Arbeiten und deren Kosten ist Ihr Kostenvoranschlag vom 22. April 2000.
Wie mit Ihnen vereinbart, soll die Montage am 2. Mai 2000 durchgeführt werden.

Mit freundlichen Grüßen
Fritz Krause

Auftragsbestätigung

Wurde ein Kostenvoranschlag nur mündlich erstellt, sollten die darin enthaltenen Bedingungen unbedingt in die schriftliche Auftragsbestätigung aufgenommen werden:

Sehr geehrter Herr Helmbrecht,

wie gestern besprochen, beauftrage ich Sie mit folgenden Malerarbeiten in unserer Wohnung:
1. Ausbessern von Decke und Wänden im Badezimmer,
2. Dispersionsanstrich der Decke und der Wände in Küche, Vorraum und Badezimmer sowie
3. Lackieren der Fenster und Fensterstöcke in der gesamten Wohnung.

Die Kosten für die Arbeiten haben Sie für 1. mit € 170,–, für 2. mit € 800,– und für 3. mit € 1.150,– veranschlagt.
Sie haben mir zugesagt, sämtliche Arbeiten am 2. Juni zu beginnen und noch vor dem 20. Juni abzuschließen.
Ich freue mich auf frische Farbe! Mit besten Grüßen,

Fritz Krause

Reklamationen und Mahnungen

In einem Buch, das Herr X bei einer Verlagsbuchhandlung bestellt hat, fehlen ein paar Seiten; die Verpackung einer von ihm bestellten Tischlampe hat den Postweg nicht überstanden und die Lampe hat eine Delle. Einkaufen per Postweg heißt zwar, die Katze im Sack zu kaufen, Mängel der Ware müssen jedoch nicht in Kauf genommen werden.
Was ist wichtig bei Reklamationen?

- In der Betreffzeile „Reklamation" und die Rechnungsnummer anführen
- Angeben, wann Sie den Artikel erhalten haben
- Genaue Beschreibung des Reklamationsgrundes
- Angeben, ob Sie die Ware zurückschicken oder behalten wollen, ob Sie die Rechnung bereits bezahlt haben oder bezahlen werden
- Angeben, ob Sie eine Ersatzlieferung wünschen oder aber eine Minderung des Kaufpreises bevorzugen

Nur bei vollständiger Schilderung aller Umstände kann die Reklamation zur Zufriedenheit des Kunden bearbeitet werden.
Die Gewährleistungsansprüche gegenüber dem Verkäufer müssen, wenn der Käufer nicht selbst Kaufmann ist, innerhalb von sechs Monaten nach Erhalt der Ware geltend gemacht werden. Wenn der Käufer ebenfalls Kaufmann ist, gilt für ihn das Handelsgesetzbuch, wonach er gelieferte Ware „unverzüglich" zu prüfen hat.

Reklamation einer nicht bestellten Nachnahme

Kempten, 11. Juni 2000

Sehr geehrte Damen und Herren,

am 9. Juni 2000 wurde mir ein Paket per Nachnahme zugestellt, das ich versehentlich angenommen habe. Ich habe jedoch meine Bestellung vom 13. April bei Ihnen bereits am 26. Mai widerrufen und bin also nicht verpflichtet, die Ware anzunehmen. Das Paket geht daher an Sie zurück.
Bitte überweisen Sie mir den Nachnahmebetrag von € 64,65 zuzüglich € 4,62 Versandkosten auf mein Konto Nr. ...

Mit bestem Dank und freundlichen Grüßen
Helga Schuster

Mahnung

Wie schon fast zu erwarten war, sorgt das Sportgeschäft für neuen Ärger, indem es mit einer Reaktion wieder auf sich warten lässt. Frau Schuster bewahrt eisern die Geduld und schreibt eine immer noch freundliche Mahnung:

Kempten, 27. Juni 2000

Sehr geehrte Damen und Herren,

ist das Paket wohlbehalten wieder bei Ihnen angekommen? Es ist bereits 14 Tage her, dass ich Sie gebeten habe, mir den Nachnahmebetrag, den ich versehentlich gezahlt habe, inklusive Versandkosten zurückzuerstatten. Bitte veranlassen Sie dies umgehend. Zu Ihrer Information: Ich habe die Verbraucherzentrale Allgäu e. V. über Ihr Vorgehen in Kenntnis gesetzt.

Helga Schuster

Reisereklamation

Dass Erik und Martina Wehlert mit ihrem Urlaubsort wenig zufrieden sind, ist schon aus einer Postkarte hervorgegangen (siehe Seite 78), in der sie sich über einen überfüllten Strand, öliges Meer und schmutzverkrustete Teller im Restaurant beklagen. Nach der Heimkehr setzt das Ehepaar seinen Entschluss, die Reise zu reklamieren, in die Tat um.

Wichtig für Reisereklamationen ist:

- Reise beim Veranstalter und nicht beim vermittelnden Reisebüro reklamieren
- Mängel dem Reiseleiter schon am Urlaubsort anzeigen
- Beweise sammeln (Bestätigung der Mängelanzeige durch den Reiseleiter, Fotos, Zeugen usw.)
- Ansprüche rechtzeitig geltend machen (innerhalb von 4 Wochen nach der vorgesehenen Beendigung der Reise)

Frankfurt, den 25. Juli 2000

Pauschalreise „Minerva", Buchung vom 22. März 2000
Reklamation

Guten Tag, Frau Buchinger,

auf unseren Urlaub hatten wir uns in diesem Jahr besonders gefreut, schon weil die Beschreibung der von Ihnen organisierten Pauschalreise ganz unseren Wünschen entsprach.
In Ihrem Prospekt boten Sie ein ruhiges Hotel der gehobenen Mittelklasse mit eigenem Badestrand an. Von Ihrem Mittelsmann, Herrn Gruber, wurden wir allerdings in ein kleines Hotel im Binnenland gebracht, weil die Strandhotels, wie sich herausstellte, überbelegt waren. Zudem war der Speisesaal ungepflegt, die Teller waren schmutzig und die Duschen ohne Abfluss.
Nicht nur, dass wir auf den von Ihnen angepriesenen Komfort verzichten mussten; der weit entfernte Strand (ein eigener Badestrand fehlte hier natürlich) war ständig überfüllt und daher das Meerwasser alles Mögliche, nur nicht kristallklar.
Herr Gruber hat sich geweigert, unsere sofortige Mängelanzeige schriftlich zu bestätigen. Wir fügen deshalb eine Liste mit den Anschriften von Urlaubern bei, die bereit sind, unsere Aussagen zu bezeugen.
Für die äußerst mangelhafte Unterbringung verlangen wir eine Entschädigung von € ... . Diese Forderung orientiert sich an der „Frankfurter Tabelle" zur Reisepreisminderung.
Bitte überweisen Sie den Betrag bis zum ... auf das Konto Nr. ...

Vielen Dank für Ihre Bemühungen
Martina und Erik Wehlert

Anlage

Reklamationen, denen die reklamierte Ware beigefügt ist, wird man zur Sicherheit per Einschreiben schicken:

Reklamationen und Mahnungen

Einschreiben

Uhrenversand Werner Ambros
Schlesierstr. 10
75181 Pforzheim

Bestell-Nr. 234.988 – Reklamation

Sehr geehrter Herr Ambros,

ich habe die beiliegende „Superieur"-Armbanduhr im September bei Ihnen bestellt und am 25. Oktober per Nachnahme in Empfang genommen. Das Uhrglas dürfte jedoch fehlerhaft sein: Ein störender blinder Fleck im unteren Bereich lässt sich durch Putzen nicht entfernen.
Ich bitte Sie, mir die Uhr binnen 14 Tagen gegen ein einwandfreies Stück der gleichen Marke umzutauschen. Den Garantieschein füge ich bei.

Mit freundlichen Grüßen
Fritz Krause

Armbanduhr „Superieur"
Garantieschein

Mängelrüge

Auch Herr Krause bleibt von dem nahezu sprichwörtlichen Ärger mit Handwerkern nicht verschont:

Weimar, 5. Mai 2000

Sehr geehrter Herr Großmann,

am 2. Mai 2000 wurde an unserem Haus von Ihren Arbeitern eine Markise montiert. Leider ist nicht alles zu meiner vollständigen Zufriedenheit verlaufen, weshalb ich Sie bitte, sich durch Augenschein davon zu überzeugen, wie Ihre Leute gearbeitet haben.
Ich muss folgende Mängel beanstanden:
1. Die Markisenhalterung wurde falsch bemessen und positioniert, sodass nun auf der einen Seite ein Streifen der Terrassenfläche unüberdeckt ist, während auf der anderen Seite reichlich Schatten auf das Gras neben der Terrasse geworfen wird.

2. An den frisch gestrichenen Hausmauern befinden sich insgesamt vier Bohrlöcher, die irrtümlich für die Aufhängung vorgesehen waren, aber nach der endgültigen, wenn auch noch immer nicht zufrieden stellenden Montage nicht mehr verputzt wurden.
Ich bitte Sie, die Mängel innerhalb der nächsten beiden Wochen zu besehen und beseitigen zu lassen.

Mit freundlichem Gruß
Hermann Klinger

Dass es bei Reklamationen darauf ankommt, konkrete Details anzuführen, zeigt auch der folgende Brief:

Susanna Krendl-Franke
Hohenzollernstraße 15
80801 München   München, 30. Jan. 2000

Fa. Friesacher
Ungererstr. 31

80805 München

Rechnung Nr. ... vom 23. Jan. 2000 – Mängelrüge

Sehr geehrter Herr Friesacher,

die von Ihnen am 26. 1. gelieferte Kleiderablage weist, wie mein Mann und ich erst nach Ihrer Abfahrt festgestellt haben, beträchtliche Mängel auf:
1. Die Längsstreben sind verzogen und haben sich teilweise aus den Vertiefungen der Seitenteile gelöst. Offenbar war das Holz bei der Verarbeitung zu wenig getrocknet.
2. Die Bankhakenösen sind mit zu kurzen Schrauben befestigt worden, sodass sich eine Öse bereits gelockert hat.
Bitte beheben Sie die Mängel innerhalb der nächsten 14 Tage und stimmen Sie den Zeitpunkt der Arbeiten vorher telefonisch mit uns ab.
Wir werden die von Ihnen gestellte Rechnung erst bezahlen, wenn die Mängel behoben sind.

Mit freundlichen Grüßen
Susanna Krendl-Franke

München, 18. Mai 2000

Erinnerung an meine Mängelrüge vom 5. Mai 2000

Sehr geehrter Herr Großmann,

heute habe ich die Rechnung für die über unserer Terrasse montierte Markise in Höhe von € 1.720,– erhalten.
Sie werden sich sicherlich daran erinnern, dass ich Sie, nachdem Ihre Arbeiter hier gewesen sind, mit meinem Schreiben vom 5. 5. 2000 auf Mängel hingewiesen und Sie gebeten habe, diese selbst zu besehen. Leider sind Sie meinem Wunsch bisher nicht nachgekommen.
Der Kostenvoranschlag vom 22. 4. 2000 ist zudem trotz der in meinem Schreiben angeführten Mängel um € 180,– überschritten worden.
Ich werde daher zunächst eine Anzahlung von € 1.300,– überweisen und den Rest erst zahlen, wenn Sie die Mängel besehen und für deren Beseitigung gesorgt haben.
Bitte setzen Sie sich zur Regelung dieser Angelegenheit so bald wie möglich mit mir in Verbindung.

Mit freundlichen Grüßen
Hermann Klinger

Forderung wegen falscher Lieferung

Eckernförde, 8. April 2000

Antiquarische Versandbuchhandlung
Johannes Lindenberg
Rathausmarkt 5

20095 Hamburg

Sehr geehrter Herr Lindenberg,

in meiner dringenden Bestellung vom 1. April 2000 hatte ich ausdrücklich Meyers Enzyklopädisches Lexikon in 25 Bänden, Ausgabe 1971, angegeben. Sie haben mir jedoch stattdessen den Großen Brockhaus in 25 Bänden zugesandt – ein wahrhaft schwerwiegender Irrtum.
Aus Zeitgründen musste ich mir nun hier in einer Buchhandlung den 25-bändigen Meyers besorgen – wie ich Ihnen seinerzeit am Telefon sagte, ging es um eine Schadenersatzforderung wegen eines Missgeschicks, das einem meiner Kinder zugestoßen war. Für die Differenz zwischen Ihrem Listenpreis und dem hier bezahlten Preis – eine Differenz von € 8,80 pro Band – mache ich Sie ersatzpflichtig. Die Rechnungskopie lege ich bei.

Bitte überweisen Sie mir den Betrag von € 220,– auf mein Konto ... Die Sendung mit dem 25-bändigen Brockhaus steht zu Ihrer Verfügung.

Mit freundlichen Grüßen
Gustav Ehrreich

Verkaufsanzeige

Eine Verkaufsanzeige sollte folgende Punkte berücksichtigen:

- Bezeichnung/Name/Art des zu verkaufenden Gegenstandes
- Zustand und Preis
- Die Anzeige sollte möglichst genau sein, ohne Unwichtiges zu enthalten.
- Die oft verwendete Floskel „umständehalber" kann man weglassen, weil man immer wegen irgendwelcher Umstände etwas anbietet (unter Umständen kann man stattdessen schreiben: neuwertig, kaum gebraucht, Baujahr ...).
- Beim Weglassen sollte man jedoch auch nichts verschweigen (kommt es unter Verschweigen eines Mangels zum Verkauf, so ist dies Betrug).

„Zu verkaufen"-Inserate

Holländ. Stahl-Aluminium-Schiff, 11,5 x 3,8 m, 2 Dieselmotoren, Liegeplatz in Genua, Bj. 86, zum Verkauf mit oder ohne Kaiplatz. Preis € 56.400,–. Tel.: / Fax ...

Kopierer Mita DC 1205, 2 Jahre, NP € 1.460,–, um € 500,–. Tel. ...

Neue Lamellenjalousie, schwarz/weiß, B 2,96, H 2,17, NP € 1.020,–, um € 290,–. Tel. ... ab Di, 9 h.

Verkaufe Küchen-Aufsatzherd (mit Backrohr, Bj. 1955, grün lackiert, 1a Zustand. Tel. ...

AEG-Elektroherd mit 4 Platten und Backrohr, neuwertig, € 400,–. Tel. ...

Verkaufsanzeige

Oldtimer, Princess 2200 HLS, Bj. 1957, 6 Zylinder, 110 PS, erstklassiger Zustand, § 2/2000, zu verkaufen. Preis nach Vereinbarung. Tel. ... ab Montag, 3. Oktober, 18 – 20 Uhr.

Golf Cabrio, 98 PS, EZ 9/92, blau, 82.000 km, Scheckheft, 8-fach bereift, § 9/00. VB € 6.200,- Tel. nur Sa/So 9-20 h.

Doppelhaushälfte von privat, 138 m² mit ausgebautem Dachgeschoß, moderne Einbauküche, 280 m² Garten, ruhige Lage am südl. Stadtrand von München, sofort beziehbar. VB € 250.000,-. Tel. ...

Wohnmobil Stern, 2XZ, Bj. 98, zulässiges Gesamtgewicht 1.900 kg, Toilette, Wasser/Abwasser, viele Extras, guter Zustand. Neupreis € 21.000,-, Tel. ...

Appartement, 42 m², Zentrum München, komplett renoviert, mit Tiefgarage und Kellerabteil, VB € 110.000,-, ab 9/00 frei. Tel. ...

Von privat: Einfamilienhaus, 130 m² Wohnfläche, schöne ruhige Lage, 1000 m² Grund, mit Pergola, Nähe Chiemsee. € 600.000,- .
Unter 234.876 an Chiemgauer Anzeiger.

Antwort auf Chiffreanzeige

Sehr geehrter Inserent,

bitte informieren Sie mich umgehend über das Haus, das Sie im Chiemgauer Anzeiger vom 7. April zum Kauf angeboten haben. Meine Frau und ich würden uns sogleich in Bewegung setzen, da wir schon seit einiger Zeit einen Wohnsitz in ruhiger Lage suchen.
Sie erreichen mich tagsüber unter der Münchner Nummer ..., sonst unter ...
Ich verbleibe mit freundlichen Grüßen

Hugo Grünberg

Haftung des Verkäufers

Grundsätzlich haftet der Verkäufer für den Wert und die Mängel der Dinge, die er verkauft. Im Geschäftsleben wird infolgedessen von Reklamation, Rückgaberecht und Forderung nach Rückerstattung des Kaufpreises häufig Gebrauch gemacht (siehe Seite 294 ff.).

Die Haftung des Verkäufers – die vor allem dann zum Tragen kommt, wenn der Hersteller oder Importeur einer Ware nicht ermittelt werden kann – ist im Produkthaftungsgesetz geregelt, zahlreiche andere Bestimmungen über Kauf und Verkauf finden sich in verschiedenen Abschnitten des Bürgerlichen Gesetzbuchs (BGB).

Dieser Gesetzesrahmen gilt prinzipiell auch für den Geld- und Warenverkehr zwischen Privatpersonen, nur wird die Rechtsprechung bei kleinen privaten Verkäufen zum Glück wesentlich seltener bemüht als im geschäftlichen Bereich. Kein Käufer wird eine Klage wegen arglistiger Täuschung einreichen, wenn er auf dem Flohmarkt ein „Biedermeierfigürchen" erstanden hat, das sich zu Hause dann allerdings als Fälschung entpuppt.

Kaufvertrag für ein gebrauchtes Kraftfahrzeug

Wenn zwei Vertragspartner übereinkommen, etwas zu kaufen bzw. zu verkaufen, muss nicht immer ein Kaufvertrag vorliegen. Der Verkauf von Gebrauchtwagen von Privat an Privat soll aber in jedem Fall vertraglich geregelt werden, und zwar aus mehreren Gründen:

- Nachweis des rechtmäßigen Besitzes
- Möglichkeit des Käufers, den Vertrag anzufechten (etwa wegen Vorspiegelung falscher Tatsachen)
- (Schriftliche) Fixierung des Kaufpreises
- Regelung der Übergabe (Zeit und Ort) und ihrer Bedingungen (Anzahlung, vollständige Zahlung)
- Anführen des Zubehörs
- Der Verkäufer kann einerseits Gewährleistungsforderungen abwehren, indem er die Formel „gekauft wie besehen, unter Ausschluss jeglicher Gewährleistung" in den Vertrag setzt (der Teil „wie besehen" allein schließt nur die Mängel aus, die bei einer Besichtigung sichtbar werden).
- Andererseits können bestimmte (wertbestimmende) Eigenschaften zugesichert werden, für die der Verkäufer auch bei sonstigem Gewährleistungsausschluss haftet (etwa Unfallfreiheit, durchgeführte Reparaturen).

Wer kein heute in der Gebrauchtwagenbranche übliches Vertragsformular zur Hand hat, kann es sich bei einem der Automobilclubs oder bei einer Verbraucherzentrale besorgen.

Wohnen

Inserieren auf dem Wohnungsmarkt

Wer eine Wohnung sucht, kann entweder versuchen, durch ein Inserat auf sich aufmerksam zu machen, oder er kann in den Wohnungsanzeigen blättern und selbst Verbindung zu Vermietern und Immobilienmaklern aufnehmen.
Für ein Eigeninserat sollte bedacht werden, dass unter der Menge an Inserenten wohl am ehesten jene kontaktiert werden, von denen sich der Vermieter bereits ein Bild machen kann. Also nicht schreiben: „Suche 2–3-Zi.-Whg. Tel. ...", sondern, mit näheren Angaben zur eigenen Person:

Zu mieten gesucht

Junges Paar sucht kleine Wohnung im Innenstadtbereich. Tel. ...

Wer vermietet jungem Ehepaar mit Kind große Wohnung mit Garten? Tel. ...

Seriöse, ruhige Mieterin sucht als Wohnung und Grafikatelier ca. 100 m², möglichst sonnig, mit Terrasse oder Garten. Tel. ...

Im Dez. kommt unser zweites Baby! Damit wird unsere sehr kleine Wohnung hoffnungslos zu eng. Wer verhilft junger, ordentlicher Lehrerfamilie zu neuem Zuhause? Mögl. kindgerechte Umgebung, evtl. Garten (bis ca. 15 km nördl. von Tübingen). Tel. ...

Zu vermieten

Schöne 3-Zi-Whg., 70 m², Komplettküche, Dachterrasse, Parkplatz, Isarufer, Topzustand, monatlich € 750,– + NK. Unter 28.325 an Morgenkurier.

Exkl. App, Zentr., Gar., Terr., kompl. ren., € 420,–, nur an ser. ält. Einzelperson, NR. Unter ... an ...

2-Zi-Whg., teilmöbl., Zentrum, TG, € 800, Tel. ...

Antwort auf Chiffreanzeigen

Ist keine Telefonnummer angegeben, sondern muss der Vermieter schriftlich kontaktiert werden, ist dies noch lange kein Grund, ein Inserat zu übergehen und an der inserierten Wohnung plötzlich „doch kein Interesse" zu haben.

Georg Krendl
Hohenzollernstraße 15
80801 München   München, 20. April. 1999

An den Morgenkurier
Anzeigenabteilung/Chiffre 28.325
Isartorplatz 5
80331 München

Sehr geehrte Damen und Herren,

in Ihrer Anzeige bieten Sie eine Dreizimmerwohnung mit Dachterrasse an. Meine Frau und ich sind an dieser Wohnung sehr interessiert und würden sie gern besichtigen.
Ich bin von Beruf Musikpädagoge, meine Frau ist freie Journalistin. Wir haben einen vierjährigen Sohn, der vormittags den Kindergarten besucht, und eine eineinhalbjährige Tochter.
Besonders wegen der Kinder hätten wir an einer Wohnung mit Terrasse großes Interesse. Bitte setzen Sie sich mit uns in Verbindung. Unsere Telefonnummer ist …

Mit freundlichen Grüßen
Georg Krendl

Wenige Monate später antwortet Herr Krendl allerdings auf eine völlig anders geartete Anzeige, denn nach der Scheidung, nach der seine Frau Susanna mit den Kindern in der alten Wohnung geblieben ist, sucht er ein Appartement für sich allein:

Sehr geehrter Inserent,

an dem von Ihnen im Morgenkurier vom 20. April inserierten Appartement bin ich sehr interessiert.
Ich suche zum frühestmöglichen Termin eine Wohnung, weil meine Frau und ich unseren gemeinsamen Haushalt auflösen.
Ich bin Pianist, verfüge aber über ein Schalldämmsystem, das gewährleistet, dass Nachbarn oder andere Parteien nicht durch Musik oder gar Lärm gestört werden.
Wann wäre es möglich, das Appartement zu besichtigen? Bitte rufen Sie mich an: …
Ich erwarte gerne Ihre Antwort.

Mit freundlichen Grüßen
Georg Krendl

Mietvertrag

Guten Tag,

ich würde die Wohnung, die Sie am 18. Dezember inseriert haben, gerne besichtigen. In meiner bisherigen Wohnung ist es mir zu laut geworden, weil eine Schnellstraße direkt hinter dem Haus angelegt worden ist. Nun hoffe ich, dass die von Ihnen angebotene Wohnung in einer ruhigeren Gegend liegt, und bitte um Ihre Antwort!

Mit freundlichen Grüßen
Walter Sokor

Mietvertrag

Ein Mietvertrag ist eine Vereinbarung zur entgeltlichen Überlassung einer unverbrauchbaren Sache zum Gebrauch. Der Mieter muss den landläufig als Miete bezeichneten Mietzins bezahlen, er muss die Sache sorgfältig behandeln, und er muss sie in demselben Zustand zurückgeben, wie er sie übernommen hat. Mit dem Einverständnis des Vermieters kann der Mieter den Mietgegenstand in Untermiete geben. Beispiele für vermietete Sachen sind: Häuser, Wohnungen, Geschäftsräume, Pkw, Reklameflächen, Bücher und Kostüme.

Mietverträge über ein Haus oder eine Wohnung werden zwischen Hauseigentümer und Mieter abgeschlossen, wenn es sich um eine Hauptmiete handelt. Dabei kann sich der Hauseigentümer gegebenenfalls durch eine bevollmächtigte Hausverwaltung vertreten lassen.

Prinzipiell kann ein Mietvertrag mündlich oder schriftlich geschlossen werden. Soll das Mietobjekt jedoch für ein Jahr oder länger vermietet werden, so ist dafür die Schriftform erforderlich.

Das Mietverhältnis kann unter anderem enden durch:

- Zeitablauf (Vertrag nur auf bestimmte Zeit geschlossen)
- ordentliche Kündigung (Einhaltung der Kündigungsfrist)
- vorzeitige Kündigung (wenn etwa das Verhalten des Mieters für die anderen Mieter unzumutbar ist)

Wird ein Mietvertrag abgeschlossen, muss er Angaben über folgende Punkte enthalten:

- Vermieter und Mieter
- Mietobjekt und Höhe des Mietzinses
- Regelung der Betriebskosten
- Beginn und Dauer des Mietverhältnisses
- Art der Nutzung des Mietobjektes, Untervermietung
- Übergabebestimmungen
- Kündigungsfrist
- Reparaturen

– Kaution
– Versicherung
– mündliche Absprachen

Für alle Regelungen gilt: Sie sind nur dann gültig, wenn sie den gesetzlichen Bestimmungen entsprechen, ansonsten gilt immer das Gesetz und nicht die im Vertrag getroffene Vereinbarung. Deshalb ist es wichtig, den aktuellen Stand des Mietrechts zu kennen und zu berücksichtigen, wenn ein Vertrag abgeschlossen werden soll, der Missverständnisse zwischen Vermieter und Mieter von vornherein vermeidet.
Für Mietverträge gibt es wie für Kaufverträge Vordrucke, in die die erforderlichen Angaben eingesetzt werden können. In jedem Fall sollten Sie den jeweiligen Vordruck genau durchlesen, bevor Sie Ihre Unterschrift darunter setzen.

Briefe zwischen Mieter und Vermieter

Betriebskostenabrechnung

Liebe Frau Schuster,

die Betriebskostenabrechnung steht wieder einmal an. Ich habe von den Stromkosten für die Warmwasserbereitung einen Teil abgezogen, da Sie so freundlich waren und mehrmals das gesamte Treppenhaus gereinigt haben.
Bitte überweisen Sie den Betrag innerhalb der nächsten 14 Tage.

Mit freundlichen Grüßen
Eleonore Hanke

Anfrage wegen Betriebskosten

Sehr geehrte Frau Hanke,

die Betriebskosten habe ich heute gleich nach Erhalt der Abrechnung eingezahlt. Ich habe allerdings zwei Fragen: warum das vierte Quartal bereits am 15. Oktober abgerechnet wird und wie sich der hohe Stromverbrauch für das Warmwasser erklären lassen könnte. Der Verbrauch scheint mir den Sommer über – obwohl Sie einen Teil abgezogen haben – sprunghaft angestiegen zu sein, ohne dass ich irgendwelche Ursachen dafür angeben könnte. Könnten Sie der Sache nachgehen?

Mit freundlichen Grüßen
Ilse Schuster

Beschwerde wegen Betriebskosten

Heidelberg, 4. Mai 2000

Woher kommen diese Kosten?

Sehr geehrter Herr Eisendle,

dass sich die Betriebskosten jährlich erhöhen, bin ich schon gewöhnt. Diese Gewöhnung ist für mich aber noch kein Grund, die Erhöhung auch zu akzeptieren.
Ich bitte daher um eine Begründung der Betriebskostenerhöhung für das Jahr 2000 in Form einer Auflistung der Einzelkosten, sodass ich mir ein Bild davon machen kann, was im Einzelnen unter dem Oberbegriff „Betriebskosten" bezahlt wird.
Bis zum Eingang Ihrer Antwort behalte ich mir vor, die im Mietvertrag vereinbarte Abschlagszahlung zu entrichten.
Ich verbleibe mit freundlichen Grüßen

Peter Friedmann

Beschwerdebrief des Vermieters

Der Vermieter einer nicht renovierten Altbauwohnung in Berlin beanstandet, dass ohne seine Zustimmung im Treppenhaus Kohlen gelagert werden. Er könnte zwar seinen Mieter mündlich zur Rede stellen, zieht jedoch die unpersönlichere Variante eines Briefes vor:

Sehr geehrter Herr Kunze,

leider musste ich feststellen, dass Sie, ohne mich um Erlaubnis zu fragen, das Treppenhaus als Abstellraum benützen. Dies ist nicht statthaft. Sollten Sie nicht umgehend das Treppenhaus von den Kohlesäcken befreien, sehe ich mich gezwungen, pro Tag und Quadratmeter eine Miete von € 1,– geltend zu machen.

Helmut Eisenstein

Herr Eisenstein hätte auch ohne weiteres freundlicher schreiben können:

Sehr geehrter Herr Kunze,

bitte veranlassen Sie doch, dass die Kohlensäcke im Treppenhaus so bald wie möglich entfernt und woanders gelagert werden. Nicht nur, dass sie unnötig viel Platz brauchen, sondern der Kohlenstaub dringt leider auch überall hin. Haben Sie in Ihrem Kellerabteil noch genügend Platz?

Besten Dank und freundliche Grüße!

Ihr Helmut Eisenstein

Antwort auf Beschwerde

Sehr geehrter Herr Eisenstein,

ich muss mich entschuldigen, dass ich ohne Ihre Zustimmung Kohlensäcke im Treppenhaus gelagert habe. Das war nicht beabsichtigt! Vielmehr versuchte ich an dem Tag, an dem die Firma Willersbach überraschend die Kohlen lieferte, Sie telefonisch zu erreichen, doch ist mir das leider nicht gelungen. Da ich in dem für diese Zwecke vorgesehenen Kellerabteil noch keinen Platz geschaffen hatte, entschloss ich mich, die Säcke vorübergehend im Treppenhaus zu lagern, weil ich sie nicht im Freien stehen lassen konnte.
Selbstverständlich werde ich noch diese Woche eine Ecke des Kellerabteils freimachen und dieses Zwischenlager aufheben.
Ich bitte Sie nochmals um Entschuldigung!

Mit freundlichen Grüßen
Wilhelm Kunze

Mängelanzeige

16. August 2000

Sehr geehrte Hausverwaltung,

das Unwetter vom vergangenen Wochenende hat in unserer Wohnung leider seine Spuren hinterlassen: Ich musste bei dem heftigen Regen erstmals feststellen, dass alle Fenster der Wohnung undicht sind.
Hätten wir nicht mehrmals die Lachen auf den Fensterbrettern aufgewischt, hätte sich das Wasser auf dem Teppichboden ausgebreitet. Leider wurde auch die Tapete im Bereich des Fensters durchfeuchtet, sodass sie sich bereits abzulösen beginnt.
Ich bitte Sie, den Schaden bis zum 30. August 2000 zu beheben und die Fenster abdichten zu lassen. Bitte setzen Sie sich mit uns wegen der Terminabsprache in Verbindung.

Mit freundlichen Grüßen
Susanna Krendl-Franke

Mahnung

31. August 2000

Sehr geehrte Hausverwaltung,

vor 14 Tagen habe ich Ihnen eine Mängelanzeige geschickt, in der ich Sie bat, bis zum gestrigen Tag wegen der Wetterschäden etwas zu unternehmen. Eine Antwort ist leider ausgeblieben.
Ab 15. September werden wir von unserem Mietminderungsrecht Gebrauch machen, falls auch bis dahin eine Reaktion Ihrerseits ausbleibt. Laut Auskunft meines Anwalts berechtigt die Feuchtigkeit aufgrund undichter Fenster zu einer Herabsetzung der Wohnungsmiete um 15 Prozent.
Sobald der Schaden behoben ist, werden wir Ihnen wieder die vertraglich vereinbarte Miete überweisen. Ich hoffe auf Ihre baldige Hilfsbereitschaft!

Susanna Krendl-Franke

Erhöhung der Nebenkosten

Mietvertrag vom ...
Nebenkostenerhöhung

Sehr geehrte Frau Müller,

am 1. Januar ... erhöht die Stadt die Gebühren für die Müllabfuhr. Statt wie bisher € 220,– beträgt die neue Jahresgebühr € 268,–. Die Erhöhung macht somit € 48,– pro Jahr und Tonne aus. Die monatlichen Nebenkosten erhöhen sich dadurch um € 4,–. Bitte überweisen Sie den neuen Betrag von € 106,– ab 1. Januar ...!

Vielen Dank und freundliche Grüße
Alexander Neuhaus

Mieterhöhung

Liebe Frau Busche,

die Nettomiete Ihrer Wohnung beträgt seit 1. Juni 1995 DM 840,–. Bei 56 Quadratmetern entspricht dies einem Quadratmeterpreis von DM 15,–.
Nach dem neuen Mietspiegel beträgt der Quadratmeterpreis für Wohnungen der Kategorie XY, in die auch Ihre Wohnung fällt, in München derzeit DM 17,50.

Da die Nettomiete Ihrer Wohnung also nicht mehr dem ortsüblichen Richtwert entspricht, bitte ich Sie, der Erhöhung der Nettomiete auf DM 17,20 (= € 8,79) pro Quadratmeter, insgesamt auf DM 963,20 (= € 492,24) zuzustimmen.
Die erhöhte Miete ist erstmals am 1. Juli 2001 fällig. Gleichzeitig bitte ich Sie, ab 1.1.2002 die Überweisung in Euro zu veranlassen, da auch die Abrechnung der Nebenkosten ab diesem Zeitpunkt von der Hausverwaltung auf Euro umgestellt wird.

Mit freundlichen Grüßen

Eleonore Hohenstein

Widerspruch gegen Mieterhöhung

Sehr geehrte Frau Hohenstein,

ich habe Verständnis für Ihren Wunsch, die Miete zu erhöhen, doch bin ich mit der Berechnungsgrundlage für die erhöhte Miete nicht einverstanden.
Es ist richtig, dass die von mir gemietete Wohnung aufgrund ihrer Lage in die Kategorie XY fallen würde, für die der Preis in dem von Ihnen genannten Bereich liegt, wenn nicht ein Minderungsgrund vorläge. Da die Wohnung jedoch ausschließlich mit Einzelöfen beheizbar ist, weil keine Zentralheizung im Haus beziehungsweise in der Etage vorhanden ist, fällt sie laut Index in die Kategorie AB.
Sicherlich sehen Sie ein, dass ich unter diesen Umständen Ihrer Bitte, einer Erhöhung zuzustimmen, nicht nachkommen werde.

Mit freundlichen Grüßen
Erika Busche

Kündigung des Mietvertrages

Im Gegensatz zum Vermieter kann der Mieter ohne Angabe von Gründen kündigen.

Kündigung als Mieter

Sehr geehrter Herr Eisendle,
ich kündige den Mietvertrag vom 1. März 19.. fristgemäß zum 1. November 2000.

Mit freundlichen Grüßen
Peter Friedmann

Kündigung des Mietvertrages

Der Vermieter kann nur kündigen, wenn berechtigtes Interesse an der Beendigung des Mietverhältnisses besteht. Dabei ist von Bedeutung, dass bereits das Kündigungsschreiben die geltend gemachten Gründe erkennen lassen muss. Werden die Gründe lediglich nachgeschoben – etwa nachdem der Mieter unter Hinweis auf ihr Fehlen die Kündigung ablehnt –, sind sie von Rechts wegen nicht anzuerkennen.
Im wesentlichen gibt es vier Arten von Kündigungen, die ein berechtigtes Interesse des Vermieters belegen können:
- Verletzung vertraglicher Pflichten: Der Mieter hat sich einen nicht unerheblichen Verstoß gegen vertraglich vereinbarte Bestimmungen zuschulden kommen lassen, indem er beispielsweise mit der Miete im Rückstand ist oder indem er sich gegenüber anderen Mietern grob rücksichtslos verhält.
- Eigenbedarf: Der Vermieter (oder ein Mitglied seiner Familie beziehungsweise seines Haushalts) möchte die Wohnung selbst nutzen. Voraussetzung: Die Gründe, die ihn dazu bewegt haben, dürfen nicht schon vor Abschluss des bestehenden Mietvertrages bestanden haben, wenn sie anerkannt werden sollen.
- Wirtschaftliche Verwertung: Der Vermieter wird durch das Mietverhältnis an der angemessenen wirtschaftlichen Verwertung des Grundstücks gehindert, auf dem sich Haus oder Wohnung befindet. Hier sind strenge Maßstäbe anzulegen, und die wirtschaftliche Verwertung darf nicht mit dem Interesse vieler Vermieter verwechselt werden, aus dem Mietobjekt eine möglichst hohe Miete zu beziehen.
- Teilkündigung: Der Vermieter plant, freie Grundstücke oder nicht zum Wohnen bestimmte Nebenräume zu Wohnraum umzubauen, und macht dies in der Kündigung geltend. In diesem Fall kann eine Kündigung allerdings ausschließlich für nicht zum Wohnen bestimmte Teile des Mietobjekts erfolgen – im übrigen bleibt das Mietverhältnis unberührt.

Kündigung als Vermieter

Sehr geehrte Frau Busche,

im Frühjahr 2000 übersiedelt mein Sohn mit seiner Familie aus den USA nach München. Da ich ihm meine Wohnung bereits überschrieben habe und er ein Recht auf sie hat, muss ich sie ihm bei seiner Ankunft bereitstellen.
Ich sehe daher leider keine andere Möglichkeit, als für die von Ihnen gemietete Wohnung Eigenbedarf geltend zu machen.
Ich kündige den Mietvertrag fristgemäß zum 30. September 2000.
Bitte haben Sie Verständnis. Ich hoffe, dass Sie bald eine gleichwertige Wohnung finden werden.

Mit freundlichen Grüßen
Eleonore Hohenstein

Widerspruch gegen Kündigung

Ein Widerspruch gegen die Kündigung kann dann berechtigt sein, wenn die Kündigung eine „besondere Härte" für den Mieter darstellt. Dies ist beispielsweise dann der Fall, wenn er in der Wohnung mit einem anderen Angehörigen zusammenwohnt, der gebrechlich ist und seiner Pflege bedarf.
Sicherlich ist es hier wie in den meisten anderen Mietfragen sinnvoll, einen Anwalt zu konsultieren, da immerhin auch die Gefahr einer Räumungsklage besteht.
Der Widerspruch erfolgt per Einschreiben:

Einschreiben

Mietvertragskündigung vom ...
Widerspruch

Sehr geehrte Frau Hohenstein,

ich erhebe gegen die Kündigung des Mietvertrages vom 21. 3. 2000 Widerspruch. Dabei berufe ich mich auf die Sozialklausel des § 556a BGB, denn die von Ihnen angestrebte Beendigung des Mietverhältnisses bedeutet für mich eine besondere Härte, die durch Ihre Interessen als Vermieter nicht zu rechtfertigen ist.
Seit April habe ich mich bemüht, eine meinen Mitteln entsprechende Wohnung zu finden, doch das scheint ein Ding der Unmöglichkeit zu sein. Ich lege Ihnen die Bestätigungen von mehreren Maklern bei. Bis ich in eine geeignete Wohnung umziehen kann, sehe ich keine andere Möglichkeit, als das Mietverhältnis aufrechtzuerhalten.
Bitte haben auch Sie Verständnis für meine Lage.

Mit freundlichen Grüßen
Erika Busche

Anlage

Wohnungswechsel

Wer die Wohnung wechselt, hat viel zu tun und viel zu überlegen. Vergessen Sie nicht, Ihre Adressänderung nicht nur Verwandten und Bekannten, sondern auch den folgenden Stellen bekanntzugeben:

- Postamt (Nachsendeauftrag)
- Krankenkasse
- Finanzamt
- Versicherungsanstalten
- Bankinstitute
- Kindergeldstelle
- Rundfunkamt

Wohnungswechsel

- Telefongesellschaft
- Gericht/Pflegschaftsgericht
- Vereine
- Kammern
- Schulen
- Ärzte
- Pfarramt
- Bibliotheken, Leihanstalten
- Einrichtungen, von denen Sie regelmäßig Zusendungen bekommen (Zeitungen, Versandhäuser, gemeinnützige Organisationen usw.)

Adressänderung

Wer die Wohnung wechselt, hat natürlich auch viele Ausgaben. Beim Bekanntgeben der neuen Anschrift und der neuen Telefonnummer lässt sich wohl einiges sparen. Aber – müssen es wirklich die kostenlosen Mitteilungskärtchen sein („Ab ... neue Telefonnummer")? Jedenfalls nähere Bekannte, die von der neuen Adresse (oder auch nur Telefonnummer) Kenntnis erhalten sollen, sind die paar Mark für Briefmarken gewiss wert. Es muss ja nicht gleich ein Brief werden – schon eine Postkarte leistet gute Dienste.

Liebe Iris,

meine Adresse hat sich geändert:
                      Zugspitzstraße 18
                      81541 München
                      Tel. ...

Mit lieben Grüßen
Deine Erika

Können Sie auf eine persönliche Anrede verzichten, kann die Mitteilung als Drucksache gestaltet werden:

Wir sind übersiedelt!

Ilse Bader & Klaus Zschokke

Campestr. 5
04229 Leipzig
Tel. ...

Wie wäre es jedoch mit einem zusätzlichen handschriftlichen Gruß, beispielsweise: „Ich freue mich auf deinen Besuch" oder: „Wir hoffen, Sie bald bei uns als Gast begrüßen zu dürfen"?

Antrag auf zusätzliche Eintragung ins Telefonbuch

Mitunter ist es notwendig, eine zusätzliche Eintragung im Telefonbuch zu beantragen, etwa wenn unter ein- und derselben Telefonnummer zusätzlich ein Firmenname einzutragen ist. Erkundigen Sie sich bei der für Sie zuständigen Niederlassung der Deutschen Telekom (Adresse und Telefonnummer finden Sie im Telefonbuch beziehungsweise bei der Telefongesellschaft, für die Sie sich entschieden haben), an wen Sie einen solchen Antrag auf erweiterten Standardeintrag oder Zusatzeintrag richten müssen. Sie können auch dem Telefonbuch-Verlag direkt schreiben.

Peter Breuer
Görzer Straße 27
81669 München

Redaktionsleitung der Deutschen Telekom AG, Niederlassung München

Zusatzeintrag in das Telefonbuch für München 2001/2002

Zusätzlich zu unserer gemeinsamen Telefonnummer 689999

 Breuer Peter und Angelika, Görzer Str. 27

bitte ich Sie als Eintrag aufzunehmen:

 Breuer Angelika Psychotherapeutin Görzer Str. 25

Mit bestem Dank im Voraus und freundlichen Grüßen

Peter Breuer

Änderung der Telefonnummer

Liebe Susanna,

unsere Telefonnummer hat sich geändert! Unter

    04357/832323

findest du gleich Anschluss.

Mit liebem Gruß
Elisabeth

Versicherungen

Jeder Mensch, sei es als Privatmann, sei es als Unternehmer, hat Risiken zu tragen. Um die finanziellen Risiken eines Schadensfalles auszuschalten oder zu verringern, werden Versicherungen abgeschlossen. Der Versicherungsnehmer zahlt eine nach den Grundsätzen der Wahrscheinlichkeitsrechnung und anderen mathematischen Überlegungen berechnete Prämie an die Versicherung, damit ihm bei Schadenseintritt der finanzielle Verlust ersetzt wird.
Um die Risiken so weit wie möglich zu minimieren, sind entsprechende risikomindernde Maßnahmen notwendig, wie:

- Risiken vermeiden oder vermindern (z. B. automatische Feuermelder, Alarmanlagen, Sicherheitsvorkehrungen am Arbeitsplatz)
- Risiken abwälzen (vor allem im Bereich der Geschäftswelt: z. B. Kostenschwankungsklausel; bei Transporten geht das Risiko bereits nach Verlassen des Werkes auf den Kunden über)
- Risiken teilen und ausgleichen (bei größeren Projekten schließen sich mehrere Firmen zusammen)
- finanzielle Vorsorge (z. B. Rücklagen für Schadensfälle bilden)

Es gibt Sach- und Vermögensversicherungen wie:

- Haftpflichtversicherung
- Feuer- und Hagelversicherung
- Einbruch- und Diebstahlversicherung
- Glasbruchversicherung
- Elektrogeräteversicherung
- Leitungswasserschadenversicherung
- Sturmschadenversicherung
- Kraftfahrzeug-Haftpflichtversicherung
- Reiseversicherung
- Rechtsschutzversicherung
- Kreditrestschuldversicherung
- Transportversicherung
- Maschinenversicherung
- Betriebsunterbrechungsversicherung
- Tierseuchenversicherung

Und es gibt Personenversicherungen wie:

- Krankenversicherung
- Rentenversicherung
- Lebensversicherung
- Unfallversicherung
- Reiseunfallversicherung

Versicherungen

Zu den Pflichten des Versicherten zählen:

- Der Versicherungsnehmer hat die Versicherungsprämie zu bezahlen.
- Risikoänderungen oder Versicherungsfälle müssen sofort gemeldet werden.
- Der Versicherungsnehmer hat – soweit ihm das möglich ist – dafür zu sorgen, dass der Schaden möglichst klein gehalten wird.
- Mehrfachversicherungen derselben Sache müssen den Versicherungen bekannt gegeben werden.
- Nach einem Versicherungsfall müssen der Versicherung alle Auskünfte erteilt werden, die eine korrekte Schadensermittlung und eine Klärung aller Ansprüche ermöglichen.

Die Versicherung ist verpflichtet, alle vertraglich vereinbarten Leistungen zu erbringen; sie kann aber von der Erbringung ihrer Leistungen befreit sein, wenn:

– ein Schaden vorsätzlich verursacht wurde;
– der Schaden erst durch das bewusste Fehlverhalten des Versicherungsnehmers zustande kam;
– bei Schadenseintritt die Erstprämie noch nicht bezahlt war.

Der Schriftverkehr mit Versicherungsanstalten wird überwiegend auf Formularen erledigt. Ein individueller Schriftverkehr wird sich nur bei Abweichungen von der Norm ergeben oder wenn der Versicherungsnehmer kein Formular zur Hand hat.

Anfrage

Wenn Sie, um eine allgemeine Auskunft zu erhalten, den einfachsten Weg beschreiten, werden Sie um ein Telefonat oder auch einen persönlichen Besuch nicht herumkommen. Sind Sie aber telefonisch nicht erreichbar (oder wollen es nicht sein), können Sie solche Dinge natürlich auch schriftlich erledigen:

Sehr geehrte Damen und Herren,

ich trage mich mit dem Gedanken, eine Lebensversicherung abzuschließen. Bitte lassen Sie mir Ihre Versicherungsbedingungen und Informationen über das Prämien-Leistungs-Verhältnis zukommen.
Besten Dank im Voraus und freundliche Grüße

Hermann Klinger

Zur Fixierung von telefonisch getroffenen Vereinbarungen oder auch von Vertragsänderungen ist die Briefform jedenfalls am geeignetsten. Für Vertragsänderungen ist zudem Ihre Unterschrift vonnöten, die Sie entweder direkt bei der Versicherung leisten können oder eben brieflich.

Vertragsänderung

Der richtige Aufbau von Briefen an Versicherungen und ähnliche Stellen wurde bereits auf Seite 30 f. behandelt. Dort finden Sie auch einen Einspruch gegen die Weigerung der Versicherung, Reparaturkosten zu tragen.

Vertragsänderung

Es gibt vielfältige Gründe für eine Vertragsänderung, beispielsweise Namensänderung, neue Zahlungsweise, Einschluss einer weiteren Versicherungsleistung, Ausschluss einer Versicherungsleistung, Wertanpassung, Erhöhung der Versicherungssumme (Aufstockung), Beitragsfreistellung, Stornierung und anderes mehr.

München, 10. März 2000

Änderung der Versicherung Pol.-Nr. ...

Ich habe bei Ihrem Versicherungsvertreter Herrn ... eine Lebensversicherung abgeschlossen. Nun erfahre ich, dass er nicht mehr bei Ihnen beschäftigt ist. Nachdem ich die Absicht habe, in meine bestehende Lebensversicherung auch den Unfalltod und die Unfallinvalidität einzuschließen, bitte ich um den Besuch eines anderen Mitarbeiters, um diese Vertragsänderung durchführen zu können.

Mit freundlichen Grüßen
Gottfried Schulz

Silvia Isser
Nailaerweg 2
14089 Berlin   Berlin, 23. Juni 2000

Xeno-Versicherung
Herrn Doppler
Bredowstr. 11
10551 Berlin

Pol. Nr. 94-E 243.091-0 – Änderung der Vertragssumme

Sehr geehrter Herr Doppler,

wir haben am 20. Juni telefonisch besprochen, dass die Versicherungssumme unserer am 15. Oktober 1995 abgeschlossenen Hausratsversicherung geändert wird. Statt früher DM 120.000,– beträgt die neue Versicherungssumme € 51.000,–. Um den

Versicherungsschutz zu gewährleisten, zahlen wir die ursprünglich vereinbarte erste Halbjahres-Prämie von € 55,35 ein und bitten Sie, unser Guthaben bei der nächsten Zahlung zu berücksichtigen.
Darüber hinaus bitten wir darum, dass die Prämie in Zukunft über Abbuchungsauftrag eingezogen wird. Würden Sie uns das entsprechende Formular zusenden?
Mit bestem Dank im Voraus und

freundlichen Grüßen
Silvia Isser

Einspruch gegen Zuschlag

Mein Antrag auf Lebensversicherung
Einspruch gegen Risikozuschlag

Sehr geehrte Damen und Herren,

Ihrem Schreiben vom 8. März entnehme ich, dass Sie wegen meiner früheren Atemwegserkrankung einen Risikozuschlag von 12 Prozent verlangen.
Mein Asthma ist jedoch trotz aller gegenteiligen Prophezeiungen vor acht Jahren zum letzten Mal aufgetreten. Dass ich seither weder einen Rückfall noch sonstige Beschwerden im Bereich der Atemwege hatte, kann Ihnen mein Hausarzt, Herr Dr. Kaunitz, bestätigen.
Falls Sie von Ihrer Forderung des Risikozuschlags nicht absehen, werde ich meinen Antrag bei Ihrer Versicherung zurückziehen.

Mit freundlichen Grüßen
Hermann Klinger

Bitte um Stundung der Prämie

Vers. Nr. 83808
Versicherungsprämie

Sehr geehrte Damen und Herren,

meine Versicherungsprämie für das Jahr 2000 wäre am 1. Juni fällig. Leider sehe ich mich im Moment jedoch nicht in der Lage, sie zu zahlen, und bitte daher, mir die Prämie vorerst für ein halbes Jahr zu stunden. Mein Sohn benötigt dringend die Behandlung eines Heilpraktikers, deren Kosten von der Krankenkasse nicht über-

nommen werden. Meine Frau hat aus gesundheitlichen Gründen ihre Arbeit aufgeben müssen, weshalb ich nun unsere vierköpfige Familie alleine ernähren muss.
Welche Möglichkeiten gibt es, meine Belastungen für die Lebensversicherung nach der halbjährigen Stundung weiterhin zu reduzieren?
Vielen Dank im Voraus für Ihre Bemühungen.

Mit freundlichen Grüßen
Hermann Klinger

Beitragsfreistellung

Ist es aus finanziellen Gründen nicht mehr möglich, die Beiträge zu leisten, so kann der Versicherte um Beitragsfreistellung ersuchen:

Bad Salzuflen, 10. Mai 2000

Beitragsfreistellung meiner Lebensversicherung

Ich ersuche Sie, meine Lebensversicherung Police Nr. ... ab 30. September 2000 beitragsfrei zu stellen. Da ich seit Ende Juli aufgrund eines schweren Unfalls arbeitsunfähig bin, kann ich die Zahlungen mit meinem derzeitigen Einkommen nicht leisten. Für Ihr Entgegenkommen danke ich Ihnen im voraus!

Mit freundlichen Grüßen
Karl Brunner

Schadensmeldung

Für eine Schadensmeldung gibt es verschiedene vorgedruckte Formulare, wie zum Beispiel den Unfallbericht der Kfz-Haftpflichtversicherung, Formulare für Unfallmeldungen, Schadensmeldungen und dergleichen.
Folgende Angaben dürfen in Schadensmeldungen an die Versicherung nicht fehlen:

- Ort und Zeit des Vorfalls
- beteiligte Personen und Zeugen
- Ausmaß des Schadens
- was zur Sicherung beziehungsweise zur Verhinderung des Schadens unternommen wurde
- ob Sie die Kosten für den Schadenersatz selbst begleichen beziehungsweise beglichen haben und Rückerstattung fordern oder ob Sie die offene Rechnung an die Versicherung weiterleiten
- ob eine Meldung bei der Polizei gemacht wurde

Schadensmeldung

Eine Schadensmeldung in Briefform:

Ulm, 15. März 2000

Feuerversicherung Pol.-Nr. ...

Am 10. März 2000 brannte der Wohnraum meines Ferienhauses in Buchenweg 12, 83661 Lenggries aus. Durch den sofortigen Einsatz der Feuerwehr konnte ein Ausbreiten des Brandes auf die Schlafräume im Obergeschoss verhindert werden. Als Schadensursache hat der Sachverständige einen Kurzschluss festgestellt (Überhitzen der Leitung durch ein Elektroheizgerät).
Der Schaden an der Einrichtung, am Fußboden sowie an Türen und Fenstern beträgt ca. € 23.000,–. Nach Abschluss der Instandsetzungsarbeiten werde ich Ihnen die genaue Schadenshöhe bekannt geben.
Sollten Sie die Brandstelle besichtigen wollen, ersuche ich Sie, mir den gewünschten Termin unter der Telefonnummer ... bekannt zu geben. Die Besichtigung müsste aber vor dem 26. März d. J. stattfinden, weil dann bereits mit den Instandsetzungsarbeiten begonnen werden soll.

Mit besten Grüßen
Dieter Lenz

Hamburg, 21. April 2000

Haftpflichtversicherung Nr. 234987
Schadensmeldung

Sehr geehrte Damen und Herren!

Am 18. April d. J. machte ich mit meinem Hund einen gewohnheitsmäßigen Spaziergang. Es handelt sich um einen Dalmatiner, den ich seit neun Jahren besitze und der für sein friedliches Verhalten bekannt ist.
In der Fürstgasse kam mir an diesem Tag eine Gruppe Jugendlicher entgegen, die sich selbst als „Skinheads" bezeichnen und deren ungewöhnliche Erscheinung den Hund augenblicklich reizte. Er sprang sofort auf die Gruppe los und griff den 17-jährigen Olaf Gründgen an. Sekunden später hatte ich den Hund, der mir die Leine aus der Hand gerissen hatte, wieder im Griff. Der Hund hatte leider bereits die Hose des unverletzt gebliebenen Gründgen zerfetzt.
Dieser behauptete, die Hose (Marke „Dynamo") hätte einen Wert von etwa € 100,– gehabt; er kaufte eine neue Hose und forderte von mir am 20. April € 99,–.
In der Anlage finden Sie die Angaben zur Person des angegriffenen Gründgen und die Rechnung für die neue Hose im Original.

Schadensmeldung

Ich hoffe, dass Ihnen diese Schilderung des Vorfalls genügt, um die angefallenen Kosten im Rahmen der Haftpflichtversicherung, in die seinerzeit auch die Hundehaftpflicht aufgenommen wurde, zu tragen.

Mit freundlichen Grüßen
Joachim Henne

Leitungswasserschadenversicherung Nr. 293847
Schaden vom 12. April 2000

Sehr geehrter Herr Schenk,

ich habe mit dem Gutachter, Herrn Starke, vereinbart, dass ich mich mit einer Schadensmeldung, aus der die in meiner Wohnung entstandenen Folgen eines Leitungswasserschadens im Haus Gründbergstraße 4 hervorgehen, zunächst an Sie wende. In welchem Umfang der Hausrat beschädigt wurde, hat Herr Starke aufgenommen. Die Rechnungen für die Instandsetzungsarbeiten werde ich Ihnen zukommen lassen.

Schadensmeldung:

Ich betrat nach einer zweitägigen Abwesenheit am 12. April meine Wohnung, die zu diesem Zeitpunkt einige Zentimeter hoch unter Wasser stand. Das Wasser war durch die Decke gedrungen, sodass sich an einigen Stellen der Putz gelöst hatte. Von dem Wasserschaden betroffen sind Vorraum, Bad und Kinderzimmer, hier vor allem der Parkettboden. Der Wasserschaden wurde durch einen Rohrbruch in der Zwischendecke zum Dachboden ausgelöst, den die Fa. Steiner umgehend behoben hat. Mit bestem Dank für die Zusammenarbeit verbleibe ich bis auf weiteres

mit freundlichen Grüßen
Hermann Klinger

Diebstahlversicherung

Vers. Pol. 2389-90
Diebstahlsanzeige

Sehr geehrte Damen und Herren,

in der Nacht vom 3. auf den 4. März d. J. wurde mein Wagen, der ordnungsgemäß versperrt in der Wiedenauerstraße abgestellt war, aufgebrochen. Dabei wurden das Autoradio und die Lautsprecheranlage entwendet, ansonsten blieb der Wagen unbeschädigt.

Ich erstattete am Morgen des 4. März in der Polizeiinspektion Mahnplatz eine Diebstahlsanzeige.
Die Fa. Fürst hat eine Kopie der Rechnung angefertigt, damit Sie über den Wert der entwendeten Dinge informiert sind. Ich sende Ihnen diese Rechnungskopie hiermit zu und bitte um Erstattung der Kosten für die Ersatzgeräte.

Mit freundlichen Grüßen
Susanna Krendl-Franke

Anlage

Widerruf

Einschreiben

Pol. Nr. 24309
Widerruf der Erhöhung meiner Hausratsversicherung

Sehr geehrter Herr Doppler,

ab diesem Jahr möchte ich von der Index-Vereinbarung zu meiner Hausratsversicherung keinen Gebrauch mehr machen. Den Nachtrag zur Versicherungspolice erhalten Sie mit diesem Brief zurück.

Freundliche Grüße
Alexandra Klinger

Versicherungsnehmerwechsel

Lebensversicherung Pol.-Nr. 3-458878

Sehr geehrte Frau Rinnerthaler,

ab 1. Oktober 1999 übertrage ich die Rechte und Pflichten aus meiner Lebensversicherung auf meinen Mann, Hermann Klinger, geb. 7. 2. 1942. Ich bleibe weiterhin die versicherte Person.
Die Einverständniserklärung meines Mannes liegt bei.

Mit besten Grüßen
Margarethe Klinger

Anlage

Rücktritt vom Versicherungsanspruch

Horst Bauer
Gründbergstraße 4
07330 Probstzella   Probstzella, 17. März 2000

Interunfall-Versicherung
Kfz-Haftpflichtversicherung

Sehr geehrter Herr Dahn,

ich habe am 10. März d. J. eine Schadensanzeige eingereicht, die den Auffahrunfall vom 4. März zum Gegenstand hatte.
Ich bitte Sie jedoch, den Fall nicht weiter zu verfolgen, weil ich beabsichtige, den Schaden selbst zu bezahlen. Mir scheinen die einmaligen Kosten der Reparatur geringfügiger zu sein als die Folgekosten einer Prämienerhöhung im System der Rabettstaffelung nach unfallfreien Jahren.
Ich habe auch die Werkstatt beauftragt, die Reparaturrechnungen direkt an mich zu senden und nicht, wie zuerst vereinbart, Ihnen zukommen zu lassen.

Mit freundlichen Grüßen
Horst Bauer

Kündigung – Rückkauf

Manche Versicherungen können – zumeist ein bis drei Monate vor dem nächsten Fälligkeitstermin – gekündigt werden, andere jedoch haben eine Mindestlaufzeit.
Ist dies nicht der Fall, umfaßt der Versicherungsvertrag also keine zeitliche Begrenzung, so gibt es dennoch zahlreiche Wege, die Versicherung zu beenden. Die wichtigsten davon sind:

- **Rücktritt:** Ist der Lebensversicherungsvertrag gerade erst abgeschlossen und ergibt eine Überprüfung der Konditionen in aller Ruhe, dass er keineswegs so lukrativ ist, wie der Vertreter in Aussicht stellte, so ist binnen zwei Wochen nach Erhalt der Police ein Rücktritt vom Vertrag ohne Angabe von Gründen möglich.
- **Widerruf:** Stellt sich erst zu einem späteren Zeitpunkt heraus, dass die Versicherung oder ihr Vertreter den Versicherungsnehmer über wesentliche Teile des Lebensversicherungsvertrages vorsätzlich oder fahrlässig im Unklaren gelassen hat, so ist innerhalb der ersten zwölf Monate der Vertragslaufzeit ein Widerruf möglich, welcher das Versicherungsverhältnis umgehend beendet.

- **Wagniswegfall:** Ist ein Haus verkauft oder der Chinchilla der Ehefrau aus der Mode und verschenkt, so gibt es keinen Grund mehr, das eine oder das andere noch zu versichern. Die Versicherung nennt das Wagniswegfall und wird ihre Kündigung akzeptieren.
- **Schaden:** Viele wissen es nicht, und doch ist es so – erleidet der Versicherte schuldhaft oder schuldlos einen Schaden, den die Versicherung gemäß den Vertragsbedingungen zu regulieren hat, so hat nicht nur die Versicherung nach Abschluss der Regulierung ein Recht zur Kündigung (weil ihr der Kunde zu teuer ist), sondern auch der Versicherte. Ein Recht, von dem gerade nach der Änderung des deutschen Versicherungsrechts zum Leidwesen vor allem der etwas teureren Versicherungen so mancher Versicherte Gebrauch macht.
- **Beitragsanpassung:** Wenn Ihre Versicherung Ihnen eine Beitragsanpassung ankündigt, dann handelt es sich in den weitaus meisten Fällen zufällig um eine Erhöhung. Das ist ungünstig. Erreicht allerdings eine Erhöhung das für den jeweiligen Vertrag gesetzlich festgelegte Maß, so können Sie zu genau dem Termin kündigen, zu dem Ihre Versicherung den Beitrag erhöhen wollte. Und das ist günstig.

Nach wie vor kann beispielsweise für Lebensversicherungen eine Laufzeit von zehn Jahren vereinbart werden, doch ist der Versicherte generell nur mehr drei Jahre gebunden.

Kündigungen sollten stets per Einschreiben an die Versicherung gesandt werden. Wird das Vertragsverhältnis allerdings bei einer Kapitallebensversicherung vorzeitig gelöst, spricht man nicht von Kündigung, sondern von Rückkauf.

Lindau, 31. Juni 2000

Einschreiben

Kündigung meiner Krankenversicherung und
Rückkauf meiner Versicherung auf den Erlebens- und Todesfall

Nach meinem Telefonat mit Herrn Kern vom 28. August teile ich Ihnen mit, dass ich meine Krankenversicherung und meine Versicherungauf den Erlebens- und Todesfall zum nächstmöglichen Termin (31. Dezember 2000) kündige.
Ich ersuche Sie, den Rückkaufswert auf mein Konto Nr. ... bei der Dresdner Bank (BLZ ...) zu überweisen.

Für Ihre Bemühungen danke ich Ihnen im Voraus.

mit besten Grüßen
Ingrid Stamm

Kündigung – Rückkauf

Einschreiben

Lebensversicherung Nr. 3-458878 – Kündigung

Sehr geehrte Frau Reithofer,

ich kündige meine Lebensversicherung zum 31. 12. 2000
Bitte überweisen Sie mir den Rückkaufswert auf das Konto Nr. ... bei der ...-Bank.

Mit bestem Dank
Kurt Feilitzsch

Einschreiben

Hausratsversicherung Pol. Nr. 24309 – Kündigung

Sehr geehrter Herr Doppler,

zum 4. Juni 2000 kündige ich fristgerecht meine Hausratversicherung.

Mit freundlichen Grüßen
Alexandra Klinger

Einschreiben

Hundehalter-Haftpflichtversicherung
Vers. Pol. 238990 – Kündigung

Sehr geehrte Damen und Herren,

ich habe gestern meinen Hund, den jetzt zehnjährigen Dalmatiner, Vers. Nr. ..., verkauft. Die Käuferin, Frau Elisabeth Schallgruber, wird den Hund bei ihrer eigenen Versicherung versichern lassen. Ich kündige daher mit dem heutigen Tag meine Haftpflichtversicherung. Bitte überweisen Sie mir die restliche Prämie für das Jahr 2000 auf mein Konto Nr. ... bei der ...- Bank, (BLZ ...).
Vielen Dank für Ihre Bemühungen.

Joachim Henne

Krankenkasse

Die Krankenversicherung gehört wie die Renten- oder die Pflegeversicherung und die Arbeitslosenversicherung zur Sozialversicherung. Grundsätzliche Ausführungen dazu, die für Arbeitgeber wie Arbeitnehmer gleichermaßen interessant sind, finden Sie auf Seite 376 ff.
Der Großteil des Schriftverkehrs mit der Krankenkasse wird auf Formularen erledigt; nur einige wenige Ansuchen werden brieflich gestellt.

Sehr geehrte Damen und Herren,

ich leide seit mehr als dreizehn Jahren unter starken Dauerkopfschmerzen. Wie ich nun erfahren habe, verspricht eine Akupunkturbehandlung eine Besserung dieses Leidens: In 60 Prozent der behandelten Fälle konnte diese Therapieform bereits erfolgreich eingesetzt werden. Auch mein Hausarzt, Herr Dr. Kaunitz, hält in meinem Fall die Akupunkturmethode für sinnvoll. Ich lege Ihnen sein Schreiben bei.
Mir ist bekannt, dass die Kasse bei derartigen Leistungen nicht zur Kostenerstattung verpflichtet ist. Da ich jedoch von Fällen weiß, in denen Sie die Kosten für außergewöhnliche Behandlungen übernommen haben, bitte ich darum, auch in meinem Fall die Unterstützung zu gewähren, damit ich eine Akupunkturtherapie in Anspruch nehmen kann.
Ich hoffe auf eine positive Antwort und verbleibe

mit freundlichen Grüßen
Margarethe Klinger

Vers. Nr. 4987/07/02/42
Kieferorthopädische Behandlung

Sehr geehrte Damen und Herren,

für die kieferorthopädische Behandlung meiner Tochter Marietta erhielt ich die im Original beigefügte Rechnung von Herrn Dr. Schmidt für das Quartal 2/2000.
Bitte überweisen Sie mir den Kassenanteil auf mein Konto ...
Besten Dank im Voraus und freundliche Grüße

Hermann Klinger

Anlage:
Rechnung Nr. 1279 v. 4.7.2000

Private Korrespondenz mit Behörden

Mit vielen Behörden treten Privatpersonen gelegentlich oder regelmäßig in Korrespondenz. Formulare müssen ausgefüllt, Briefe wollen geschrieben werden. Einige Beispiele dafür finden Sie auf den folgenden Seiten. Der geschäftlichen Korrespondenz mit Behörden und Institutionen ist das Kapitel auf Seite 342 ff. gewidmet.

Kindergeldkasse

Antrag auf Kindergeld

Arbeitsamt München
Familienkasse   München, 27. Mai 2000

Kindergeld-Nr. ...
Antrag auf Kindergeld für das zweite Kind

Sehr geehrte Damen und Herren,

unter der angegebenen Kindergeld-Nr. beziehe ich bereits Kindergeld für unser erstes Kind Roland, geboren am 15.1.1998.
Am 5. Mai 2000 wurde unsere Tochter Stephanie geboren. Ich füge eine Ausfertigung der Geburtsurkunde bei und bitte Sie, die Neuberechnung des Kindergeldes sowie die Auszahlung des entsprechend erhöhten Kindergeldbetrages zu veranlassen.
Vielen Dank im Voraus und freundlichen Gruß

Matthäus Lenz

Finanzamt

Bitte um Fristverlängerung

Finanzamt München
80335 München

                                                  20. März 2000

Steuer-Nr. 238/4978
Einkommensteuererklärung für 1999

Sehr geehrte Damen und Herren,

bitte verlängern Sie die Frist für meine Einkommensteuererklärung um drei Wochen. Am 11. März wurde ich mit schwerer Gehirnerschütterung ins Krankenhaus eingelie-

fert. Da ich den Ärzten zufolge noch mindestens zwei Wochen nicht einsatzfähig sein werde, kann ich die Steuererklärung nicht termingerecht vorlegen.
Ich danke für Ihr Entgegenkommen!

Mit freundlichen Grüßen
Susanna Krendl-Franke

Bitte um Neuberechnung

München, 28. Mai 2000

Finanzamt München
80335 München

Steuer-Nr. 3458/788
Neuberechnung der Einkommensteuer-Vorauszahlung

Sehr geehrte Damen und Herren,

meine Einkommensverhältnisse haben sich durch zusätzliche Einnahmen erheblich geändert. Statt wie bisher fünf, erteile ich nun zehn Wochenstunden Klavierunterricht. Das Honorar dafür wird mir von der Haydnschule ohne Abzüge ausbezahlt. Insgesamt wird mein steuerpflichtiges Einkommen in diesem Jahr € ... betragen, und ich hoffe auch in den kommenden Jahren mit diesem Einkommen rechnen zu dürfen. Bitte berechnen Sie die Höhe meiner Einkommensteuer-Vorauszahlung aufgrund der geänderten Verhältnisse neu.

Vielen Dank und freundliche Grüße
Georg Krendl

Einspruch gegen Steuerbescheid

Steuer-Nr. 849/321
Einkommensteuerbescheid für 1999 – Einspruch

Sehr geehrte Damen und Herren,

gegen den Einkommensteuerbescheid vom 2. Juli 2000 erhebe ich Einspruch, und zwar aus folgenden Gründen:

Finanzamt

Ich habe in meiner Einkommensteuererklärung beantragt, Sonderausgaben in Höhe von € 4.200,– anzuerkennen. Diese Summe setzte sich wie folgt zusammen:

- € 3.200,– für Aufwendungen für die Krankenpflege meiner schwer erkrankten Mutter (Rechnung für Hauskrankenpflege der Diakonie)
- € 1.000,– Kellerreinigung nach den Unwettern im Juli des Vorjahres (Rechnung Kanal Gruber)

Im Bescheid ist zwar unter „Sonstiges/Katastrophenschäden" ein Betrag von € 1.000,– angeführt, die Rechnung der Diakonie ist jedoch komplett unter den Tisch gefallen (ich hätte sie wohl als außergewöhnliche Belastung und nicht als Sonderausgabe geltend machen müssen – bitte verzeihen Sie den Irrtum).
Darf ich Sie bitten, den Einkommensteuerbescheid entsprechend zu korrigieren?

Vielen Dank.
Hermann Klinger

Steuer-Nr. 238/4978
Einkommensteuerbescheid 1999 – Einspruch

Sehr geehrte Damen und Herren,

gegen den Einkommensteuerbescheid vom 8. Juli 2000 lege ich fristgerecht Einspruch ein.
Der Grund: Die Aufwendungen für die beiden EDV-Kurse am IHK-Zentrum für Weiterbildung sind bei den Werbungskosten nicht berücksichtigt worden. Diese Kurse waren jedoch für meine berufliche Tätigkeit notwendig und wichtig, wie Ihnen die Bestätigung meines Arbeitgebers zeigt. Ich beantrage außerdem, dass die Vollziehung des Bescheids bis zur Entscheidung über den Einspruch ausgesetzt wird.

Mit freundlichen Grüßen
Susanna Krendl-Franke

Bitte um Stundung

Steuer-Nr. 238/4978
Einkommensteuerbescheid 1999

Sehr geehrte Damen und Herren,

ich bitte Sie, mir die am 10. August 2000 fällige Einkommensteuernachzahlung zu stunden. Ich habe in den letzten beiden Monaten fast ausschließlich als freie Mit-

arbeiterin bei verschiedenen Zeitungen gearbeitet und bis heute kein Honorar erhalten. Meine verfügbaren Mittel benötige ich für den Unterhalt meiner dreiköpfigen Familie. Bitte schieben Sie die Fälligkeit der Zahlung bis zum 10. September auf; für den 1. September ist mir eine größere Zahlung zugesichert worden. Ich werde, wenn das Geld eingegangen ist, den Steuerbetrag unverzüglich entrichten.
Besten Dank im Voraus!
Susanna Krendl-Franke

Gericht

Sind Sie als Zeuge zur Verhandlung oder gar als Beschuldigter vor Gericht geladen, müssen Sie erscheinen – Sie können sonst zwangsweise vorgeführt werden. Geht es aber nur um eine Aussage und können Sie zum genannten Zeitpunkt nicht erscheinen, sollten Sie Ihr Fernbleiben im Vorhinein schriftlich entschuldigen.
Wichtig ist es, hier nicht zwei verschiedene Angelegenheiten zu vermischen und im selben Brief auch gleich in der Sache zu argumentieren.

Entschuldigung wegen Fernbleibens

Susanna Krendl-Franke
Hohenzollernstraße 15
80801 München   München, 24. März 2000

Amtsgericht München

80333 München

Vorladung für den 3. April 2000

Sehr geehrte Damen und Herren,

ich bin für den 3. April bei Ihnen vorgeladen, um mich wegen Erregung öffentlichen Ärgernisses zu verantworten. An diesem Tag habe ich allerdings einen unaufschiebbaren geschäftlichen Termin in Flensburg, weshalb ich unmöglich bei Ihnen vorsprechen kann. Ich komme jedoch am 5. April zurück. Bitte geben Sie mir einen Ersatztermin nach dem 5. April 2000.
Ich bitte um Ihr Verständnis.

Hochachtungsvoll
Susanna Krendl-Franke

Gericht

Begleitschreiben an den Rechtsanwalt

Otto Weinzierl
Münzstraße 44
70469 Stuttgart   Stuttgart, 20. Jan. 2000

Rechtsanwaltskanzlei Dr. Ebner
Domplatz 11
70174 Stuttgart

Sehr geehrter Herr Dr. Ebner,

es freut mich, wie rasch wir uns auf eine Vorgehensweise in meinem Rechtsstreit mit der Firma Xylon einigen konnten und dass Sie mich in dieser Angelegenheit vertreten wollen.
Ich schicke Ihnen hiermit die notwendigen Unterlagen. Der Firma Xylon teile ich noch heute mit, sie möge sich mit ihren Forderungen an Sie wenden.

Mit freundlichen Grüßen
 Otto Weinzierl

Anlage

Entschuldigung als Zeuge

                             Stuttgart, 15. März 2000

Amtsgericht
Stuttgart-Bernhausen
70794 Stuttgart

Zeugenaussage in der Rechtssache Xylon

Ich bin für den 5. April zur Zeugenaussage in der Rechtssache Xylon geladen. Diesen Termin werde ich nicht wahrnehmen können, weil ich am 1. April eine seit Monaten geplante Geschäftsreise nach Asien antreten werde. Ich bin aber gerne bereit, noch im Laufe des Monats März als Zeuge auszusagen.

Mit freundlichen Grüßen
Klaus Messerschmidt

Gericht

Einspruch gegen Mahnbescheid

Aktenzeichen M 3598/19..
Einspruch gegen Mahnbescheid vom ...

Herr Harald Stadler, Zweibrückenstraße 4, 80331 München, hat gegen mich Mahnbescheid beantragt. Seine Forderung über € 1.074,– ist jedoch nicht gerechtfertigt, weshalb ich Widerspruch einlege.

Begründung:

Die Forderung bezieht sich auf die zweite Teilzahlung für einen Drucker Jet-Lag XX7. Die Anzahlung von € 1.200,– zahlte ich am 10. Mai 2000, dem Tag der Lieferung, in bar. Am 3. Juli suchte ich das Geschäft von Herrn Stadler auf, um Garantieansprüche für den schadhaft gelieferten Drucker geltend zu machen. An diesem Tag war aber nur ein Angestellter der Firma Stadler anwesend, der den Drucker übernahm und mir schnellstmögliche Reparatur zusicherte. Am 14. Juni erkundigte ich mich telefonisch, am 28. Juni schriftlich nach dem Drucker und erhielt beide Male die Auskunft, dass die Reparatur noch einige Zeit dauern werde.
Als ich am 14. Juli noch immer keine Nachricht hatte, richtete ich an die Firma Stadler ein Schreiben, in dem ich die Reparatur anmahnte und eine Frist bis zum 20. Juli 2000 setzte, da ich den Drucker bereits dringend benötigte. Ich kündigte an, die erste Teilzahlung zurückzuverlangen und vom Kaufvertrag zurückzutreten, falls die Frist nicht eingehalten würde. Prompt erhielt ich eine Mahnung für die zweite Teilzahlung, die ich jedoch mit dem Hinweis auf die ausstehende Reparatur zurückwies. Herr Stadler hat daraufhin nach einer weiteren Mahnung beim Amtsgericht einen Mahnbescheid beantragt. Der Drucker wurde bis heute nicht repariert, und ich habe auch kein Ersatzgerät zur Verfügung gestellt bekommen.
Ich bestreite die Berechtigung der Forderung ihrem Grunde nach und lehne die Zahlung daher ab. Gegebenenfalls werde ich dies im gerichtlichen Verfahren darlegen.

Hochachtungsvoll
Susanna Krendl-Franke

Einspruch gegen Pfändung

In der Sache Stadler – Krendl-Franke erhebe ich

Einspruch gegen Pfändung.

Auf Antrag von Herrn Harald Stadler hat Ihr Gerichtsvollzieher, Herr Scharfer, am 14. Oktober wegen einer Forderung von € 1.074,– meinen Computer und zwei Bilder gepfändet. Die Pfändung des Computers ist jedoch nicht zulässig, da ich diesen für meinen Beruf als Journalistin benötige.

Beweise: Pfändungsprotokoll
　　　　　Bestätigung meines Arbeitgebers

Ich beantrage ferner, dass die Zwangsvollstreckung so lange ausgesetzt wird, bis eine Entscheidung über meinen Einspruch gefällt worden ist.

Susanna Krendl-Franke

Polizei

Einspruch gegen Verwarnung

PVG- Nr. 508860789 – Einspruch

Sehr geehrte Herren,

in der an mich ergangenen Verwarnung vom 27.2.2000 werde ich beschuldigt, am 4. Januar 2000 um 15 Uhr mit meinem Pkw, Kennzeichen M-US 7225, auf der Bundesstraße B 15 außerhalb der Ortschaft Weitau die zulässige Höchstgeschwindigkeit um 17 km/h überschritten zu haben.
Hier muss ein Irrtum vorliegen. Denn erstens war ich zu der angegebenen Zeit in der Innenstadt von Augsburg unterwegs, und zweitens besitze ich einen Pkw mit dem Kennzeichen M-US 7275.
Ich bitte um Überprüfung des Sachverhalts.

Hochachtungsvoll
Johann Stempfer

Mitteilung an das Fundamt

Sehr geehrte Damen und Herren,

ich habe am 10. Oktober ein goldenes Armband mit der Gravur „Ave S. M." verloren, und zwar auf dem Parkplatz der S-Bahn-Station Karl-Preis-Platz. Ein Foto, auf dem das Armband gut zu erkennen ist, lege ich Ihnen bei. Bitte lassen Sie es mich sofort wissen, wenn das Armband abgegeben wird. Meine Telefonnummer ist ...
Mit freundlichen Grüßen und bestem Dank im Voraus,

Annemarie Herbst

Gemeinde

Bitte um Verlängerung eines Nutzungsrechtes

Friedhofsverwaltung
Rathausplatz 1
07929 Saalburg/Saale

Grabbrief Nr. 4783

Sehr geehrte Damen und Herren,

am 3. Juli 2000 läuft das Nutzungsrecht der Grabstätte meiner Urgroßtante, Frau Ilse Schwefler, aus. Ich möchte das Nutzungsrecht um weitere zehn Jahre verlängern. Bitte veranlassen Sie das Nötige und teilen Sie mir die Kosten mit.

Besten Dank im Voraus!
Margarethe Klinger

Stadtwerke und Verkehrsbetriebe

Verlustanzeige

Fundbüro der Verkehrsbetriebe

Sehr geehrte Damen und Herren,

am 16. November habe ich in dem Bus Nr. 65, der um 16.11 Uhr vom Justizgebäude abfuhr, eine Aktentasche liegen gelassen. Ich stieg an der Endhaltestelle Bergsiedlung aus, so dass ich hoffen kann, dass der Busfahrer die Tasche gefunden und an das Fundbüro weitergeleitet hat. Die Tasche ist aus dunkelbraunem Leder, hat ein Messingschloss und an den Seiten zwei Verschlussriemen. In ihr befinden sich verschiedene Bücher, Zeitschriften und eine Mappe mit geschäftlicher Korrespondenz. Sollte die Tasche bereits abgegeben worden sein oder abgegeben werden, bitte ich Sie, mich zu benachrichtigen. Sie erreichen mich unter der Telefonnummer …

Besten Dank!
Kurt Jahn

Mitteilung an das Elektrizitätswerk

Kunden-Nr. 298
Stromabrechnung 2000

Sehr geehrte Damen und Herren,

die Stromkosten für unser Ferienhaus werden sich im Winter aus heiztechnischen Gründen erhöhen (wir haben von Gasheizung auf Nachtspeicherheizung umgestellt). Bitte erhöhen Sie die monatliche Pauschale von derzeit € 71,– auf € 90,–.
Besten Dank und freundliche Grüße,
Johann Stempfer

Kündigung des Stromvertrages

Kunden-Nr. 02348
Kündigung

Sehr geehrte Damen und Herren,

am 31. Juli 2000 werde ich meine Wohnung in der Stauffergasse 1 aufgeben und in das Altenheim St. Martin übersiedeln. Ich kündige deshalb das Vertragsverhältnis für Strom und Gas zu diesem Termin.
Mit freundlichen Grüßen
Margit Sommer

Einspruch gegen Stromabrechnung

Kunden-Nr. 298
Stromrechnung vom 15. Februar 2000 für 1999

Sehr geehrte Damen und Herren,

laut Ihrer Stromabrechnung für das Jahr 1999 sind € 132,20 nachzuzahlen. Ich habe jedoch meine Unterlagen geprüft und bin zu dem Schluss gekommen, dass ich vom Vorjahr ein Guthaben von € 22,40 habe, das nicht erstattet wurde. Die Nachzahlung müsste sich folglich auf € 109,80 belaufen.

Nachzahlung für 1999   € 132,20
Guthaben von 1998   € – 22,40
Nachzahlung   € 109,80

Bitte prüfen Sie den Sachverhalt und stellen Sie mir eine neue Rechnung aus. Den Betrag werde ich sofort nach Erhalt zahlen.

Freundliche Grüße
Johann Stempfer

Dienststellen der Bahn

Mitteilung an das Fundbüro

Irene Schuster
Teimannstraße 4
44894 Bochum   Bochum, 14. Januar 2000

DB München
Fundbüro
Hahnengasse 3–5

84368 München

Liegen gelassene Skier im Wuppertal-Express am 9. Januar 2000

Sehr geehrter Herr Herbert,

wir haben am 10. Januar telefonisch vereinbart, dass ich Ihnen eine Rechnungskopie und eine Fotografie meiner Skier schicke, um deren Identifizierung zu erleichtern. Ich habe die 1,80 m langen Skier der Marke K*** zusammen mit roten Stöcken am 9. Januar im Wuppertal-Express liegen gelassen, als ich um 11.30 Uhr in München den Zug verließ, um in Richtung Traunstein umzusteigen.
Natürlich hoffe ich sehr, dass die Skier bereits abgegeben wurden, und bitte Sie, mich nach Möglichkeit telefonisch zu verständigen. Meine Nummer ist: …

Mit bestem Dank und freundlichen Grüßen

Irene Schuster

Dienststellen der Bahn

Bitte um Fahrpreisrückerstattung

Irma Dillinger
Buchenweg 10
73318 Eybach   Eybach, 16. Juni 2000

DB
Kundendienst
Bahnhofsplatz 1
73312 Geislingen/Steige

Fahrpreiserstattung

Sehr geehrte Damen und Herren,

ich habe am 4. Juni d. J. eine Fahrkarte nach Hannover gelöst. Gleichzeitig reservierte ich einen Liegeplatz für den 6. Juni für die Strecke Stuttgart–Hannover.
Da jedoch mein einjähriger Sohn am Tag der geplanten Abreise erkrankte, konnte ich den Reisetermin 6. Juni nicht wahrnehmen. Ich hoffte zunächst, ihn verschieben zu können, wie sich jetzt aber herausgestellt hat, muss mein Sohn noch in ärztlicher Behandlung bleiben. Ich kann daher bis auf weiteres nicht verreisen und bitte daher um Erstattung des Fahrpreises.
Bitte überweisen Sie mir den Erstattungsbetrag auf mein Konto Nr. ... bei der Sparkasse Geislingen (BLZ ...).
Herzlichen Dank im Voraus und freundliche Grüße

Irma Dillinger

Anlage:
Fahrkarten
Reservierungsbeleg

Beschwerde

Traunstein, 19. Mai 2000

Sehr geehrte Damen und Herren,

ich bin gestern, 18. Mai, mit dem Interregio XY 72 von München-Ost nach Traunstein gefahren. In München hatte ich mein Fahrrad schon am 17. Mai als Reisegepäck aufgegeben. Als ich es in Traunstein in Empfang nehmen wollte, war es nirgends aufzufinden. Es ist bis heute nicht eingetroffen.

Mir sind bisher schon einige Kosten entstanden, da ich 8 km außerhalb von Traunstein in einem Landgasthaus meinen Urlaub verbringe und in dieser ländlichen Gegend die Fortbewegung per Fahrrad fest eingeplant hatte. Ich musste mir ein Fahrrad mieten und habe darüber hinaus bei der Suche nach meinem eigenen viel Zeit verloren. Bitte stellen Sie so rasch wie möglich fest, wo sich mein Fahrrad befindet.
Es ist ein Herrenrad Typ „Express" der Firma Speedy, 28 Zoll, 21 Gänge, es ist rot lackiert und trägt die Rahmennummer C 346-987.
Ich lege eine Kopie des Einlieferungsssscheines bei. Bitte geben Sie mir schnellstmöglich über den Erfolg Ihrer Nachforschungen Bescheid. Sie erreichen mich bis 25. Mai im Gasthof „Zu den drei Jägern", Tel. ...

Mit freundlichen Grüßen
Ernst Ploch

Dienststellen der Post

Ein beschädigtes Paket sollte immer sofort im Beisein des Zustellers geöffnet werden, damit man Ersatzansprüche an die Post geltend machen kann. Stellt sich jedoch heraus, dass der Absender als Geschäftsmann eine mangelhafte Verpackung verwendet hat, wäre er es, an den Sie sich mit der Forderung nach Schadenersatz wenden müssten.

Forderung nach Schadenersatz

Sehr geehrte Damen und Herren,

gestern stellte mir Ihr Briefträger Bernhard Sampl ein Paket zu, das stark beschädigt war: Das Packpapier war zerrissen, der darunter befindliche Karton aufgeschlitzt und eingedrückt. Ich habe das Paket im Beisein von Herrn Sampl geöffnet. Es enthielt ein Votivbild, das ich bei Frau Anna Sierig in Oberammergau bestellt hatte. Durch die Beschädigung der Verpackung wurde die linke untere Ecke des Bildes so gut wie völlig zerstört.
Der Schaden ist offensichtlich auf Verschulden der Post zurückzuführen. Deshalb bitte ich Sie, mir für das Bild Ersatz zu leisten. Frau Sierig hat heute telefonisch eine Instandsetzung ausgeschlossen. Ich lege Ihnen die Rechnung bei.
Bitte überweisen Sie mir den Betrag auf mein Konto Nr. ...

Besten Dank!
Margarethe Klinger

Anlage

Nachforschungsauftrag erteilen

Sehr geehrte Damen und Herren,

am 15. Dezember habe ich ein Paket nach Salzburg aufgegeben. Bis heute hat die Adressantin jedoch keine Sendung erhalten. Bitte stellen Sie Nachforschungen an, wo das Paket geblieben ist.

Mit besten Grüßen
Margarethe Klinger

Nachforschungsantrag
Einlieferungsschein

Banken

Was ein Kreditinstitut ist und wie man ein Konto eröffnet, wie der bargeldlose Zahlungsverkehr abgewickelt wird und welche Arten von Kredit oder Darlehen es gibt – all das wird ausführlich in jenem Teil unseres Buches abgehandelt, der der Geschäftswelt gewidmet ist (siehe das Kapitel „Kreditinstitute", Seite 365 ff.).
Wie im geschäftlichen Bereich, so werden auch für Ihre privaten Geschäfte mit der Bank vorwiegend Formulare gebraucht, doch werden Sie fallweise den einen oder anderen Brief formulieren müssen.

Bitte um Klärung

Konto Nr. ...
Kontoauszug Nr. 14/01 vom 4. 4. 2000

Sehr geehrte Damen und Herren,

ich habe heute den Kontoauszug 14/01 erhalten. Beim Überprüfen stellte ich folgende Abweichungen von meinen Unterlagen fest:
1. Am 31. März sandte ich Ihnen einen Scheck über € 240,–, ausgestellt in Passau, zur Einlösung. Diesen Betrag haben Sie mir nur mit € 204,– gutgeschrieben.
2. Außerdem haben Sie mich mit € 11,– belastet; über diesen Posten fehlt mir jedoch jegliche Unterlage. Bitte klären Sie diese Punkte!

Mit freundlichen Grüßen
Hermann Klinger

Bitte um Überziehungskredit

Konto Nr. 062825436
Überziehungskredit

Sehr geehrte Frau Steininger,

wie Sie wissen, bin ich seit Jahren Kundin der Handels- und Girobank. Ich habe in dieser Zeit, von einer einzigen Ausnahme abgesehen, mein Konto nicht überzogen.
Nun bitte ich Sie jedoch, mir für die nächste Zeit einen Überziehungskredit in Höhe von € 3.500,– einzuräumen, weil meine Ausgaben durch einen Wohnungswechsel vermutlich kurzfristig stark ansteigen werden.
Da ich von dieser Möglichkeit sehr bald Gebrauch machen möchte, wäre ich für eine rasche Bearbeitung dankbar.

Mit freundlichen Grüßen
Ihre Helga Oberreither

Bausparkassen

Bausparkassen sind Unternehmen, bei denen durch die Leistung mehrerer Sparer ein Vermögen aufgebracht werden soll, woraus die einzelnen Sparer Darlehen erhalten. Ausgangspunkt der Bausparkassenbewegung in aller Welt bildete die Wohnungsnot und die Unmöglichkeit für Bezieher mittlerer und kleinerer Einkommen, jemals ein eigenes Heim zu erwerben, solange jeder auf sich allein gestellt war. Durch den Zusammenschluss von Wohnungssuchenden kam es zur Bildung von Selbsthilfegemeinschaften mit dem Ziel, die Ersparnisse der einzelnen Mitglieder zu sammeln und in Form von Darlehen an den gleichen Personenkreis weiterzugeben. Aus diesen Selbsthilfegemeinschaften sind die Bausparkassen entstanden.
Die Bausparkassen vermitteln das aufgelaufene Sparkapital nicht beliebigen Darlehensnehmern, sondern nur den Einlegern, das sind die Bausparer selbst. Durch die ausschließlich hypothekarische Sicherstellung der Bauspardarlehen ist eine maximale Sicherheit für die Einleger gewährleistet.
Im Schriftverkehr mit den Bausparkassen sind vorwiegend Formulare im Einsatz; steht dem Kunden keines zur Verfügung, werden jedoch auch Briefe geschrieben.

Geschäftsanteil

Manche Bausparkassen sind Genossenschaften, und bei solchen ist es notwendig, einen so genannten Geschäftsanteil zu zeichnen, um Mitglied werden zu können. Der Beitritt zur Genossenschaft ist häufig schon im Vertragstext des Bausparvertrages vorgesehen; durch Ihre Unterschrift auf dem Bausparvertrag werden Sie also gleichzeitig Mitglied der Genossenschaft. Wenn die geschäftliche Verbindung zur Bausparkasse nicht mehr besteht, können Sie sich gegebenenfalls den Geschäftsanteil zurückzahlen lassen.

Zuteilung des Darlehens

Ist die für die Zuteilung des Darlehens erforderliche Wartezeit noch nicht abgelaufen, kann die Bausparkasse auf Antrag des Kunden eine Vorfinanzierung gewähren. Diese wird als Zwischenfinanzierungsdarlehen bezeichnet und läuft bis zur Zuteilung des eigentlichen Darlehens. Der Zinssatz ist aber höher als beim normalen Bauspardarlehen.
Der Zeitpunkt der Darlehenszuteilung ist dann erreicht, wenn die von der Bausparkasse festgelegten Bedingungen für die Inanspruchnahme des Darlehens erfüllt sind. Unter Zuteilung versteht man die Bereitstellung der gesamten Vertragssumme des Bausparvertrages, also der gesparten Eigenmittel und des entsprechenden Darlehens.
Die Darlehen dürfen in der Regel verwendet werden für:

- Erwerb eines Baugrundstücks
- Hauskauf oder Hausbau
- Sanierung von Wohnraum
- Beschaffung von Wohnraum
- Ablösung der hierzu eingegangenen Verpflichtungen

Die Annahme der Zuteilung, aber auch die Anforderung der angesparten Beträge können Sie der Bausparkasse mittels Formular oder in Form eines Briefes bekannt geben. Wollen Sie das Darlehen in Anspruch nehmen, dürfen Sie den Vertrag am Ende der Laufzeit nicht kündigen, sondern müssen – sobald die Bausparkasse Sie dazu auffordert – um Überweisung der angesparten Eigenmittel ersuchen. Dadurch bleibt das Recht auf Inanspruchnahme des Darlehens gewahrt.

Schwäbisch Hall, 15. Mai 2000

Annahme der Zuteilung zum 30. 6. 2000 und Anforderung
der Eigenmittel von meinem Bausparvertrag Nr. ...

Ich nehme die Zuteilung meines Bausparvertrages zum 30. Juni 2000 an und bitte Sie gleichzeitig, mein angespartes Guthaben auf das Girokonto Nr. ... bei der ..., Kontoinhaber ..., zu überweisen.
Das Darlehen möchte ich erst zu einem späteren Zeitpunkt in Anspruch nehmen.
Ich danke Ihnen im Voraus für Ihre Bemühungen.

Mit freundlichen Grüßen
Peter Rieder

Kündigung des Bausparvertrages

Um sämtliche Vorteile eines Bausparvertrages nützen zu können, muss die vorgesehene Mindestsparzeit eingehalten werden. Dennoch können Sie Ihren Bausparvertrag grundsätzlich jederzeit kündigen. Ihr Anspruch als Vertragsinhaber erstreckt sich dann auf Rückzahlung des Guthabens einschließlich Zinsen und abzüglich anfallender Spesen. Bei vorzeitiger Kündigung müssen Sie allerdings die vom Finanzamt gewährten Bausparprämien zurückzahlen. Nach der Kündigung kann kein Darlehen mehr in Anspruch genommen werden.

Schwäbisch Hall, 15. März 2000

Kündigung meines Bausparvertrages

Ich kündige hiermit meinen Bausparvertrag Nr. ... zum 31. März 2000. Bitte überweisen Sie mir den Auszahlungsbetrag auf mein Konto Nr. ... bei der ...
Vielen Dank für Ihre Bemühungen!
Mit besten Grüßen

Peter Rieder

Wurde eine Kündigung irrtümlich ausgesprochen, kann sie bis zum Kündigungsstichtag widerrufen werden.

Schwäbisch Hall, 20. März 2000

Stornierung der Kündigung

Ich widerrufe mit sofortiger Wirkung die Kündigung meines Bausparvertrages Nr. ...
Diese ist irrtümlich zustande gekommen.
Vielen Dank für Ihre Bemühungen!

Mit freundlichen Grüßen
Peter Rieder

Vereinsleben

Auch im Vereinsleben ist der Schriftverkehr von Bedeutung. Angefangen vom Verfassen der Vereinsstatuten über Einladungen an die Mitglieder bis hin zur Herausgabe eines Mitteilungsblattes sind einige schriftliche Aufgaben zu erledigen. Darüber hinaus ist fallweise ein Schriftverkehr mit Behörden notwendig.

Erbvertrag und Testament

Im Erbrecht wird die Rechtsnachfolge für das Vermögen eines Verstorbenen geregelt. Der Rechtsnachfolger wird als Erbe bezeichnet; er setzt gewissermaßen die Rechtspersönlichkeit des Verstorbenen fort. Mit der Beendigung des Nachlassverfahrens beziehungsweise der gerichtlichen Übergabe wird der Erbe Eigentümer des Nachlassvermögens, aber auch der Nachlassschulden.
Erbe wird man aufgrund

- eines Erbvertrages,
- eines Testaments oder
- der gesetzlichen Erbfolge.

Liegt kein Erbvertrag und auch kein gültiges Testament vor, wird das Erbe nach den Bestimmungen über die gesetzliche Erbfolge aufgeteilt. Die gesetzliche Erbfolge kommt auch dann zum Tragen, wenn der Erblasser nicht über seinen ganzen Nachlass verfügt hat oder wenn die testamentarisch eingesetzten Erben die Erbschaft nicht annehmen können oder wollen.
Schlagen die vom Gesetz bestimmten Erben die Erbschaft aus oder sind die Erben vom Gericht nicht ausfindig zu machen, fällt der Nachlass an den Staat.
Gesetzliche Erben sind in erster Linie die Kinder und der Ehegatte des Verstorbenen. Die weiteren Verwandten gliedert das Gesetz nach Linien, wobei jeweils die nähere Linie die entferntere von der Erbschaft ausschließt.
Vielfach wird die Rechtsnachfolge bereits zu Lebzeiten in Form eines Erbvertrages oder einer letztwilligen Erklärung (Testament, Vermächtnis) geregelt. Ein Testament ist vor allem dann sinnvoll, wenn es einen Unterschied zur gesetzlichen Erbfolge festhalten soll, wenn beispielsweise nicht nur der Ehegatte und die Kinder, sondern auch die Eltern oder Geschwister des Verstorbenen am Erbe beteiligt werden sollen.

Erbvertrag

Der Erbvertrag ist ein zweiseitiges Rechtsgeschäft, das von einem Vertragspartner allein, ohne Zustimmung des anderen, nicht widerrufen werden kann. Ein Erbvertrag kann zum Beispiel zwischen Ehepaaren, Brautleuten oder nahen Verwandten abgeschlossen werden. Der Erbvertrag hat ausschließlich Bedeutung für den Todesfall, zu Lebzeiten können die Vertragspartner nach wie vor frei über ihr Vermögen verfügen. Ehepartner setzen sich meist wechselseitig als Erben ein; es ist aber auch zulässig, dass nur einer der Ehepartner den anderen als Erben einsetzt. Für den Fall des gemeinsamen Ablebens oder des Ablebens des zuletzt Versterbenden der beiden Ehepartner kann auch eine dritte Person als Erbe eingesetzt werden.
Ein Erbvertrag kann ausschließlich in Gegenwart eines Notars bei gleichzeitiger Anwesenheit beider Vertragspartner geschlossen werden und danach nur in beiderseitigem Einvernehmen aufgehoben werden. Allerdings kann sich der Erblasser im Rahmen des Vertrages von vornherein die Möglichkeit des Rücktritts offenhalten, und

zwar sowohl vom Vertrag insgesamt als auch von einzelnen Bestandteilen desselben. In einem solchen Fall erfolgt der Rücktritt durch schlüssige Erklärung gegenüber dem Vertragspartner, wobei wiederum die Anwesenheit eines Notars gesetzlich vorgeschrieben ist.

Testament – Vermächtnis

Eine letztwillige Verfügung oder ein Testament sieht als letzten Willen die Einsetzung eines oder mehrerer Erben vor.
Wird jemandem in der letztwilligen Verfügung nicht ein Erbteil – etwa die Hälfte oder ein Drittel – zugedacht, sondern nur eine bestimmte Sache oder ein Recht, spricht man von einem Vermächtnis.

Eigenhändiges Testament

Das eigenhändige Testament ist am einfachsten und kommt daher entsprechend häufig vor. Es muss eigenhändig geschrieben und eigenhändig unterschrieben werden; ein mit Schreibmaschine geschriebenes und vom Erblasser unterschriebenes Testament ist nichtig. Die Angabe von Ort und Datum ist hilfreich bei Erbstreitigkeiten (falls mehrere handgeschriebene Testamente bestehen), zur Gültigkeit aber nicht erforderlich.
Der Vorteil dieses Testaments ist, dass es leicht geänderten Verhältnissen angepasst werden kann. Allerdings ist zu beachten, dass Hinzufügungen, die nach der Unterschrift angeführt werden, wieder unterschrieben werden müssen, damit sie Gültigkeit erlangen.
Der Nachteil ist, dass das eigenhändige Testament gegebenenfalls leicht beseitigt werden kann, weil es ohne Zeugen errichtet und meist in der Wohnung des Erblassers aufbewahrt wird.

Eigenhändiges Testament:

> Mein Testament
>
> Ich, Josef Hofer, Angestellter, Bahnhofstraße 24, 94030 Passau, setze zum Alleinerben meines gesamten Vermögens meine Frau Susanne Hofer (geb. Berger) ein.
>
> Passau, 10. 8. 18.
>
> Josef Hofer

Gemeinschaftliches Testament

Ein gemeinschaftliches Testament wird zwischen Ehepartnern häufig in Form eines wechselseitigen Testaments abgefasst, bei dem sie sich gegenseitig als Alleinerben einsetzen:

Wir, ..., geboren am ..., und ..., geboren am ..., verfügen hiermit nach reiflicher Überlegung letztwillig Folgendes:
1. Wir setzen uns hiermit gegenseitig zu Alleinerben unseres gesamten Nachlassvermögens ein.
2. Noterben setzen wir unter der Bedingung, dass der Erbe das Erbe antritt, auf den gesetzlichen Pflichtteil. In diesen haben sie sich alles einrechnen zu lassen, was nach dem Gesetz in den Pflichtteil eingerechnet werden kann.
3. Wir widerrufen hiermit sämtliche von uns früher errichteten letztwilligen Anordnungen.

Ort, ...

Unterschriften: ...

1. Zeuge: ...
2. Zeuge: ...
3. Zeuge: ...

Eine Sonderform des gemeinschaftlichen Testaments ist das so genannte „Berliner Testament". Trotz seines Namens ist es in keiner Weise an die deutsche Hauptstadt gebunden. Vielmehr wird als Berliner Testament jene Form des letzten Willens bezeichnet, bei der Ehegatten einander gegenseitig als Alleinerben einsetzen und zugleich verfügen, dass beider Nachlass nach dem Tode des zunächst überlebenden Gatten an bestimmte andere Personen (naturgemäß zumeist an die Kinder der Eheleute) fallen soll.

Mündliches Testament

Das mündliche Testament ist eine Form des Nottestaments und birgt viele Gefahren in sich; es sollte daher nur in Ausnahmefällen errichtet werden. Beim mündlichen Testament ist die gleichzeitige Anwesenheit von drei Testamentszeugen erforderlich. Der Erblasser muss vor den drei Zeugen sagen, was sein letzter Wille ist. Bei Streitigkeiten nach dem Tod des Erblassers müssen die drei Zeugen den Inhalt des Testaments übereinstimmend darstellen und bestätigen, dass der Erblasser mit seiner Erklärung die ernsthafte Absicht hatte, ein Testament zu errichten. Es ist daher vorteilhaft, wenn die Testamentszeugen gemeinsam möglichst bald nach der Testamentserrichtung den letzten Willen des Erblassers aufschreiben.

Notarielles Testament

Das notarielle Testament ist eine Form des letzten Willens, von der in der Praxis häufig Gebrauch gemacht wird. Aus gutem Grund: Das dem Notar zur Niederschrift erklärte oder notariell beglaubigte Testament ist wie kein anderes Testament geeignet, etwaigen Streit um das Erbe auf das geringstmögliche Maß zu beschränken. Denn erstens hat der Notar die Testierfähigkeit des Erblassers zu prüfen – sodass später kaum jemand mit Erfolg behaupten kann, dieser könne nicht bei Verstand gewesen sein, wenn er ihn nicht großzügiger bedacht habe. Zweitens ist dem Notar eine rechtskundige Beratung gesetzlich vorgeschrieben, wodurch auch formale Verstöße – wie ein Außerachtlassen eines Pflichtteils – nahezu ausgeschlossen sind. Hinzu kommt drittens, dass das notarielle Testament regelmäßig amtlich zu verwahren ist, sodass der Erblasser auch darauf hoffen kann, dass sein letzter Wille später tatsächlich respektiert wird – weil das Testament nicht auf rätselhafte Weise plötzlich verschwunden sein wird.

Beantragen eines Erbscheins

Susanna Krendl-Franke
Hohenzollernstr. 15
80801 München   München, 24. März 2000

Notariat Dr. Pfleiderer
Kleines Hüble 7

70439 Stuttgart

Ausstellen eines Erbscheins

Sehr geehrte Damen und Herren,

wie Ihnen bekannt ist, hat meine Großtante väterlicherseits, Frau Rosemarie Krendl, mich in der letzten Fassung ihres Testaments als Alleinerbin eingesetzt. Da ich unaufschiebbare Zahlungen zu leisten habe, ist es wichtig, dass ich umgehend unbeschränkten Zugang zu ihren Konten erhalte. Ich ersuche Sie daher um Ausstellung eines Erbscheins, damit ich einen Nachweis für mein Erbrecht und die sich daraus ableitenden Befugnisse erhalte.
Bitte senden Sie den Erbschein möglichst postwendend an meine oben angegebene Anschrift.

Hochachtungsvoll
Susanna Krendl-Franke

Der Siegeszug des Internets

Seit der Computerrevolution in den sechziger und siebziger Jahren des 20. Jahrhunderts hat nichts mehr das Leben der Menschen in aller Welt derart massiv verändert wie das Internet. Anfangs umstritten und belächelt, hat es innerhalb weniger Jahre unsere Art und Weise, miteinander und mit der Welt in Verbindung zu treten, von Grund auf umgekrempelt. Dabei ist technisch gesehen nicht mehr passiert, als dass von den schon vorher existierenden Computernetzen eines so schnell und in solchem Ausmaß gewachsen ist, dass es heute den gesamten Globus umspannt.

Hauptmerkmal des Internets ist – gerade gegenüber anderen Computernetzen – dass es auf der ganzen Welt keine Internet-Zentrale gibt. Das Internet ist konsequent dezentral organisiert (und zwar weil sein Vorläufer in grauer Vorzeit einmal für militärische Zwecke aufgebaut wurde, und die Verantwortlichen Interesse daran hatten, ein Kommunikationsnetz zu errichten, das nicht durch die Zerstörung einer Zentrale lahmgelegt werden konnte). Auf diese Weise ist ein Netz entstanden, das vollständig aus sich selbst heraus funktioniert.

Jedes Datenpaket sucht sich mithilfe eines „Headers" – das ist eine Art elektronischer Adressaufkleber – selbstständig seinen Weg. Fällt ein Teil des Netzes aus, wird er durch die umgebenden Teile ersetzt. So kann es im Prinzip passieren, dass ein Datenpaket zwischen Wanne-Eickel und Castrop-Rauxel nicht den kürzesten Weg nimmt, sondern sein Ziel über Server in Lissabon, Toulouse, Debrecen, Stockholm und Moskau findet. Der Benutzer merkt davon normalerweise nichts, es sei denn er verwendet spezielle Software, die ihm zeigt, über welche Server eine Verbindung aufgebaut wurde.

Theoretisch kann jeder Computer an das Internet angeschlossen werden, unabhängig von Betriebssystem, Leistungsfähigkeit und Bauart. Erforderlich ist für den Internet-Zugang kaum mehr als eine Telefonleitung und eine Schnittstelle für den Computer – hierzulande in der Regel ein Modem oder eine ISDN-Anschlussbox. Damit kann man sich über eine herkömmliche Telefonleitung einwählen. Voraussetzung ist freilich, dass am anderen Ende der Leitung bereits ein Netzzugang besteht (wie etwa in Universitäten oder größeren Unternehmen) oder dass man selbst einen Vertrag mit einem Internet-Anbieter geschlossen hat. Diese Internet-Anbieter, neudeutsch häufig „Provider" genannt, stellen die erforderliche Zugangstechnik (in erster Linie die so genannten Server) zur Verfügung und sind selbst rund um die Uhr per Standleitung an das Netz der Netze angeschlossen. Neue Technik wie leistungsfähigere Net-Server und moderne Übertragungsmedien (Glasfaserkabel, Satelliten) hat zuletzt dafür gesorgt, dass die Netzportale dem Ansturm auch gewachsen sind, sodass niemand, der im Internet „surft", noch mit den zermürbenden Wartezeiten vergangener Jahre rechnen muss. Statt dessen kann er entspannt die Möglichkeiten nutzen oder erkunden, die das Netz ihm bietet. Beispielsweise:

- Zugang zu Großrechnern: Von der Bahn bis zur Bank ist heute alles im Internet vertreten, und ein Unternehmen, das dort nicht zu finden ist, kann kaum ein Großunternehmen sein.

- Download: Software, Spiele, Statistiken, alles ist online zu haben – man muss nur wissen, wo.
- Telefonieren: Keineswegs der tiefere Sinn des Internets, aber ganz praktisch, wenn man mal eben mit einem Freund in Neuseeland ein paar Worte mehr wechseln möchte.
- Fernsehen: Technisch kein Problem und (noch) völlig legal, aber von den Medienaufsichtsbehörden nicht gerne gesehen, weil die GEZ und andere Fernsehgebührenkassierer erst einmal leer ausgehen.
- Radiohören: alles wie beim Fernsehen, nur ohne Bild; und natürlich müsste es heißen „Computerhören".
- Foren: Mehrere, zuweilen hunderte von Internet-Besuchern sind gleichzeitig in einem virtuellen Raum versammelt und können zumindest Worte, oft aber auch Ton und Bild austauschen.
- Newsgroups: Interessengruppen finden sich an verschiedenen Orten des Internets, und plötzlich ist der Außenseiter, der sich so sehr für eine ausgefallene Sache interessiert, unter hunderten von Gleichgesinnten.
- ICQ: Im Grunde ein Wortspiel (engl. „I seek you" = „Ich suche dich"), aber zugleich eine nette Möglichkeit, mit Freunden oder Bekannten, die gleichzeitig im Internet unterwegs sind, Kontakt aufzunehmen, weil der Computer anzeigt, dass da jemand ist.
- Einkaufen: Von Puristen nicht gern gesehen, weil sie die Auffassung vertreten, das Internet sei nicht für den Kommerz geschaffen; Tatsache ist allerdings, dass das Internet den Durchbruch schaffte, als mehr und mehr Unternehmen entdeckten, welch ein Treibsatz das Internet fürs Geschäft sein kann.
- Online-Banking: Ziemlich praktisch in einer Zeit, in der durchschnittliche Privatkunden von den meisten Banken als lästige Zeitgenossen behandelt werden, die am besten durch endlose Wartezeiten an Bankschaltern oder Kontoauszugsdruckern abzuschrecken sind.
- E-Mail: Der tiefere Sinn des Internets. Im Prinzip ist das Internet dabei zwar entbehrlich, weil elektronische Post auch innerhalb jedes anderen elektronischen Netzes versandt werden kann, in der Praxis freilich ist das Internet an den weitaus meisten Versandvorgängen zumindest beteiligt. Inhaltlich unterscheidet sich die E-Mail von anderen Schreiben vor allem durch ihre erfrischende Kürze, die ihre Ursache im wesentlichen darin hat, dass ein blitzartiger Austausch unabhängig von allen Entfernungen möglich ist. Nachricht, Rückfrage, Erinnerung – alles dauert normalerweise nicht mehr als ein paar Minuten. So schnell wie ein Telefonat und so schriftlich wie ein normaler Brief. Für viele – nicht nur im geschäftlichen Verkehr – noch wichtiger ist die Tatsache, dass man als Anhang an eine E-Mail Megabyte-weise weitere Daten versenden kann, die ihr Ziel ebenso rasch und zuverlässig finden wie die E-Mail selbst.

Netzanbindung

Jeder, der noch nicht an das Internet angeschlossen ist und diesen Zustand ändern möchte, muss zunächst die technischen Voraussetzungen dafür schaffen. Dazu gibt es mehrere Wege. Modems und ISDN sind hierzulande bereits weit verbreitet, ADSL steckt noch in den Anfängen, und ob Fernsehkabel und Satellit in naher Zukunft eine herausragende Rolle bei der Internetanbindung spielen werden, ist derzeit noch nicht absehbar.
– Modems stellen schon am längsten die Verbindung zwischen Computer und verwendetem Leitungsnetz her, und zwar durch akustische Signale. In grauer Computer-Vorzeit waren sie die einzige Möglichkeit dafür und zugleich entsetzlich langsam. Langsam sind sie noch immer, aber nur im Vergleich zu anderen, modereren Übertragungsmöglichkeiten: Hatten die ersten für PCs handelsüblichen Modems noch Übertragungsraten von etwa 1200 bit/s, so liegen ihre Nachfolger heute bei 56.000 bit/s, also bei 56 kbit/s. Der Anschluss ans Netz erfolgt mittels zweier Kabel, die Computer, Modem und Telefonbuchse verbinden.
– ISDN kann mehr als doppelt so schnell sein (128 kbit/s) und ist zudem ungleich stabiler, weil es auf digitalen Signalen basiert. Erforderlich ist dafür lediglich ein normales doppeladriges Telefonanschlusskabel sowie ein Netzterminator, der etwa die Abmessungen eines Zigarrenkistchens hat. Wird die Leitung dann noch anbieterseitig als ISDN-Anschluss geschalten, so steht die ISDN-Verbindung bereits. Sobald der Computer schließlich noch per ISDN-Adapter und ISDN-Karte mit der ISDN-Telefonbuchse verbunden ist, steht dem Einstieg ins Internet technisch nichts mehr im Wege.
– ADSL ist ein Breitbandverfahren, das speziell für die Anbindung an große Netze konzipiert wurde. An Ausstattung erforderlich sind ein normaler Telefonanschluss, eine PC-Netzwerkkarte, ein ISDN-Netzterminator und ein ADSL-Splitter, der nur wenig anders aussieht als eine gewöhnliche NFN-Telefonbuchse. Ausgehend von der Erkenntnis, dass für den Internet-Durchschnittsnutzer das Senden von Daten eher eine untergeordnete Rolle spielt, wird die verfügbare Bandbreite weit überwiegend für den Datenempfang genutzt. Auf diese Weise können Daten mit der gleichen Geschwindigkeit wie bei der Bündelung zweier ISDN-Kanäle gesendet werden, der Datenempfang vollzieht sich aber mit der sechsfachen Geschwindigkeit (768 kbit/s). Genau deshalb macht das Herunterladen von Internet-Angeboten per ADSL so viel Vergnügen.
– Der Internet-Anschluss über Fernsehkabel ist sogar noch etwas schneller. Neben einem Fernseh-Kabelanschluss braucht man dazu eine PC-Netzwerkkarte sowie ein Kabelmodem. Wie bei ADSL unterscheiden sich Sende- und Empfangsgeschwindigkeit: Das Empfangen, also das Herunterladen von Daten ist mit 1024 kbit/s möglich, beim Senden hingegen wird nur ein Viertel dieser Geschwindigkeit erreicht. Das aber ist immer noch mindestens doppelt so schnell wie Modem, ISDN oder ADSL.
– Der Internet-Anschluss per Satellit übertrifft hinsichtlich der Empfangsgeschwindigkeit alle anderen technischen Varianten deutlich. Erforderlich sind dazu eine gängige Satelliten-Schüssel, eine PC-Karte und die Kabel, um alles zu verbinden. Ist die Installation geglückt, so lässt sich beim Datenempfang eine Geschwindigkeit von rund

4000 kbit/s erreichen. Da kommt Freude auf. Um so bedauerlicher, dass dieser Weg auf absehbare Zeit eine Einbahnstraße bleiben wird: Für das Senden ins Internet ist ein separater Anschluss mit einer der anderen Techniken erforderlich. Mit dem dann – außer zusätzlichen Kosten – eben auch nur die Geschwindigkeit zu erreichen ist, die die andere Technik bietet.

Internet-Anbieter

„Drin!"
Man muss nicht zu den größten Tennisspielern aller Zeiten zählen, um Anlass zu diesem erleichterten Ausruf zu haben. Tatsächlich genügt es, sich für den richtigen „Provider" zu entscheiden und mit seiner Hilfe ein paar kleinere technische Hürden zu überwinden. Provider werden im Neudeutschen der besseren Verständlichkeit halber die Anbieter von Internet-Zugängen und -Dienstleistungen genannt, während das Wort im Englischen (dem es entlehnt ist) schlicht Lieferanten und Anbieter aller Art bezeichnet.
Ehe sich ein Neuling aber für dieses oder jenes Unternehmen entscheiden kann, muss er zunächst eine grundsätzliche Wahl treffen: Will er sich nur bei Bedarf ins Internet einwählen oder möchte er einen Festvertrag schließen. Beides hat Vor- und Nachteile. Im ersten Fall spricht man von Internet-by-Call, im zweiten Fall ist eine Anzahl verschiedener Provider-Verträge zu unterscheiden.
1. Internet-by-Call: Hier wählt sich der Interessent über das interne Netz seines Computers (unter Windows: DFÜ-Netzwerk) sowie über eine normale Telefonleitung in den Server des Providers ein. Um die erforderliche technische Ausstattung und den von ihm gewünschten Browser muss er sich in der Regel selbst kümmern. Bekanntere Vertreter dieses Typs des Internet-Zugangs sind
  – Addcom (www.addcom.de)
  – Callino (www.callino.de)
  – Dell (www.dellnet.de)
  – Lycos (www.comundo.de)
  – Mobilcom (www.freenet.de)
  – Nikoma (www.nikoma.de)
  – Sony (www.friendfactory.de)
  – Supernet (www.superconnect.de)
  – Talkline (www.talkline.de)
  – Vartex (www.adone.de).
2. Provider-Vertrag: Bei dieser Form des Zugangs ist vor das erste Einklinken ins Netz eine wenige Stunden bis ein paar Wochen dauernde Phase gesetzt, die zwischen dem Vertragsabschluss mit dem Provider und der tatsächlichen Anbindung liegen. Meist umfasst der Vertrag neben dem eigentlichen Netzanschluss die dafür erforderliche Hard- und Software. Bei der Hardware handelt es sich in der Regel um schnelle 56K-Modems oder ISDN-Boxen, um Satelliten-Empfänger oder ADSL-Modems. Zur Software zählen neben erforderlichen Gerätetreibern und der anbietereigenen Zugangssoftware nicht selten auch die Standardbrowser von Netscape und der konkur-

rierenden Microsoft Corporation. Das Angebot der einzelnen Provider wandelt sich ständig, einige haben sich auf bestimmte Geschäftsfelder spezialisiert, andere versuchen ihre Produktpalette möglichst umfassend zu gestalten. Zu den Providern mit größerer Marktbedeutung zählen:

- AOL (www.aol.de)
- Arcor (www.arcor-online.de)
- CompuServe (www.compuserve.de)
- Europortal Skynet (www.ep1.de; nur via Satellit)
- Mobilcom (www.freenet.de)
- Strato (www.strato.de; nur via Satellit)
- T-Online (www.t-online.de)
- United Business Communications (www.ubcom.net; nur via Satellit)
- Viag Interkom (www.planet-interkom.de)

Noch spielen die Kosten bei der Entscheidung darüber, welcher Anbindung an die Online-Welt man sich bedienen will, eine wesentliche Rolle. Wer die falsche Entscheidung trifft, kann ohne weiteres ein kleines Vermögen für Online-Kosten ausgeben. Das wird auch so bleiben, solange sich jede Minute Online-Zeit in der Rechnung des Internet-Providers niederschlägt. In Mitteleuropa hat sich der anderswo selbstverständliche Pauschalpreis – den die Anbieter im Zusammenhang mit dem Internet seltsamerweise beharrlich Flatrate, zu deutsch also Flachrate nennen – bisher nicht durchgesetzt.
Es ist daher dringend zu empfehlen, die unterschiedlichen Angebote eingehend zu prüfen und mit großer Sorgfalt zu vergleichen. Besser noch ist es, sich von neutralen Dritten beraten zu lassen, sonst kann die erste Rechnung dem Internet-Vergnügen leicht ein Ende mit Schrecken setzen. Ob Grundgebühr oder Taktung, Telefongebühr oder Vertragslaufzeit, Spartarif, Mindestumsatz, Freistunden, Voranmeldung oder auch Erreichbarkeit – die Findigkeit steckt meist im Detail, und selbst kostenlose Angebote sind nicht immer das gute alte „kostenlos", bei dem man noch wirklich nichts bezahlen musste.

Browser

Das Internet ist technisch gesehen nichts anderes als eine gigantische Ansammlung einzelner Seiten. Nicht allein der riesigen Zahl wegen bedarf es eines Hilfsmittels, um in diesen Seiten blättern zu können. Dieses Hilfsmittel ist ein nicht unbedingt sehr kompliziertes Stück Software, der „Browser" (engl. für: „Blätterer").
Browser gibt es in zahlreichen unterschiedlichen Ausführungen, doch in aller Welt sind derzeit nur zwei Produkte von Bedeutung: der Netscape Navigator (integriert in das Programmpaket Communicator) und der Internet Explorer des Marktriesen Microsoft, der seinetwegen in einen Gerichtsprozess von gigantischen Ausmaßen verwickelt wurde. Für den Benutzer ist letzteres freilich von untergeordneter Bedeutung, solange die Software ihren Zweck erfüllt. Und das tut der Internet Explorer ebenso wie der Netscape Navigator.

Beide Programme werden kostenlos vertrieben, was geradezu zum Vergleich einlädt. Es gibt sie als Bestandteil der von Providern zur Verfügung gestellten Zugangssoftware, auf unzähligen kostenlosen Software-CDs oder auch zum Herunterladen unter www.netscape.de (Navigator) beziehungsweise www.microsoft.de (Explorer). Dabei sind unterschiedliche Versionen im Umlauf. Die jeweils aktuellste – sie ist wegen der optimalen Abstimmung auf aktuelle Entwicklungen zu empfehlen – findet sich im Download-Bereich auf den Internet-Seiten des Herstellers, wobei englischsprachige Versionen meist einige Zeit vor den entsprechenden deutschsprachigen zu erhalten sind (die englischsprachigen Versionen gibt es unter www.netscape.com und unter www.microsoft.com). Zu beachten ist, dass sich nur Netscape auf das vom Interessenten angeforderte Produkt beschränkt, während bei Microsoft mit der Installation des Internet Explorers gemeinhin ein (vor den Augen des Benutzers verborgenes) Update des Betriebssystems verbunden ist. Und dass ein solches unerwünschtes Update zur Bedrohung für ein halbwegs stabil laufendes Computersystem werden kann, wird von betroffenen Benutzern immer wieder berichtet.

Ist ein Browser erst einmal auf einem Computer installiert, so belegt er je nach Version und gewähltem Leistungsumfang heute zwischen fünf und achtzig Megabyte Festplattenspeicher. Das stellt für moderne Systeme keine Herausforderung dar, weil die Speicherkapazitäten neuerer Festplatten im Bereich zweistelliger Gigabyte-Zahlen liegen (es könnten also Dutzende oder gar Hunderte von Browsern parallel installiert werden, was freilich Unsinn wäre). Ältere Systeme hingegen – das heißt bei Computern ab einem Alter von etwa drei Jahren – stoßen bei großzügig eingestelltem Cache und einigem Herunterladen doch rasch an ihre Grenzen. Es muss sich also keineswegs um einen Computervirus handeln, wenn ein älterer Computer nach einigen Tagen oder Wochen intensiven Surfens und Herunterladens plötzlich quälend langsam wird.

Der tatsächliche Leistungsumfang eines Browsers hängt nicht nur vom Programm selbst, sondern auch von den bei der Installation gewählten Optionen sowie von den später zusätzlich installierten „Add-Ins" ab. Add-Ins sind kleine Zusatzprogramme, die den Funktionsumfang des Browsers beispielsweise um die Darstellung von Filmdateien oder um die Wiedergabe von Musikstücken erweitern. Hinzu kommen die bereits in das Browser-Paket selbst integrierten Zusatzfunktionen, die nur auf Wunsch mitinstalliert werden: der E-Mail-Client für die elektronische Post etwa, der HTML-Editor für die Gestaltung eigener Internet-Seiten oder auch der Newsreader für die Lektüre von Artikeln in Newsgroups beziehungsweise für die eigene Mitwirkung daran.

Suchmaschinen

Wer sich dafür entschieden hat, sich nun doch endlich auf das Internet einzulassen, wird bei seinem ersten selbstständigen Besuch vor allem eines sein – hilflos. Denn die große Stärke des Internets ist zugleich seine elementare Schwäche: Es ist riesig. Seine gigantischen Ausmaße lassen dem Einzelnen nicht die geringste Chance, sich auf eigene Faust zurechtzufinden. Deshalb gibt es Suchmaschinen.

Suchmaschinen

Suchmaschinen sind keine real existierenden Maschinen, sondern eher eine Verbindung von Software und gespeicherten Daten, die zusammen eine Art Register des Internets erstellen können. Denn tatsächlich das gesamte Internet zu durchsuchen, wäre wegen dessen schierer Größe in der Tat uninteressant: Selbst wenn irgendwann wirklich eine Antwort auf eine Suchanfrage eintreffen würde, könnte sich vermutlich niemand mehr an die gestellte Frage erinnern.

Somit ist die Gesamtheit der in einer Suchmaschine erfassten Daten, also die Datenbank, ausschlaggebend dafür, aufgrund welcher Informationsmenge eine Anfrage beantwortet werden kann. Jede dieser Datenbanken stellt normalerweise eine Ansammlung von Inhaltsverzeichnissen dar, die die Betreiber von Internet-Seiten selbst an die Suchmaschine geschickt haben (in der Praxis kann diese Aufgabe natürlich automatisch durch einen Computer erledigt werden) oder die von Kundschafterprogrammen maschinell im Internet ausfindig gemacht wurden. Wird ein solches Verzeichnis zusätzlich redaktionell bearbeitet – und in der Regel dabei zugleich thematisch geordnet – so spricht man im allgemeinen von einem Webkatalog.

Naturgemäß sind die rein maschinell erstellten Verzeichnisse erheblich umfangreicher, die von Menschenhand bearbeiteten aber weniger zufällig zusammengestellt. Für den Benutzer bleibt sich das zumeist gleich. Er will nur wissen, was er wo finden kann. Und darüber geben Suchmaschinen aller Art in beeindruckendem Tempo Auskunft. Erstens zu jedem beliebigen Stichwort und zweitens aktuell, in manchen Fällen tagesaktuell.

Das funktioniert dann so: Der Internet-Besucher tippt in das Adressfeld seines Browsers die Internet-Adresse der Suchmaschine ein und bestätigt. Oder er klickt auf einer anderen Internet-Seite eine Verknüpfung zu der Suchmaschine an und lässt sich automatisch dorthin bringen. Wenn alles gut geht, befindet er sich danach bereits auf der Startseite der Suchmaschine. Dort gibt er in eine einfache Maske einen oder mehrere Suchbegriffe ein und sendet die Anfrage durch Bestätigen ab. Nun vergleicht die Suchmaschine die Anfrage mit ihrem Datenbestand und schickt nach Sekunden eine Liste der passenden Internet-Seiten samt kurzer Beschreibung zurück.

Meist erlebt der Internet-Neuling an diesem Punkt eine unangenehme Überraschung: Wenn seine Suchbegriffe nicht gerade ausgefallen waren, wird er eine lange Liste in Frage kommender Adressen angeboten bekommen. Ausgefallene Suchbegriffe sind aber naturgemäß die Ausnahme. Daher umfasst die Ergebnisliste häufig Hunderte, bisweilen Zigtausende von Adressen. Damit kann niemand etwas anfangen.

Aus diesem Grund bieten die meisten Suchmaschinen eine erweiterte Suche an. Hat man es nicht schon von vornherein getan, so kann man die Suchanweisung nachträglich präzisieren:
- ein „ + " besagt, dass der folgende Begriff auf einer gesuchten Seite unbedingt vorkommen muss;
- ein „ – " legt fest, dass alle Ergebnisse, die den unmittelbar folgenden Begriff enthalten, nicht aufgeführt werden sollen;
- Anführungs- und Schlusszeichen signalisieren, dass die gesamte dazwischenliegende Zeichenfolge exakt in der genannten Form auftauchen muss;
- existiert ein Feld „Datum", so können Dokumente ausgeschlossen werden, die in einem bestimmten Zeitraum erstellt wurden – oder es können gerade nur diese Dokumente in die Auswahl aufgenommen werden;

- unter „Sprache" kann festgelegt werden, dass beispielsweise nur Ergebnisse in deutsch, in französisch oder in irgend einer anderen Sprache bis hin zu japanisch aufgelistet werden sollen;
- auch „wo" gesucht werden soll, kann oftmals bestimmt werden: Im World Wide Web, im Usenet oder anderswo – vielleicht aber auch gerade in der schier endlosen Weite des gesamten Internets.

Diese Sucherweiterungen sind lediglich die wichtigsten aus einer ganzen Reihe von gebräuchlichen. Wie fast alles im Internet ist auch die Arbeitsweise der Suchmaschinen nicht einheitlich geregelt. Doch wenn sich die Anweisungen auch in der Schreibweise von Suchmaschine zu Suchmaschine unterscheiden, so ähneln sie sich doch zwangsläufig in ihrer Funktionsweise. Zudem werden normalerweise die jeweils zur Verfügung stehenden Möglichkeiten von der Suchmaschine selbst erschöpfend erklärt.

Da das Internet so immense Ausmaße angenommen hat, fühlen sich viele Besucher allerdings trotz der Verfügbarkeit der Suchmaschinen überfordert. Kein Wunder, gibt es doch heute annähernd 2000 einigermaßen bedeutende Suchmaschinen und zahlreiche kleinere, deren Bekanntheit es vielleicht erst in einigen Monaten oder Jahren mit ihrer Nützlichkeit aufnehmen kann. Um nun wiederum diesem Missstand abzuhelfen, sind sogenannte Metasuchmaschinen geschaffen worden. Sie leiten eine Suchanfrage automatisch an eine große Zahl anderer Suchmaschinen weiter und bündeln für den Suchenden deren Ergebnisse.

Natürlich lassen sich die Erfolgsaussichten einer Suche aber auch dadurch verbessern, dass man von vornherein die richtige Suchmaschine wählt. Das ist schon deshalb sinnvoll, weil es neben globalen Suchmaschinen und Metasuchmaschinen auch eine große Zahl von Spezialsuchmaschinen gibt. Frauen oder Pferde, Finanzen oder Computer – fast alles, was einen größeren Kreis von Personen interessiert oder interessieren könnte, hat seine eigene Suchmaschine. Oder gleich mehrere davon. Deshalb sind die im Folgenden aufgeführten Suchmaschinen auch nur eine Auswahl, die sich nahezu beliebig erweitern ließe.

- www.altavista.de: Deutsche Ausgabe einer mächtigen Suchmaschine mit mehr als 400 Millionen verzeichneten Internet-Seiten
- www.excite.de: Deutsche Fassung der gut eingeführten Suchmaschine, in deren Datenbank über 200 Millionen Internet-Seiten erfasst sind
- www.alltheweb.com: Mächtig und schnell, Zugriff auf rund 350 Millionen Seiten
- www.fireball.de Ausschließlich Deutschsprachiges, etwa 8 Millionen Internet-Seiten sind verzeichnet
- www.infoseek.de: Steigerte durch Kooperation mit T-Online seine Bekanntheit schlagartig und bietet simpel angelegte erweiterte Suche
- www.hotbot.com: Schnelle Suchmaschine, die den Inhalt von rund 110 Millionen Internet-Seiten kennt
- www.beaucoup.com: Meta-Suchmaschine, die auch Domains und Telefonnummern auflistet.
- www.jobrobot.de: Spezialsuchmaschine für Arbeitsplätze
- www.google.com: Überdurchschnittlich schnelle Suchmaschine, die besonders oft gesuchte Internet-Seiten bevorzugt aufführt

www.deja.com: Archiv, das Zugriff auf Newsgroup-Artikel bietet
www.ask.co.uk: Suchmaschine für Internet-Recherche
www.yahoo.de: Stammmutter aller Webkataloge, genauer gesagt: deren deutscher Ableger
www.dino-online.de: Regionaler Webkatalog
www.web.de: Webkatalog, der bemerkenswert aktuell ist und knapp 250000 Einträge umfasst
www.lotse.de: Webkatalog für deutschsprachige Internet-Seiten
http://ftpsearch.lycos.com: Suchmaschine für alle Dateien auf Servern mit FTP-Adresse
www.sharelook.de: Webkatalog für die deutschsprachigen Länder, Belgien, Frankreich, Italien und Ungarn
www.twirlix.de: Nach Kategorien gegliedertes Web-Verzeichnis, mit Benotung und Vorschauansicht der verzeichneten Seiten
http://my.email.address.is: Metasuchmaschine für E-Mail-Adressen
www.netzsuche.de: Fragt nacheinander die eingetragenen deutsch- oder englischsprachigen Suchmaschinen ab
www.klugsuchen.de: Spezialsuchmaschine für Suchmaschinen
www.metacrawler.com: Metasuchmaschine mit thematisch gegliederter Spezialsuche
www.metager.de: Metasuchmaschine für deutschsprachige Suchmaschinen
www.007-suche.de: Mehr als 300 Suchmaschinen, teils thematisch geordnet
www.suchen.com: Metasuchmaschine, die die freie Auswahl der zu befragenden Suchmaschinen erlaubt

Netiquette

Verblüffenderweise hat das Internet nicht zum Untergang des guten Benehmens geführt. Obschon es das modernste Kommunikationsmittel von allen ist, obschon Regellosigkeit die Regel ist, ist nicht überall alles wohlangesehen. Im Gegenteil: Es gibt eine Anzahl allgemein anerkannter Benimmregeln, die je nach Umgebung variieren, im Kern aber doch stets die gleichen sind. Wer gegen diese Benimmregeln verstößt, wird unverblümter darauf hingewiesen und oftmals schärfer sanktioniert als im wirklichen Leben.

Im Rückgriff auf lange vergangene Zeiten hat sich für die Gesamtheit der Benimmregeln die Bezeichnung Netiquette (häufig auch: Netikette) durchgesetzt, eine Wortschöpfung aus Internet und Etiquette (Etikette). Da es glücklicherweise keine zuständige Behörde oder sonstige Zentralinstanz für das Benehmen im Internet gibt, existieren von der Netiquette zahllose, leicht voneinander abweichende Fassungen. Das ist aber nicht weiter von Belang, weil sich alle Internet-Benimmregeln im Grunde auf eine einzige Kernaussage zurückführen lassen: Niemand soll sich als Mittelpunkt des Universums verstehen und andere schlechter behandeln, als er selbst behandelt werden möchte.

Etwas ausführlicher dargestellt liest sich das so:

1. Fassen Sie sich kurz.
2. Achten Sie im Rahmen Ihrer Möglichkeiten auf korrekte Rechtschreibung (wenigstens auf eine der beiden, die es nun im deutschen Sprachraum gibt). Dazu zählt auch die Zeichensetzung.
3. Muten Sie anderen keine Buchstabenwüste zu, sondern gliedern Sie jeden längeren Text auch optisch, beispielsweise durch Absätze.
4. GROSSSCHREIBUNG zählt zu den schlimmsten Verfehlungen in der Online-Welt; sie wird gemeinhin als SCHREIEN verstanden.
5. Geben Sie bei Zitaten und Verweisen generell die Quelle an, und zwar in überprüfbarer Form.
6. Bedenken Sie, dass der Sprachraum des Englischen in vielem beschränkter ist als der des Deutschen – daher werden vor allem die Umlaute ä, ö und ü dort meist als kryptische Zeichen dargestellt. Ähnliches gilt für Kommunikations-Software, die aus dem angloamerikanischen Sprachraum stammt und nicht für das Deutsche angepasst ist.
7. Abkürzungen gelten als schick, außer bei Personen, die ihre Bedeutung nicht kennen. Und das sind die meisten.
8. Konzentrieren Sie Ihre Botschaft in einem aussagekräftigen Betreff und schweifen Sie in Ihrem Text nicht davon ab.
9. Respektieren Sie den Informationsstand Ihrer Gesprächspartner. Einerseits hat jeder mal angefangen – es gibt also keinen Grund, Anfänger überheblich abzukanzeln. Andererseits kann auch der Anfänger zur Entspannung beitragen, etwa indem er dem Gespräch in einem Forum vor seiner ersten Wortmeldung zunächst eine Weile folgt, oder indem er die FAQs (die häufig gestellten Fragen) in einer Newsgroup liest, ehe er als dreitausendeinhundertachtfünfzigster alle anderen mit einer der nervtötenden Standardfragen belästigt.
10. Wählen Sie stets den richtigen Weg: Beispielsweise ist eine Mitteilung für einen bestimmten Empfänger in einer weltweit zugänglichen Newsgroup deplaziert – eine E-Mail an ihn wäre hingegen die richtige Wahl.
11. Verbergen Sie sich nicht grundlos in der Anonymität. Eine „Signature" am Ende einer Mitteilung gilt als Zeichen der Höflichkeit und ermöglicht Rückmeldungen. Inhalt: Name und elektronische Anschrift, wo angebracht auch Bodenanschrift, Telefon- und Faxnummer, Adresse der eigenen Homepage. Insgesamt sollte die Signature aber nicht länger als die eigentliche Mitteilung sein.
12. Jede persönliche E-Mail ist vertraulich. Wer sie ohne Zustimmung des Absenders an Mailing-Listen oder Newsgroups weitergibt, begeht einen Akt barbarischer Unhöflichkeit.

Selbstverständlich sind diese Benimmregeln nicht in Stein gemeißelt. Sie werden in Newsgroups anders ausgelegt als beispielsweise im persönlichen E-Mail-Wechsel. Wer aber andere nicht gerade mit Vorsatz brüskieren will, kann sich grob an ihnen orientieren und sich ansonsten ganz nach persönlichem Temperament vortasten. Denn nicht anders als im Leben jenseits der Online-Welt ist das Benehmen auch im Internet Spiegelbild des Charakters. Wer sich also gerne als rücksichtsloser, unkultivierter Egoist zu erkennen gibt, der wird die Netiquette ganz einfach komplett ignorieren.

E-Mail

Einen Brief zu schreiben oder eine E-Mail, ist im Prinzip das gleiche. Wie, das glauben Sie nicht? Bitte sehr: Wenn Sie einen Brief schreiben möchten, überlegen Sie, was Sie schreiben wollen, nehmen einen Briefbogen zur Hand (vielleicht auch umgekehrt), schreiben Ihren Text, stecken ihn in ein Kuvert, Adresse, Absender sowie Briefmarke drauf – und weg damit zum Briefkasten. Und bei der E-Mail? Nun, Sie überlegen, was Sie schreiben wollen, öffnen Ihr E-Mail-Programm (oder eben umgekehrt), das Ihnen automatisch einen elektronischen Briefbogen bereitlegt, Sie schreiben Ihren Text, fügen Adresse und Absender hinzu (soweit es nicht schon automatisch geschehen ist) – und weg damit zum elektronischen Briefkasten. Der einzige echte Unterschied: Sie haben sich die Briefmarke sparen können, weil Sie einen Pauschalvertrag mit Ihrem Internet-Anbieter oder mit Ihrer Telefongesellschaft geschlossen haben.

So einfach funktioniert es, wenn alles fertig eingerichtet oder, wie es im Computerdeutsch gerne ausgedrückt wird, fertig konfiguriert ist. Was zu tun bleibt, bis Sie an diesen Punkt gelangen, hängt natürlich davon ab, wie der aktuelle Stand Ihrer Ausstattung ist. Angenommen, Sie haben da einen Computer stehen, der auf die eine oder andere Weise schon an das Internet angeschlossen ist. Dann ist es bei etwas Geschick und Glück innerhalb von zehn Minuten zu schaffen. Vorausgesetzt natürlich, Sie haben sich schon entschieden, was Sie genau tun wollen, oder Sie sind von Natur aus ein entschlussfreudiger Mensch.

Normalerweise beginnt es mit der Einwahl ins Internet. Wenn die funktioniert, waren Sie vermutlich schon die ganze Zeit an die verlockende Welt der E-Mail angeschlossen und wussten es nur nicht. Die meisten Internet-Anbieter (Provider) richten nämlich bei Vertragsabschluss von vornherein auf Ihrem Server ein (elektronisches) Postfach für jeden neuen Kunden ein. Das ist wie ein Briefkasten, und wer einen Briefkasten hat, kann auch Post empfangen. Der elektronische Briefkasten erfüllt – wie auch die Briefkästen ländlicher Regionen in aller Welt – eine Doppelfunktion: Dort landet nicht nur eingehende Post, sondern der Inhaber des Briefkastens kann darin auch die Post ablegen, die er verschicken möchte. Der Postbote nimmt sie mit, sobald er auf seiner Tour wieder vorbeikommt.

Nun gehört zu jedem (elektronischen) Briefkasten eine (elektronische) Adresse. Beim Abschluss von Provider-Verträgen ist es Gepflogenheit, dass zunächst automatisch eine vorläufige E-Mail-Anschrift vergeben wird, die der Kunde dann teilweise nach seinen Wünschen anpassen kann. Häufig bleibt die maschinell zugeteilte Anschrift auch später noch bestehen, und das zugehörige Postfach kann unter beiden Adressen erreicht werden. Das hat für den Inhaber kleinere Vorteile, ist aber für den praktischen Ablauf ohne Belang.

Wichtiger ist, dass jede E-Mail-Anschrift aus drei Teilen besteht, von denen der mittlere, kleinste, der wichtigste ist: das „@" (gesprochen: „äd", von engl. add = hinzufügen). Dieses @, dessen handschriftliches Niederschreiben für so manchen an Fingerakrobatik grenzt, wählte der Erfinder der E-Mail seiner Unverwechselbarkeit halber aus. Es war seinerzeit auf jeder Computertastatur vorhanden (Klammergriff auf

E-Mail

„AltGr" + „q") und kam dennoch in keinem gängigen Wort vor. So gelangte der Klammeraffe – wie das Add-Zeichen im Deutschen meist genannt wird – zu neuen Ehren. Die beiden anderen Teile einer E-Mail-Adresse sind der Benutzername (beziehungsweise das für die Mail-Adresse verwendete Kürzel), der stets den Anfang einer E-Mail-Anschrift bildet, sowie der Name des Mail-Servers, der am Ende der Adresse steht. Susi.Meier@yahoo.com wäre also beispielsweise die E-Mail-Adresse von Susanne Meier, die ein elektronisches Postfach bei der internationalen Suchmaschine Yahoo hat. Bei allen Schreibweisen, die nicht im Wesentlichen diesem Schema entsprechen, ist Vorsicht geboten: Sie sind mit hoher Wahrscheinlichkeit Ergebnis eines Übermittlungsfehlers.

Um nun von der eigenen Mail-Anschrift Gebrauch machen zu können, muss man im günstigen Fall nur sein E-Mail-Programm öffnen und sich ins Internet einwählen. Ein solches Programm (z. B. Netscape Messenger, Outlook Express, T-Online Mail, Eudora) ist in aller Regel Teil der vom Provider gestellten Zugangssoftware und auch der aktuellen Internet-Browser. Damit es für den Neubenutzer verwendbar wird, genügen einige wenige Einträge zu persönlichen Daten, die bei der Erstbenutzung automatisch abgefragt werden.

Es gibt allerdings auch die Möglichkeit, sich ohne Provider-Vertrag ins Internet einzuwählen, oder von dem seitens des Providers angebotenen E-Mail-Postfach keinen Gebrauch zu machen. In solchen Fällen ist es für den Anfänger ein wenig schwieriger, die Hindernisse vor dem Einstieg in den elektronischen Briefwechsel zu überwinden. Hauptsächlich deshalb, weil er nicht einfach die vom Provider zugeteilten Daten in sein E-Mail-Programm eingeben kann, sondern sich zunächst selbst von einem Anbieter im Internet eine E-Mail-Anschrift zuteilen lassen muss. Solche Anbieter gibt es aber in großer Zahl, und viele von ihnen bieten Privatleuten ihre Dienste kostenlos an.

Zu diesen Anbietern zählen:
- BigFoot (www.bigfoot.de)
- Excite (www.excite.de)
- Extended Global Mail System (extended.de)
- Firemail (www.firemail.de)
- Freemail (www.freemail.de)
- GMX (www.gmx.de)
- Hotmail (www.hotmail.de)
- Lycos (de.lycosmail.com)
- Myokay.net (www.myokay.net)
- Online Today Mail (mail.onlinetoday.de)
- Red Seven (www.redseven.de)
- Techmail (www.techmail.de)
- Xoom (www.xoom.com)
- Yahoo (www.yahoo.de)

Es lohnt sich, einige Zeit auf das Vergleichen dieser Anbieter und des Leistungsumfangs zu verwenden, den sie zugänglich machen. Die Unterschiede zwischen den Angeboten sind beträchtlich, wobei nicht der eine als besonders gut und der andere als besonders schlecht eingestuft werden kann. Es kommt vielmehr darauf an, was

E-Mail

dem einzelnen Benutzer wichtig ist: ein komfortables Adressenverzeichnis, viel Speicherplatz, Handybenachrichtigung, Mailfilter, Verschlüsselung, eigene Faxnummer, SMS-Dienst oder was auch immer. Die Kombinationen sind vielfältig und entsprechend reichhaltig ist das Angebot.

Einige Leistungen, die die E-Mail einem gewöhnlichen Brief voraus hat, sind heute Standard:

– Antwortfunktion: Sie erlaubt eine sofortige Erwiderung auf eine eingegangene Mail, ohne dass auch nur die E-Mail-Adresse des Empfängers eingegeben werden muss.
– Zitatfunktion: Mit ihr ist es möglich, den Text der Ursprungs-Mail ganz oder in Teilen zu übernehmen, um deren Schreiber daran zu erinnern oder um nicht weitschweifig darauf Bezug nehmen zu müssen.
– Weiterleitung: Eine empfangene Mail wird an eine oder mehrere andere E-Mail-Adressen weitergeleitet, bleibt aber zugleich auf dem eigenen Computer vorhanden.
– Rundschreiben: Ein und dasselbe Schreiben wird gleichzeitig an mehrere Empfänger versandt, die entweder eigens benannt werden oder schon vorher in einer Empfängergruppe zusammengefasst sind.
– Signatur: Vom Benutzer vorgegebener Schlussblock, der automatisch an jede zu versendende E-Mail angehängt wird und zumeist die wichtigsten Kontaktinformationen umfasst.
– Anhang: Es können eine oder mehrere Dateien an die eigentliche E-Mail samt etwaiger Signatur angehängt werden, die beim Empfänger auch in der ursprünglichen Dateiform ankommen (also nicht als bloßer Text).

Sind alle Entscheidungen gefällt und ist das E-Mail-Postfach eingerichtet (oft wird auch vom E-Mail-Konto gesprochen, obwohl zumindest bei den Gratis-Mail-Diensten keinerlei Geld im Spiel ist), steht der ersten eigenen Mail nichts mehr im Weg. Im zuvor konfigurierten Mail-Programm oder im E-Mail-Client (also im Unterprogramm) des Internet-Browsers schreibt man die erste Mail, drückt im Programm den Knopf für „Senden" und schon ist es geschehen. Der Mail-Server quittiert die Beförderung der Mail, und im nächsten Moment kann sie bereits im Postfach des Empfängers zur Abholung bereitliegen. Zuweilen dauert es auch einige Stunden oder gar noch länger, jedoch nur dann, wenn die Belastung des Netzes oder eines der beiden Mail-Server eine außerplanmäßige Verzögerung verursacht. Normal ist, dass eine Mail nach dem Absenden praktisch unverzüglich zum Empfänger gelangt. Kein Wunder, dass unter den ersten E-Mail-Freunden das Wort von der „snail-mail", also Schneckenpost für die gute alte Posthornpost geprägt wurde.

Bei aller Freude über die kaum noch zu übertreffende Geschwindigkeit und über die nahezu kostenlose Möglichkeit zur Beförderung von Nachrichten rund um den Erdball darf aber nicht übersehen werden, dass auch das neue Medium durchaus seine Tücken hat. Gerade bei Anfängern kommt es beispielsweise immer wieder vor, dass sie eine Mail verfassen, fertig stellen und sich dann zufrieden über ihr Werk zurücklehnen. Leider genügt das aber keineswegs: Solange die Mail nicht wirklich abgeschickt ist – und dazu ist grundsätzlich das Einwählen ins Internet erforderlich –, existiert sie nur auf dem eigenen Computer. Das ist so, als würde jemand einen fertig frankierten und adressierten Brief im Umschlag auf seinem Schreibtisch liegen lassen und sich darüber wundern, dass der ungehobelte Adressat auch nach Wochen noch nichts von sich hören lässt.

Darüber hinaus gibt es wie bei jeder guten Korrespondenz einige Richtlinien, die man nicht völlig außer acht lassen sollte, wenn man bei seinem E-Mail-Partner keinen negativen Eindruck erwecken möchte. Im wesentlichen geht es dabei um die Beachtung der Netiquette, die auch in anderen Bereichen des Internets von den meisten Teilnehmern als wünschenswert angesehen wird. Hinzu kommt:

- E-Mail ist ein extrem schnelles Medium. Sie ist daher für Kurzmitteilungen besonders geeignet, ausführliche Schreiben sollten eher die Ausnahme sein.
- Zitate bleiben besser auf diejenigen Passagen beschränkt, auf die das eigene Schreiben wirklich Bezug nimmt – auch wenn problemlos ganze Absätze und mehr aus einer empfangenen Mail zitiert werden könnten.
- Kettenbriefe sind eine Zumutung für den Empfänger, Rundschreiben sollten besonderen Anlässen vorbehalten bleiben. Niemand kann drei- bis vierhundert E-Mails pro Tag wirklich lesen, wie sie im geschäftlichen Bereich keine Seltenheit sind.
- Werbepost sollte nur versandt werden, wenn der Empfänger sie ausdrücklich angefordert hat. Sie wird sonst leicht zum Ärgernis. Daher sollten fremde E-Mail-Adressen auch nicht beliebig weitergegeben werden.
- Anhänge – auch in Megabyte-Größe – sind heute möglich, können aber leicht das Postfach des Empfängers verstopfen. Im Zweifelsfall sollte man sich erkundigen.
- Wer von vornherein weiß, dass er mit der umfassenden Erwiderung auf eine Nachricht aller Voraussicht nach in Verzug kommen wird, sollte das deren Absender umgehend wissen lassen. Der „Antwort"-Knopf des E-Mail-Programms macht das zu einem Kinderspiel.
- Smileys und Abkürzungen sind das Lieblingsspielzeug vieler E-Mail-Schreiber. Sie sollten dennoch stets sparsam und eingedenk der Tatsache verwendet werden, dass nur wenige Empfänger dieser Spezialsprachen in nennenswertem Umfang mächtig sind.

Newsgroups

Einer der Hauptbestandteile des Internets sind die Newsgroups. Derzeit gibt es mehrere Zehntausend dieser im „Usenet" zusammengefassten Gruppen. Es handelt sich dabei um teils moderierte, teils unmoderierte Diskussionsforen, in denen auf elektronischem Weg Themen jeder nur erdenklichen Art behandelt werden.

Für den Internet-Anfänger ist es in der Regel recht verwirrend, wenn es ihn nach dem Besuch vieler gut strukturierter und grafisch ansprechend aufgemachter Internet-Seiten – meist zufällig – in eine Newsgroup verschlägt. Wer durch eine Verknüpfung von einer anderen Internet-Seite oder per Suchmaschine in einen Unterbereich einer Newsgroup geführt wird, hat keine wirkliche Chance, darin eine Gliederung zu erkennen. Er findet vielmehr bruchstückhafte Texte, wenig aussagekräftige Inhaltsverzeichnisse, rätselhafte Verweise und allerlei Anmerkungen, mit denen er beim besten Willen nichts anfangen kann.

Newsgroups

Der Grund dafür ist, dass Newsgroups nicht systematisch aufgebaut werden. Sie entstehen zufällig. Zunächst werden auf „Newsservern" – von denen es heute weltweit viele tausend gibt – von den Betreibern weit gefasste Themenbereiche eingerichtet, beispielsweise „Sport", „Linux" oder „Klatsch & Tratsch". Innerhalb dieser Themenbereiche können dann von Teilnehmern passende Einzelthemen angeregt werden, etwa durch eine grundlegende Stellungnahme oder indem eine Frage gestellt wird. Damit ist dann auch schon ein neuer Gesprächsfaden angeknüpft, im Internet-Jargon „Thread" (engl. für Faden) genannt. Findet das Thema Interessenten, so wird innerhalb des Forums früher oder später eine Antwort erscheinen, die sich durch Querverweis auf den ursprünglichen Beitrag bezieht. Und so weiter.

Im wesentlichen sind es zehn übergeordnete Themenbereiche, die immer wieder auftauchen:

- comp = Computer, Hardware, Software, Netze
- sci = Wissenschaft und Forschung
- soc = Gesellschaftsleben und Kultur
- rec = Freizeit, Unterhaltung, Sport, Reise
- humanities = Geisteswissenschaften, Kunst
- talk = Weltanschauliche Grundsatzdiskussionen (Politik, Religion)
- news = Diskussion über das Usenet selbst (Organisation, überflüssige und wünschenswerte Newsgroups, Netiquette)
- misc = Verschiedenes
- biz = Geschäfte, Wirtschaft
- alt = Alles, was in den übrigen Gruppen nicht gerne gesehen ist

Die hier aufgeführten Kürzel tauchen in den Adressen der einzelnen Newsgroups auf und machen sie dadurch auf den ersten Blick als Teile des Usenet kenntlich. Zugleich vermitteln sie dem Eingeweihten einen ersten Eindruck davon, auf welches Terrain er sich gerade zu begeben versucht. Dabei verrät die Adresse in ihrer Gesamtheit stets die vorhandenen Kategorien in absteigender Ordnung, also beispielsweise „de.comp.win.bugs" für ein Diskussionsforum zum Thema Deutschland / Computer / Windows / Programmfehler.

Gerade für den Neuling ist das Usenet – abgesehen von seiner Unübersichtlichkeit – kaum von den übrigen Teilen des Internets zu unterscheiden. Technisch gesehen bleibt es sich ja tatsächlich gleich, ob Unterschiede existieren oder nicht, denn grundsätzlich kann jeder Internet-Besucher die Beiträge einer Newsgroup auch mit Hilfe seines Browsers lesen, mit dem er sich im übrigen Internet bewegt. Erheblich praktischer ist es jedoch, einen der eigens dafür entwickelten „Newsreader" zu verwenden, die es in ähnlich vielen Varianten wie Browser gibt.

Bis heute ist in den Newsgroups viel von dem ursprünglichen Selbstverständnis aus jener Zeit erhalten, als das Internet noch kaum bekannt und das Usenet wenigen Eingeweihten vorbehalten war. Das hat Auswirkungen. Eine der wichtigsten ist, dass hier die Netiquette strenger als in anderen Teilen des Internets beachtet wird. Wer gegen sie verstößt, muss im harmlosesten Fall mit barschen Kommentaren rechnen. In härteren Fällen kann er auch von einer Flut gezielt eingesetzter E-Mail (sog. „Flames") überschwemmt werden, die von aufgebrachten Diskussionspartnern auf ihn gelenkt wurde.

Smileys

Smileys entstammen dem Computeraltertum. Jener Zeit, in der Speicherplatz so kostbar war, dass etwa Jahreszahlen auf zwei Stellen begrenzt wurden. Oder häufig wiederkehrende Mitteilungen durch Symbole ausgedrückt wurden, die man aus einigen wenigen Zeichen zusammensetzte. Die Speichernot ist Vergangenheit. Die Symbole sind geblieben. Sie werden jetzt Smileys genannt und sind zahlreicher denn je.
Man findet sie in E-Mails, in SMS-Botschaften, in Chatrooms oder in Newsgroups. Sie drücken Stimmungen aus oder Gefühle, Zustimmung oder Ablehnung, manchmal auch nur die Tatsache, dass man nicht weiß, was der andere eigentlich will. Nicht jedem gelingt es auf Anhieb, sie zu deuten, doch ein simpler Trick erhöht die Trefferquote deutlich: Wer den Kopf schräg legt – und zwar fast immer nach links – kann nicht selten erkennen, was gemeint ist, sogar wenn er das Symbol selbst vorher noch nie gesehen hat.
Sparsam eingesetzt können Smileys einen Text durchaus bereichern. Da sie aber offenbar zur Besessenheit führen können, ist der sparsame Einsatz eher selten. Der hemmungslose Einsatz ist die Regel. Daher ist die folgende – ohnehin bei weitem nicht vollständige – Aufstellung eher als Hilfe in der Not für Verzweifelte Smiley-Entschlüssler gedacht, denn als Aufforderung, Smileys fortan selbst bei jeder Gelegenheit zu verwenden.

#-(	was für eine Nacht!	:-(	traurig
#-)	Brett vorm Kopf	:-((	todunglücklich
#:-0	völliges Entsetzen	:-(0)	schreiend
%-(	mir ist schlecht	:-)	glücklich
%-{	sehr traurig	:--)	Lügner
%-}	Blödsinn!	:-))	sehr fröhlich
((sylvia))	ich umarme dich	:-)))	überglücklich
(:-	stirnrunzelnd	:-)-8	großes Mädchen
(:-$	bin krank	:-*	ironisch lächelnd
(:-&	verärgert, böse	:-,	hmmm ...
(:-(	sehr traurig	:-/	das finde ich nicht komisch
(:-)	Glatzkopf		
(:<	Schandmaul	:-?	verwirrt
(:-D	Großmaul	:-@	fluchend, brüllend
(@@)	soll das ein Witz sein?	:@	was?
) :-(	ich bin sauer	:-[	sarkastisch
):-(	missmutig, genervt	:-]	hämisch grinsend
,-}	ironisch zwinkernd	:^(	die Nase voll haben
.-)	da will ich mal ein Auge zudrücken	:^D	Das ist toll!
		:-|	mir doch egal!
:-	männlich	:-}	frech grinsend
:-#	mein Mund ist verschlossen, zu niemandem ein Wort	:~(	völlig verwirrt
		:~-(	weinend
		:~)	verschnupft

Abkürzungen

:'-(	Tränen in den Augen	|-()	das ist zum Gähnen
:-')	bin erkältet	|^o	schnarchend
:'-)	vor Freude weinend	|-|	schlafend
:-"	schmollend	||*)	Wollen wir uns wieder vertragen?
:-<	besorgt		
:-6	erschöpft	}:-)	das verwirrt mich
:-9	die Lippen leckend	'-)	zwinkernd
:-B	begeistert	'^J	war nicht so gemeint
:-b	streckt die Zunge heraus	+-?	verunsichert
		<:-)	Dumme Frage!
:-c	schlecht drauf	<>:-|	skeptisch
:-C	todunglücklich	>-	weiblich
:-o	ist ja zum Gähnen	>:-<	ungehalten, sehr aufgebracht
:-O	schockiert		
:-o	überrascht	3:[	verkniffen
:-s	verunsichert	8-)	Brillenträger
:-ss	dummes Gerede	8:-)	kleines Mädchen
:-t	eingeschnappt	C:-)	Heiligenschein
:-v	Besserwisser	8-0	entsetzt
:-x	Küsschen	O:-)	ich bin wirklich ein Engel, du bist ein wahrer Engel
;->	frech zwinkernd		
? :-|	grübelnd		
@)}->-	Rose	Y	Sektglas

Abkürzungen

Abkürzungen, die in Nachschlagewerken zu finden sind, tauchen in der elektronischen Welt nur selten auf. Solche, die man nirgends findet, umso öfter. Etwas ungünstig ist für mitteleuropäische Neulinge, dass sich die meisten Abkürzungen auf angloamerikanische Wortfolgen beziehen. Zum Beispiel „AFAIC" (oder auch „afaic"). Nicht zu erraten, solange man es mit deutschen Wörtern versucht. Denn es steht für: „As far as I'm concerned", also: „Soweit es mich betrifft", und könnte wie viele der im Internet verbreiteten Abkürzungen ersatzlos entfallen, ohne dass sich der Sinn eines Textes wesentlich änderte. Daher ist es nicht selten hilfreich, derlei unbekannte Abkürzungen einfach zu überlesen. Und es ist zumindest höflich, sie in eigenen Texten nur in Ausnahmefällen zu verwenden. Denn die Wahrscheinlichkeit ist hoch, dass ein Empfänger mit ihnen nichts anfangen kann. Das gilt umso mehr, wenn eine Mitteilung an eine größere Zahl von Empfängern gerichtet ist, wie ein E-Mail-Rundschreiben oder ein „Posting", also ein Artikel in einer Newsgroup.

Eine Sonderform der Abkürzungen ist das Spiel mit Ziffern und Buchstaben. Diese im Deutschen praktisch unbekannte Form schriftlicher Lautmalerei macht sich den Umstand zunutze, dass das Englische – zumal in seinem besonders häufig gebrauchten Strukturwortschatz – eine außergewöhnlich silbenarme Sprache ist. Hinzu kommt, dass allerlei unterschiedlich geschriebene Silben auch bei korrekter Aussprache nicht voneinander zu unterscheiden sind. Worte lassen sich treffend durch Ziffern darstellen, und ganze Worte hören sich genauso an wie einzeln gesprochene Buchstaben. Beispielsweise klingt „c-u" im deutschen wie „c-u" – und wie nichts anderes. Im Englischen hingegen liest sich „c-u" genauso wie „see you", also etwa „auf Wiedersehen!" Und weil man sich den Bindestrich auch noch schadlos sparen kann, steht eben unter vielen Mitteilungen im Internet oder in E-Mails anstelle einer Verabschiedung einfach nur: „cu".

Die folgende Zusammenstellung ist daher nicht zur Nachahmung empfohlen:

2L8	zu spät (von „too late")
2moro	morgen (von „tomorrow")
4ever	für immer (von „forever")
4get it	Vergiss es! (von „forget it")
adn	in Kürze (von „any day now")
afair	soweit ich mich erinnere (von „as far as I remember")
awgthtgtta	Müssen wir das alles noch mal durchkauen? (von „are we going to have to go through this again?")
ayor	auf deine Gefahr (von „at your own risk")
bd	bis dann
bg	breites Grinsen
bion	glaub es oder lass es bleiben (von „believe it or not")
bot	zurück zum Thema! (von „back on topic")
bq	ohne Frage (von „beyond question")
bsf	Nun seid doch mal ernst, Leute! (von „be serious folks")
btobs	Komm hin oder lass es! (von „be there or be square")
btw	apropos (von „by the way")
cmiiw	Korrigiert mich, wenn ich da falsch liege! (von „correct me if I'm wrong")
csg	Glucksen, Kichern, Grinsen (von „chuckle, snigger, grin")
ctb!	Zur Sache! (von „come to business")
cu	bis bald, auf Wiedersehen (von „see you")
dayp	Tu was du willst! (von „do as you please")
diik	Keine Ahnung! (von „damned if I know")
eg	teuflisches Grinsen (von „evil grin")
eod	Basta! (von „end of discussion")
esosl	endlose Ausbrüche dummen Gelächters (von „endless snorts of stupid laughter")
f2f	unter vier Augen (von „face to face")
faq	häufig gestellte Fragen (von „frequently asked questions")
foaf	entfernter Bekannter (von „friend of a friend")
fyi	damit du es nur weißt (von „for your information")
g	Grinsen
ga	Weiter! (von „go ahead")
gn8	gute Nacht (von „good night")
hand	Schönen Tag noch! (von „have a nice day")

Abkürzungen

hhos	Ha, ha, das war mein Ernst! (von „ha, ha, only serious")
iac	auf jeden Fall (von „in any case")
ic	Aha! (von „I see")
imao	nach meiner arroganten Auffassung (von „in my arrogant opinion")
imho	nach meiner bescheidenen Auffassung (von „in my humble opinion")
iow	anders gesagt (von „in other words")
irl	im wirklichen Leben (von „in real life")
jam	Augenblick mal! (von „just a minute")
kit	wir bleiben in Verbindung (von „keep in touch")
lol	schallendes Lachen (von „loughing out loud")
ltns	wir haben uns lange nicht gesehen (von „long time no see")
mompl	Einen Augenblick, bitte! (von „moment, please")
myob	Kümmere dich um deinen eigenen Kram! (von „mind your own business")
nbd	keine große Sache (von „no big deal")
nom	war nicht böse gemeint (von „no offense meant")
noyb	das geht dich nichts an (von „none of your business")
np	kein Problem (von „no problem")
ntim	das spielt zwar keine Rolle ... (von „not that it matters")
ntk	gut, das zu wissen (von „nice to know")
ntymi	jetzt, wo du es erwähnst ... (von „now that you mention it")
nw	auf keinen Fall (von „no way")
o	Du bist dran! (von „over")
oic	Ach so! (von „oh I see")
oj	dieser Witz musste ja kommen (von „obligatory joke")
onna	Nicht schon wieder! (von „oh no, not again")
ot	das gehört nicht hierher (von „off topic")
otoh	andererseits (von „on the other hand")
p?	Wie bitte? (von „pardon?")
pest	Entschuldige, wenn ich so langsam schreibe (von „please excuse slow typing")
pmji	Entschuldigt, wenn ich mich einmische! (von „pardon me for jumping in")
ptmm	davon möchte ich mehr wissen (von „please tell me more")
re	Antwort (von „reply")
rqwf	richtige Frage im falschen Forum (von „right question, wrong forum")
ruok	Ist mit dir alles in Ordnung? (von „are you okay?")
s4mvlr	Bitte entschuldige meine sehr späte Antwort (von „sorry for my very late reply")
sec	Augenblick mal! (von „second please")
shitogram	abstoßende E-Mail
snif	schluchz, heul
soy!	Schäm dich! (von „shame on you")
sp?	Wie wird das geschrieben (von „spelling?")

syl	Bis dann! (von „see you later")
tal	vielen Dank (von „thanks a lot")
tc	pass auf dich auf (von „take care")
tia	im voraus vielen Dank (von „thanks in advance")
tie	Nimm's leicht! (von „take it easy")
tnt	bis zum nächsten Mal (von „till next time")
tnx	danke (von „thanks")
txl	vielen Dank (von „thanks a lot")
tyvm	vielen Dank (von „thank you very much")
vbg	sehr breites Grinsen (von „very big grin")
w4u	ich warte auf dich (von „waiting for you")
wasa	warte auf schnelle Antwort
wom?	Bist du weiblich oder männlich?
xab	äußerst ärgerliches Verhalten (von „extremely annoying behaviour")
y not	Warum denn nicht? (von „why not?")
yaa	schon wieder eine Abkürzung (von „yet another acronym")
yl	junge Dame (von „young lady")
ym	junger Mann (von „young man")

SMS

SMS steht für Short Message Service.

Mit diesen wenigen Worten wäre das Thema vermutlich erledigt, wenn es sich hierbei um eine SMS-Mitteilung handelte. Denn SMS-Mitteilungen bestechen durch ihre Kürze. Fast unbemerkt hat sich diese Form der getippten Kurznachrichten im Kielwasser der Handys über die Welt verbreitet. Mancher Handy-Besitzer weiß nicht einmal, dass sein Westentaschentelefon mehr kann, als nur telefonieren. Oder er hat seine Versuche eingestellt, weil es ihm trotz verbissenen Eintippens einfach nicht gelingen wollte, eine Nachricht bis zum gewünschten Empfänger durchzubringen.

Vereinfacht ausgedrückt, sind SMS-Nachrichten Kurzmitteilungen, die vom Handy zum Empfänger übertragen werden, ohne dass eine Sprechverbindung zustande kommt. Zum Eintippen dienen die Zifferntasten, deren Nebenbelegungen zusätzlich zur jeweiligen Ziffer aufgedruckt sind – zur leichteren Unterscheidung meist in einer eigenen Schriftart oder Farbe. Nicht nur die auf der Tastatur aufgedruckten Zeichen stehen zur Verfügung, sondern neben Buchstaben und Ziffern auch eine ganze Reihe von Sonderzeichen: vom Stern über den Schrägstrich bis zum Klammeraffen. Sie alle können gegebenenfalls durch Mehrfachdrücken der jeweiligen Taste eingesetzt und zu einem möglichst knappen Text gruppiert werden. Möglichst knapp deshalb, weil das Eintippen nicht immer ein Vergnügen ist, insbesondere dann, wenn ein Teil des Textes schon nicht mehr im Anzeigefeld des Handys zu sehen ist.

Zugänglich wird SMS durch Auswählen des entsprechenden Unterpunktes im Funktionsmenü. Allerdings nur dann, wenn schon vorher irgendwann einmal die Nummer der SMS-Zentrale des Anbieters eingegeben wurde. Sonst landet jede noch so mühevoll erarbeitete Nachricht schlicht im Nichts.

Der genaue Menütext und die Reihenfolge sind zwar von Handymodell zu Handymodell verschieden, aber prinzipiell wird eine SMS-Nachricht immer mittels folgender Schritte auf den Weg geschickt:
1. Im Funktionsmenü den Punkt „Meldungen" (auch: Nachricht o. ä.) auswählen
2. Im Untermenü „Senden" (auch: Nachricht senden o. ä.) auswählen
3. Im folgenden Menü „Neuen Text" (auch: Text senden, Kurzmitteilung verfassen, Nachricht schreiben o. ä.) auswählen.
4. Empfängerangaben eintippen (Handy, Telefax oder E-Mail)
5. Mitteilung schreiben (Länge höchstens 160 Zeichen).
6. Mitteilung absenden (und unbedingt Bestätigung des Handys abwarten, sonst kann sie im letzten Augenblick doch noch verloren gehen)

Gute Dienste leistet im Einzelfall auch die Gebrauchsanweisung des Handys, falls sie zufällig in deutscher Sprache verfasst und ihr Inhalt nicht Ergebnis eines wildgewordenen Übersetzungsprogrammes ist. Zudem ist auch auf die Menüführung des Handys selbst in den meisten Fällen Verlass, sobald die bisweilen rätselhaften Formulierungen erst einmal entschlüsselt sind.

In der Regel sind SMS-Mitteilungen nicht sonderlich kostspielig. Da es aber auch von dieser Regel Ausnahmen gibt, sollte man sich möglichst über die Konditionen des eigenen Netzbetreibers informieren, ehe man sich vom SMS-Fieber packen lässt. Sollte die Preisauskunft des Betreibers keine Freude aufkommen lassen, ist dennoch nicht alles verloren. Es gibt heute bereits zahlreiche SMS-Zentralen, die ihre Dienste kostenlos anbieten. Sie sind im Internet beispielsweise unter sms-kostenlos.de, www.internet-sms.de, www.lycos.de, www.vector.de oder auch www.free-sms.com zu finden.

WAP

Das Wireless Application Protocol WAP – gesprochen: wopp! – ist ein neuer Standard für die Datenübertragung von und zu mobilen Endgeräten und Internet-Anwendungen. Glaubt man den Beteuerungen der Betreiber, so ist damit endlich das Internet im Handy untergebracht. Was natürlich Unsinn ist. Tatsächlich jedoch gibt es eine Reihe geeigneter Internet-Seiten, auf die Handy-Besitzer durch WAP Zugriff erhalten. Vorausgesetzt, ihr Handy ist WAP-tauglich. Die meisten sind es nicht.
Am ehesten lässt sich WAP mit dem schon vertrauteren SMS vergleichen, dem Short Message Service für Kurznachrichten von bis zu 160 Zeichen Länge. WAP arbeitet auf den ersten Blick ähnlich, erlaubt allerdings von vornherein Texte mit einer Länge von bis zu 1400 Zeichen. Was das auf dem winzigen Anzeigefeld eines Handys bedeutet, kann sich jeder leicht ausmalen. Außerdem gestattet der derzeit aktuelle Mobilfunkstandard GSM eine Übertragungsgeschwindigkeit von höchstens 9,6 kbit/s, das ist nicht einmal ein Sechstel der ISDN-Geschwindigkeit ohne Kanalbündelung. Daraus ergibt sich, dass das Surfen im Internet per WAP-Handy weder von der Geschwindigkeit her noch hinsichtlich der optischen Darstellung ein ungetrübter Genuss sein kann. Das scheinen sich auch Anbieter und Betreiber gedacht zu haben, denn die bisher für WAP vorbereiteten Internet-Seiten verteilen sich auf einige weni-

ge Bereiche: Nachrichten und Veranstaltungshinweise, Wetterbericht und E-Mail-Service, Mietwagenbestellung und Hotelreservierung, dazu auch Online-Banking und Wertpapiergeschäfte. Generell können HTML-Seiten, die einen Großteil des Internets ausmachen, nicht dargestellt werden. Nur wenn eine Seite auf WML-Format – das ist der für WAP entwickelte Standard – reduziert wurde, können die darin enthaltenen Daten per Handy abgerufen werden. Was der Benutzer sieht, sind gewöhnlicher Text, einfach strukturierte Tabellen und grob gerasterte Schwarzweißgrafiken. Immerhin ist für WAP keinerlei eigene Registrierung erforderlich, ein WAP-taugliches Handy genügt. Aber leider: Selbst wenn damit das Einklinken ins Internet klappt, erinnert doch vieles an das mühselige Surfen in den ersten Jahren des Internets. Hinzu kommt, dass die Kosten vergleichsweise hoch liegen. Beides dürfte sich auf absehbare Zeit nur geringfügig ändern. Deshalb muten die Verlautbarungen einiger Anbieter, denen zufolge die WAP-Verbindung den Internet-Einstieg per Computer in wenigen Jahren überrundet haben soll, doch eher vermessen an. Wahrscheinlicher scheint es, dass sich WAP auf längere Sicht mit einigen Nischenfunktionen begnügen muss: Wer beispielsweise seinen Broker anweisen will, umgehend Aktien für 100.000 Euro zu verkaufen, und damit nicht warten will, bis er wieder am heimischen Computer sitzt, der wird sich vermutlich weder an hohen Verbindungskosten noch an schwacher Optik oder niedrigen Übertragungsgeschwindigkeiten stören.

UMS

Da kann man schon mal die Übersicht verlieren: Telefon, Handy, Telefax, E-Mail, SMS, und dann vielleicht noch das eine oder andere in mehrfacher Ausführung. Wäre schon toll, wenn alles, was da den Tag über eingeht, in einem einzigen Sammler zusammengefasst würde. Genau das verspricht UMS.
UMS steht für Unified Messaging Services, was zu deutsch vereinheitlichter Mitteilungsdienst bedeutet und ein wenig an den guten alten Auftragsdienst erinnert, aus der Zeit, in der Telefone noch Wählscheiben hatten. Nur dass der Dienst nicht mehr von einer jungen Dame mit charmanter Stimme versehen wird, sondern von einem Exchange-Server mit einer Menge Gigabytes. Dieser Exchange-Server sammelt die eingehenden Nachrichten aus allen Kanälen und wandelt sie in Dateien eines einheitlichen Formats um. Diese Dateien kann der Benutzer beispielsweise in seinem E-Mail-Briefkasten abholen und in seinem Computer öffnen. So entgeht ihm nichts, auch wenn er mal ein paar Stunden nicht im Hause war, das Papier im Faxgerät zu Ende und der Akku im Handy schon wieder mal leer ist.
Kaum zu glauben, dass ein solcher Service auch noch kostenlos sein soll. Dennoch ist er es bei mehreren Anbietern. Unter anderem kann er unter folgenden Internet-Adressen – teils kostenlos, teils kostenpflichtig – in Auftrag gegeben werden:

    www.3box.de   www.komtel.de
    www.directbox.com   www.smartvia.de
    www.elsanet.de   www.teldafax.de
    www.gmx.de   www.wbox.de
    www.jfax.de   www.web.de

Sobald die Anmeldung erfolgt ist, erhält man eine Rufnummer, zutreffender: eine Unified-Messaging-Nummer, die von da an als Telefon-, Telefax- und SMS-Nummer dienen kann. Alles zugleich. Außer der E-Mail-Anschrift, die bleibt separat, solange auf der Telefontastatur kein „@" gewählt werden kann. Gibt es unter der neuen Nummer Eingänge, so werden die daraus angefertigten Dateien ganz nach Wunsch automatisch zugesandt, können abgerufen oder sogar telefonisch verlesen werden. Möchte der Benutzer sichergehen, dass er stets unverzüglich von neuer Post erfährt, so kann er sich auch per Pager oder SMS-Mitteilung aufs Handy benachrichtigen lassen. Und danach steht ihm der umgekehrte Weg offen: Über UMS kann er E-Mails versenden, Anrufe beantworten und von seinem Exchange-Server Texte an Faxanschlüsse oder in Form von SMS-Botschaften an Handys senden lassen.

Klassische schriftliche Kommunikation

Zur schriftlichen Kommunikation kommt es vor allem dann,

- wenn der Partner nicht persönlich erreichbar ist,
- wenn eine Angelegenheit zu kompliziert ist, um sie mündlich zu besprechen,
- wenn ein Beleg erforderlich ist.

Konventionelle Formen

Zur schriftlichen Kommunikation zählen Briefe, Kurzmitteilungen, Postkarten und Telegramme.

• Briefe

Ein Brief ist die Visitenkarte des Absenders; sowohl Privatmann als auch Unternehmer werden nach der Qualität ihres Briefes beurteilt.
Man unterscheidet individuelle Briefe und Standardbriefe. Ein individueller Brief wird nach einem handschriftlichen Konzept, einem Stenodiktat oder einem Phonodiktat geschrieben. Standardbriefe sind in einer EDV-Anlage abgespeicherte Musterbriefe, oder sie werden aus gespeicherten Textbausteinen zusammengesetzt.
Den Hauptteil der Geschäftskorrespondenz bilden die Standardbriefe. Sie brauchen nicht jedesmal neu verfasst zu werden und helfen daher Zeit und Geld sparen.
Eine andere Art von Briefen sind die Pendelbriefe. Unter einem Pendelbrief versteht man solche, bei denen der Empfänger eines Briefes handschriftlich eine kurze Antwort auf den Originalbrief schreibt, diesen dann kopiert und das Original an den Absender zurücksendet. Der Brief wandert also vom Absender zum Empfänger und wieder zurück zum Absender. Im Unterschied zu Pendelbriefen wird bei Maskenbriefen ein bestehendes Schriftstück, auf dem eine zusätzliche Information vermerkt wird, kopiert und dann als neuer Geschäftsbrief verwendet. Zum Beispiel: Auf ein Duplikat einer Originalrechnung wird „Mahnung" aufgedruckt und sie wird so an den Zahlungspflichtigen geschickt. (Über Aufbau und Gestaltung eines Geschäftsbriefes finden Sie mehr im Kapitel „Gestaltung von Geschäftsbriefen", Seite 262 ff.)

Klassische schriftliche Kommunikation

- **Kurzmitteilungen**
Unter Kurzmitteilungen versteht man spezielle Vordrucke für kurze und sachliche Informationen, die meist als Begleitschreiben bei der Übersendung von Unterlagen, Belegen und ähnlichem verwendet werden. Mittels eines solchen Kurzbriefes können aber auch Unterlagen angefordert oder es kann um Erledigung gebeten werden.

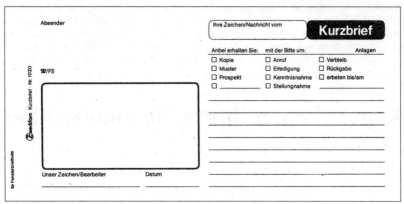

- **Postkarten**
Für kurze, nicht vertrauliche Mitteilungen, verwendet man häufig Postkarten. Neben Standardpostkarten und Ansichtskarten sind im Alltag hauptsächlich vorgedruckte Bestellkarten von Bedeutung:

Bestellung

Aufgrund Ihrer Mustersendung „Gewürzsträußchen" bestellen wir gegen Rechnung die unten aufgeführten Artikel:

Modell A (mit Silberdraht gebunden)
Stück   Best.-Nr.   Preis/Euro
...   12384-11   € 17,40/Stk.

Modell B (mit Golddraht gebunden)
Stück   Best.-Nr.   Preis/Euro
...   12384-12   € 18,56/Stk.

Modell C (mit Kupferdraht gebunden)
Stück   Best.-Nr.   Preis/Euro
...   12384-13   € 15,08/Stk.

Alle Preise inklusive Mehrwertsteuer.

Liefer- und Zahlungsbedingungen

* *Lieferung innerhalb von 10 Werktagen ab Bestelldatum.*
* *14 Tage Rückgaberecht für ausreichend frankierte Sendungen.*
* *Bei einem Bestellwert unter € 100,- zuzüglich € 3,50 Versandkostenpauschale.*
* *Zahlung: 14 Tage netto.*

Datum ....   Unterschrift ....

Klassische schriftliche Kommunikation

- **Telegramm**

Das Telegramm wurde für die rasche Übermittlung von Informationen geschaffen und leitete genau genommen den Siegeszug der elektronischen Kommunikation ein: Zwar lag die Entwicklung der modernen Elektronik beim Aufkommen des Telegramms noch in weiter Ferne, dennoch wurde durch den Telegrammdienst erstmals der Inhalt von Schriftstücken befördert, und nicht mehr die Schriftstücke selbst. Heute freilich sind Telegramme zumindest im Geschäftsleben bedeutungslos, weil die meisten Unternehmen eigene Geräte zur Informationsübertragung besitzen, in erster Linie Telefax. So werden Telegramme in unseren Tagen vorwiegend im privaten Bereich verwendet, etwa zur Übermittlung von Glückwünschen oder von wichtigen Nachrichten an Personen, die anders nicht rasch genug erreichbar sind. Zur Erfassung von Telegrammen dienen Formulare wie das hier abgebildete :

- **Telefax**

Das Telefax ist das Telegramm der modernen Zeit. Es ist billiger und zugleich schneller als das klassische Telegramm und bietet zusätzlich die Möglichkeit, Zeichnungen, Grafiken oder auch Fotografien unmittelbar an den Empfänger zu übermitteln. Text und Abbildungen aller Art gehen in der gleichen Sekunde beim Empfänger ein, in dem die Vorlage beim Absender durch das Telefaxgerät läuft.

Bürotechnik im Alltag

In den letzten Jahrzehnten hat die technologische Entwicklung riesige Fortschritte gemacht. Vorangetrieben wurde sie anfangs vor allem durch die Erfindung der Mikroprozessoren. Mit dem Einsatz neuer Technik im Büro soll nicht zuletzt eine Entlastung der Mitarbeiter von den stets wachsenden Papiermengen erreicht werden. Sekretärinnen, Sachbearbeiter, Führungskräfte und alle anderen im Büro Beschäftigten können den Aufwand für das Erzeugen, Bearbeiten, Ablegen, Heraussuchen und Versenden von Papier drastisch verringern, wenn ihre Arbeitsplätze mit elektronischen Hilfsmitteln ausgestattet sind, die der jeweiligen Unternehmensorganisation angepasst wurden.

Warum solche Maßnahmen erforderlich sind, lässt sich auch aus den Anforderungen, Bedürfnissen und Problemen der im Büro beschäftigten Arbeitskräfte ableiten: Sachbearbeiter und Sekretärinnen sollen von Routinefällen entlastet werden, Spezialisten wollen Unterstützung bei der Lösung ihrer Probleme, und Führungskräfte wollen bei der aktiven und passiven Kommunikation zur Erzielung qualifizierter Entscheidungen unterstützt werden.

Die gängigen Büroarbeiten lassen sich auf drei Grundfunktionen zurückführen, die simultan ablaufen:

- Erzeugen und Be- oder Verarbeiten von Informationen
- Speichern und Wiederfinden von Informationen
- Weitergeben von Informationen (Kommunikation)

Der Mensch ist beim Erzeugen und Verarbeiten von Informationen unentbehrlich; die Aufgaben des Speicherns, der Übermittlung und Verteilung von Informationen lassen sich aber weitgehend automatisieren. Die Technologie zur Unterstützung und Koordination aller Arbeiten, die in Zusammenhang mit der zu bewältigenden Informationsflut anfallen, hat teilweise einen hohen Reifegrad erreicht.

Diktiergerät

Das Diktiergerät ist ein elektroakustisches Gerät zum Aufnehmen, Speichern und Wiedergeben von Text. Es ist gut geeignet, die Büroarbeit zu rationalisieren. Der wesentliche Vorteil bei der Verwendung eines Diktiergerätes ist vor allem die Unabhängigkeit des Diktierenden von der Schreibkraft. Der Diktierende kann seine Brieftexte in Ruhe entwerfen und in das Mikrofon sprechen, die Sekretärin hört mittels Kopfhörer den Text ab und bringt ihn zu Papier.

Durch den Einsatz eines Diktiergerätes werden die Diktatzeiten verkürzt, weil der Diktierende das Tempo entsprechend seinem jeweiligen Gedankenfluss wählen kann. Außerdem kann gegebenenfalls ein Tonträger bereits der Sekretärin übergeben werden, die die gespeicherten Briefe schreibt, während die letzten Briefe noch diktiert werden.

Diktiergerät

Um die Vorteile eines Diktiergerätes richtig nutzen zu können, sollten die im Folgenden genannten Richtlinien beachtet werden.

Vorbereiten des Diktats

Es ist zu überlegen, ob alle Daten diktiert oder ob der Sekretärin verschiedene Unterlagen zur Verfügung gestellt werden, wie:
- Vorkorrespondenz (das zu beantwortende Schreiben)
- Aufstellungen oder Tabellen
- ein Zettel mit Fremdwörtern oder Fachausdrücken
- Adressenverzeichnisse etc.

Achten Sie im Übrigen darauf, dass Sie:

- Nebengeräusche vermeiden
- Arbeitsunterlagen bereitlegen
- sich Gedanken machen, auf welche Arbeitsunterlagen verwiesen werden soll
- die Gestaltung und Art des Schriftstückes überlegen
- gebrauchte Tonträger löschen

Skizzieren Sie das Konzept des Schreibens in ein paar groben Stichworten auf Papier, und sorgen Sie dafür, dass Sie nicht zu oft durch Telefongespräche oder Kollegen unterbrochen werden.

Durchführen des Diktats

Vermeiden Sie beim Diktat:

- geräuschvolles Atemholen
- zu hohe Stimmlage
- monotones, hastiges und pausenloses Sprechen
- undeutliche Aussprache von Endsilben
- zu großen oder zu geringen Abstand zum Mikrofon (der richtige Abstand beträgt etwa 5 bis 10 cm)

Bevor sie mit dem Phonodiktat beginnen kann, muss die Sekretärin einige Angaben kennen. Diese werden vor dem zu schreibenden Text auf Band gesprochen:

- Termin
- Name des Diktierenden, Abteilung usw.
- Fremdsprache
- nachträgliche Einfügungen
- Art des Schriftstücks (Brief, Aktenvermerk, Konzept, Matrize, Formular usw.)
- Anzahl und Art der Durchschläge
- Hinweis auf die Gestaltung des Schriftstücks

Die Angaben für den Geschäftsbrief müssen in dieser Reihenfolge angesagt werden:
- Beförderungsvermerk (z. B. Einschreiben, Express, Luftpost)
- Behandlungs- und Bearbeitungsvermerk (z. B. Eilt, Streng vertraulich)
- Empfänger
- Straße oder Postfach
- Postleitzahl
- Bestimmungsort
- Bestimmungsland
- Angaben für die Bezugszeichenreihe
- Datum (wird nur angesagt, wenn es vom tatsächlichen abweicht)
- Betreff
- Anrede

Anweisungen im Brieftext

Bei Anweisungen innerhalb des Diktattextes muss darauf geachtet werden, dass sie nicht irrtümlich mitgeschrieben werden. Bei den folgenden Anweisungen besteht diese Gefahr nicht, weil sie kaum mit dem Text verwechselt werden können:

Absatz	Strichpunkt	Klammer auf
Neue Zeile	Doppelpunkt	Klammer zu
Einrücken	Rufzeichen	Eckige Klammer
Fluchtlinie	Fragezeichen	Apostroph
Punkt	Schrägstrich	Anführungszeichen
Komma	Et (&)	Schlusszeichen

Vor manchen Anweisungen muss vorher das Wort „Stopp" diktiert werden, damit die nachfolgenden Hinweise nicht geschrieben werden. Hier einige Beispiele:

stopp – unterstreichen
stopp – abgekürzt …
stopp – das nächste Wort gesperrt …
stopp – großer Anfangsbuchstabe Erste Hilfe
stopp – ich buchstabiere kWh – Kleinkonrad-Großwilhelm-Kleinheinrich
stopp – Summe
stopp – in Worten …
stopp – in Ziffern …
stopp – in Großbuchstaben …

Längere Anweisungen sollten mit dem Wort „Text" abgeschlossen und so der Beginn des wieder mitzuschreibenden Textes markiert werden.
Dazu folgende Beispiele:

stopp – die folgende Aufstellung liegt bei – Text
stopp – die nächsten drei Zeilen zentrieren – Text

stopp – den folgenden Text laut Beilage – Text
stopp – es folgt eine Aufstellung (hier könnte auf Zahl und Breite der Spalten hingewiesen werden) – Text
stopp – es folgt nun ein Abschnitt mit Stichwörtern – Text
stopp – den folgenden Text zweizeilig auf einer eigenen Seite – Text

Auch beim Diktieren von Zahlen muss auf größtmögliche Klarheit geachtet werden, damit ein fehlerloses Schreiben möglich ist. In der Folge einige Beispiele zum richtigen Diktieren von Zahlen:

neunzehnhundertfünfundneunzig (1995)
vier drei zwo Punkt sieben acht (432.78)
eins zu tausend (1 : 1000)
neunzehnhundertsechsundsiebzig hoch sechs (1976^6)
vierzehntausendfünfhundert Komma Strich (14.500,–)

Anweisungen zum Diktatende

Das Ende eines Diktats oder Tonträgers soll darauf vom Sprecher möglichst deutlich vermerkt werden, damit unnötiges Suchen vermieden wird. Diese Hinweise können beispielsweise lauten:

Ende des Diktats. Danke! (wenn kein weiterer Text folgt)
Ende (dieses Textes)
Fortsetzung auf der Rückseite
Fortsetzung auf Tonträger 2

Mustertext mit Diktatanweisungen

Im folgenden Mustertext werden die Diktatanweisungen angegeben, damit Sie sehen, wie es richtig gemacht werden soll:
/Hier spricht Karl Huber, bitte schreiben Sie einen externen Geschäftsbrief mit zwei Durchschlägen an die/

Firma
Fritz Mayer
Winklergasse 6
CH-7500 St. Moritz
Schweiz

Betreff: <u>Werbekampagne Langlaufski</u>/stopp, unterstreichen/

Sehr geehrter Geschäftsfreund!/Rufzeichen/

Diktiergerät

Ab Mitte Oktober dieses Jahres beginnt auf/stopp, in Großbuchstaben/SRD unsere Fernsehwerbung über den neuen Langlaufski/Anführungszeichen/"Firn 12". / Schlusszeichen, Punkt, Absatz/
Die Fernsehspots erscheinen täglich in einwöchentlichen Intervallen bis Weihnachten./Punkt, Absatz/
Als zusätzliche Verkaufsunterstützung haben wir für Sie vorbereitet:/Doppelpunkt, Absatz, einrücken/

> Prospekte/neue Zeile/
> Schaufenster/Bindestrich/-Aufkleber/neue Zeile/
> Verzeichnis Langlaufloipen Schweiz/Schrägstrich/Österreich/Schrägstrich/ Deutschland/Absatz, Fluchtlinie/

Wie viel Stück dieser Verkaufshelfer benötigen Sie?/Fragezeichen/Bitte geben Sie Ihre Wünsche bis spätestens 16. September/stopp, unterstreichen Sie bis spätestens 16. September/unserem Orderbüro bekannt./Punkt, Absatz/
Beteiligen Sie sich doch an dieser/Anführungszeichen/"Herbst/Schrägstrich/Winter /Bindestrich/-Aktion"!/Schlusszeichen, Rufzeichen, Absatz/

Mit freundlichen Grüßen
/Danke, Ende des Diktats/

Bevor Sie die Minikassette an Ihre Sekretärin weitergeben, sollten Sie sich fragen:

- Hat der Text die richtige Form?
- Hat der Text die richtige Länge?
- Habe ich alles gesagt, was ich sagen wollte?
- Sind die Mitteilungen klar?
- Habe ich irgendetwas vergessen?
- Kann ich irgendetwas weglassen?
- Kann die Sekretärin mit diesen Anweisungen einen perfekten Text erstellen?
- In welcher Reihenfolge sollten Texte oder Punkte erledigt werden?
- Weiß meine Sekretärin dies?
- Ist alles in Ordnung?

Diktiergeräte werden in verschiedenen Ausführungen angeboten. Am häufigsten werden Geräte mit dem so genannten Minikassettensystem (Direktantrieb) verwendet. Diese Art des Antriebs wurde speziell für Diktiergeräte entwickelt. Durch die häufigen Starts und Stops ist der Antrieb starken Belastungen unterworfen und muss daher besonders widerstandsfähig sein.
Vielfach werden auch mehrere hintereinander geschaltete Diktiergeräte für die Aufzeichnung von Konferenzen oder für Ferndiktate über Telefon eingesetzt. Das mit maximal vier Laufwerken ausgestattete System Philips Pocket Memo beispielsweise erlaubt Konferenzaufnahmen von bis zu zwei Stunden. Durch den vorgezogenen Start der jeweils nächsten Minikassette läuft die Aufnahme kontinuierlich weiter, womit beim Kassettenwechsel keine Information verloren geht. Nach dem ersten Wechsel der Kassette kann bereits mit dem Schreiben des Protokolls begonnen werden, sodass Sie es am Ende der Konferenz mit nach Hause nehmen können.

Spracherkennung

Diktate können auch per Telefon aufgezeichnet werden. So können Sie von unterwegs Briefe diktieren, und bei der Rückkehr liegen die fertigen Schreiben schon zur Unterschrift bereit. Die Sekretärin hat die Möglichkeit, ein Diktat niederzuschreiben, während gleichzeitig über Telefon weiter aufgenommen wird. Außerdem können Sie von unterwegs Ihre Anlage anwählen, um Nachrichten abzurufen.
Eine interessante Neuentwicklung gibt es in Form des computergestützten digitalen Diktiersystems. Die Diktataufnahme ist wahlweise über Telefon oder über spezielle Diktatstationen möglich, die über ein Netz direkt mit dem Computer verbunden sind. Die Sprache wird in digitaler Form auf der Festplatte gespeichert und die Schreibaufträge werden auf Wunsch zugewiesen. Die Wiedergabe erfolgt über Wiedergabestationen, die direkt mit dem System verbunden sind.
Daraus ergeben sich zahlreiche Vorteile:

- exaktes Einfügen in bestehende Diktate
- Löschen von Diktatteilen, ohne dass ein Leerraum entsteht
- direkter Sprung zum Diktatanfang oder Diktatende
- regelbare Wiedergabegeschwindigkeit ohne Verzerrung
- alle Diktate können auch nach Beendigung abgehört und revidiert werden
- selektive Direktauswahl
- Zurückstellen von weniger dringenden Diktaten in die Schreibwarteschlange
- Zwischenspeichern eines Schreibauftrages und spätere Beendigung
- sofort nach Beendigung des Diktats liegt der Schreibauftrag an der richtigen Wiedergabestation zum Schreiben vor
- der Benutzer wird mit Systemanweisungen durch alle Funktionen geführt
- Anpassung an individuelle Benutzerwünsche
- gruppenorientierte Zuweisung nach Diktatart und Abteilung
- Darstellung aller oder einer speziellen Gruppe von Schreibaufträgen und manueller Änderungsmöglichkeiten
- gleichzeitiger Zugang für 4 bis 32 Benutzer
- abhängig von der Speicherkapazität können tausende von aktiven Schreibaufträgen im System gespeichert sein

Spracherkennung

Eine besonders interessante Art, gesprochene Worte in geschriebenen Text umzuwandeln, ist durch die Weiterentwicklung der Computertechnik möglich geworden: die elektronische Spracherkennung. Dabei übernimmt ein Computerprogramm die Texterkennung sowie die Umwandlung in geschriebenen Text. Programme dieser Art haben sich in den letzten Jahren so stark weiterentwickelt, dass das Stadium einer netten Spielerei längst überwunden ist.
Erforderlich ist außer der entsprechenden Software – die sogar für den Privatanwender erschwinglich ist – lediglich ein „Headset". Das ist eine auf den Kopf zu setzende Vorrichtung, die Ähnlichkeit mit einem Paar Ohrwärmern hat, im Unterschied zu diesem aber vor dem Mund des Benutzers ein Mikrofon fixiert. Dieses nimmt gespro-

chene Worte auf und wandelt die akustischen Signale in Geschriebenes um, das der Benutzer laufend auf dem Bildschirm seines Computers mitlesen kann. Besonders wichtig ist zunächst eine recht aufwendige „Kalibrierung", die jeder Sprecher für sich und das verwendete System durchführen muss. Ohne diese Kalibrierung wird jedes Nuscheln, ja jede nicht absolut korrekte Artikulierung gnadenlos in rätselhaften Buchstabenkombinationen sichtbar gemacht.
Ist die Kalibrierung jedoch erfolgreich abgeschlossen, so sind die Ergebnisse verblüffend. Ein durchschnittlicher Sprecher lernt rasch, die Eigenheiten des Systems zu berücksichtigen und so exakt wie nötig zu sprechen. Gelingt ihm das, so ist die Fehlerquote bald erfreulich niedrig, und er kann gesprochene Texte mit hoher Geschwindigkeit in Dateien verwandeln lassen. Hinzu kommt, dass auch vielfältige Anweisungen an den Computer möglich sind, beispielsweise „Datei speichern", „Neues Fenster öffnen" oder „Diese Zeile kursiv". Mausaktionen oder Kommandos per Tastatur erübrigen sich dadurch weitgehend.
Allerdings lohnt sich der Einsatz eines Spracherkennungssystems insbesondere dann, wenn verhältnismäßig häufig Texte zu erfassen sind und wenn diese möglichst gleichartig ausfallen, wie es etwa in einer Anwaltskanzlei oder in einer Arztpraxis die Regel ist. Das System passt sich nämlich laufend der Sprechweise des Benutzers an und berücksichtigt dessen Korrekturen, was besonders dann zur Geltung kommt, wenn bereits weitgehend bekannte Inhalte in neuer Form zu erfassen sind. Tauchen hingegen vollkommen neue Themen auf, so steigt die Fehlerquote und das Spracherkennungssystem büßt an Effektivität ein.

Telefax

Mit Hilfe eines Telefaxgerätes können praktisch alle möglichen Arten von Schriftstücken (Texte, handschriftliche Notizen, Skizzen, Bilder, technische Zeichnungen, Formulare usw.) per Telefonleitung an den Empfänger übertragen. Telefaxgeräte können auch als Kopiergeräte verwendet werden, ja es gibt heute Kombigeräte, die von vornherein Telefax und Kopierer, bisweilen sogar Telefax, Kopierer, Scanner und Laserdrucker in einem sind, weil die beiden zentralen Vorgänge des Erfassens und des Wiedergebens technisch gesehen stets die gleichen sind. Gerade für kleinere Unternehmen, die vorwiegend mit Standardformaten arbeiten und eher selten außergewöhnliche Anforderungen an ihre Apparate stellen, können solche Geräte eine preisgünstige Lösung für mehrere wichtige Aufgaben auf einmal sein.

Computer

Der Computer ist heute in praktisch allen Lebensbereichen eine Selbstverständlichkeit: ob Wirtschaft, Wissenschaft, Medizin, Kunst, Landwirtschaft oder Privathaushalt – überall hat er Eingang gefunden. Man könnte endlos aufzählen, wo der Computer überall im Einsatz ist, und in vielen Bereichen fällt er gar nicht mehr auf, weil er im Alltagsleben bereits zur Selbstverständlichkeit geworden ist.

Computer

Was ist nun aber die großartige Leistung des Computers? Wodurch hat er derartige Bedeutung gewonnen? So einfach es klingt, so einfach ist es: Der Computer ist in der Lage, große Mengen an Daten zu erfassen, zu verarbeiten und wieder auszugeben (EVA-Prinzip: Eingabe – Verarbeitung – Ausgabe), und genau das verleiht ihm seine große Bedeutung. Aus dem Bestand an riesigen Datenmengen können Informationen jederzeit rasch abgerufen werden, ohne dass man lange suchen oder nachblättern muss. Abgesehen von der Zeitersparnis bringt der Computer im Wirtschaftsleben, aber auch in der Medizin und in anderen Bereichen viele Vorteile, zum Beispiel:

- automatisches Ausführen von Routinearbeiten
- Rationalisieren und Überwachen betrieblicher Abläufe (Industrieroboter)
- Wegfall vieler manueller Tätigkeiten
- exakte Kostenerfassung
- aktenlose Sachbearbeitung, daher wenig Platzbedarf für Aktenaufbewahrung
- Übernahme von Verwaltungsarbeiten
- Einsatz bei Diagnose und Behandlung von Patienten
- Entstehen neuer Berufe (Programmierer, Systemplaner, Hardware- Techniker, Datentypisten usw.)
- rasche Übermittlung von Daten über große Entfernungen
- Auslagerung von Tätigkeiten durch Nutzung computergestützter Datenfernübertragung.

Was sind eigentlich Daten? Als Daten bezeichnet man alle Werte, Zahlen, Wörter, Texte und sonstigen Informationen, die für eine Verarbeitung gebraucht werden oder das Ergebnis einer Verarbeitung sind. Die Datenmenge wird in Bits, Bytes, Megabytes oder gar Gigabytes angegeben. Vereinfacht ausgedrückt könnte man sagen, dass ein Megabyte ungefähr eine Million Bytes darstellt (ein Byte ist eine Ziffer, ein Buchstabe, ein Sonderzeichen, ein Leerschritt oder ähnliches).

Der Computer ist ein Automat zur Verarbeitung von Informationen, der bestimmte Arbeitsschritte ausführen kann. Welche Arbeitsschritte dies sind, ist von der Software, den Programmen, abhängig. Die Hauptbestandteile eines Computersystems sind Prozessor, Speicher und Peripheriegeräte.

Der Prozessor hat die Aufgabe, die einzelnen Befehle auszuführen. Er ist auch für die Schnelligkeit der Befehlsausführung verantwortlich. Je höher die Zahl für die Bezeichnung des Prozessors (386, 486, 586), umso größer ist die Geschwindigkeit.

In der Zentraleinheit des Computers (CPU) befinden sich zwei Speicher: der Festwertspeicher und der Arbeitsspeicher. Der Festwertspeicher (ROM) kann nicht verändert oder gelöscht werden. In diesem Speicher sind jene Informationen gesammelt, die immer beibehalten werden müssen, damit das Gerät funktioniert, beispielsweise der Ablauf der einzelnen Schritte beim Starten. Der zweite Speicher dient, wie der Name schon sagt, als Arbeitsspeicher (RAM). In diesem kann gespeichert, gelesen und gelöscht werden. Schaltet man aber den Computer ab, ohne zuvor die Daten des Arbeitsspeichers auf eine Festplatte oder ein anderes Speichermedium übernommen (gespeichert) zu haben, so geht der RAM-Inhalt verloren. Die Kapazität dieses RAM-Speichers sollte nicht zu gering bemessen sein, damit auch anspruchsvollere Programme einen ausreichend großen Arbeitsspeicher vorfinden.

Computer

Ein weiterer ganz anders gearteter Speicher, der sich meist unter demselben Gehäuse wie die Zentraleinheit befindet, ist die Festplatte (Harddisk). Im Gegensatz zu früher setzen Festplatten – die meisten Computer enthalten eine, manche aber auch mehrere davon – dem Computer in unseren Tagen nur noch selten Grenzen. Die heute gängigen Festplattengrößen im Bereich von einigen Dutzend Gigabyte sind weit jenseits dessen, was man für eine normale Textverarbeitung tatsächlich braucht: Geht man von einer durchschnittlichen Textseite mit 2000 Zeichen aus, so wäre eine flotte Schreibkraft allein 50 Jahre damit beschäftigt, wenigstens einmal das erste Gigabyte davon vollzuschreiben.

Peripheriegeräte sind die Eingabegeräte (z. B. Tastatur, Maus, Lichtgriffel, Scanner, Lesestift und Lesepistole), die Ausgabegeräte (z. B. Bildschirm, Drucker) und Geräte für den wechselseitigen Datenaustausch (z. B. Terminals, Diskettenstationen).

Eingabegeräte

• Tastatur (Keyboard)
Die Computertastatur ist der Schreibmaschinentastatur sehr ähnlich. Sie umfasst zumeist neben dem normalen Tastenbereich den Ziffernblock, den Cursorblock und die Funktionstasten. Darüber hinaus sind häufig noch einige Spezialtasten vorhanden.

• Maus
Statt der Cursortasten kann man zur Bewegung des Cursors (blinkender Punkt am Bildschirm, bei dem eine Eingabe möglich ist) an die Stelle, an der man etwas anwählen, einfügen oder korrigieren will, die Maus verwenden. Sie enthält eine kleine Gummikugel, deren Bewegung auf den Computer weitergeleitet wird. Man kann damit den Cursor wesentlich rascher steuern als mit den Cursortasten.

• Scanner
Mit einem Scanner können Strichcodes, Grafiken, Bilder, aber auch Texte in den Computer eingelesen werden. Man erspart sich dadurch das teure Anfertigen von Druckvorlagen bei Bildern und Zeichnungen ebenso wie das nochmalige Schreiben von nicht gespeicherten Unterlagen, Schriftstücken und umfangreichen Texten.

Ausgabegeräte

• Bildschirm
Der Monitor ist eigentlich nichts anderes als ein Fernsehgerät ohne Empfangsteil für Rundfunksignale. Monochrome (Schwarzweiß-)Monitore werden immer seltener eingesetzt. Heute verwendet man meist Farbmonitore. Unter anderem von der Anzahl der Bildpunkte hängt es ab, wie flimmerfrei das angezeigte Bild erscheint; die maximale Auflösung beträgt derzeit meist 1280 x 1024 Punkte.

Insbesondere bei Laptops (tragbaren Computern) werden oft LCD-Bildschirme (Bildschirme mit Flüssigkristallanzeige) verwendet. Sie können als Vorläufer der Flachbildschirme angesehen werden, die die gängigen Monitore bald wenigstens teilweise vom Markt verdrängen dürften.

Computer

- **Drucker**

Die Leistungsfähigkeit und Qualität der Drucker hat sich in den letzten Jahren erheblich verbessert. Die am häufigsten verwendeten Drucker sind Matrixdrucker, Laserdrucker und Plotter. Bei den Matrixdruckern kann man zwischen Nadeldruckern, Tintenstrahldruckern und Thermodruckern unterscheiden.

Ein heutzutage nur noch selten verwendeter Drucker ist der Nadeldrucker. Er weist entweder neun oder – für bessere Qualität – 24 Nadeln auf, die ein Farbband auf das Papier schlagen. Die Qualität der Ausdrucke ist im Allgemeinen deutlich schlechter als beispielsweise bei Tintenstrahldruckern.

Bei Tintenstrahldruckern wird kein Farbband verwendet, sondern aus feinen Düsen werden winzige Tintentropfen auf das Papier gespritzt. Wesentlicher Vorteil dieses Verfahrens ist, dass Ausdrucke weniger geräuschvoll als bei Nadeldruckern angefertigt werden. Nachteil: Manche Tintenstrahldrucker sind nicht so robust und wartungsfreundlich wie Nadeldrucker.

Thermodrucker sind weniger bedeutend, weil man für sie sehr teures Spezialpapier benötigt. Sie werden daher nur noch selten verwendet.

Laserdrucker funktionieren ähnlich wie Kopierer; der Lichtstrahl wird aber, im Unterschied zum Kopierer, vom Computer gesteuert. Auf diese Weise erhält man eine ausgezeichnete Druckqualität auch bei Grafiken.

Bei manchen Druckern können häufiger verwendete Dokumente gespeichert und, wann immer man sie benötigt, wieder abgerufen werden. Standardformulare, Vorlagen, Briefe, Textblöcke und Grafiken können in den Druckerspeicher oder per Steckkarten geladen werden.

Plotter dienen vor allem zur Erstellung von technischen Zeichnungen (z. B. Bauplänen). Sie bestehen aus einer großen, ebenen Zeichenplatte, über der mit Hilfe eines beweglichen Armes ein Tuschestift über das Papier gezogen wird; dadurch lassen sich nahezu perfekte Zeichnungen anfertigen. Plotter werden in verschiedenen Ausführungen angeboten.

Geräte für den Datenaustausch

- **Terminals**

Terminals sind Kleincomputer mit Tastatur und Bildschirm, die durch Leitungen an einen Großcomputer angeschlossen sind. An Terminals ist nur die Ein- und Ausgabe von Daten möglich, die Verarbeitung geschieht in der Großanlage. Häufig verwendet werden Terminals von Banken, Postämtern und Versicherungen, aber auch von Großbetrieben, die eine zentrales Rechenzentrum besitzen.

- **Netze**

In Firmen und größeren Betrieben ist es unwirtschaftlich, alle Geräte, die zum Betrieb eines Computers notwendig sind, für jeden Arbeitsplatz anzuschaffen. Es wäre auch nicht sinnvoll, so viele Einzelgeräte zu warten und instand zu halten und Informationen mittels Disketten weitergeben zu müssen. Diese Probleme lassen sich durch die Vernetzung der Computerarbeitsplätze lösen (Netze). Dazu ist es aber erforderlich einen Zentralcomputer (Server) mit mehreren Terminals (siehe oben) anzuschaffen. Terminals sind leichter instand zu halten, und außerdem ist diese Lösung preisgünstiger und leistungsfähiger als ein Einzelplatzsystem.

- **Laptops und Notebooks**

Für jene, die geschäftlich viel unterwegs sind, gibt es die Möglichkeit, den Computer außerhalb des Büros als wichtiges Arbeitsmittel in Form von Laptop, Notebook, Powerbook oder ähnlichem zu verwenden. Solche Kleincomputer sind zwar nicht unbedingt billig, dafür aber außerordentlich leistungsfähig. Hinsichtlich Speicherplatz, Geschwindigkeit und Leistungsvermögen übertreffen viele davon heute bereits Standard-PCs, die erst vor wenigen Jahren hergestellt wurden. Zugleich sind sie unerhört kompakt und können zudem durch Datenübertragung per Modem oder ISDN ohne weiteres auf die Möglichkeiten eines größeren Rechners zurückgreifen.

Computerunterstützte Textverarbeitung

Das Büro ist ein wichtiges Kommunikationszentrum, in dem viele Informationen zusammenfließen und verarbeitet werden müssen. Mit Hilfe von Computern und der entsprechenden Software können diese Aufgaben rationeller und besser erfüllt werden. Dies ist auch bei der computerunterstützten Textverarbeitung der Fall, und daher gewinnt sie auch heute noch weiter an Bedeutung.

Die computerunterstützte Textverarbeitung umfasst das Eingeben, Ausgeben, Ablegen, Wiederfinden und Versenden von Texten.

Bei der Textproduktion muss man unterscheiden, ob es sich um das Erstellen eines individuellen Briefes handelt – unter Einsatz von computergesteuerten Korrektur- und Gestaltungshilfen – oder um die Abwicklung von Massenkorrespondenz unter Verwendung vorhandenen Adressenmaterials und vorgefertigter Textteile. Letzteres ist vor allem dann sinnvoll, wenn eine entsprechende Standardisierung des Schriftverkehrs möglich und zweckmäßig ist.

Textbausteine

Für das Erstellen von Textbausteinen sind umfangreiche organisatorische Vorarbeiten erforderlich. Wie erwähnt muss zunächst durch einen Fachmann geprüft werden, ob eine Standardisierung des Schriftverkehrs überhaupt sinnvoll ist. Ist dies der Fall, so werden Textbausteine formuliert, codiert und gespeichert („Codierung" bedeutet hier Kurzbezeichnung der einzelnen Textbausteine). Schließlich wird jedem Mitarbeiter ein Handbuch zur Verfügung gestellt, in dem diese Texte samt Codenummern aufgelistet sind.

Textbausteine

Hat ein Sachbearbeiter ein Schreiben zu verfassen, so kann er mit Hilfe des Handbuchs auf einer handschriftlichen Vorlage die variablen Daten und die Codenummern der Textbausteine anführen. Die Schreibkraft erstellt nach diesen handschriftlichen Anweisungen mit Hilfe des Computers und der gespeicherten Textbausteine das entsprechende Schreiben.

Beispiel für Textbausteine

Code: Text:

A150 Wir danken Ihnen für Ihre Anfrage vom ...
A151 Wir haben Ihre Anfrage vom ... erhalten.
A152 Vielen Dank für Ihre Anfrage.
A153 Wir danken Ihnen für Ihre Anfrage und freuen uns, Ihnen folgendes Angebot unterbreiten zu können:
A154 Aufgrund Ihrer Anfrage vom ... bieten wir Ihnen an:
A160 Es freut uns, dass Sie auch in diesem Jahr wieder unsere Erzeugnisse in Ihrem Sortiment führen.
A161 Ihrem Wunsch entsprechend übersenden wir Ihnen unseren neuen Musterkatalog samt Preisliste.
A162 Wir weisen Sie vor allem auf unsere Bestellnummer ... hin, die wir Ihnen besonders günstig anbieten können.
A170 Wir hoffen, dass Ihnen unser Angebot zusagt und Sie davon Gebrauch machen werden.
A171 Wenn Sie weitere Fragen haben, wenden Sie sich bitte telefonisch an unseren Kundenberater, Herrn ...
A172 Wir hoffen auf einen baldigen Auftrag und werden diesen zu Ihrer vollen Zufriedenheit ausführen.
A173 Nützen Sie diese Gelegenheit! Das Angebot gilt, solange der Vorrat reicht.
A174 Unser Herr ... wird Sie in der kommenden Woche besuchen und Ihnen eine Auswahl unserer Modelle vorlegen.
A175 Wir hoffen, Sie werden viele brauchbare Artikel finden.
A180 Mit freundlichen Grüßen
A181 Mit besten Grüßen

Dies ist eine kleine Auswahl möglicher Standardtexte für ein Angebot. Selbstverständlich gibt es etliche weitere Formulierungen, die eingebaut werden können. Was in den jeweiligen Textbausteinen ausgesagt wird, ist natürlich vom Tätigkeitsbereich des Betriebes abhängig.
Eine noch leistungsfähigere Möglichkeit zur Erstellung von Massenkorrespondenz bieten die großen Datenverarbeitungsanlagen. Hier sucht zum Teil der Computer selbst den erforderlichen Textbaustein (z. B. Ausstellung von Bescheiden im Rahmen des behördlichen Schriftverkehrs: Der Computer sucht sich selbst den Wortlaut einer Bestimmung und der zugehörigen Rechtsbelehrung).

Desktop-Publishing

Beim Desktop-Publishing handelt es sich um einen Teilbereich der Erzeugung von Druckwerken. Es hat vor allem in Werbeagenturen und Satzstudios großen Anklang gefunden. Mit Hilfe eines Computers ist es bei relativ geringem finanziellem und personellem Aufwand möglich, eine Vielzahl von Druckerzeugnissen am Bildschirm fertig zu stellen; diese werden dann mittels Laserdrucker oder mit Hilfe von Filmfolien in einer herkömmlichen Druckerei zu Papier gebracht. Die professionell gestalteten Druckwerke bieten nicht zuletzt den Vorteil, dass sie sehr leicht geändert werden können. Mit Desktop-Publishing werden Flugblätter, Zeitschriften, Werbematerial, Handbücher, Broschüren, Dokumentationen, Zeitungen und nicht zuletzt technisch anspruchsvolle Bücher hergestellt – so auch jenes, das Sie gerade in der Hand halten.

Organisation der CTV im Betrieb

Anlass für die Einführung der computerunterstützten Textverarbeitung (CTV) ist meist die Unzufriedenheit mit der gegebenen Situation. Im Büro treten häufig folgende Probleme auf:

- immer größer werdende Belastung durch zunehmenden Schriftverkehr
- schlecht formulierte Briefe
- fehlerhaft geschriebene Briefe
- hohe Kosten durch nochmaliges Schreiben von fehlerhaften Schriftstücken
- zu langsames Reagieren auf Anfragen

Die computerunterstützte Textverarbeitung bietet viele Möglichkeiten, diese Schwierigkeiten in den Griff zu bekommen. Bevor aber die CTV sinnvoll aufgebaut werden kann, bedarf es einiger betriebsinterner Analysen.
Der Gestalter des Texthandbuches muss zuerst einmal Informationen einholen über Art, Menge und Inhalt der zu bearbeitenden Texte. Hier ist zu klären, wie viele Texte nur einmal und individuell formuliert werden müssen, welche Texte für ähnliche Anlässe abgeändert und wieder verwendet werden können beziehungsweise wie oft Serienbriefe und Bausteinbriefe eingesetzt werden können. Aufgrund dieser Analyse kann die jeweilige Form der computermäßigen Verarbeitung festgelegt werden.
Am wenigsten Unterstützung kann der Computer bei der Erstellung individueller Texte leisten; dennoch ist das vereinfachte Korrigieren und die Möglichkeit, Wörter oder ganze Textblöcke umzustellen, ein großer Vorteil gegenüber herkömmlichen Methoden. Wenn die Texte gespeichert werden, kann ein Brief auch zu einem späteren Termin mit geringfügigen Änderungen wieder verwendet werden.
Bevor ein Betrieb eine derartige Investition in Angriff nimmt, sollte sich der Computerfachmann überlegen, ob ein Einzelplatzsystem oder ein Computernetz errichtet werden soll. In größeren Betrieben sind in den letzten Jahren vorwiegend Netze errichtet worden, weil nur die Großanlage und nicht eine Vielzahl von Einzelgeräten gewartet werden muss. Außerdem können größere Datenmengen gespeichert wer-

den, zu denen die Mitarbeiter über Terminals Zugang haben. Es stellt sich aber auch hier die Frage, wieweit eine solche Anlage notwendig, sinnvoll und von der Kostenseite her vertretbar ist. Die Situation muss von Fall zu Fall beurteilt werden, weil sie nicht zuletzt von der Größe des Betriebes abhängig ist. Ab einer bestimmten Größe kommt die Netzvariante billiger als ein Einzelplatzsystem.

Als nächstes müssen Textlösungen erarbeitet werden, die eine qualitative Verbesserung der Korrespondenz bringen. Auch ist zu prüfen, ob ein Teil der nur einmal geschriebenen Texte nicht durch billigere Formen ersetzt werden kann (z. B. durch ein Telefongespräch, ein knappes Telefax oder eine Kurzmitteilung).

Eine wichtige Aufgabe bei der Einführung der computerunterstützten Textverarbeitung ist die Information, Motivierung und Schulung der Mitarbeiter. Nur wenn sich die Mitarbeiter mit der Sache identifizieren und sich dabei auch auskennen, kann ein Erfolg erwartet werden. Sind Hardware (die Anlage) und Software (die Programme) installiert, sollte über eine bestimmte Zeit ein Probebetrieb durchgeführt werden, bei dem auftretende Mängel aufgezeichnet und vor der endgültigen Inbetriebnahme behoben werden. Auf diese Weise erhält man eine auf den eigenen Betrieb abgestimmte, gut funktionierende computerunterstützte Textverarbeitung, die Kosten sparen hilft und erhebliche Verbesserungen bringt.

Organisation der Schriftgutverwaltung

Die wichtigsten Ordnungsweisen

Bevor man sich über Ablagemöglichkeiten Gedanken macht, sollte geklärt werden, nach welchen Merkmalen die Ablage geordnet werden soll:

– ob personen- oder firmenbezogen nach Namen, Orten, Nummern, Daten,
– ob sachbezogen nach Stichwörtern, dem Alphabet oder einem Aktenplan.

Alphabetisch ordnen

Die meistverbreitete Ordnungsweise ist die nach dem Alphabet. Hier können jederzeit und überall neue Bereiche dazwischengeschoben und erloschene ausgesondert werden. Bei sehr großen alphabetischen Registraturen ist es zweckmäßig, einen weiteren Suchbegriff (z. B. Orte, Länder usw.) vor dem Namen einzufügen.

Neben der rein alphabetischen Ordnung gibt es einige Mischformen. Ein Beispiel einer alphanumerischen Ordnungsweise ist das Kfz-Kennzeichen (HB-JR 69) oder die Ordnung nach Postleitzahlen in Kombination mit dem Familiennamen (42911 Arnold, 42911 Berger, 42911 Burger usw.).

Numerisch ordnen

Ein wichtiger Ordnungsbegriff ist daneben die Zahl. In Anlehnung an das Rechnungswesen werden auch in der Registratur oft numerische Ordnungssysteme verwendet. Dadurch wird eine eindeutige, klare Ordnung geschaffen, und auch das Sortieren geschieht einfach und schnell. Außerdem kommen bei der Datenverarbeitung große Belegmengen bereits automatisch sortiert aus der Maschine. Der Einsatz von Zahlen lässt darüber hinaus eine knappe Aktenbeschriftung zu.

Das Problem bei der numerischen Ordnung ist zunächst die Anonymität: Neben der Registratur muss ein Suchregister geführt werden, in dem beim Ablegen und beim Entnehmen festzustellen ist, wer welche Nummer hat. Fortlaufend numerisch geordnete Registraturen haben darüberhinaus den großen Nachteil, dass neue Akten grundsätzlich an das Ende der Registratur gereiht werden. Daher ist dort ständig neuer Raumbedarf, während am Anfang der Registratur – durch das Aussondern älterer Akten – immer wieder freier Platz entsteht. Daraus ergibt sich, dass in gewissen Zeitabständen alle Akten nachgerückt werden müssen und Möbel sowie Sammler teilweise neu zu beschriften sind. Dies ist sehr zeit- und damit auch kostenaufwendig.

Ein Verfahren, diese Probleme in den Griff zu bekommen, ist das Einordnen nach den Endziffern. Auf diese Weise wird der Raum gleichmäßig ausgenützt. Je nach Größe der Registratur kann eine einstellige (0 – 9), eine zweistellige (00 – 99) oder eine dreistellige (000 – 999) Endziffer verwendet werden. Entsprechend der gängigen Aktenmenge werden meist die zwei- und dreistelligen Ordnungsnummern eingesetzt. Für die gegebene Anzahl an Endziffern werden dann gleich große Bereiche geschaffen. Das Ordnungskriterium sind die letzten (zwei bzw. drei) Ziffern der Ordnungsnummern (Endziffern). Die Akten werden dem jeweiligen Endziffernbereich der Registratur zugeordnet. So gehören beispielsweise alle Akten, die mit der Ordnungsnummer 25 enden, zum Bereich 25 (1025, 1125, 1225 bis 9925), dann kommt die Endziffer 26 und so weiter. Innerhalb der Endziffernbereiche wird in aufsteigender Reihenfolge geordnet.

Eine weitere Möglichkeit für ein numerisches Ordnungssystem ist die Ordnung nach Geburtsdaten oder Personenkennziffern. Hier werden entweder Tag und Monat oder in umgekehrter Reihenfolge Monat und Tag der Geburt angegeben und es wird der Familienname dazu angeführt. Es könnte auch noch das Geburtsjahr einbezogen werden. Dadurch wird in der Registratur für jeden Tag des Jahres ein eigener Bereich angelegt. Der Vorteil dieser Ordnungsweise ist, dass man Akten schnell auffinden und ablegen kann und der vorhandene Platz weitgehend gleichmäßig genutzt wird.

Ordnen nach Stichwörtern

Beim Ordnen nach Stichwörtern entnimmt man in aller Regel dem jeweiligen Sachverhalt ein bestimmtes, möglichst aussagekräftiges Wort, das als Ordnungskriterium verwendet wird. Dabei entstehen freilich häufig Zuordnungsprobleme und in der Folge Schwierigkeiten beim Suchen. Diese Ordnungsweise ist daher nur für kleinere Registraturen zu gebrauchen.

Organisation der Schriftgutverwaltung

Ordnen nach Aktenplan

Für alle größeren sachbezogenen Ablagen ist der Aktenplan als sinnvolle Ordnungsmöglichkeit zu empfehlen. Es ist dies ein einheitlicher Rahmen für die logische und systematische Ordnung des gesamten Schriftguts. Bei Behörden wird vielfach nach Aktenplan geordnet. Er kann in Hauptgruppen, Gruppen, Untergruppen und Sachgruppen gegliedert werden.

Ein Aktenplan wird für gewöhnlich in folgenden Schritten erarbeitet:

- Mit Hilfe eines Erfassungsbogens werden die vorhandenen Ordnungsbegriffe aufgelistet.
- Als nächster Schritt werden Hauptgruppen und Gruppen gebildet.
- Falls erforderlich wird eine weitere Feineinteilung in Untergruppen und Sachgruppen vorgenommen.

Die Firma Louis Leitz empfiehlt in diesem Zusammenhang einige Punkte, die beim Erstellen eines Aktenplans beachtet werden sollten:

- Möglichst alle Sachbegriffe erfassen, zu denen Informationen anfallen können.
- Überschaubarkeit sicherstellen (drei bis vier Gliederungsstufen sollten ausreichen).
- Einheitliche Gültigkeit für den gesamten Verwaltungs- oder Unternehmensbereich festlegen.
- Genügend freie Stellen für neue Begriffe lassen.
- Eine zusätzliche alphabetische Auflistung der Ordnungsbegriffe und deren Aktenziffern erleichtert das Suchen.
- Ergänzungen und Änderungen über eine zentrale Stelle.

Vorteile des Aktenplans sind der logische Aufbau, der das Zuordnen und Auffinden erleichtert, und die Möglichkeit, jederzeit neue Ordnungsbegriffe einzugliedern. Nachteile sind der Zeitaufwand für die Erarbeitung und die ständige Pflege, die erforderlich ist.

Elektronische Verwaltung von Akten (EVA)

Bei größeren Registraturen lässt sich mit einer EDV-gestützten Aktenverwaltung eine wesentlich bessere Transparenz erreichen. Die Firma Leitz hat die größten Vorteile der elektronischen Verwaltung von Akten zusammengestellt:

- Erfassen und Verwalten des Aktenbestandes: Ausgabe und Rückgabe werden kontrolliert.
- Stichwörter-Suchprogramm: Auf eine Akte können mehrere Stichwörter als Suchwörter vergeben werden.
- Terminverwaltung: An Wiedervorlagen und Fristen wird automatisch erinnert.
- Zugriffsberechtigungen werden überprüft.
- Standort und Rückgabetermine ausgegebener Akten werden angezeigt.
- Die Zugriffshäufigkeit wird registriert; „inaktive" Akten können ausgesondert werden.

- Bei entsprechender Beschriftung der Akten können die Ordnungsbegriffe maschinell eingelesen werden (z. B. Direktkennzeichnungssystem Orgacolor – Ziffern- und Buchstabensignale mit maschinenlesbarem Code).

Richtige Schreibtischorganisation

Schreibtischarbeit ist vorwiegend Informationsverwaltung. Informationen werden empfangen, bearbeitet, verarbeitet und weitergeleitet. Dieser Ablauf soll so gut wie möglich optimiert werden; unproduktiven Tätigkeiten sollen reduziert werden, damit man die Informationsarbeiten beschleunigen kann. Wichtig ist, die richtigen Organisationsmittel an der richtigen Stelle unterzubringen. Das schafft Platz und Übersicht für einen reibungslosen Arbeitsablauf.

Einige wesentliche Punkte zur besseren Schreibtischorganisation sind:

- **Was nicht zusammengehört, wird getrennt**

Erforderliche Unterlagen wie Kataloge, Listen, Pläne, Verzeichnisse und ähnliches gehören in den unmittelbaren Griffbereich (z. B. mittels Hängeregistratur). Geschäftsvorgänge als „Durchlaufposten" wie Anfragen, Reklamationen, Projekte und so weiter sollen, solange sie gebraucht werden, ebenfalls im Schreibtisch Platz finden, allerdings getrennt von den benötigten Unterlagen. Dasselbe gilt für Sachvorgänge, die über längere Zeit bearbeitet werden.

- **Was zusammengehört, wird zusammengefasst**

Die Schriftstücke eines Vorgangs sollen immer in einem Behältnis (Plastikhülle, Mappe, Ordner) gesammelt werden, damit das Suchen nach einzelnen Schriftstücken vermieden wird. Wenn Unterlagen zu einem neuen Geschäftsvorgang auf Ihrem Schreibtisch landen, sollte eine eigene Einstellmappe angelegt und beschriftet werden. Wird die Einstellmappe in einen Hängebehälter abgelegt, so können neu hinzukommende Schriftstücke, die diesen Vorgang betreffen, bequem eingefügt werden.

- **Was nicht benötigt wird, wird weitergeleitet**

Schriftgut soll nicht unnötig im oder auf dem Schreibtisch aufbewahrt werden. Bereits bearbeitete Vorgänge müssen weitergeleitet oder der Registratur übergeben werden. Reicht der Platz im Schreibtisch dennoch nicht aus, müssen entsprechende Beistellmöbel angeschafft werden.

- **Tätigkeiten bündeln hilft Zeit sparen**

Für die häufigsten Tätigkeiten sollen eigene Schriftgutbehälter angelegt werden, beispielsweise für das Telefonieren, Diktieren, Besprechen und so weiter. Durch das Zusammenfassen von Arbeiten gleicher Art kann viel Zeit gespart werden.

- **Aufgabenplaner**

Die üblichen Planungshilfen wie Uhr, Kalender, Aufzeichnungen über Aufgaben und Fristen, Notizzettel und so weiter werden zwar nach wie vor verwendet, sinnvoller ist aber meist ein Aufgabenplaner. Mit Hilfe des Aufgabenplaners haben Sie die Arbeitsplanung stets vor Augen. Planungskarten werden geschrieben und je nach Priorität in die Schuppenfächer des Aufgabenplaners eingeschoben. Ändert sich die Priorität, können die Planungskarten umgesteckt werden. Sie können den Aufgabenplaner sogar auf die Reise mitnehmen, wenn Sie ihn in ein Hängemappenset einhängen.

Doch wie jedes Ding hat auch der Aufgabenplaner zwei Seiten: Was für einen ordentlichen Menschen eine wunderbare Sache ist, mag für den kreativen Chaoten zum Schreckgespenst werden.

Gestaltung von Geschäftsbriefen

Bei der Gestaltung eines Geschäftsbriefes müssen inhaltliche und formale Grundsätze beachtet werden; außerdem soll unrationelles Arbeiten vermieden und eine möglichst große Wirksamkeit erzielt werden. Die wichtigsten Grundsätze:

- Schriftstücke sind die Visitenkarte eines Unternehmens. Legen Sie daher Wert auf ein ordentliches und sympathisches Aussehen und vermeiden Sie Fehler!
- Achten Sie auf eine übersichtliche Darstellung des Textes und eine leicht verständliche Sprache!
- Nützen Sie die Möglichkeiten, die Ihnen Schreibmaschinen oder Textverarbeitungs-Software bieten (z. B. automatisches Unterstreichen, Zentrieren, Fettschrift, Ändern der Schriftart oder der Schriftbreite usw.)!
- Denken Sie daran: Die optische Gestaltung des Textes beeinflusst die Akzeptanz des Briefinhaltes durch den Empfänger!

Die Gestaltung eines Briefes hängt davon ab, ob ein Briefvordruck verwendet werden soll oder nicht. Wer ein neutrales Blatt optisch ansprechend gestalten will, kann sich grob an gewissen Grundsätzen orientieren, wie sie in den „Regeln für Maschinenschreiben", DIN 5008 (Herausgeber: DIN Deutsches Institut für Normung e.V.), festgelegt sind. In der Praxis werden Sie allerdings feststellen, dass jeder, der Briefe schreibt, auch seine eigene Gestaltung entwickelt.

Einige Tipps für formschöne Briefe:

- Beim Beschriften des Blattes sollte links ein Rand von gut 2 bis 2,5 cm, rechts ein Rand von etwa 2 cm eingehalten werden.
- Die Beschriftung beginnt frühestens fünf Zeilenschritte vom oberen Blattrand und endet spätestens fünf Zeilen vor dem unteren Blattrand.
- Die Seitennummerierung könnte beispielsweise so aussehen: „– 2 –". Bei einseitiger Beschriftung wird sie meist rechts angegeben, bei beidseitiger Beschriftung in der Blattmitte; nach der Seitennummerierung sind bis zum Text zwei Zeilenschritte zu setzen.

- Bei Fortsetzungsseiten endet die letzte Zeile spätestens sieben Zeilen vor dem unteren Blattrand. Gegebenenfalls folgen Hinweise auf eine Fortsetzungsseite „ ... ", „./3)" oder „ ./. "; diese stehen nach zwei Zeilenschritten entweder am rechten oder am linken Schreibrand.
- Fußnoten-Hinweiszeichen sind entweder ein bis drei Sternchen – wenn die Fußnoten selten sind – oder eine Zahl, oft mit nachgestellter Klammer. Fußnotenzeichen sind im allgemeinen hochgestellt, sie können aber auch auf der Schriftlinie stehen. Die Fußnoten selbst sind mit einfachem Zeilenabstand zu schreiben. Sie werden entweder am unteren Rand der entsprechenden Seite angeordnet, und zwar mit dem Fußnotenstrich (10 Grundstriche) vom Text abgegrenzt, oder am Ende des Textes zusammengefasst.

Briefkopf

Bei Geschäftsbriefen ist der Absender vorgedruckt, bei Briefen ohne Vordruck wird als Briefkopf der Absender angegeben. Wird der Briefkopf auf der Schreibmaschine oder mit Hilfe eines Textverarbeitungsprogrammes gestaltet, gibt es drei Möglichkeiten der Anordnung: rechtsbündig, linksbündig und zentriert.

                                                Möbelfabrik AG
                                                Schillerplatz 27
                                                70293 Stuttgart
                                            Telefon (0711) 8111-0

Möbelfabrik AG
Schillerplatz 27
70293 Stuttgart
Telefon (0711) 8111-0

                        Möbelfabrik AG
                        Schillerplatz 27
                        70293 Stuttgart
                    Telefon (0711) 8111-0

Postdienstliche Vermerke

Postdienstliche Vermerke sind: Einschreiben, Express, Durch Eilboten, Flugpost, Air Mail, EMS und so weiter. Diese Vermerke stehen in Normalschrift über der ersten Zeile der Anschrift des Empfängers, danach folgt eine Leerzeile.

Behandlungs- und Bearbeitungsvermerke

Einschreiben
.
Herrn Christian Brunner
Bäckermeister
Langgasse 17
D-50858 Köln

Einschreiben – Express
.
Frau
Vera Binder
Kammerstraße 7
D-74074 Heilbronn

Air Mail – Express
.
Firma David Bunotte KG
Import – Export
Post Office Box 60470
CARACAS
VENEZUELA

Air Mail – Express – Einschreiben
.
Firma
Christian Berlot
10420, Hamon Street
Staunton (VA) 24401
USA

Behandlungs- und Bearbeitungsvermerke

Beispiele für Behandlungs- und Bearbeitungsvermerke sind: Eilt, Streng vertraulich, Terminsache, Dringend sowie Persönlich. Derlei Vermerke sind in der Höhe der ersten Zeile der Anschrift des Empfängers zu schreiben. Sie können mit Sperrschrift, Fettschrift, Unterstreichen oder durch eine andere Schriftart hervorgehoben werden.

Einschreiben

Herrn Maximilian Frisch
....

Terminsache

Express
.
Firma
Georg Burger & Söhne
....

Termin – Streng vertraulich

Einschreiben – Express
.
Möbelfabrik AG
z. Hd. Herrn Dr. Gruber
....

Termin: 17. März 2000

Herrn
Dr. Andreas Berger
Betriebsarzt
....

Achtung: Wichtige Information

Herrn **Dringend**
Walter Grabenhofer
Werbeleiter
………

Herrn Otto Schaller **Persönlich**
Firma Schaller & Sohn
Spezialklebstoffe
………

Anschrift des Empfängers

Zwischen Absenderangabe und der Anschrift des Empfängers sollten nicht weniger als fünf Zeilenschritte gesetzt werden. Achten Sie bei der Anschrift auf folgende wichtige Punkte:

- **Anrede**

Die Anrede für Privatpersonen ist Herrn, Frau, Familie. Bei Einzelunternehmen und Personengesellschaften verwendet man die Anrede „Firma". Geht aus der Empfängerbezeichnung hervor, dass es sich um eine Firma handelt, kann die Anrede weggelassen werden.

- **Titel**

Die Berufs-, Amts- und Ehrentitel stehen ungekürzt bei der Anrede:

Berufs-, Amts- und Ehrentitel:

Bundesminister, Dozent	Universitätsprofessor, Dekan
Abgeordneter des Deutschen Bundestages	Ministerialrat, Bürgermeister
Direktor, Präsident	Oberlandesgerichtsrat, Präsident
Professor, Fachlehrer	Stadtrat, Gemeinderat, Chefarzt
Vorstandsvorsitzender	Ministerialdirigent, Oberamtsrat
Generaldirektor, Vorstandsvorsitzender	Amtsrat, Staatsminister
Staatssekretär, Weihbischof	Ministerpräsident, Oberstudienrat
Regierungsrat, Bundespräsident	Medizinalrat, Major
Admiral, Oberstleutnant	Kammersängerin, Prälat

Akademische Grade werden dem Namen abgekürzt vorangestellt:

Akademische Grade:

Dr.	Dipl.-Ing.
Dres. (= Doctores)	Dipl-Kfm.
Dr. med.	M. A.

Anschrift

Dr. techn.	Dr. med. vet.
Dr. theol.	Dr. jur.
Dr. phil.	Doz.

- **Name**

Der Vorname steht vor dem Familiennamen; kann der Familienname auch ein Vorname sein, soll er in Großbuchstaben geschrieben werden:

Herrn	Herrn
Maximilian Frisch	Josef KARL
Langerstraße 5	Pestalozzistraße 68
81675 München	70563 Stuttgart
Express	Einschreiben – Express
Firma	Herrn Universitätsprofessor
Georg Burger & Söhne	Dr. Rudolf Schweizer
Schillerstraße 23	Steinbachstraße 14
50968 Köln	70565 Stuttgart

- **Berufs- und Branchenbezeichnung**

Berufsbezeichnungen stehen unter dem Namen und Branchenbezeichnungen unter der Firma:

Herrn	Herrn Stadtrat
Andreas Holzinger	Dr. Thomas Berger
Bäckermeister	Amtsarzt
Bahnhofstraße 19	Landstraße 40
50667 Köln	70195 Stuttgart
Firma	Herrn
Eva Berger & Sohn	Dipl.-Kfm. Dr. Peter Fischer
Textilwaren	Steuerberater
Postfach 10	Hauptstraße 10
81929 München	99427 Weimar

Zusätze wie „Abteilung", „z. H." oder „z. Hd." (zu Händen), „Kennwort", „Filiale" und ähnliches sind unter der Firma anzuführen.

- **Abgabestelle und Bestimmungsort des Empfängers**

Neben der Straßenbezeichnung werden Hausnummer, Gebäudenummer, Stockwerk und Appartmentnummer oder ähnliches geschrieben. Stattdessen kann aber auch ein Postfach angegeben werden oder der Vermerk „postlagernd" stehen. Darunter stehen die Postleitzahl und der Bestimmungsort, und zwar ohne „Ausrücken" der Postleitzahl linksbündig geschrieben. „Linksbündig" bedeutet, dass der Beginn aller Schriftzeilen in einer Fluchtlinie verläuft (geschlossener Block).

Anschrift

Gibt es bei einer Anschrift keine Straßenbezeichnung, sondern nur eine Hausnummer, wird diese entweder dem Namen des Bestimmungsortes nachgestellt, oder die Ortsbezeichnung wird anstelle der Straßenbezeichnung angegeben, und neben der Postleitzahl wird der Ort angeführt, in dem sich das Postamt befindet.

Stuttgarter Bank AG
Kreditabteilung
Gaberlstraße 18
80377 München

ZDF
Kennwort „Videotext"
Masurenallee 16 – 20
14057 Berlin

Betonwerk
Dipl.-Ing. Neubauer
z. Hd. Herrn Prokuristen
Dipl.-Kfm. Dr. Langer
Postfach 45
70619 Stuttgart

Deutsche Draht-
und Kabelwerke AG
z. Hd. Herrn Ing. Schneider
Simplonstraße 61
80825 München

Herrn
Friedrich Jung
91617 Oberdachstetten 42

Familie
Dr. Josef Brunner
Oberallendorf 16
35108 Allendorf

Gemäß den Richtlinien des Weltpostvereins soll das Anschriftenfeld nicht mehr als sechs Zeilen umfassen, innerhalb derer es weder Unterstreichungen noch Sperrschrift, noch Leerzeilen geben soll. Bisher wurden vor der Abgabestelle beziehungsweise dem Bestimmungsort des Empfängers zwei Leerschritte gesetzt. Dies ist nun nicht mehr erwünscht; ebenso sollen die Postleitzahlen nicht mehr nach links ausgerückt geschrieben werden, weil dies die maschinelle Lesbarkeit der Adressen beeinträchtigt.

- **Schreibweise der Straßennamen**

Straßennamen können beziehungsweise müssen zusammen, getrennt oder mit Bindestrich geschrieben werden.

Ohne Zwischenraum angehängt werden für Straßennamen typische Grundwörter (-straße, -gasse, -weg, -markt, -platz) in Verbindung mit Substantiven wie: Hauptwörtern (Hochschulstraße), Stammnamen (Römergasse), Familiennamen (Schillerplatz), unveränderten Orts- oder Ländernamen (Chiemseegasse), Herrschergeschlechtsnamen (Babenbergergasse) oder in Verbindung mit einem unveränderten Adjektiv (Langgasse).

Mit Bindestrich schreibt man: Familiennamen mit Zusätzen wie Vornamen (Richard-Wagner-Straße), akademischen Graden (Dr.-Renner-Straße), Berufstitel, Ehrentitel (Prof.-Neuwirth-Gasse), Adelsprädikaten (Berta-von-Suttner-Straße), Doppelnamen (Auer-Welsbach-Weg), Standesbezeichnungen (Ing.-Stern-Straße).

Getrennt geschrieben werden: Orts- oder Ländernamen mit zusätzlicher Endung -er (Garmischer Straße), Präpositionen, Adjektive oder Artikel als Zusätze (In der Flacksiedlung; An der alten Donau; Im Blumengrund), gebeugte Adjektive (Oberer Platz, Langer Graben).

Postleitzahlen

Bei Auslandsanschriften sollen der Bestimmungsort und das Bestimmungsland in Großbuchstaben und nach Möglichkeit in der Sprache des Bestimmungslandes angegeben werden. Darüberhinaus ist in Ländern, die Postleitzahlen verwenden, der ausländischen Postleitzahl das Unterscheidungszeichen – das ist meist das internationale Kfz-Kennzeichen – mit Bindestrich voranzusetzen (Ausnahmen: Australien, USA, Kanada, Großbritannien).

Einige Beispiele:

Express – Einschreiben

Herrn
Dipl.-Ing. Robert Sauters
Haigattan 21
S-12 248 STOCKHOLM
SCHWEDEN

Ditta
Alberto Merlot
Via G. Carducci 17
I-34100 TRIESTE
ITALIA

Air Mail – Einschreiben

Daniel Limitee Comp.
915, Carlton Tower
2, Carlton Street
TORONTO, N. W. 3
CANADA

Firma
Carel Smod
Zuiderstraat 45
B-8730 HARLEBEKE
BELGIEN

Die wichtigsten Unterscheidungszeichen:

Land	Kennzeichen	Beispiel
Belgien	B-	B-5000 NAMUR
Bulgarien	BG-	BG-1000 SOFIA
Dänemark	DK-	DK-6700 ESBJERG
Deutschland	D-	D-83022 ROSENHEIM
Färöer-Inseln	FR-	FR-100 TORSHAVN
Finnland	SF-	SF-25700 KIMITO
Frankreich	F-	F-54300 LUNEVILLE
Griechenland	GR-	GR-111 42 ATHEN
Island	IS-	IS-107 REYKJAVIK
Italien	I-	I-10100 TORINO
Jugoslawien	YU-	YU-11000 BEOGRAD
Kroatien	HR-	HR-10000 ZAGREB
Liechtenstein	FL-	FL-9490 VADUZ

Luxemburg	L-	L-4750 PETANGE
Monaco	MC-	MC-98000 MONACO
Norwegen	N-	N-7053 RANHEIM
Österreich	A-	A-5020 SALZBURG
Portugal	P-	P-5400 OLIVEIRA DO HOSPITAL
Rumänien	RO-	RO-8700 CONSTANTA
San Marino	RSM-	RSM-47031 SAN MARINO
Schweden	S-	S-602 20 NORRKÖPING
Schweiz	CH-	CH-3000 BERN
Slowakei	SK-	SK-817 55 BRATISLAVA
Slowenien	SI-	SI-63000 CELJE
Spanien	E-	E-41004 SEVILLA
Tschechien	CS-	CS-276 01 MELNIK
Tunesien	TN-	TN-5020 JEMMAL
Türkei	TR-	TR-06101 ANKARA
Ungarn	H-	H-1999 BUDAPEST
Vatikan	V-	V-00120 VATIKAN
Vietnam	VN-	VN-22494 CAO LAN VIETNAM

Bei Auslandssendungen soll auch im Absender immer das internationale Kfz-Kennzeichen (A für Österreich, D für Deutschland, CH für Schweiz) vor der Postleitzahl angegeben werden.

- **Deutsche Postleitzahlen**

In Deutschland gilt seit 1993 ein geändertes Postleitzahlensystem, in dem es ausschließlich fünfstellige Postleitzahlen gibt. Die nach der Wiedervereinigung Deutschlands vorübergehend erforderlichen Gebietskennzeichnungen „W-" und „O-" vor den Postleitzahlen sind durch das neue System überflüssig geworden. Darüberhinaus entfallen die Zustellamtsnummern hinter den Namen größerer Orte (7000 Stuttgart 75); sie sind im Prinzip in den neuen Postleitzahlen enthalten (70619 Stuttgart).
Die erste Ziffer der Postleitzahl bezeichnet (wie beim alten System) eine der zehn Leitzonen; die erste und zweite Ziffer der Postleitzahl zusammen bezeichnen die Postleitzahl-Regionen. Die dritten bis fünften Ziffern der Postleitzahlen bezeichnen Städte, Gemeinden, Stadt- und Gemeindeteile, Postfachschränke und Großkunden innerhalb der Regionen. Die exakte fünfstellige Postleitzahl eines Ortes ergibt sich – für den Benutzer freilich nicht erkennbar – aus der Kombination der zweistelligen Nummer der Region mit der dreistelligen Zahlenfolge am Ortsnamen/Ortspunkt. Für Städte, die mehr als eine Postleitzahl haben, ist die exakte Postleitzahl einer Adresse dem Straßenverzeichnis der Post zu entnehmen.
In Buchhandlungen gibt es eine Postleitkarte Deutschland im Maßstab 1 : 700.000 samt zugehörigem Ortsregister, außerdem eine Postleitkarte Deutschland, mit Diskette, eine Postleitkarte Deutschland sowie Postleitkarten von sämtlichen deutschen Bundesländern im Maßstab 1 : 250.000 in gefalzter Version und als Poster.

Datum

Das Datum darf in einem Geschäftsbrief auf keinen Fall fehlen. Je nachdem, ob es sich um einen Brief mit oder ohne Vordruck handelt, ist es unterschiedlich zu gestalten. Hier seien nur Beispiele für die Schreibweise des Datums beim Brief ohne Vordruck erwähnt, weil die anderen Möglichkeiten im Rahmen der Bezugszeichen ohnehin vorgegeben sind.

Das Datum wird in der ersten oder letzten Zeile der Adresse des Absenders angeführt und soll am rechten Schreibrand enden. Die Monatsangaben werden in Privatbriefen ausgeschrieben oder abgekürzt (alphanumerische Schreibweise), in Geschäftsbriefen meist in Ziffern geschrieben (numerische Schreibweise), wobei die „Schreib- und Gestaltungsregeln für die Textverarbeitung" (DIN 5008) die letzte hier angegebene Form bevorzugen: sechs Ziffern, zwei Mittelstriche in der Reihenfolge Jahr – Monat – Tag.

Ort, 22. Februar 2000
Ort, 22. Feb. 2000
22. Februar 2000
22. Feb. 2000
22. 2. 2000
04/02/00
2000-02-22

Bezugszeichen

Bei Geschäftsbriefen ohne Vordruck wird die Bezugszeichenreihe in linksbündiger Blockform geschrieben. Zwischen Empfängerangabe und Bezugszeichenreihe sollte mindestens eine Leerzeile sein. Der Bezugszeichenblock beginnt etwa bei Tabulatorposition 50:

Andreas & Dr. Müller
Verlagsbuchhandel
Hans-Seebach-Str. 10
A-5020 Salzburg

Datum: 22. 1. 2000
Zeichen: SA/BW
Bearbeiter: Herr Dr. Wimmer
Telefon: (089) 45118-0
Telefax: (089) 45118-36

Postfach 116
83022 Rosenheim

Datum: 04.01.2000
Zeichen: WO-CF
Bearb.: Herr Dipl.-Ing. Dr. Eibisch
Telefon: (069) 8103-481
Telefax: (069) 8103-486

Ist die Bezugszeichenzeile bereits vorgedruckt, wird einen Zeilenschritt unter dem ersten Buchstaben des jeweiligen Leitwortes mit dem Einsetzen der Bezugszeichen begonnen:

Ihr Zeichen	Ihre Nach-	Unser Zeichen		Datum
CD/AB	richt vom	F/B, 479		17. 4. 2000
Ihr Zeichen	Unser Zeichen, Bearbeiter	☎ Durchwahll	Datum
GR-AH	BR/AB, Herr Burger	(089) 422-130	02.05.00
Ihr Zeichen, Ihre Nachricht vom	Unser Zeichen		Datum
GA-aj, 99/12/21	FA/234		10/01/00
Ihr Zeichen, Ihre Nachricht vom	Unser Zeichen, Bearbeiter		Datum
FI-LM, 99-12-10	G/S, Frau Gruber		00-02-15
Ihr Zeichen	Unser Zeichen, Geschäftszahl	☎ Durchwahl	Datum
213.568/H/7	G/H, 248.793/W/99	2546-233	00-02-28
Ihr Zeichen	Unser Zeichen, Sachbearbeiter	☎ Durchwahl	Datum
JA/LM	VA III ms, Fr. Stiegler	2546-1733	00-07-10

Betreffzeile

Bei genormten Geschäftsbriefen ist das Wort „Betreff" oft vorgedruckt. Mit dem Schreiben beginnt man einen Zeilenschritt unter dem Leitwort „Betreff" an der Fluchtlinie. Die Betreffangabe ist ohne Punkt abzuschließen. Nach den „Schreib- und Gestaltungsregeln für die Textverarbeitung" (DIN 5008) wird das Wort „Betreff" nicht mehr geschrieben, und die Betreffzeile wird nicht mehr unterstrichen. Falls Sie jedoch weiterhin unterstreichen wollen, so unterstreichen Sie bei einem mehrzeiligen Betreff nur die letzte Zeile, dies allerdings bis zum letzten Buchstaben der längsten Zeile. Nach der Betreffangabe sind zwei Leerzeilen vorzusehen.

Betreffzeile

Bei Briefen ohne Vordruck entfällt das Leitwort „Betreff", stattdessen wird sofort der Betreff geschrieben. Nach der Bezugszeichenreihe und nach dem Betreff sollen jeweils drei Zeilenschritte (das entspricht zwei Leerzeilen) gesetzt werden:

Betreff
Angebot – Ihre telefonische Anfrage vom 12. 1. 2000

Betreff
Ihre Bewerbung als Phonotypistin

Betreff
Kündigung meiner Krankenversicherung
und Rückkauf meiner Lebensversicherung

                                        Datum: 2000-05-15
                                        Zeichen: A/AJ
                                        Telefon: (0222) 54718

Unsere Lieferung an die Firma Wagner

                                        Datum: 22. 1. 2000
                                        Zeichen: SA/BW
                                        Telefon: (0662) 45118-0
                                        Telefax: (0 662) 45118-36

Bericht über das 4. Quartal 1999

                                        Datum: 04.01.2000
                                        Zeichen: WO-CF
                                        Bearb.: Herr Dipl.-Ing. Dr. Eibensteiner
                                        Telefon: (0732) 8103-481
                                        Telefax: (0732) 8103-486

Auftrag Nr. 55598
Abstimmung der Teillieferungen 1999

Anrede

Wird eine Anrede gebraucht, muss sie an der Fluchtlinie beginnen. Folgt einem akademischen Grad nicht der Name, so ist der akademische Grad auszuschreiben. Die Anrede wird durch eine Leerzeile vom folgenden Text getrennt:

    Angebot – Ihre telefonische Anfrage vom 12. 5. 2000

    Sehr geehrte Frau Doktor,

    Betreff
    <u>Ihre Bewerbung als Phonotypistin</u>

    Sehr geehrte Frau Karlinger,

    Kündigung meiner Krankenversicherung
    <u>und Rückkauf meiner Lebensversicherung</u>

    Sehr geehrter Herr Dr. Gruber,

Brieftext

Normalerweise werden Geschäftsbriefe engzeilig geschrieben; handelt es sich jedoch nur um wenige Zeilen, wird der Text zur Auflockerung eineinhalbzeilig geschrieben. Eineinhalb- oder zweizeilig werden auch Manuskripte geschrieben, nach denen gesetzt werden soll; derartige Vorlagen werden immer nur einseitig beschriftet.
Generell beginnen alle Zeilen an der Fluchtlinie, bei Hervorhebungen wird jedoch von diesem Grundsatz abgewichen. Für eine ansprechende und informationswirksame Gestaltung von Geschäftsbriefen ist es wesentlich, dass verschiedene Hervorhebungsarten eingesetzt werden. Die wichtigsten davon sind: Unterstreichen, Sperrschrift, Blockschrift, Zentrieren, Freistellen, Einrücken. Diese Hervorhebungsarten können zusätzlich mit anderen Gestaltungselementen kombiniert werden, wie zum Beispiel Wechsel der Schriftart, der Schriftbreite oder Schrifthöhe, Fett- oder Schattenschrift, Negativ- oder Inversionsschrift, Wechsel der Schriftfarbe und so weiter.
Zwischen den Absätzen sowie vor und nach jeder Mittigstellung, Einrückung, Freistellung und so weiter sind zwei Zeilenschritte zu setzen (= eine Leerzeile).

Brieftext

- **Hervorheben durch Einrücken**
Eingerückt wird normalerweise um 10 Schreibschritte, es können aber auch 5 oder 15 Schreibschritte sein:

Wir bestellten bei Ihnen:
  – 2.000 Stück Dichtungen, Bestellnummer 20 A
  – 1.000 Stück Dichtungen, Bestellnummer 28 A
Inzwischen musste unser Fertigungsprogramm kurzfristig …

- **Hervorheben durch Freistellen und Unterstreichen**
Beim Freistellen steht der hervorzuhebende Text in der Fluchtlinie, davor und danach wird eine Leerzeile eingeschoben. Der freigestellte Text kann auch unterstrichen werden:

… so viel Einfühlungsvermögen wie

„Der neue Weg zur Gesundheit"

von Dr. Wolfgang Artmann. Immer wenn Sie dieses Buch zur Hand …

- **Mittigstellen, Zentrieren**
Einzeilige zentrierte Textteile werden meist unterstrichen, mehrzeilige hingegen sollten nicht unterstrichen werden:

Vielen Dank, dass Sie mir einen Band aus Ihrer neuen Reihe

„Koche vernünftig – lebe gesund"

kostenlos und unverbindlich zur Ansicht überlassen haben. Heute möchte ich …

- **Verwenden von Leitwörtern**
Um gute Übersichtlichkeit und rasche Lesbarkeit eines Geschäftsbriefes zu erreichen, werden häufig Leitwörter verwendet. Sie beginnen in der Fluchtlinie und enden mit dem Doppelpunkt. Der Beginn des zugehörigen Textes richtet sich nach der Länge des längsten Leitwortes. Meist werden die Leitwörter unterstrichen:

… unseren beiliegenden Lieferbedingungen folgendes Angebot:

Ware: 2.000 Stück Spiegel, Standardqualität, 6 mm stark, zur Lieferung auf Abruf innerhalb eines Jahres.
Preis: € 25,– pro m^2 (exkl. MwSt). Dieser Preis gilt für Spiegel mit einer Mindestlänge von 60 cm. Bei kleineren Dimensionen wird ein Aufschlag von 10 % verrechnet.

<u>Lieferzeit:</u> Zwischen den einzelnen Abrufen müssen mindestens 30 Tage liegen. Die Spiegel werden entsprechend dem jeweiligen Abruf zugeschnitten und innerhalb von 14 Tagen versandt.
<u>Lieferung:</u> Frei Haus durch firmeneigenen Zustelldienst.
<u>Zahlung:</u> 60 Tage netto ab Rechnungsdatum.

Das Angebot ist bis zum ... gültig.

Grußformel

Die Grußformel wird zwei Zeilenschritte (eine Leerzeile) nach der letzten Textzeile geschrieben – in der Regel an der Fluchtlinie.
Falls eine Firma oder eine Funktionsbezeichnung geschrieben wird, beginnt diese Angabe zwei Zeilenschritte unter dem ersten Buchstaben der Grußformel. Wird der Name des Unterfertigenden maschinenschriftlich wiederholt, ist er mindestens vier Zeilenschritte unter dem ersten Buchstaben der Grußformel zu setzen; wird auch die Firma geschrieben, ist der Name mindestens vier Zeilenschritte unter diesem anzugeben. Sollen mehrere Personen unterschreiben, wird links die ranghöhere Person angegeben.
Die am häufigsten verwendeten Grußformeln sind: „Mit besten Grüßen", „Mit bestem Gruß", „Mit freundlichen Grüßen", „Hochachtungsvoll", „Mit vorzüglicher Hochachtung".

... Geben Sie mir bitte Gelegenheit, mich bei Ihnen vorzustellen.

Mit freundlichen Grüßen

Anita Müller

... für weitere Beratungen gerne zur Verfügung.

Hochachtungsvoll

MEDIAVERBUND GMBH
Werbeabteilung

i. V. Dipl.-Kfm. E. Fuchs

… alle Preise einen Rabatt von 10 % zu geben.
.
Mit besten Grüßen
.
Robert Sinnhuber & Co.
Mess- und Regeltechnik
.
.
Walcher

… und freuen uns, Ihren Auftrag zu erhalten.
.
Mit freundlichen Grüßen
.
MÜLLER & KREINDL OHG
Bekleidungswerke
.
ppa. Dr. Wirth   Dipl.-Ing. Bauer

Anlagen- und Verteilvermerk

Der Anlagenvermerk kann aus einer oder mehreren Zeilen bestehen und wird sehr unterschiedlich geschrieben. Er kann unterstrichen werden oder auch nicht. Man kann den Vermerk mit oder ohne Doppelpunkt schreiben. Wird dem Geschäftsbrief nur eine Anlage beigegeben, *kann* man den Vermerk „Anlage" anführen; werden mehrere Anlagen mitgeschickt, *muss* der Vermerk „Anlagen" angegeben werden.
Steht die Grußformel an der Fluchtlinie, beginnt der Anlagenvermerk zwei Zeilenschritte nach der maschinenschriftlichen Angabe des Namens des Unterfertigenden an der Fluchtlinie. Falls der Anlagenvermerk in einem Abstand von 126 mm von der linken Blattkante angebracht wird, sollte eine Leerzeile Abstand zum Text eingefügt werden (siehe Beispiel 3 auf der nächsten Seite).
Verteilvermerke können sein: „Verteiler", „Kopie an …" und so weiter. Für den Verteilvermerk gilt das für den Anlagenvermerk Erwähnte. Verteilvermerke stehen an der gleichen Stelle wie Anlagenvermerke. Sind beide Vermerke anzubringen, steht der Verteilvermerk zwei Zeilenschritte nach dem Anlagenvermerk.

Mit vorzüglicher Hochachtung   Anlage:
                                                1 Katalog

Dr. Franz Huber

Betreffzeile

... Wir sichern Ihnen eine schnelle Abwicklung zu. Den Termin stimmen wir mit Ihren Mitarbeiterinnen und Mitarbeitern rechtzeitig ab.

Freundliche Grüße
Computer-Fachmarkt Hauser

Klaus Ebeling   Sonja Krüger

Anlage

... Damit Sie sich einen Überblick über meinen schulischen und beruflichen Werdegang verschaffen können, füge ich diesem Schreiben die gewünschten Unterlagen bei.

Über Ihre Einladung zu einem Vorstellungsgespräch würde ich mich freuen.

Freundliche Grüße	Anlagen:
	1 Lichtbild
Sabine Fischer	1 tabellarischer Lebenslauf
	4 Zeugniskopien

... Wir führen Ihnen unsere neuen Notebooks und Programmversionen gerne einmal vor. Vereinbaren Sie doch mit uns einen Termin.

Freundliche Grüße	Anlagen:
	1 Prospekt
Bürosysteme	1 Faltblatt
Schmidt & Schulze GmbH	
	Verteiler:
Helga Schulze	Herrn Weiß, Vertrieb Frankfurt

... Wir würden uns freuen, wenn Sie in unserem Katalog alles fänden, was Sie für die Neuordnung Ihrer Registratur benötigen.

Mit besten Grüßen
.
Robert Sinnhuber & Co.
.
Walcher
.
Katalog mit Preisliste

Häufig vorkommende Geschäftsbriefe

Geschäftliche Beziehungen bringen es mit sich, dass immer wieder schriftliche Kontakte zwischen den einzelnen Geschäftspartnern notwendig sind – nicht zuletzt deshalb, weil ein Schriftstück ein gutes Beweismittel darstellt.

Anfrage

Eine Anfrage kann mündlich, telefonisch, schriftlich oder per Telefax gestellt werden. Sie ist eine Form der Informationsbeschaffung und rechtlich unverbindlich. Die Anfrage dient dem Einholen von Angeboten für eine mögliche spätere Kaufentscheidung; sie kann aber auch den Sinn haben, ein bereits vorliegendes Angebot zu ergänzen oder in einzelnen Punkten abzuändern.

Allgemeine Anfragen

Der Kunde ersucht um Kataloge, Preislisten, Prospekte, Muster, Proben, um den Besuch eines Vertreters und so weiter.

Kataloge und Preislisten

Wir haben in diesem Monat ein Geschäft eröffnet und sind derzeit bemüht, Kontakte mit Lieferanten aufzubauen. Daher ersuchen wir auch Sie, uns in Zukunft regelmäßig Ihre Kataloge und Preislisten zuzusenden.
Wir freuen uns auf eine gute Geschäftsverbindung.

Mit freundlichen Grüßen

Werkzeugkatalog

Bitte senden Sie mir Ihren neuen Werkzeugkatalog samt Preisliste. Ich möchte mir nämlich in nächster Zeit eine Bohrmaschine anschaffen.
Herzlichen Dank für Ihre Bemühungen.

Mit besten Grüßen

Anfrage

Köln, 16. Mai 2000

Neuausstattung unseres Computerraumes

Durch die Fachzeitschrit „Computerwelt" wurden wir auf Ihre Firma aufmerksam. Wir wollen in den nächsten Monaten unseren Computerraum mit neuen Geräten ausstatten. Bitte senden Sie uns ausführliche Prospekte mit Preislisten und geben Sie uns Ihre Liefer- und Zahlungsbedingungen bekannt.

Mit freundlichen Grüßen

Spezielle Anfragen

Der Kunde will genaue Informationen über Eigenschaften, Liefer- und Zahlungsbedingungen oder den Preis einer ganz bestimmten Ware. Auch bei der Rückfrage und dem Gegenangebot geht es um spezielle Bedingungen, die noch geklärt oder abgeändert werden sollen.

Hamburg, 10. März 2000

Kopiergeräte

Wir planen, Ihr Kopiergerät „Copia" in unser Sortiment aufzunehmen. Die geschätzten Verkaufszahlen betragen etwa 20 Stück pro Jahr.
Bitte geben Sie uns Ihre Preise frei Haus und ab Werk, Ihre Zahlungsbedingungen und Ihre durchschnittliche Lieferzeit bekannt.
Bei einem Besuch Ihres Vertreters könnten wir alles Weitere besprechen.

Mit freundlichen Grüßen

Nürnberg, 15. März 2000

Anfrage nach Computerspielen

Unser Verkaufspersonal hat uns darauf hingewiesen, dass derzeit große Nachfrage nach verschiedenen Computerspielen besteht. Besonders Spiele für die Spielcomputer „Nintendo" und „Gameboy" könnten abgesetzt werden.
Wir wollen nun unser Sortiment erweitern und sind daher an den von Ihnen vertriebenen Spielcomputern interessiert.

Anfrage

Senden Sie uns bitte Ihren Katalog mit Preisliste und sonstige Unterlagen für den Aufbau einer geschäftlichen Zusammenarbeit.

Mit freundlichen Grüßen

✍

✍

ROBERT HUBER & CO.
Elektrohandel
Markt 5, 07545 Gera

Firma
Georg Burger & Söhne
Elektrogroßhandel
Pestalozzistraße 68

70563 Stuttgart

Datum: 2000-03-20
Zeichen: SA/BW
Bearb.: Herr Franz Bauer
Telefon: (0365) 58431-12
Telefax: (0365) 58431-15

Computerspiele

Wir danken Ihnen für Ihr Schreiben vom ... Wir beabsichtigen jedoch eine Bestellung frei Lager.
Außerdem möchten wir darauf hinweisen, dass wir unsere Rechnungen üblicherweise unter Abzug von 3 % Skonto innerhalb von 8 Tagen nach Erhalt der Rechnung begleichen.
Bitte erstellen Sie uns ein entsprechend abgeändertes Angebot und teilen Sie uns mit, ob Sie mit den von uns vorgeschlagenen Zahlungsbedingungen einverstanden sind. Wir hoffen auf Ihre Zustimmung und eine gute Geschäftsverbindung.

Mit freundlichen Grüßen

ROBERT HUBER & C0.
Elektrohandel

i.V. Franz Bauer ✍

Hamburg, 12. April 2000

Kopiergeräte

Danke für Ihr Angebot vom ... Wir sind im Wesentlichen damit einverstanden, nur die Zahlungsbedingungen entsprechen nicht unseren Vorstellungen.
Unter den gegenwärtigen Marktverhältnissen sind wir nicht in der Lage, Ihrer Kondition „Zahlung 14 Tage netto" zuzustimmen. Wir sind nämlich selbst gezwungen, mit 60 Tagen Ziel zu liefern, und ersuchen Sie daher, Ihre Zahlungskonditionen zu ändern und uns mindestens 30 Tage Ziel zu gewähren.
Wir hoffen auf Ihr Verständnis und Ihre Zustimmung.

Mit freundlichen Grüßen

Chemnitz, 8. Juni 2000

Bürosessel

Wir danken Ihnen für Ihr Angebot vom ... Da wir beabsichtigen, einen Auftrag über 500 Stück zu erteilen, erwarten wir die Gewährung eines Mengenrabattes von 5 %.
Bitte teilen Sie unserer Mitarbeiterin Frau Zschokke möglichst umgehend mit, ob Sie unserem Wunsch entsprechen können.

Mit freundlichen Grüßen

Angebot

Im Angebot bietet der Verkäufer Waren oder Dienstleistungen zum Kauf an. Die Angebote untergliedern sich in:

Verlangte und unverlangte Angebote

Beim verlangten Angebot geht die Initiative vom Käufer aus (Angebot als Antwort auf eine Anfrage), beim unverlangten Angebot vom Verkäufer. Der Verkäufer will dadurch seine Kunden erhalten beziehungsweise neue dazugewinnen. Beim verlangten Angebot wird man bemüht sein, die Fragen des Kunden zu beantworten, während man beim unverlangten Angebot eine Begründung wie zum Beispiel Sonderangebot, neue Modelle und dergleichen mehr anführen wird.

Angebot

Nussloch, 10. November 1999

Moderne Sommerbekleidung

Wir danken Ihnen für Ihre Anfrage vom 8. November. Ihrem Wunsch entsprechend übersenden wir Ihnen unseren neuen Musterkatalog samt Preisliste. Wir weisen Sie auch auf die Katalogbeilage hin, in der sehr günstige Accessoires angeboten werden. In den nächsten Tagen wird Sie unsere Vertreterin Frau Klausner besuchen und Ihnen eine Auswahl unserer Sommerkollektion für die kommende Saison präsentieren.

Mit besten Grüßen

1 Katalog

Büromöbel

Sehr geehrter Herr Dr. Bayer!

Wir danken für Ihren Besuch unseres Ausstellungsstandes auf der Computer & Büro Messe in … Hiermit dürfen wir Ihnen die gewünschten Unterlagen übersenden, in denen Sie viele Anregungen für eine ansprechende und moderne Ausgestaltung Ihres Büros finden werden.
Für nähere Auskünfte stehen wir Ihnen gerne zur Verfügung.

Mit freundlichen Grüßen

Prospektmaterial

Sonderangebot an spanischen Orangen

Aus einem günstigen Einkauf von 5000 kg Orangen bieten wir Ihnen an:

> Spanische Orangen, Qualität Ia, zum Preis von
> € …,– pro 20-kg-Steige, ab Lager Freiburg,
> zuzüglich Mehrwertsteuer, prompte Lieferung.

Sofern Sie sich für die angebotene Ware interessieren, ersuche ich Sie, mir dies umgehend mitzuteilen.

Mit freundlichen Grüßen

Anlagen- und Verteilvermerk

Verbindliche und unverbindliche Angebote

Neben verlangten und unverlangten Angeboten kann auch zwischen verbindlichen und unverbindlichen Angeboten unterschieden werden. Wird aufgrund eines verbindlichen Angebots eine Bestellung aufgegeben, so gilt der Kaufvertrag als geschlossen. Bei einem unverbindlichen Angebot wird der Kaufvertrag erst geschlossen, wenn die Bestellung vom Verkäufer angenommen wird.

Die Unverbindlichkeit eines Angebots kann durch sogenannte „Freizeichnungsklauseln" erreicht werden, wie zum Beispiel: „Solange der Vorrat reicht", „Preisänderungen vorbehalten", „Ich biete Ihnen freibleibend an", „Ich biete Ihnen unverbindlich an", „Zwischenverkauf vorbehalten".

Ein verbindliches Angebot muss an eine bestimmte Person gerichtet sein und den Verkaufswillen zum Ausdruck bringen. Es darf keine Freizeichnungsklausel enthalten, und Menge, Preis und Qualität müssen genau bestimmt sein.

Rundschreiben, Werbeprospekte, Zeitungsannoncen, die Zusendung von Katalogen und so weiter erfüllen nicht alle Merkmale eines verbindlichen Angebots und sind daher unverbindlich.

Angebot

Ich danke Ihnen für Ihre Anfrage und biete Ihnen an:

        1000 2-l-Flaschen „Kaiserstiege" à € …,–/Flasche

Der Preis gilt frei Haus exklusive Verpackung und Mehrwertsteuer. Als Einsatz berechnen wir € …, die wir bei Rückgabe verrechnen.

Die Lieferung erfolgt prompt, und der Rechnungsbetrag ist sofort nach Erhalt der Ware ohne Abzug zu begleichen.

Ich versichere Ihnen, dass die Kunden von der Qualität dieses Weins begeistert sein werden. Bitte bedienen Sie sich der beiliegenden Bestellkarte!

Mit freundlichen Grüßen

1 Bestellschein

                                                                Hannover, 13. Nov. 2000

<u>Angebot Spezialbohrmaschine</u>

Wir danken Ihnen für Ihre Anfrage und unterbreiten Ihnen folgendes Angebot:

| <u>Ware:</u> | Bohrmaschine ZW 899 |
| <u>Preis:</u> | € …, – zuzüglich Mehrwertsteuer, ab Werk |

Anlagen- und Verteilvermerk

<u>Lieferzeit:</u>   2 Wochen nach Auftragserteilung
<u>Zahlungsbedingungen:</u> zahlbar innerhalb von 8 Tagen abzüglich 2 % Skonto oder
                      30 Tage netto

Damit Sie sich über die genauen technischen Daten informieren können, legen wir Ihnen unseren neuen Werkzeugmaschinen-Katalog bei. Sie finden darin weitere Spezialbohrmaschinen und eine Vielzahl anderer Produkte, die wir anbieten.
Wir hoffen auf einen baldigen Auftrag und werden diesen zu Ihrer vollen Zufriedenheit ausführen.

Mit freundlichen Grüßen   **Anlagen**
                                       1 Werkzeugmaschinen-Katalog
WERKZEUGHANDEL   1 Bestellkarte
GESELLSCHAFT MBH

i. V. Josef Huber

Fürstenfeldbruck, 10. Dez. 1999

<u>Angebot</u>

Ich biete Ihnen zu besonders günstigen Bedingungen

<u>1500 kg Äpfel der Marke „Jonathan", erste Qualität,</u>

zum Preis von € …, – je 100 kg an. Die Ware ist ab Lager Fürstenfeldbruck in Kisten zu je 25 Kilogramm lieferbar.

<u>Lieferzeit:</u>   prompt;
<u>Zahlung:</u>   innerhalb von 10 Tagen abzüglich 2 % Skonto;
<u>Versand:</u>   durch meinen Spediteur.

Nützen Sie diese Gelegenheit. Das Angebot gilt, solange der Vorrat reicht.

Mit besten Grüßen

GOLDBERG OHG
OBSTVERWERTUNG

ppa. Hans Klett

Anfrage

Angebot als Direct Mail

Promotion Art präsentiert

ein exklusives Multimedia-Erlebnis: „Mozart in Musik, Wort und Bild"

Wollen Sie Ihren neuen Multimedia-Computer nur zur Tabellenkalkulation verwenden oder Ihren halbwüchsigen Kindern als Spielzeug überlassen? Nützen Sie ihn doch zu einem außergewöhnlichen Hör-und-Seh-Vergnügen!
Das Angebot, das wir Ihnen heute machen können, eröffnet neue Dimensionen des Kunstgenusses: klassische Harmonien in Verbindung mit modernster Technik, Mozart übertragen durch das neueste Multimedia-Wunder: die Bild-CD.
Es freut uns besonders, Ihnen aus der Mozartstadt Salzburg diese Kostbarkeit anbieten zu können: Bild-CDs mit den Sinfonien und italienischen Opern des Genius Loci, eine Sammlung, von der jetzt die ersten Exemplare vorliegen: Konzerte der Salzburger Festspiele, Opernaufführungen von den schönsten Bühnen der Welt. Die hohe Qualität der Aufnahmen unter weltbekannten Dirigenten und mit den besten Mozart-Interpreten unserer Zeit machen diese Compactdiscs zu einem außerordentlichen Erlebnis. In einem ebenso spritzig geschriebenen wie prachtvoll illustrierten Begleitband wird der Musiker Wolfgang Amadeus Mozart geschildert, sein Leben, sein Charakter, seine Werke.
Die Bild-CDs erscheinen in einer limitierten Sonderauflage. Geben Sie gleich die Bestellkarte zur Post, damit Sie noch den günstigen Subskriptionspreis nützen können!
„Die bisher vollkommenste Erscheinung musikalischer Begabung" nannte Ferruccio Busoni den großen Sohn dieser Stadt. „Mozart in Musik, Wort und Bild" wird diesem Anspruch gerecht. Überzeugen Sie sich!

Mit den besten Empfehlungen

Promotion Art
Buch- und Musikalien-Versandhandel

Angebote in Form von Zeitungsannoncen

ACHTUNG, neu eingetroffen: SÄULENBOHRMASCHINE, METALLSÄGEN, SCHUTZGASSCHWEISSGERÄTE, KÜCHER Hochdruckreiniger, neu und gebraucht, Ersatzteile und Service sämtlicher Marken. Firma ...,Tel. ...

SUPER-Preise für Goldschmuck, Silberschmuck, Modeschmuck direkt ab Fabrik. Hofer GmbH & Co. KG, Goethestraße 12, 75173 Pforzheim,, Tel. ...

Anfrage

> HEIMBERGER – Ihr Fachhändler für ELECTROLA-Elektrogeräte sowie PRO-LIFE-Staubsauger. Miele-Waschmaschinen und -Trockner – Ausstellungsstücke stark reduziert. HEIMBERGER, Passau, großer Parkplatz.

Befristete und unbefristete Angebote

Angebote können verbindlich oder unverbindlich und darüber hinaus befristet oder unbefristet sein. Beim befristeten Angebot gibt der Anbieter einen genauen Termin an, bis zu dem er das Angebot aufrechterhält. Bei unbefristeten Angeboten, die mündlich oder telefonisch gemacht werden, ist eine sofortige Annahme erforderlich. Bei unbefristeten schriftlichen Angeboten ergibt sich die Annahmefrist aus dem doppelten Postweg zuzüglich einer angemessenen Überlegungsfrist.

Ihre Anfrage

Wunschgemäß übersende ich Ihnen meine neue Preisliste für Ölöfen. Ich weise Sie besonders auf die Nummer 17 meines Prospektes hin: ein Ofen, der bei meinen Kunden sehr großen Anklang findet.
Bitte entnehmen Sie die Liefer- und Zahlungsbedingungen dem Vermerk auf der Preisliste. Von den auf dieser Liste angegebenen Preisen gewähre ich Ihnen bis zum Jahresende einen Sonderrabatt von 10 %.
Ich hoffe, dass Ihnen mein Angebot zusagt, und erwarte Ihren Auftrag.

Mit bestem Gruß
Ludwig Heister

Anlagen:
1 Preisliste
Prospekte

Angebot Laserdrucker

Sehr geehrter Herr Moser,

vielen Dank für Ihr Interesse an unserem Laserdrucker. Gerne bieten wir Ihnen an:

1 Jet Set Laserdrucker LBP-4 Plus

Die technische Beschreibung entnehmen Sie bitte dem beiliegenden Prospekt.
Sonderpreis: …, – zuzüglich … % Mehrwertsteuer

Angebot

Gültigkeit: der angegebene Preis hat eine Gültigkeit von 60 Tagen
Zahlung: 3 % Skonto innerhalb von 8 Tagen oder 30 Tage netto
Lieferzeit: ca. 2 – 3 Wochen nach Auftragseingang, Lieferung frei Haus
Garantie: 6 Monate ab Lieferung
Wartung: wird von unseren Technikern durchgeführt

Für weitere Auskünfte stehen wir Ihnen jederzeit gern zur Verfügung.
Wir hoffen, dass Ihnen unser Angebot zusagt, und freuen uns, wenn Sie davon Gebrauch machen.

Mit freundlichen Grüßen

1 Prospekt

Angebot

Sehr geehrter Herr Bauer,

Wie persönlich und telefonisch mit unserem Herrn ... besprochen, offerieren wir Ihnen unser neuestes Produkt. Es handelt sich dabei um die neue PC-Generation von NOVA 786, die wir Ihnen für kurze Zeit zu einem Sonderpreis anbieten können.

NOVA 786, Modell 30-H21, NOVA Farbbildschirm 8512,
NOVA Multifunktionstastatur deutsch, Betriebssystem Linux 5.02
zum Sondersetpreis von ...

LIEFERUNG: ca. 2 Wochen, frei Haus
GARANTIE: 1 Jahr ab Lieferdatum
ZAHLUNG: 14 Tage netto ab Rechnungsdatum
GÜLTIGKEIT: der angegebene Preis hat eine Gültigkeit von 60 Tagen
SERVICE: wird von unseren Technikern durchgeführt

Selbstverständlich bieten wir Ihnen auf Wunsch gern Leasingvarianten an.
Wir hoffen, Ihnen mit diesem Angebot gedient zu haben, und würden uns freuen, Sie zu einem Besuch in unserem Haus einladen zu dürfen.
Wir werden uns erlauben, Sie in den nächsten Tagen zu kontaktieren, und verbleiben bis dahin

mit freundlichen Grüßen   Prospekte

MAYR BÜROORGANISATION
Gesellschaft mbH

Bestellung

Eine Bestellung ist der Auftrag des Käufers an den Verkäufer, eine bestimmte Ware zu liefern. Erfolgt die Bestellung aufgrund eines verbindlichen Angebots, gilt damit der Kaufvertrag als geschlossen. Wird hingegen aufgrund eines unverbindlichen Angebots oder auch eines Werbeschreibens oder aus einem Katalog bestellt, bedarf es zur Gültigkeit des Kaufvertrages noch der Zustimmung des Verkäufers. Die Zustimmung kann in Form einer Auftragsbestätigung, der Lieferung oder auch durch Stillschweigen erteilt werden. Eine mündliche Bestellung sollte möglichst schriftlich bestätigt werden (Beweissicherung, Vermeiden von Irrtümern).

Ist der Verkäufer nicht in der Lage, die Bestellung abzuwickeln und die Lieferung durchzuführen, so muss er die Ablehnung der Bestellung dem Käufer unverzüglich mitteilen; Stillschweigen würde gesetzlich als Annahme des Auftrags interpretiert werden.

Heute werden für Bestellungen größtenteils Vordrucke in Form von Bestellkarten oder Bestellscheinen verwendet.

Um bei einer Bestellung Missverständnisse auszuschalten, ist es üblich, sämtliche Vereinbarungen darin zu wiederholen. Wichtig ist vor allem der Hinweis auf das eventuell vorhergegangene Angebot, das Wiederholen von Art, Menge und Qualität der Ware, das Nennen des Preises sowie der vereinbarten Liefer- und Zahlungsbedingungen.

Kaltenberg, 13. Dezember 1999

Bestellung

Sehr geehrter Herr Klett,

wir danken Ihnen für Ihr Angebot vom 10. d. M. und bestellen zu den von Ihnen angebotenen Bedingungen

<u>500 kg Äpfel der Marke „Jonathan", erste Qualität,</u>

zum Preis von € ..., – je 100 kg.

<u>Lieferung:</u>   prompt; in Kisten zu je 25 Kilogramm;
<u>Zahlung:</u>   innerhalb von 10 Tagen abzüglich 2 % Skonto;
<u>Versand:</u>   durch Ihren Spediteur.

Da die Ware schon dringend benötigt wird, bitten wir Sie, unseren Auftrag sofort auszuführen.

Mit besten Grüßen

Bestellung

Auftragsbestätigung

Die Auftragsbestätigung stellt die ausdrückliche Annahme der Bestellung durch den Verkäufer dar. Eine Auftragsbestätigung ist dann sinnvoll, wenn die Lieferung erst eine gewisse Zeit nach der Bestellung erfolgen soll. Der Kunde erhält dadurch die Gewissheit, dass die Bestellung angekommen ist und auch ausgeführt wird.
Manche Unternehmen verwenden für ihre Auftragsbestätigungen Vordrucke. Eine andere Möglichkeit, einen Auftrag zu bestätigen, besteht darin, die Bestellung des Kunden zu kopieren, mit einem Stempelaufdruck zu versehen (z. B.: „Wir bestätigen mit Dank Ihren Auftrag und sichern Ihnen sorgfältige Ausführung zu"), zu unterschreiben und an den Kunden zurückzusenden.

Hannover, 20. November 1999

Auftragsbestätigung

Wir bestätigen Ihren Auftrag über

1 Spezialbohrmaschine ZW 899

zum Preis von € ...,– zuzüglich Mehrwertsteuer, ab Werk, Lieferung innerhalb von 2 Wochen, zahlbar innerhalb von 8 Tagen abzüglich 2 % Skonto oder 30 Tage netto. Gemäß unseren „Allgemeinen Geschäftsbedingungen" gewähren wir für die Bohrmaschine ein Jahr Garantie. Den ausgefüllten Garantieschein fügen wir bei.
Wir danken für Ihren Auftrag.

Mit freundlichen Grüßen

WERKZEUGHANDEL
GESELLSCHAFT MBH

i. V. Josef Huber

Widerruf der Bestellung

Der Widerruf einer Bestellung erfolgt dann rechtzeitig, wenn er spätestens gleichzeitig mit der Bestellung beim Verkäufer eintrifft. Erhält der Verkäufer den Widerruf erst später, so hängt es von ihm ab, ob er mit der Stornierung einverstanden ist. In den meisten Fällen wird er sein Einverständnis dazu geben, um den Kunden nicht zu verlieren.
Der Widerruf soll vor allem den Hinweis auf die Bestellung, die Begründung für den Widerruf sowie gegebenenfalls eine Zusage für spätere Aufträge enthalten.

Bestellung

München, 14. Juni 2000

Widerruf der Bestellung

Gestern haben wir bei Ihnen einen

                Jet Set Laserdrucker LBP-4 Plus

bestellt. Leider müssen wir heute unseren Auftrag zurückziehen, weil der Interessent für diesen Artikel – wie wir gerade erfahren – Konkurs anmelden musste und daher seinen Auftrag storniert hat. Somit ist auch unsere Bestellung bei Ihnen hinfällig geworden.
Wir bitten Sie daher, die Stornierung unseres Auftrags zur Kenntnis zu nehmen, und versichern Ihnen, dass wir Sie durch zukünftige Aufträge für Ihr Entgegenkommen entschädigen werden.

Mit freundlichen Grüßen
Rainer Moser & Co.

Stuttgart, 17. Juni 2000

Widerruf Ihrer Bestellung

Sehr geehrter Herr Moser,

wir haben Ihre Bestellung vom 22. Mai über einen

                Jet Set Laserdrucker LBP-4 Plus

und Ihr Schreiben vom 14. Juni, in dem Sie diesen Auftrag widerrufen, erhalten. Wir bedauern zwar, dass wir Sie nicht beliefern dürfen, nehmen aber Ihre Stornierung zur Kenntnis und hoffen, dass wir auch in Zukunft wieder Bestellungen von Ihnen erwarten dürfen.

Mit freundlichen Grüßen

Änderung der Bestellung

Soll nicht der ganze Auftrag storniert werden, muss man nicht widerrufen, sondern nur um eine Änderung der Bestellung ersuchen, zum Beispiel wenn aus irgendeinem Grund eine zu große oder zu kleine Menge bestellt wurde oder man die Ware schon früher braucht, als in der Bestellung angeführt.

Änderung der Bestellung

Wir bestellten bei Ihnen am ...

                1000 2-l-Flaschen „Kaiserstiege".

Inzwischen hat aber ein Rohrbruch einen Teil unseres Kellers für die nächsten Wochen unbrauchbar gemacht. Wir haben deshalb zu wenig Platz, um alle Flaschen lagern zu können.
Bitte senden Sie uns daher statt der bestellten Menge nur

                500 2-l-Flaschen „Kaiserstiege".

Sobald die Kellerräume renoviert sind, werden wir Ihnen eine weitere Bestellung zukommen lassen.
Vielen Dank für Ihr Verständnis.

Mit freundlichen Grüßen

Ablehnung der Bestellung

Eine Bestellung kann vom Verkäufer abgelehnt werden, wenn es sich um ein unverbindliches Angebot gehandelt hat oder wenn die Bedingungen der Bestellung mit denen des Angebots nicht übereinstimmen. Bei einer Ablehnung der Bestellung kommt in den eben genannten Fällen kein Kaufvertrag zustande. Der Verkäufer sollte seine Entscheidung aber jedenfalls begründen und eventuell dem Käufer ein neues Angebot machen.

Ihre Bestellung

Wir danken Ihnen für Ihre Bestellung, mussten jedoch feststellen, dass der angegebene Preisnachlass nicht unserem Angebot entspricht. Da unsere Preise genau kalkuliert sind, können wir Ihnen bedauerlicherweise den gewünschten Rabatt von 10 % nicht gewähren.
Schon der Rabatt von 5 % ist unsere absolute Obergrenze, und den erhalten nur besonders treue Kunden wie Sie.
Bitte teilen Sie uns möglichst umgehend mit, ob Sie mit den im Angebot genannten Bedingungen einverstanden sind, da wir ansonsten die Lieferung nicht ausführen können.

Mit freundlichen Grüßen

Lieferung

Schlussbrief

Der Schlussbrief stellt eine Kombination von Bestellung und Auftragsbestätigung dar; er ist die urkundliche Schriftform des Kaufvertragsabschlusses. Ein Schlussbrief kann vom Verkäufer oder vom Käufer ausgestellt werden und wird von beiden Vertragspartnern unterschrieben. Jeder Partner erhält ein Exemplar.
Meist wird ein Schlussbrief dann erstellt, wenn es sich um einen großen Abschluss oder um einen Vertrag mit kompliziertem Inhalt handelt (z. B.: Sukzessivkauf = Kauf auf Abruf in Teilmengen, oder Spezifikationskauf = Kauf mit späterer genauer Bestimmung der Qualität). Häufig werden für Schlussbriefe auch Vordrucke verwendet.

Schlussbrief

Ware:	Bananen, erste Qualität
Menge:	50.000 Kilogramm
Preis:	Importabgabepreis € ...,– je kg, verzollt, ab Lager Hamburg, zuzüglich ... % Mehrwertsteuer
Lieferung:	sofort nach Eintreffen der Ware, jedoch bis spätestens 10. Dezember d. J.
Versendung:	durch Spediteur des Verkäufers
Haftung:	Transportrisiko zu Lasten des Käufers
Verpackung:	in Kartons zu je 25 kg, Gewicht der Verpackung im Durchschnitt 0,75 kg
Zahlung:	10 % des Rechnungsbetrages bei Unterzeichnung des Schlussbriefes, der Rest ist bei Übernahme der Ware zu bezahlen
Erfüllungsort, Gerichtsstand:	Hamburg
Ort, Datum:	....
Der Käufer:	Der Verkäufer: ....

Lieferung

Zur ordnungsgemäßen Erfüllung des Kaufvertrages gehört, dass die Ware zum vereinbarten Termin geliefert wird. Die Lieferung kann durch eine Versandanzeige angekündigt werden. Dadurch hat der Käufer die Möglichkeit, Vorbereitungen für die Ankunft der Ware zu treffen; er kann aber auch Nachforschungen anstellen, wenn sie nicht zum angekündigten Termin eintrifft.

Wird die Ware vom Käufer selbst abgeholt, kann ihm durch eine Bereitstellungsmeldung der Abholtermin bekannt gegeben werden. Sowohl für die Versandanzeige als auch für die Bereitstellungsmeldung sind Formulare vorgesehen; von manchen Firmen werden dafür auch Briefe verfasst. Der Kunde kann aber selbstverständlich ebenso telefonisch verständigt werden.

Ob der Käufer oder der Verkäufer die Kosten und das Risiko des Transports zu tragen hat, wird meist im Kaufvertrag festgelegt. Auch das Transportmittel kann, falls erforderlich, im Kaufvertrag vereinbart werden.

Ein weiteres Formular, das bei der Lieferung von Waren verwendet wird, ist der Lieferschein. Er besteht aus mindestens zwei und höchstens vier Teilen. Ein Lieferschein muss jedenfalls aus Lieferschein und Gegenschein bestehen.

Der erste Teil oder Originallieferschein wird dem Käufer übergeben, der zweite Teil oder Gegenschein bleibt beim Verkäufer. Auf diesem bestätigt der Käufer die Übernahme der Ware. Der dritte Teil ist der Kontrollschein. Er begleitet die Ware nicht, sondern bleibt im Büro des Verkäufers und dient als Grundlage für die Rechnungslegung. Der vierte Teil ist der Übergabeschein. Gegen Aushändigen dieses Übergabescheins an den Lagerverwalter erhält das Transportpersonal die Ware.

Beim Postversand wird die Übergabe der Ware an die Post durch den Aufgabeschein bestätigt. Bei der Bahn verwendet man als Versanddokument den Frachtbrief.

Ein Frachtbrief im internationalen Frachtverkehr besteht aus fünf Teilen. Diese sind: das Frachtbrieforiginal (wird dem Empfänger am Bestimmungsort ausgehändigt), die Frachtkarte (begleitet die Sendung und dient der Abrechnung der nationalen Frachtanteile, wenn mehrere Staaten durchquert werden), das Empfangsblatt (wird vom Empfänger unterschrieben und bleibt im Bestimmungsbahnhof), das Frachtbriefdoppel (wird dem Absender nach Übernahme der Ware durch die Bahn übergeben) und das Versandblatt (bleibt im Versandbahnhof). Das Frachtbriefdoppel berechtigt den Absender, so lange über die Ware zu verfügen, solange sie nicht dem Empfänger ausgehändigt wurde. Durch die Privatisierung der Bahn, die Harmonisierungsbestrebungen in der EU sowie die fortschreitende Umstellung der Frachtabwicklung auf EDV ist in den nächsten Jahren weiterhin mit Veränderungen der Frachtpapiere zu rechnen.

Empfangsbestätigung

Wurde die Lieferung ordnungsgemäß durchgeführt und die Ware ohne Mängel übernommen, kann der Kunde dies per Empfangsbestätigung dem Lieferanten mitteilen. Von einer solchen Empfangsbestätigung wird allerdings selten Gebrauch gemacht. Meist wird sie nur bei Lieferung von sehr empfindlichen Waren ausgestellt (z. B. leicht zerbrechlichen oder leicht verderblichen Waren) und wenn es der Lieferant ausdrücklich wünscht (z. B. wenn er das Transportrisiko zu tragen hat).

Da durch die Unterschrift des Kunden auf dem Gegenschein der Empfang der Ware ohnehin bestätigt wird, ist insofern keine Empfangsbestätigung erforderlich. Taucht bei der Prüfung der Ware noch ein Fehler auf, muss der Kunde ohnedies dem Lieferanten eine Mängelrüge schicken; war die Ware in Ordnung, gilt auch das Schweigen des Kunden als Zustimmung.

Lieferung

Empfangsbestätigung

Die uns mit Ihrer Versandanzeige vom ... angekündigten

        10 Rhapsodie Ausstattungssets aus Porzellan

sind heute bei uns eingetroffen und in einwandfreiem Zustand übernommen worden. Den Betrag der beigefügten Rechnung werden wir vereinbarungsgemäß in den nächsten Tagen an Sie überweisen.

Mit besten Grüßen

Lieferung mangelhafter Ware

Von der Lieferung mangelhafter Ware spricht man, wenn schlechte oder falsche Qualität, falsche Menge oder beschädigte Ware geliefert wurde. Man unterscheidet zwischen offenen und versteckten Mängeln. Offene Mängel sind alle erkennbaren oder durch sofortige Untersuchung festzustellenden Mängel (Mängel der Verpackung, des Gewichts, der Menge usw.). Versteckte Mängel treten erst beim Gebrauch oder Verbrauch einer Ware zutage (Kopien eines Kopiergerätes sind nicht wischfest, Thermostat eines Kühlschranks funktioniert nicht usw.).

Offene Mängel sind unverzüglich, versteckte Mängel sofort nach ihrer Entdeckung, spätestens jedoch sechs Monate nach Übernahme der Ware bekannt zu geben. Stellt der Kunde eine Beschädigung der Verpackung fest, sollte er dies unverzüglich vom Überbringer bestätigen lassen. Beschränkt sich die Beschädigung nicht auf die Verpackung, sondern ist auch die Ware davon betroffen, kann der Käufer damit beweisen, dass die Ware nicht erst bei ihm beschädigt wurde.

Je nach Art des Mangels (wesentlicher oder unwesentlicher Mangel, behebbarer oder unbehebbarer Mangel) können entsprechende Forderungen an den Lieferanten gestellt werden. Bildet der Mangel kein Hindernis für die ordnungsgemäße Verwendung der Ware, kann der Käufer folgende Ansprüche geltend machen:

- angemessene Herabsetzung des Kaufpreises,
- Verkäufer nimmt die beanstandete Ware zurück und liefert an ihrer Stelle einwandfreie Ware,
- Nachlieferung fehlender Mengen oder Teile,
- Reparatur (wenn der Mangel dadurch behebbar ist).

Bei schwerwiegenden, unbehebbaren Mängeln kann der Käufer

- vom Vertrag zurücktreten,
- Nachlieferung verlangen oder
- den Umtausch der Ware fordern.

Schadenersatzansprüche können gestellt werden, wenn infolge des Mangels ein nachweisbarer Schaden entstanden ist. Dabei ist es nach dem Produkthaftungsgesetz (in Deutschland seit 1989 in Kraft) unerheblich, ob den Hersteller oder Importeur der Ware ein Verschulden trifft oder nicht. Er hat für alle Schäden aufzukommen, die den Betrag von € 575,– übersteigen. Der Konsument kann sich auch an den Händler wenden, der ihm das fehlerhafte Produkt verkauft hat. Nennt der Händler den Namen des Herstellers oder Importeurs nicht, so haftet er im gleichen Umfang.
Meist wird man wohl versuchen, derartige Probleme auf dem Kulanzweg zu regeln. Und selbst bei berechtigter Verärgerung des Käufers sollte eine Mängelrüge in sachlichem und höflichem Ton formuliert werden (siehe dazu auch Seite 167 ff.).

Mängelrüge

Ihre Sendung ist heute bei uns eingetroffen. Beim Öffnen der Pakete musste ich in Gegenwart von Zeugen feststellen, dass

20 Paar Wanderschuhe „Killy" (verschiedene Größen)

fehlen, obwohl sie berechnet wurden. Dieses Versehen verursacht mir große Probleme, weil ich den Verkauf einiger Paare bereits fest zugesagt habe und den Rest zur Ergänzung meines Lagervorrats für die beginnende Urlaubssaison dringend benötige. Liefern Sie mir bitte die fehlende Menge so rasch wie möglich nach.

Mit freundlichen Grüßen

Ihre Mängelrüge

Wir bedauern, dass Ihnen irrtümlich die bestellten

20 Paar Wanderschuhe „Killy"

mit der letzten Sendung nicht zugesandt wurden und Ihnen dadurch Unannehmlichkeiten entstanden sind. Der Packer, der Ihre Bestellung versandbereit machte, hat die fehlenden Paare versehentlich einer anderen Sendung hinzugefügt. Der Irrtum wurde leider zu spät bemerkt.
Um dieses Problem so rasch wie möglich zu bereinigen, haben wir sofort nach Erhalt Ihres Briefes die Fehlmenge als Expressgut an Sie abgesandt.
Wir versichern Ihnen, dass wir in Zukunft Ihre Aufträge besonders gewissenhaft ausführen werden, und bitten um Ihr weiteres Vertrauen.

Mit freundlichen Grüßen

Lieferung

Mängelrüge

Wir erhielten heute Ihre Sendung mit 100 Stück Biergläsern. Bei der Übernahme der Ware von der Post bemerkten wir sofort, dass einer der fünf Kartons stark beschädigt war. Wir ließen uns die Beschädigung auch durch den Paketzusteller bestätigen. Als wir die Ware überprüften, stellten wir fest, dass die 20 Biergläser, die sich im beschädigten Karton befanden, zerbrochen waren.
Da der Schaden unserer Ansicht nach eindeutig auf die unzureichende Verpackung zurückzuführen ist, ersuchen wir Sie, uns die zerbrochenen Gläser durch eine Ersatzlieferung zu ersetzen.

Mit freundlichen Grüßen

Ihre Mängelrüge

Wir bedauern, dass unsere Sendung mit Biergläsern bei Ihnen teilweise zerbrochen angekommen ist. Sie begründen dies mit einer unzureichenden Verpackung. Dem müssen wir allerdings widersprechen, da unsere Verpackung widerstandsfähiger ist, als dies die Versicherungsbedingungen vorschreiben. Außerdem haben Kunden bisher nie über zerbrochene Ware geklagt.
Außerdem müssen wir Sie darauf hinweisen, dass die Ware laut Kaufvertrag ab Werk geliefert wurde. Da somit Sie das Transportrisiko tragen, wenden Sie sich bitte wegen des Schadenersatzes direkt an die Post.
Um Ihnen unser Entgegenkommen zu zeigen, sind wir bereit, die zerbrochene Ware unter Gewährung eines Rabattes von 5 % nachzuliefern. Bitte teilen Sie uns mit, ob Sie mit diesem Angebot einverstanden sind.
Wir hoffen, damit einen kleinen Beitrag für eine weitere gute Zusammenarbeit leisten zu können.

Mit freundlichen Grüßen

Lieferverzug

Um den Zeitpunkt eines Lieferverzugs feststellen zu können, ist es erforderlich, die eventuellen Geschäfte zu unterscheiden in
- Fixgeschäfte und
- Geschäfte mit nicht exakt definierten Liefervereinbarungen.

Um ein Fixgeschäft handelt es sich, wenn der Liefertermin ausdrücklich und eindeutig vereinbart wurde, wenn etwa Ware für einen bestimmten Anlass bestellt wurde (z. B. ein Hochzeitskleid, wenn der Hochzeitstermin bekannt gegeben wurde; Lieferung für Weihnachten usw.). Bei Fixgeschäften tritt der Lieferverzug sofort nach Überschreiten des Liefertermins ein, und der Vertrag gilt als aufgelöst – es sei denn, der Käufer erklärt, dass er auf der Erfüllung des Vertrages weiterhin besteht.

Handelt es sich um ein Geschäft mit nicht exakt definierten Lieferbedingungen (z. B. Lieferung „bis Ende Mai"), muss dem Verkäufer eine angemessene Nachfrist mit genauer Datumsangabe gesetzt werden; außerdem müssen ihm Folgen der Nichteinhaltung angedroht werden. Erst wenn diese neuerliche Frist nicht eingehalten wird, tritt Lieferverzug ein. Die Folgen sind dann die gleichen wie beim Fixgeschäft.

Unter „angemessener Nachfrist" versteht man einen Zeitraum, der so bemessen ist, dass der Verkäufer doch noch liefern kann. Wird eine Nachfrist zu kurz gesetzt, kann der Verkäufer um Verlängerung ersuchen. In diesem Punkt müssen immer auch die jeweiligen allgemeinen Geschäftsbedingungen beachtet werden, die die Rechte des Käufers erheblich einschränken können.

Der Käufer hat bei Lieferverzug folgende rechtliche Möglichkeiten:

- Rücktritt vom Vertrag: Das wird man in Betracht ziehen, wenn die Ware bei gleichgebliebener Qualität billiger geworden ist oder aufgrund des abgelaufenen Termins nicht mehr benötigt wird
- Bestehen auf nachträglicher Lieferung: bei gestiegenen Preisen und wenn nach wie vor Bedarf für die Ware gegeben ist
- Schadenersatz verlangen: falls nachweisbare Schäden entstanden sind, beispielsweise durch höheren Deckungskauf

Wetzlar, 14. April 2000

Lieferverzug

Wir haben am 25. Februar bei Ihnen

20 Singapur Kühlgeräte AX 5000

mit Liefertermin Ende März bestellt. Obwohl diese Frist schon seit 14 Tagen überschritten ist, haben wir von Ihnen weder die Lieferung noch eine Benachrichtigung über die Lieferverzögerung erhalten. Da die Nachfrage in den letzten Tagen zugenommen hat, benötigen wir die Ware schon sehr dringend. Wir bitten Sie daher, uns die Kühlgeräte bis spätestens 30. April d. J. zu liefern.

Sollte es Ihnen nicht möglich sein, diesen neuen Termin einzuhalten, wären wir gezwungen, vom Vertrag zurückzutreten und unseren Bedarf bei einem anderen Lieferanten zu decken.

Mit freundlichen Grüßen

Bestellung

Unser Auftrag vom 25. Februar 2000

Am 14. April haben wir Ihnen für die Lieferung der bestellten Ware eine Nachfrist bis zum 30. April d. J. gewährt. Sie haben aber weder geliefert, noch haben Sie es der Mühe wert gefunden, auf unser Schreiben zu antworten. Wir treten daher vom Vertrag zurück und behalten uns vor, an Sie Schadenersatzansprüche zu stellen.

Hochachtungsvoll

Mögliche Reaktion der Lieferfirma auf das Setzen einer Nachfrist:

Dortmund, 18. April 2000

Ihr Auftrag vom 25. Februar 2000

Es tut uns leid, dass wir die Frist zur Lieferung der von Ihnen am 25. Februar bestellten

20 Singapur Kühlgeräte AX 5000

nicht einhalten konnten.
Die Ursache der Lieferverzögerung liegt darin, dass unser Großhändler gleichfalls bereits in Lieferverzug ist. Er begründet dies mit Produktionsausfällen durch mehrere Maschinenschäden in der Erzeugerfirma; gleichzeitig teilte er uns mit, dass wir noch diese Woche mit der Ware rechnen könnten. Wir haben Sie bisher deshalb nicht davon verständigt, weil wir täglich mit dem Eintreffen der Ware rechneten, bis dann die Nachricht von unserem Großhändler eintraf. Aufgrund dieser Information haben wir sofort ein Schreiben an Sie gesandt, das aber offensichtlich erst nach Ihrem Brief vom 14. April bei Ihnen angekommen ist.
Da wir Sie sofort nach Erhalt der Ware beliefern werden, können wir Ihnen verbindlich zusichern, dass dies noch vor dem 30. April sein wird.
Wir bitten um Ihr Verständnis und hoffen, dass diese uns selbst peinliche Situation unsere bisher gute Geschäftsverbindung nicht beeinträchtigen wird.

Mit freundlichen Grüßen

Annahmeverzug

Annahmeverzug liegt dann vor, wenn der Käufer ordnungsgemäß und rechtzeitig gelieferte Ware nicht annimmt. Dies kommt allerdings selten vor. Meist nimmt der Käufer die Ware nicht an, wenn falsche Ware geliefert wird oder der Liefertermin be-

reits überschritten ist. In diesen Fällen handelt es sich dann aber juristisch gesehen nicht um Annahmeverzug, sondern um Annahmeverweigerung.
Die rechtlichen Möglichkeiten beim Annahmeverzug:
- Hinterlegung der Ware auf Kosten und Gefahr des Käufers in einer Lagerhalle.
- Der Verkäufer hat das Recht, dem Käufer eine Nachfrist zu setzen und bei abermaliger Nichtannahme eine öffentliche Versteigerung durchzuführen (Selbsthilfeverkauf). Über Zeit und Ort der Versteigerung muss der Käufer unterrichtet werden. Um für die Verständigung einen Beweis zu haben, ist es sinnvoll, dem Käufer einen eingeschriebenen Brief zu schicken. Handelt es sich um leicht verderbliche Waren, entfällt die Verständigungspflicht. Wird die Ware versteigert und dabei ein Mehrerlös erzielt, gebührt dieser dem Käufer.
- Ein Rücktritt vom Vertrag ist dann sinnvoll, wenn günstige Absatzmöglichkeiten bestehen oder der Käufer sich in Zahlungsschwierigkeiten befindet.

Bei Abrufverzug oder Spezifikationsverzug muss der Käufer zuerst gemahnt werden. Reagiert er nicht, kann ihm bei Abrufverzug die Lieferung der vereinbarten Höchstmenge bis zu einem bestimmten Termin angedroht werden.
Bei Spezifikationsverzug kann der Verkäufer nach erfolgloser Mahnung die Qualität der Lieferung selbst bestimmen oder eine Nachfrist setzen. Nach Ablauf der Frist ist er berechtigt, vom Vertrag zurückzutreten und vom Käufer Schadenersatz wegen Nichterfüllung zu verlangen.

Aufforderung zur Annahme der Ware

Wir lieferten Ihnen am 20. d. M. auftragsgemäß per Bahn
          10 Farbfernsehgeräte Sinus Color 2000.
Zu unserem Erstaunen teilt uns heute die Deutsche Bahn mit, dass Sie die Annahme der Ware verweigern. Da wir den Versand rechtzeitig angezeigt haben und auch sonst unsererseits kein Verschulden festzustellen ist, nehmen wir an, dass es sich um ein Missverständnis Ihrer Lagerverwaltung handelt. Ihr Einkaufsleiter, Herr Gruber, den wir telefonisch kontaktiert haben, behauptet nämlich, dass die Ware von Ihnen nicht bestellt worden sei. Um diese Meinung zu widerlegen, fügen wir eine Kopie Ihrer Bestellung bei.
Die Ware wurde in der Lagerhalle der Deutschen Bahn in … auf Ihre Kosten und auf Ihr Risiko eingelagert. Holen Sie die Farbfernsehgeräte dort bitte schnellstmöglich ab, weil sonst nur unnütze Lagerspesen entstehen.

Mit freundlichen Grüßen   Anlage:
                                        Kopie der Bestellung
MÜLLER & SÖHNE
ELEKTROGROSSHANDEL

Augsburg, 16. Oktober 2000

Ihre Bestellung

Die Speditionsfirma Hafner & Co. verständigte uns, dass Sie die Übernahme der bei uns bestellten

        15 Garnituren Gartenmöbel, Sonnhaus Alpha 7

ohne Angabe von Gründen abgelehnt haben.
Wie uns der Spediteur versicherte, wurde die Ware in einwandfreiem Zustand geliefert und auch der vereinbarte Liefertermin wurde exakt eingehalten.
Um den Rücktransport der Gartenmöbel zu vermeiden, haben wir den Spediteur angewiesen, sie auf Ihre Gefahr und Kosten in seiner Lagerhalle einzulagern.
Wir werden die Gartenmöbel am 20. Oktober auf Ihre Rechnung nochmals zustellen lassen. Sollten Sie die Annahme erneut verweigern, sind wir leider gezwungen, einen Selbsthilfeverkauf vorzunehmen.

Mit freundlichen Grüßen   Kopie der Bestellung

GARTENMÖBEL G.M.B.H.

Finkenried, 18. Oktober 2000

Meine Bestellung vom 14. September 2000

Ich danke Ihnen für Ihr Schreiben vom 16. Oktober und muss Ihnen leider mitteilen, dass es mir nicht möglich ist, die

        15 Garnituren Gartenmöbel, Sonnhaus Alpha 7

zu übernehmen, weil mein Kunde überraschend seinen Auftrag zurückgezogen hat. Da ich zu dieser fortgeschrittenen Jahreszeit keinen neuen Abnehmer für einen so großen Warenposten finde und mir auch keine geeignete Lagermöglichkeit für Ihre Lieferung zur Verfügung steht, ersuche ich Sie, die Sendung zurückzunehmen.
Selbstverständlich ersetze ich Ihnen sämtliche entstandenen Kosten wie Lagergebühren, Rücktransport und ähnliches und sichere Ihnen als Entschädigung größere Bestellungen in der nächsten Saison zu.
Ich hoffe auf Ihr Verständnis und danke Ihnen im Voraus für Ihr Entgegenkommen!

Mit besten Grüßen

WILLIS GARTENSHOP

Augsburg, 25. Oktober 2000

Ihr Schreiben vom 18. Oktober 2000

Ihren Vorschlag auf Rücknahme der von Ihnen bestellten
            15 Garnituren Gartenmöbel, Sonnhaus Alpha 7
können wir leider nicht annehmen.
Auch bei größtem Entgegenkommen ist es uns nicht möglich, Ihrem Wunsch zu entsprechen. Es hätte keinen Sinn, die Ware einzulagern und im nächsten Jahr zum Verkauf anzubieten, weil sie nur noch zu einem Sonderpreis abgesetzt werden könnte.
Wie Sie wissen, ändern sich jedes Jahr die Muster der Stoffbezüge, und daher würden die Gartenmöbel nicht mehr dem aktuellen Stand entsprechen. Außerdem dürfen Sie nicht vergessen, dass Sie noch für weitere Lagerkosten aufkommen müssten.
Wir haben daher beschlossen, die Ware in der Versteigerungshalle Augsburg am 5. November 2000 um 10 Uhr zum Verkauf anzubieten. Von dem bei der Versteigerung erzielten Erlös werden wir Sie benachrichtigen.
Wir hoffen auf Ihr Verständnis und eine weiterhin gute Geschäftsverbindung.

Mit freundlichen Grüßen

GARTENMÖBEL G.M.B.H.

Rechnung

Im Rahmen der Rechnungslegung wird die Lieferung mit dem Käufer abgerechnet. Rechnungen werden vielfach auf Formularen ausgestellt, die zum Großteil per Computer ausgedruckt werden
Mittels EDV ist es möglich, Versandanzeige, Lieferschein und Rechnung in einem Arbeitsgang anzufertigen. Daneben werden auch heute noch Rechnungen auf der Schreibmaschine geschrieben.

Umsatzsteuer im EU-Binnenmarkt

Seit dem 1. Januar 1995 nehmen 15 Staaten am europäischen Binnenmarkt teil. Der Binnenmarkt umfasst den Bereich aller Mitgliedsstaaten der EU, das sind derzeit: Belgien (BE), Dänemark (DK), Deutschland (DE), Griechenland (EL), Spanien (ES), Frankreich (FR), Irland (IE), Italien (IT), Luxemburg (LU), Niederlande (NL), Portugal (PT), Vereinigtes Königreich Großbritannien und Nordirland (GB), Finnland (FI) Schweden (SE) und Österreich (AT).

Rechnung

Der europäische Binnenmarkt ist ein Wirtschaftsraum ohne Zollgrenzen, in dem der freie Verkehr von Waren, Personen, Dienstleistungen und Kapital gewährleistet ist. Durch den Wegfall der Zollgrenzen ergaben sich zahlreiche Änderungen bei verschiedenen Steuergesetzen, insbesondere auch bei der Umsatzsteuer. Das neue Umsatzsteuergesetz enthält neue gesetzliche Regelungen, die den Binnenmarkt betreffen und mit denen sich jene Unternehmer vertraut machen müssen, die auf diesem Markt wirtschaftlich tätig sein wollen.
Jeder Unternehmer, der sich am Binnenmarkt als Lieferant oder als Lieferungsempfänger beteiligt, benötigt eine Umsatzsteuer-Identifikationsnummer (USt.-IdNr.), um sich gegenüber seinem Partner als Unternehmer zu erkennen zu geben. Die USt.-IdNr. wird durch das Bundesamt für Finanzen auf Antrag an alle Unternehmen vergeben, die zur Umsatzsteuer erfasst sind. Kleinunternehmer (nicht über DM 32.500,- – das entspricht rund € 16.620,- Gesamtumsatz im Vorjahr und voraussichtlich nicht über DM 100.000,-, also rund € 51.130,- im laufenden Kalenderjahr), pauschalierende Land- und Forstwirte sowie andere Unternehmen benötigen eine Umsatzsteuer-Identifikationsnummer nur dann, wenn sie sich am innergemeinschaftlichen Handelsverkehr beteiligen wollen.
Um die richtige Anwendung der umsatzsteuerrechtlichen Regelungen im EU-Bereich trotz Entfall der Warenkontrolle an der ehemaligen Zollgrenze zu gewährleisten,

- erhält jeder Unternehmer, der sich am Binnenmarkt beteiligen könnte, eine Umsatzsteuer-Identifikationsnummer (USt.-IdNr);
- kann sich der Unternehmer die Gültigkeit der Umsatzsteuer-Identifikationsnummer, die für seinen Geschäftspartner (Lieferungsempfänger) in einem anderen Mitgliedsstaat vergeben wurde, bestätigen lassen (Bestätigungsverfahren);
- muss der Unternehmer regelmäßig Meldungen über seine steuerfreien Lieferungen an Abnehmer in anderen EU-Mitgliedsstaaten an das Finanzamt erstellen.

Der Unternehmer ist verpflichtet – will er umsatzsteuerfrei liefern – auf Rechnungen über steuerfreie innergemeinschaftliche Lieferungen sowohl die eigene Umsatzsteuer-Identifikationsnummer als auch jene des Leistungsempfängers anzugeben.

Inhalt der Rechnung

Die Rechnung wird mit dem Datum und gegebenenfalls auch mit einer fortlaufenden Nummer versehen und enthält:

- Name und Anschrift des liefernden oder leistenden Unternehmens (gegebenenfalls mit Angabe der USt.-IdNr.)
- Name und Anschrift des Empfängers der Lieferung oder Leistung (gleichfalls wenn zutreffend mit Angabe der USt.-IdNr.)
- Menge und Bezeichnung der Lieferung oder Leistung
- Entgelt für die Lieferung oder Leistung (ohne Mehrwertsteuer)
- Steuerbetrag (Mehrwertsteuer) für das Entgelt
- Gesamtbetrag
- Bankverbindung

Rechnung

Bezahlt der Kunde sofort bei Übernahme der Ware, wird die Rechnung mit einer Quittung versehen wie „Dankend erhalten", „Betrag erhalten", „Bezahlt am ..." und unterschrieben. Bei Versandgeschäften werden Rechnungen ohne Unterschrift des Lieferanten ausgestellt, um den Anschein einer Quittung zu vermeiden.

Rechnung

Anbei übersenden wir Ihnen die Rechnung für die Lieferung vom ... in Höhe von

€ 20.000,–

und ersuchen Sie, diesen Betrag vereinbarungsgemäß auf unser Konto Nr. 3026-00478932 bei der Sparkasse ... (BLZ ...) zu überweisen.

Mit besten Grüßen   Anlage:
                                      Rechnung Nr.: ...

Beanstanden der Rechnung

Eine Rechnung wird dann beanstandet werden, wenn:

- ein falscher Preis angesetzt wurde
- ein Rechenfehler festgestellt wurde
- Preisabzüge nicht ausreichend berücksichtigt wurden
- zu viele Preiszuschläge verrechnet wurden
- Vertragsvereinbarungen einseitig abgeändert wurden
- die Mehrwertsteuer falsch berechnet wurde oder ähnliches mehr.

Bemängelung der Rechnung Nr. 2125

Wir erhielten heute Ihre Rechnung über

20 Tintenstrahldrucker, Marke Nova DX 200.

Bei der Überprüfung stellten wir Folgendes fest: Wir vereinbarten „Lieferung frei Haus", und außerdem räumten Sie uns einen Sonderrabatt von 10 % sowie bei Zahlung innerhalb von 10 Tagen einen Skonto von 3 % ein. Im Gegensatz dazu wurden in der Rechnung Transportkosten angesetzt, und bei den Zahlungsbedingungen steht nichts von Rabatt und Skonto.
Wir ersuchen Sie daher, die Rechnung unseren Vereinbarungen entsprechend abzuändern, und verbleiben

mit freundlichen Grüßen

Rechnung

Die Antwort des Verkäufers:

Unsere Rechnung Nr. 2125

Wir haben Ihr Schreiben vom ... erhalten und entschuldigen uns vielmals für den Irrtum, der uns beim Ausstellen der Rechnung unterlaufen ist.
Unsere Liefer- und Zahlungsbedingungen lauten normalerweise so, wie sie auf der Rechnung angeführt sind – wir haben übersehen, dass wir mit Ihnen Sonderkonditionen vereinbart hatten. Die beiliegende Rechnung wurde nun entsprechend unseren Vereinbarungen erstellt.

Mit besten Grüßen

Rechnung Nr.: ... (neu)

Bemängelung der Rechnung Nr. 4879

Ich habe heute Ihre Rechnung für die Erweiterung des Hauptspeichers meines Computers erhalten. Sie führen darin Material und Arbeitszeit getrennt an und weisen einen Gesamtbruttobetrag von € 258,– aus. Da ich aber bei Auftragserteilung mit Ihnen einen Pauschalpreis von € 220,– (brutto) vereinbart habe, bin ich nicht bereit, diese Zahlung zu leisten.
Ich ersuche Sie daher, den Rechnungsbetrag auf den vereinbarten Pauschalpreis herabzusetzen.

Mit freundlichen Grüßen

Unsere Rechnung Nr. 4879

Es ist richtig, wie Sie in Ihrem Schreiben anführen, dass ich mit Ihnen einen Pauschalpreis von € 220,– vereinbart hatte. Dieser Preis war für den Einbau der Speichererweiterung samt Komponente gedacht. Als ich das Gerät öffnete, stellte ich allerdings fest, dass ein Modul defekt war, was in nächster Zeit eine Reparatur notwendig gemacht hätte.
Um nicht eigenmächtig zu handeln, versuchte ich Sie telefonisch zu erreichen, was mir aber nicht gelang. Daraufhin dachte ich, es sei jedenfalls in Ihrem Interesse, diesen Fehler gleich zu beheben.
Wie Sie aus der Rechnung ersehen können, ergibt sich der um € 38,– höhere Rechnungsbetrag aus dem Preis für das erneuerte Modul samt Arbeitszeit. Da Sie diese Re-

paratur nicht verlangt haben und ich Sie als Kunden nicht verlieren will, bin ich bereit, den Rechnungsbetrag um den Arbeitspreis für den Einbau des Moduls in Höhe von € 17,– zu reduzieren.

Mit freundlichen Grüßen

Rechnung

Nichteinhalten des Kostenvoranschlags

Ein Kostenvoranschlag hat sowohl für Privatpersonen als auch für Unternehmen große Bedeutung. Er dient zum einen als Basis für Preis- und Leistungsvergleiche und zum anderen als Orientierungshilfe bei der Preisgestaltung. Kostenvoranschläge sind, wenn nichts anderes vereinbart wurde, gratis. Bei größeren Investitionen ist es sicherlich sinnvoll, sich verbindliche Kostenvoranschläge erstellen zu lassen, weil der Verkäufer bei diesen nicht vom vereinbarten Preis abweichen darf; bei unverbindlichen Kostenvoranschlägen darf der Preis noch in einem gewissen Ausmaß variiert werden (siehe dazu das Beispiel Seite 163 f. und Seite 172).
Ist nichts Gegenteiliges vereinbart worden oder wurde nicht ausdrücklich auf die Unverbindlichkeit des Kostenvoranschlags hingewiesen, gilt er als verbindlich. Mit Hinweisen wie „Preisänderungen vorbehalten" oder „Gilt nur für gleichbleibende Lohn- und Materialkosten" kann die Verbindlichkeit ausgeschlossen werden.

Merseburg, 7. April 2000

Ihre Rechnung vom 5. 4. 2000

Sehr geehrter Herr Bechtle,

mit Schreiben vom 15. März 2000 haben Sie mir einen verbindlichen Kostenvoranschlag über die Installation einer Duschkabine gemacht.
Mit Ihrer Rechnung vom 5. 4. 2000 verlangen Sie aber um

€ 82,35,–

mehr, als laut Kostenvoranschlag vereinbart wurde, obwohl keine zusätzlichen Arbeiten in Auftrag gegeben wurden. Ich sehe daher keinen Grund, den höheren Betrag zu bezahlen.
Ich ersuche Sie, die Rechnung zu korrigieren.

Mit freundlichen Grüßen

Kopie des Kostenvoranschlags

Halle, 14. April 2000

Ihr Schreiben vom ...

Sehr geehrter Herr Bauer!

Entschuldigen Sie bitte den Fehler, der uns beim Ausstellen der Rechnung unterlaufen ist. Da seit Erstellen des Kostenvoranschlags die Material- und Lohnkosten gestiegen sind, hat die Sekretärin in Unkenntnis des Kostenvoranschlags die höheren Preise berechnet.
Selbstverständlich halten wir uns an den verbindlichen Kostenvoranschlag, und wir haben auch bereits die Rechnung entsprechend korrigiert.

Mit freundlichen Grüßen

Rechnung

Zahlen und Mahnen

Wurde die Lieferung ordnungsgemäß durchgeführt und die Rechnung erstellt, so hat der Käufer als Gegenleistung zu bezahlen.
Es gibt verschiedene Zahlungsarten:

- Barzahlung (weder der Käufer noch der Verkäufer benützen ein Konto)
- halbbare Zahlung (entweder der Käufer oder der Verkäufer benützt ein Konto)
- unbare Zahlung (sowohl der Käufer als auch der Verkäufer benützen ein Konto)

Im Zahlungsverkehr werden fast ausschließlich Formulare verwendet, gleichgültig ob bei der Post oder den verschiedenen Banken. Einige dieser Formulare sind: Postanweisung, Zahlschein, Barscheck, Verrechnungsscheck, Überweisungsauftrag, Abbuchungsauftrag (siehe die Abbildung auf der folgenden Seite), Wechsel und ähnliches mehr.
Die Postanweisung stellt eine Barzahlung unter Vermittlung der Post dar. Weder Auftraggeber noch Empfänger brauchen dazu ein Konto. Das Geld wird beim Postamt mit dem entsprechenden Formular eingezahlt, der Empfänger erhält den Betrag bar ausbezahlt und bestätigt den Empfang durch seine Unterschrift auf der Rückseite des Formulars.
Der gesamte halbbare und unbare Zahlungsverkehr wird als Giroverkehr bezeichnet. Die Vorteile für den Kunden sind:

- Man erhält sofort einen Beleg als Beweis für die Zahlung.
- Diebstahl und Verlust des Geldes können vermieden werden.
- Das Geld erreicht durch zeitsparende Verrechnung rasch das Ziel.

Beispiel eines Abbuchungsauftrags:

Zahlungsverzug

Wird eine rechtzeitige und ordnungsgemäße Lieferung nicht zum vereinbarten Termin bezahlt, spricht man von Zahlungsverzug. Wurde kein fester Termin vereinbart, muss der Verkäufer dem Käufer eine Nachfrist mit genauer Terminangabe setzen, bevor Rechtsfolgen eintreten können.
Zahlungsverzug ist eine der häufigsten Unregelmäßigkeiten bei der Erfüllung des Kaufvertrages. Angeblich werden nur wenige Forderungen ohne Zahlungserinnerung bezahlt, und fast ein Viertel davon wird sogar gerichtlich eingeklagt.
Die Gründe für den Zahlungsverzug können sehr verschieden sein, beispielsweise schlechte Terminkontrolle, vorübergehende Zahlungsschwierigkeiten, Zahlungsunfähigkeit des Kunden, betrügerische Absichten, Kunde zahlt vorsätzlich nicht, um sich billiges Kapital zu verschaffen, und dergleichen mehr. Beim Mahnverfahren sollte man deshalb, so gut wie möglich, die jeweiligen Gründe berücksichtigen.
Das Mahnen der Kunden ist eine der schwierigsten Aufgaben des Schriftverkehrs. Jede Mahnung soll auf den jeweiligen Kunden und dessen bisherige Zahlungsmoral abgestellt sein. Es ist daher sinnvoll, Aufzeichnungen über das Zahlungsverhalten der Kunden zu führen.
Wenn nach einer vorangegangenen Mahnung die Geschäftsverbindung nicht abgebrochen wurde, sondern der Kunde bezahlt und vielleicht schon wieder bestellt hat, dann ist das Mahnverfahren richtig durchgeführt worden.
Es ist auch wichtig, dass Mahnungen termingerecht erledigt werden. Pünktliches Mahnen erhöht die eigene Liquidität und erzieht vielleicht den Kunden zum genaueren Einhalten der Zahlungstermine. Kunden, die ihre Schulden beglichen haben, sind meist auch bessere Kunden, weil der Bedarf gern bei anderen Lieferanten gedeckt wird, solange noch Schulden bei dem einen Lieferanten offen stehen.

Erinnerungsschreiben (erste Mahnung)

Die erste Mahnung wird bei Kunden, die noch nicht als schlechte Zahler gelten, meist in Form eines „Erinnerungsschreibens" verfasst. Mit diesem Schreiben ist häufig ein neues Angebot verbunden, damit die Mahnung nicht zu sehr im Vordergrund steht. In jedem Fall sollte das Mahnschreiben in einem höflichen Ton abgefasst sein.
Der Kunde wird daraufhin meist reagieren: Entweder er bezahlt, oder er gibt den Grund der Zahlungsverzögerung bekannt.

Sommerkatalog 2000

Sehr geehrter Herr Maier!

Anbei finden Sie unseren neuen Katalog mit der Sommerkollektion 2000. Sie werden viele attraktive und preisgünstige Angebote entdecken, die Ihre Kunden sicherlich interessieren werden. Wenn sie schon zu Ostern diese exquisiten Modelle anbieten wollen, empfehlen wir Ihnen, bald zu bestellen.
Bei dieser Gelegenheit erlauben wir uns, Sie darauf aufmerksam zu machen, dass Ihr Konto noch einen Rückstand von € 3.436,– aufweist. Wir ersuchen Sie, diesen Betrag mittels beiliegendem Überweisungsauftrag zu begleichen.

Mit freundlichen Grüßen   **Anlagen:**
                                           1 Sommerkatalog
                                           1 Überweisungsbeleg

Erinnerungsschreiben

Wie Sie aus dem beigefügten Kontoauszug entnehmen können, steht noch ein kleiner Restbetrag zur Zahlung offen. Wir nehmen an, dass die Überweisung durch ein Missverständnis unterblieben ist. Bitte überweisen Sie daher den Restbetrag mit dem beigefügten Beleg, um Ihr Konto auszugleichen.
Wir freuen uns, Sie recht bald wieder bedienen zu dürfen, und werden immer bemüht sein, Sie zufrieden zu stellen.

Mit freundlichen Grüßen   **Anlagen:**
                                           Kontoauszug
                                           Überweisungsbeleg

Als erste Mahnung muss nicht unbedingt ein „Erinnerungsschreiben" verfasst werden; es gibt auch Formulare, die handschriftlich oder mit der Schreibmaschine ergänzt und versandt werden können. Eine andere Alternative ist, die Rechnung zu kopieren und mit einem Stempelaufdruck „Erinnerungsschreiben", „Mahnung" oder „Wir ersuchen Sie, den Rechnungsbetrag zu begleichen!" oder ähnliches zu versehen. Eine kleine Firma kann auch mit Hilfe eines Textverarbeitungsprogrammes einen Standardtext speichern, diesen mit der Adresse und den Rechnungsdaten ergänzen, ausdrucken lassen und an den Zahlungspflichtigen versenden.
Bei größeren Firmen ist meist schon im Finanzbuchhaltungsprogramm ein automatisches Mahnverfahren eingeschlossen. Hier druckt der Computer einige Tage (die Toleranzgrenze kann frei gewählt werden) nach dem Erreichen des Zahlungstermins bei noch offenen Rechnungen das versandfertige Mahnschreiben aus.

Zweite Mahnung

In der zweiten Mahnung wird auf das „Erinnerungsschreiben" verwiesen und meist auch eine Zahlungsfrist gesetzt. Dieses Schreiben wird mit mehr Nachdruck formuliert als die erste Mahnung.

Freiburg, 9. März 2000

Mahnung

Sehr geehrter Herr Riedemann!

mit Schreiben vom 5. Februar habe ich Sie darauf aufmerksam gemacht, dass die Rechnung Nr. 5879 vom ... in Höhe von

€ 489,60

noch nicht bezahlt wurde. Da bis heute weder Ihre Zahlung noch eine Mitteilung über den Grund der Zahlungsverzögerung eingetroffen ist, ersuche ich Sie erneut, den Rechnungsbetrag umgehend zu begleichen.
Auch ich muss meinen Zahlungsverpflichtungen nachkommen, und daher ist es mir nicht möglich, über den vereinbarten Zahlungstermin hinaus Kredite zu gewähren.
Ich bitte Sie nochmals, mir den Betrag zuverlässig bis spätestens

2. April 2000

auf mein Konto Nr. 30026-54989 bei der Sparkasse ... zu überweisen.

Mit freundlichen Grüßen   Anlage:
                                Überweisungsbeleg

Dritte (und letzte) Mahnung

Es kommt auf die Geduld des Gläubigers und das sonstige Zahlungsverhalten des Schuldners an, ob die dritte oder doch bereits die zweite Zahlungsaufforderung die letzte Mahnung ist. Auch bei der letzten Mahnung wird jedenfalls wieder auf die vorangegangenen Schreiben verwiesen. Der Gläubiger wird dem Schuldner eine letzte Frist setzen und Folgen für deren Nichteinhaltung ankündigen.

Letzte Mahnung

Sie wurden bereits zweimal daran erinnert, dass auf Ihrem Konto ein Zahlungsrückstand in Höhe von

€ 489,60

besteht. Leider mussten wir feststellen, dass dieser Betrag ungeachtet unserer bisherigen Mahnungen weiterhin offen ist. Sie werden daher nochmals höflich ersucht, den Saldo mit dem beiliegenden Zahlschein bis zum 20. d. M. zu überweisen, sonst müssten gerichtliche Schritte gegen Sie unternommen werden. Bitte ersparen Sie sich und uns Unannehmlichkeiten und Kosten.

Mit freundlichen Grüßen   Anlagen:
                                           Überweisungsbeleg

München, 15. März 2000

Letzte Mahnung

Sehr geehrter Herr Kronberger,

wir haben Sie wiederholt aufgefordert, unsere Rechnung Nr. 659 vom ... zu begleichen. Leider sind alle unsere Bemühungen erfolglos geblieben. Da wir die Angelegenheit nicht länger hinausschieben können, wird Sie unser inkassoberechtigter Vertreter Herr Walter Büttel am 25. März besuchen, um den offenen Betrag von

€ 5.428,–

zu kassieren. Sollten Sie dem Inkasso ausweichen, müssen wir Klage erheben. Wir hoffen, dass auch Sie daran interessiert sind, noch höhere Kosten zu vermeiden.

Hochachtungsvoll

Weitere Schritte im Mahnverfahren

Bevor die Angelegenheit einem Rechtsanwalt übergeben wird, der Klage einreichen soll, kann der Gläubiger noch ein Inkassobüro einschalten. Die Übergabe der Angelegenheit an ein Inkassobüro wird üblicherweise im letzten Mahnbrief angekündigt.

Nürnberg, 8. Juni 2000

Mahnung

Sehr geehrte Frau Wiesinger!

Wir stellen mit Bedauern fest, dass all unsere Zahlungsaufforderungen und Mahnschreiben ohne Erfolg geblieben sind. Sie haben es nach wie vor nicht für notwendig erachtet, Ihre seit 3. Februar d. J. fällige Schuld von

€ 178,–

auszugleichen. Da wir nicht mehr bereit sind, weitere Zahlungsverzögerungen in Kauf zu nehmen, setzen wir Ihnen eine

letzte Frist bis zum 20. Juni d. J.

Falls das Geld bis zu diesem Tag nicht bei uns eingegangen ist, werden wir die Forderung ohne weitere Verständigung einem Inkassobüro übergeben.
Wir hoffen, Sie nutzen diese letzte Möglichkeit und ersparen sich und uns weitere Unannehmlichkeiten.

Hochachtungsvoll

Zahlschein

Rechtlich gesehen hat sich die Situation für Gläubiger und Schuldner hierzulande am 1. Mai 2000 erheblich geändert: An diesem Tag trat in Deutschland das „Gesetz zur Beschleunigung fälliger Zahlungen" in Kraft. Dieses Gesetz, durch das wesentliche das Mahnwesen betreffende Bestimmungen des Bürgerlichen Gesetzbuches geändert wurden, sieht unter anderem vor, dass der Schuldner nun 30 Tage nach Fälligkeit der Zahlung und Zugang der Rechnung im Verzug ist (bisher war er auch lange danach nicht im Verzug, sofern ihm noch keine Mahnung zugegangen war). Das bedeutet, dass der Gläubiger nun ab 30 Tage nach Fälligkeit automatisch Verzugszinsen berechnen kann. Das ist die Rechtslage.
In der Praxis freilich hat sich das Verhältnis zwischen Gläubiger und Schuldner nur wenig geändert. Naturgemäß ist der Verkäufer weiterhin daran interessiert, den Käufer nicht durch allzu rabiate Vorgehensweise zu verärgern und für alle Zukunft

Rechnung

als Kunden zu verlieren. In seinem Interesse ist es vielmehr, den Käufer möglichst rasch und möglichst zuverlässig zur Zahlung zu bewegen. Daher wird ein abgestuftes Mahnverfahren – mit Schreiben, wie sie hier beispielhaft dargestellt sind – auch weiterhin das Mittel der Wahl sein, wenn der Verkäufer nach ordnungsgemäßer Lieferung zu seinem Geld kommen will und der Käufer sich mit der Zahlung unbillig viel Zeit lässt.

Sind alle Zahlungsaufforderungen erfolglos geblieben, wird einem Rechtsanwalt der Auftrag erteilt, den offenen Betrag auf gerichtlichem Weg einzutreiben.

Berg, 2. Juni 2000

Eintreiben meiner Forderung

Sehr geehrte Frau Dr. Schwab,

Herr Josef Anzinger, Kapellenweg 13, 82335 Aufkirchen, hat bei mir am 5. Januar d. J. die Lieferung verschiedene Elektrogeräte im Wert von € 2.524,– in Auftrag gegeben. Am 25. Januar d. J. wurde die bestellte Ware geliefert, am 28. Januar übersandte ich meinem Kunden die Rechnung über obigen Betrag.
Die Ware wurde von Herrn Anzinger unbeanstandet übernommen, der Rechnungsbetrag wurde aber innerhalb der vereinbarten Zahlungsfrist von 30 Tagen nicht überwiesen. Daraufhin schickte ich am 15. März, 12. und 28. April d. J. Mahnungen an den Kunden, die aber ohne Erfolg blieben. Auch eine letzte Zahlungsaufforderung vom 29. Mai blieb ergebnislos.
Ich ersuche Sie daher, Herrn Anzinger noch einmal zur Zahlung aufzufordern und bei Ergebnislosigkeit gerichtliche Schritte einzuleiten.

Mit freundlichen Grüßen

Anlagen:
1 Rechnungskopie
1 Kopie des Gegenscheines
3 Kopien der Mahnbriefe
1 Kopie der Zahlungsaufforderung
1 Prozessvollmacht

Schuldprolongation

Ist ein Schuldner nicht in der Lage, die offenen Rechnungen fristgerecht zu begleichen, sollte er den Gläubiger *vor* dem Fälligkeitstermin ersuchen, ihm einen Zahlungsaufschub (Stundung) zu gewähren. Auch eine Mahnung könnte Anlass dafür sein, eine Verlängerung des Zahlungszieles zu erbitten.

Ein Gläubiger wird, besonders wenn es sich um einen Ausnahmefall handelt, den Zahlungsaufschub bewilligen, um die Geschäftsverbindung nicht zu beeinträchtigen. Ein Ersuchen um Stundung wird aber abgelehnt werden, wenn der Kunde schon öfter seine Zahlungstermine nicht eingehalten und immer erst nach mehrmaligem Mahnen bezahlt hat oder wenn über die Vermögensverhältnisse des Schuldners ungünstige Nachrichten vorliegen.

Stundungsersuchen

Zu meinem Bedauern muss ich Ihnen mitteilen, dass ich derzeit nicht in der Lage bin, Ihre Rechnung Nr. 456 vom 28. Jan. 2000 in Höhe von € 2.524,– fristgerecht zu begleichen. Ich musste in letzter Zeit einige größere Investitionen tätigen, nachdem mehrere Maschinen ausgefallen waren, deren Reparatur nicht mehr sinnvoll gewesen wäre. Außerdem muss ich bis zum 28. d. M. eine Steuernachzahlung leisten. Ich ersuche Sie daher, mein Zahlungsziel um einen Monat zu verlängern.
Da meine Auftragslage sehr gut ist, werde ich bis dahin meine kurzfristigen Zahlungsschwierigkeiten überwunden haben und den Zahlungstermin pünktlich einhalten. Herzlichen Dank für Ihr Verständnis!

Mit freundlichen Grüßen

München, 10. August 2000

Ihre Mahnung

Ich muss Ihnen leider mitteilen, dass ich Ihre Rechnung vom 20. Juni über € 3.572,– noch nicht bezahlen kann. Grund meiner Liquiditätsprobleme ist, dass ein starkes Unwetter einen Teil meiner Betriebsanlagen zerstört hat und ich dadurch in letzter Zeit viel Geld für die Instandsetzungsarbeiten investieren musste.
Ich wäre Ihnen daher sehr dankbar, wenn Sie mir einen Zahlungsaufschub von zwei Monaten gewähren könnten. Zu diesem Termin werde ich dann die Rechnung zuverlässig begleichen. Im Voraus vielen Dank für Ihr Entgegenkommen!

Mit freundlichen Grüßen

München, 16. August 2000

Unsere Rechnung vom 20. Juni über € 3.572,–

Wir haben Verständnis für Ihre schwierige Situation und gewähren Ihnen den gewünschten Zahlungsaufschub. Es wäre uns allerdings angenehmer gewesen, wenn Sie uns schon früher informiert hätten.

Wechsel

Da Sie ein langjähriger Kunde unseres Hauses sind, nehmen wir von der Berechnung von Verzugszinsen Abstand.
Wir ersuchen Sie, den neuen Termin exakt einzuhalten, da wir einer nochmaligen Verlängerung der Zahlungsfrist nicht mehr zustimmen könnten.

Mit besten Grüßen

✍

✍

München, 16. August 2000

Unsere Rechnung vom 20. Juni über € 3.572,–

Wir sind zu unserem Bedauern nicht in der Lage, Ihrer reichlich verspäteten Bitte um Zahlungsaufschub zu entsprechen. Unsere Preise sind so knapp kalkuliert, dass jeder Zahlungsaufschub einen Verlust für uns bedeuten würde. Außerdem haben auch wir in nächster Zeit größere Zahlungsverpflichtungen, die wir pünktlich erfüllen müssen.
Wir ersuchen Sie daher, den Rechnungsbetrag innerhalb von 14 Tagen mit beiliegendem Überweisungsbeleg zu begleichen. Trotz der bereits überschrittenen Zahlungsfrist verrechnen wir Ihnen keine Verzugszinsen, um unser Entgegenkommen zu beweisen.

Mit besten Grüßen

Überweisungsbeleg

✍

Wechsel

Der Wechsel ist eine Urkunde, mit der sich der Aussteller verpflichtet,

- einen bestimmten Betrag
- zu einem festgesetzten Termin
- an einem bestimmten Ort
- an einen berechtigten Inhaber
- selbst zu zahlen oder durch einen Dritten zahlen zu lassen.

Der Wechsel kann als Zahlungsmittel, Kreditbeschaffungsmittel oder Kreditsicherungsmittel verwendet werden. Er unterliegt besonderen gesetzlichen Bestimmungen. Durch die Übertragung des Wechsels an Dritte (z. B. Verkauf an ein Kreditinstitut) kann man schon vor der Fälligkeit zu Bargeld kommen. Ein weiterer Vorteil ist, dass eine Forderung durch eine Wechselklage wesentlich rascher eingetrieben werden kann als auf anderem Weg.
Ein Wechsel kann nach dem Inhalt und nach dem Grundgeschäft unterschieden werden. Unterscheidet man nach dem Inhalt, so gibt es den gezogenen Wechsel und den Solawechsel.

Wechsel

Ein gezogener Wechsel liegt vor, wenn der Lieferant der Ware (oder der Kreditgeber) den Wechsel ausstellt und der Käufer (oder der Kreditnehmer) den Wechsel akzeptiert (annimmt). Der Lieferant ist der Aussteller des Wechsels; der Käufer, der den Wechsel unterschrieben und damit die Zahlungsverpflichtung akzeptiert hat, ist der Bezogene. Ein Wechsel kann an „eigene Order" ausgestellt sein, das heißt der Aussteller ist der Begünstigte (Zahlungsempfänger), oder an „fremde Order", das heißt die nach „fremde Order" angegebene Person ist der Begünstigte. Diese Form des Wechsels nennt man auch „Tratte", vom lateinischen *trahere* = ziehen.

Ein Solawechsel liegt vor, wenn der Wechsel nicht vom Lieferanten, sondern vom Kunden ausgestellt wurde (Aussteller und Bezogener sind dieselbe Person). Er stellt dadurch keinen Zahlungsauftrag, sondern nur ein Zahlungsversprechen dar.

Die Unterscheidung nach dem Grundgeschäft erlaubt die Untergliederung in Warenwechsel und Finanzwechsel. Beim Warenwechsel war das Grundgeschäft eine Lieferung oder eine Leistung, beim Finanzwechsel hingegen ein gewährter Kredit.

Wie bereits erwähnt, kann ein Wechsel vor dem Fälligkeitstermin übertragen werden. Meist wird er nur an Kreditinstitute übertragen, man könnte auch sagen verkauft. Dieser Verkauf des Wechsels wird als Diskontierung bezeichnet. Die Bank übernimmt dabei den Wechsel, rechnet vom Betrag Zinsen bis zum Fälligkeitstag sowie Provisionen und Spesen ab und zahlt den verbleibenden Betrag aus. Dadurch kommt der ursprüngliche Wechselinhaber zu seinem Geld, und die Bank holt sich am Fälligkeitstag das Geld vom Bezogenen.

Damit die Bank zu dieser „Kreditgewährung" bereit ist, muss der Wechsel bestimmte Anforderungen erfüllen. Will das Kreditinstitut den Wechsel an die Notenbank weiterverkaufen, so werden von dieser für die Übernahme noch strengere Auflagen gemacht.

Da es sich beim Schriftverkehr im Zusammenhang mit dem Wechsel vorwiegend um gleichbleibende Inhalte handelt, können für die meisten Schreiben wie auch für den Wechsel selbst Vordrucke verwendet werden.

Briefe, die einen Wechsel betreffen, sollen immer die Wechselbeschreibung oder die Wechselzeile enthalten. Diese Beschreibung umfasst:

– Höhe des Wechselbetrages
– Angabe der Fälligkeit
– an wessen Order der Wechsel ausgestellt wurde (meist wird er an eigene Order ausgestellt)
– eventuell noch, wo der Wechsel zahlbar gestellt wurde (dieser Hinweis kann in der Wechselzeile auch weggelassen werden)

Wechselakzept (Akzepteinholung)

Der Wechsel wird zusammen mit der Rechnung an den Bezogenen (Kunden) gesandt. Der Kunde unterfertigt den Wechsel und schickt ihn an den Aussteller zurück. Soll im Rahmen eines Kaufvertrages ein Wechsel ausgestellt werden, muss dies eindeutig vereinbart sein. Wurde dies versäumt, ist der Käufer nicht verpflichtet, einen Wechsel zu akzeptieren.

Wechsel

Nürnberg, 20. August 2000

Akzepteinholung

Wir danken Ihnen für Ihren Auftrag über diverse Elektrogeräte und teilen Ihnen mit, dass die Ware heute per Bahnfracht an Sie abgeschickt wurde.
Beiliegend finden Sie unsere Rechnung Nr. 1245. Zum Ausgleich wollen Sie bitte, wie vereinbart, den ebenfalls beiliegenden Wechsel über

€ 2.428,– per 20. Oktober 2000, Order eigene,

akzeptiert an uns zurückschicken.
Wir ersuchen Sie, das Akzept bei Ihrer Bank zahlbar stellen zu lassen.

Mit besten Grüßen

Anlagen:
1 Rechnung
1 Wechsel

Wie Sie aus dem obigen Beispiel sehen, bietet es sich an, mit der Akzepteinholung die Versandanzeige zu verbinden.

Wechselrücksendung (Akzeptrücksendung)

Der Wechsel wird vom Bezogenen nicht akzeptiert und zurückgesandt werden, ehe nicht die Ware eingetroffen ist und ohne Beanstandung übernommen wurde. Daher wird die Rücksendung des Wechsels oft mit einer Empfangsbestätigung verbunden.

München, 23. August 2000

Akzeptrücksendung

Wir haben heute die Ware erhalten. Sie ist unbeschädigt bei uns eingetroffen. Der uns zugesandte Wechsel über

€ 2.428,– per 20. Oktober 2000, Order eigene,

wurde zum Ausgleich Ihrer Rechnung Nr. 1245 vorgemerkt. Auf Ihr Ersuchen hin haben wir den Wechsel bei der Sparkasse Fürstenried, Gartenstraße 10, 81475 München, zahlbar gestellt. Der akzeptierte Wechsel liegt bei.

Mit freundlichen Grüßen

1 Wechsel

Wechselweitergabe

Der Wechselinhaber hat mehrere Möglichkeiten, über den Wechsel zu verfügen:

- Er kann den Wechsel bis zum Fälligkeitstag aufbewahren und an diesem Tag oder einem der beiden folgenden Werktage beim Bezogenen einkassieren oder durch die Bank einkassieren lassen.
- Er kann den Wechsel vor dem Fälligkeitstag bei einer Bank zum Diskont einreichen.
- Er kann den Wechsel zur Bezahlung seiner Verbindlichkeiten an einen seiner Lieferanten weitergeben.

Die Weitergabe eines Wechsels kommt relativ selten vor; wird er aber weitergegeben, ist auf dem Wechsel ein entsprechender Vermerk anzuführen, der als „Indossament" bezeichnet wird.
Man unterscheidet drei Arten des Indossaments:

- Das Vollindossament enthält den Namen des Indossatars (des Weitergebenden), die Unterschrift des Indossanten (des Empfängers des Wechsels) sowie Ort und Datum der Weitergabe. Der Wortlaut:

    Für mich an die Order des Herrn ...
    (Unterschrift)
    Ort, Datum

- Bei einem Blankoindossament wird nur die Unterschrift des Indossanten (Weitergebenden) angeführt.
- Mit dem Vollmachtsindossament ergeht meist der Auftrag an die Bank, den Wechsel einzukassieren. Der Wortlaut eines Vollmachtsindossaments (Inkassoindossaments) könnte sein:

    Für mich zum Inkasso an die Sparkasse Fürstenried,
    Gartenstraße 10, 81475 München
    (Unterschrift)
    Ort, Datum

Durch das Vollmachtsindossament und das Blankoindossament wird das Eigentumsrecht am Wechsel übertragen; durch ein Inkassoindossament hingegen wird nur der Auftrag zum Einkassieren des Wechselnominales übertragen, nicht aber das Eigentumsrecht am Wechsel.
Da der Wechsel eine Holschuld darstellt (d. h. man muss sich am Fälligkeitstag vom Bezogenen das Geld selbst abholen oder durch einen Beauftragten abholen lassen), kann durch ein Inkassoindossament verhindert werden, dass der Gläubiger selbst zum Bezogenen fahren muss, um das Geld abzuholen. Für eine Bank stellt dies durch das dichte Bankennetz kein Problem dar, auch wenn Entfernungen größer oder Orte abgelegen sind. Außerdem wird der Wechsel meist ohnedies bei einer Bank zahlbar gestellt; dadurch kann beim Inkasso der Betrag einfach vom Konto des Bezogenen abgebucht und dem Begünstigten gutgeschrieben werden.

Wechsel

Will man die Weitergabe eines Wechsels überhaupt verhindern, so verwendet man die sogenannte Rektaklausel, die lautet: „Gegen diesen Wechsel zahlen Sie an ..., nicht an dessen Order."

Wechselprolongation

Wenn der Bezogene am Fälligkeitstag nicht in der Lage ist zu bezahlen, kann er den Aussteller ersuchen, die Laufzeit des Wechsels zu verlängern.
Auch hier gibt es mehrere Möglichkeiten:

- Befindet sich der Wechsel noch beim Aussteller, kann der ursprüngliche Wechsel vernichtet und ein Prolongationswechsel ausgestellt werden.
- Wurde der Wechsel bereits zum Inkasso an die Bank weitergegeben, kann der Aussteller den Wechsel zurückrufen und vernichten oder einen Prolongationswechsel ausstellen.
- Ist der Wechsel im Umlauf und weiß der Aussteller nicht, wo sich der Wechsel befindet, wird ebenfalls ein Prolongationswechsel ausgestellt, der dann diskontiert wird. Der Diskonterlös wird dem Bezogenen für die Bezahlung des ursprünglich ausgestellten Wechsels zur Verfügung gestellt.

Benötigt der Aussteller das Geld schon dringend, kann in den ersten beiden Fällen der Prolongationswechsel diskontiert werden. In allen drei Fällen ist aber die Frage zu klären, ob Diskontzinsen, Diskontspesen und so weiter direkt vom Bezogenen an den Aussteller bezahlt werden oder ob der Prolongationswechsel um diese Beträge erhöht wird.
Eine Verlängerung der Zahlungsfrist wird jedenfalls dann erreicht werden, wenn aus dem Prolongationsersuchen erkennbar ist, dass Zahlungsprobleme nur vorübergehender Natur sind und am Ende der Prolongationsfrist mit der Zahlung gerechnet werden kann. Prolongationen kommen daher in der Praxis häufig vor.

München, 19. Mai 2000

Prolongationsersuchen

Ich muss Ihnen leider mitteilen, dass ich – bedingt durch Ausgaben für Investitionen – derzeit nicht in der Lage bin, die von Ihnen ausgestellte Tratte über

€ 6.987,– per 2. Juni 2000, Order eigene,

einzulösen. Die umfangreichen Investitionen waren erforderlich, weil unsere Produktionsanlage bei dem Unwetter vom 5. März d. J. durch einen Blitzschlag völlig zerstört wurde.
Im Hinblick auf unsere langjährigen guten Geschäftsverbindungen hoffe ich, dass Sie mit der Prolongation des Wechsels bis zum 2. August d. J. einverstanden sind. Ich bin natürlich gern bereit, Ihnen die Diskontzinsen und -spesen für diesen Wechsel zu ersetzen.

Für den Fall, dass Sie sich mit der Verlängerung der Laufzeit einverstanden erklären, lege ich einen akzeptierten und gestempelten Prolongationswechsel bei.
Ich verspreche Ihnen, den neuen Termin pünktlich einzuhalten, und danke Ihnen schon im Voraus für Ihr Entgegenkommen.

Prolongationswechsel   Mit freundlichen Grüßen

München, 27. Oktober 2000

Ihr Prolongationsersuchen

Wir mussten Ihrem Schreiben leider entnehmen, dass Sie derzeit nicht in der Lage sind, den Wechsel über

€ 6.987,– per 2. Juni 2000, Order eigene,

einzulösen. Aufgrund Ihrer schwierigen Situation erklären wir uns bereit, Ihnen den gewünschten Zahlungsaufschub bis zum 2. August d. J. zu gewähren. Den ursprünglichen Wechsel, der sich noch in unserem Besitz befindet, werden wir vernichten und den Prolongationswechsel zum Diskont einreichen. Nach Eingang der Abrechnung werden wir Sie mit den Diskontzinsen und -spesen belasten.
Wir hoffen, Sie dadurch bei der Bewältigung Ihrer Probleme etwas unterstützt zu haben, und ersuchen Sie, den neuen Termin in jedem Fall einzuhalten.

Mit freundlichen Grüßen

Notifikation

Unter Notifikation versteht man die Verständigung des Ausstellers beziehungsweise des Vormannes darüber, dass der Wechsel vom Bezogenen nicht eingelöst wurde. Der letzte Inhaber schreibt dem Aussteller:

Notifikation

Laut Wechselgesetz muss ich Sie verständigen, dass der Wechsel über

€ 2.428,– per 20. Oktober 2000, Order eigene,

vom Bezogenen nicht eingelöst wurde. Wir ließen daher durch unseren Notar Protest mangels Zahlung erheben.

Wir haben auch unseren Vormann verständigt, Herrn Walter Gutenberger, auf den wir Regress nehmen werden.

Mit freundlichen Grüßen

Der Wechselprotest muss erhoben werden, damit das Recht auf Rückgriff gewahrt bleibt; er kann nur vom Notar oder einem Gerichtsbeamten erhoben werden. Durch die Protesterhebung (auf der Rückseite des Wechsels oder auf einem Anhang, der so genannten Allonge) wird beurkundet, dass der Wechsel am richtigen Ort zur richtigen Zeit dem Bezogenen vorgelegt worden ist, dieser aber nicht bezahlt hat.

Regress (Rückgriff)

Beim Regress wird entweder einem der Vormänner oder direkt dem Aussteller die Rückrechnung vorgelegt und der Betreffende zur Zahlung des Betrages aufgefordert. Die Rückrechnung umfasst nicht nur den Wechselbetrag, sondern auch die mit der Nichteinlösung des Wechsels verbundenen Kosten und die angefallenen Zinsen.

Wechselregress

Wie bereits angekündigt, übermittle ich Ihnen beiliegend meine Rückrechnung über den mangels Zahlung protestierten Wechsel über

€ 2.428,– per 20. Oktober 2000, Order eigene.

Einschließlich der in der Abrechnung aufgeführten Zinsen und Spesen beträgt meine Forderung € 2.735,–.
Ich ersuche Sie, den Betrag auf mein Konto Nr. 3026-045893 bei der Bayerischen Kredit- und Wechselbank zu überweisen.

Mit freundlichen Grüßen

Rückrechnung

Briefe im Fremdenverkehr

Briefe im Fremdenverkehr unterscheiden sich im Wesentlichen nicht vom Schriftverkehr anderer Wirtschaftszweige. Es gibt jedoch für den Fremdenverkehr typische Bereiche, wie Werbebriefe an Gäste, Schriftverkehr mit Reisebüros und ähnliches, die wir anhand einiger Beispiele aufzeigen wollen.

Werbebriefe an Stammgäste

Jeder Geschäftsbrief sollte werbewirksam gestaltet sein (siehe dazu das Kapitel „Marketing und Werbung – Werbebriefe", Seite 341 f.). Briefe sind ja die Visitenkarte eines Unternehmens; sie sollen eine positive Einstellung zum Betrieb schaffen.

Werbebriefe an Stammgäste dürfen nicht einfach in Form von Flugzetteln oder Prospekten an den Kunden geschickt werden. Vielmehr soll der Eindruck entstehen, dass nur er angesprochen wurde und es sich um ein spezielles Angebot für ihn persönlich handelt.

In einer Gästekartei können die persönlichen Daten des Gastes und seiner Begleitung sowie die speziellen Interessenbereiche und Hobbys festgehalten werden. Daraus ergeben sich wertvolle Anhaltspunkte für Urlaubsangebote an den Gast.

Bad Wiessee, 3. April 2000

Sehr geehrte Frau Professor Brunner!

Wir wissen, dass Sie sehr gesundheitsbewusst sind und sich für biologische Ernährung interessieren. Daher informieren wir Sie bereits jetzt darüber, dass wir im Juni „Biowochen" mit einem darauf abgestimmten Speiseplan abhalten werden. Während dieser Wochen werden auch entsprechende körperliche Betätigungsmöglichkeiten und Kneippkuren angeboten, von Ratschlägen medizinischer Fachkräfte begleitet. Vielleicht ist es Ihnen möglich, in der Zeit vom 5. bis 26. Juni einen Urlaub einzuplanen? Wir können Ihnen jetzt noch jenes Zimmer reservieren, das Sie bisher immer bewohnt haben, wenn Sie Gast in unserem Hause waren.

Teilen Sie uns bitte so bald wie möglich mit, ob Sie an diesem Gesundheitsurlaub interessiert sind.

Wir wünschen Ihnen alles Gute und würden uns freuen, Sie wieder bei uns begrüßen zu dürfen.

Mit freundlichen Grüßen

Prospekt

Sehr geehrter Herr Dr. Fischer,

Sie sind schon seit mehreren Jahren geschätzter Stammgast in unserem Haus und daher kennen wir auch Ihre sportlichen Ambitionen und Ihr Interesse vor allem am Wassersport. Nun haben wir uns für die diesjährige Sommersaison etwas Besonderes einfallen lassen:

Ab Mitte Juni werden eine Surfschule und ein Wasserskiclub mit unserem Haus zusammenarbeiten, und es wird ein hauseigener Schwimmlehrer zur Verfügung stehen.

Daher unser sicherlich interessanter Vorschlag für Ihren Urlaub: Während Sie und Ihre Gattin sich mit Surfen und Wasserskifahren vergnügen, können Ihre Kinder bei unserem Schwimmlehrer ihre Schwimmkenntnisse verbessern.
Auf diese Weise können Sie einen noch sorgloseren und gemütlicheren Urlaub verbringen als bisher. Sie sehen also, wir lassen uns für unsere Gäste immer wieder etwas einfallen, um ihnen den Urlaub so angenehm wie möglich zu gestalten.
Wir legen Ihnen auch einen Prospekt bei, in dem Sie sich über die vielfältigen Angebote des neuen Freizeitzentrums der Gemeinde informieren können, das am 1. Mai eröffnet wurde.
Wenn Sie schon den Entschluss gefasst haben, den Urlaub bei uns zu verbringen, so geben Sie uns dies bitte bis Ende Mai bekannt. Wir werden Ihnen auf Wunsch Ihr gewohntes Zimmer reservieren.
Wir freuen uns sehr, Sie und Ihre Familie im Sommer wieder bei uns zu sehen.

Mit herzlichen Grüßen

Prospekte

Antwort auf eine Bestellung

Bestellt ein Gast und kann die Bestellung seinem Wunsch entsprechend vorgemerkt werden, ist ihm dies unverzüglich mitzuteilen. Können seine Wünsche nicht erfüllt werden, muss ihm dies unter Hinweis auf die Ursache ebenfalls mitgeteilt und verständlich gemacht werden, um ihn nicht zu verärgern.
Es gibt mehrere Gründe, die eine Änderung der Bestellung erforderlich machen können, etwa wenn das Hotel ausgebucht oder das gewünschte Zimmer zur fraglichen Zeit nicht frei ist. Wichtig ist, dass nicht einfach abgelehnt wird, sondern dass dem Gast ein vertretbares Gegenangebot gemacht wird.

Sehr geehrter Herr Dr. Fischer!

Wir danken Ihnen für Ihre Anfrage vom 15. April und freuen uns, Sie wieder bei uns begrüßen zu dürfen. Das gewünschte Zimmer haben wir vom 10. bis 31. Juli für Sie reserviert.
Die unveränderte Preisliste haben wir beigelegt. Trotz einiger Verbesserungen, die wir seit Ihrem letzten Urlaub vorgenommen haben, konnten wir die Vorjahrespreise beibehalten.
Wir sind überzeugt, dass Sie auch in diesem Sommer wieder einen erholsamen Urlaub bei uns verbringen werden, und verbleiben

mit herzlichen Grüßen

Preisliste

Briefe im Fremdenverkehr

Sehr geehrte Frau Bechtle,

wir freuen uns, dass Sie auch in diesem Jahr Ihren Urlaub wieder bei uns verbringen wollen. Leider haben wir aber vor wenigen Tagen bereits das letzte Zimmer für die erste Hälfte August vergeben. Erst ab 20. August könnten wir das gewünschte Zimmer für Sie bereithalten. Vielleicht ist es Ihnen möglich, Ihren Urlaub um ein paar Tage zu verschieben?
Sollte eine Verschiebung Ihres Aufenthalts nicht möglich sein, möchten wir Ihnen das „Waldhotel" in unserer Nähe empfehlen. Wir haben uns wegen eines Dreibettzimmers erkundigt, und Herr Wieser dort hat zugesagt, dass er für Sie eine Reservierung vormerken wird. Teilen Sie ihm bitte bis 15. Mai mit, ob Sie von dieser Möglichkeit Gebrauch machen wollen.
Es wäre allerdings schön, wenn Sie unseren ersten Vorschlag akzeptieren könnten und wir Sie wieder bei uns verwöhnen dürften.

Mit herzlichen Grüßen

Sehr geehrter Herr Dr. Meyer!

Vielen Dank für Ihr Schreiben vom 14. Mai 2000. Leider ist es uns nicht möglich, Ihrem Wunsch voll zu entsprechen. Sie wollten ein Zweibettzimmer mit Bad und Balkon, wir können Ihnen aber nur noch ein Zweibettzimmer mit Dusche anbieten. Da Ihr Urlaub in die Hauptsaison fällt, sind leider alle Balkonzimmer bereits fest gebucht. Etwa Ende März ist alljährlich ein Gutteil der Zimmer für Juli-August bereits fest vergeben und daher die Auswahl nicht mehr sehr groß.
Bitte teilen Sie uns mit, ob Sie mit unserem Vorschlag einverstanden sind. Sollte dies nicht der Fall sein, sind wir gern bereit, bei einem anderen Hotel unseres Ortes für Sie etwas Geeignetes zu suchen.
Wir freuen uns, Sie bei uns empfangen zu dürfen!

Mit besten Grüßen

Beschwerden des Gastes

So wie im Warengeschäft kann es auch bei Dienstleistungen zu Problemen kommen, die Anlass für eine Beschwerde sind. Um den Gast nicht zu verlieren, ist es wichtig, auf seine Beschwerde einzugehen und ihm die Ursache so gut wie möglich zu erklären. Er muss das Gefühl haben, dass die Beschwerde ernst genommen wird und dass etwas getan wird, um ihre Ursache zu beseitigen.

Ersuchen um Richtigstellung der Hotelrechnung

Ort, 21. Mai 2000

Ich war vom 5. bis 19. Mai Gast in Ihrem Haus. Bei meiner Abreise am 19. Mai bezahlte ich die Hotelrechnung, ohne sie genauer zu überprüfen. Erst zu Hause sah ich die Rechnung durch und stellte fest, dass auch noch der 20. Mai verrechnet worden ist, obwohl ich bereits am 19. Mai abgereist bin.
Ich lege Ihnen eine Kopie der Hotelrechnung bei und ersuche Sie, den zuviel bezahlten Betrag von

€ 70,–

auf mein Konto Nr. 3001-12458 bei der … zu überweisen.

Mit freundlichen Grüßen

Kopie der Hotelrechnung

Richtigstellung der Hotelrechnung

Ort, 25. Mai 2000

Sehr geehrter Herr Dr. Weise!

Wir bedauern, dass unsere Abrechnung nicht korrekt war und wir Ihnen einen Tag zuviel in Rechnung gestellt haben. Aufgrund Ihres Schreibens haben wir sofort überprüft, wie dieser peinliche Fehler auftreten konnte. Dabei entdeckten wir, dass das Tagesdatum der EDV-Anlage falsch eingestellt gewesen war. Da der Computer bei einer Abrechnung das Datum automatisch übernimmt und so die Anzahl der Tage ermittelt, die ein Gast bei uns verbracht hat, musste es zu einer falschen Berechnung kommen. Wir sind Ihnen sehr dankbar, dass Sie uns auf diesen Fehler – der leider auch bei neun weiteren Rechnungen aufgetreten ist – aufmerksam gemacht haben.
Den in Ihrem Schreiben angeführten Betrag von € 70,– haben wir bereits auf Ihr Konto überwiesen.
Das beiliegende Präsent „Kleine Spezialitätenfibel" soll Sie ein wenig für die Unannehmlichkeiten entschädigen, die wir Ihnen ungewollt bereitet haben. Wir hoffen, dass Sie den Fehler entschuldigen und wir Sie auch weiterhin zu unseren Stammgästen zählen dürfen.

Mit besten Empfehlungen

Kleine Spezialitätenfibel

Korrespondenz mit einem Reisebüro

Die Zusammenarbeit mit Reisebüros ist für Hotel- und Gastgewerbebetriebe eine wesentliche Aufgabe. Der sich daraus ergebende Schriftverkehr erstreckt sich vom Angebot zur Zusammenarbeit bis hin zu Kontingentverträgen. Aber auch Beschwerden von Gästen über das Hotel oder Beschwerden des Reisebüros selbst werden meist schriftlich abgehandelt.

Bayreuth, 18. Februar 2000

Angebot eines Zimmerkontingents

Am 31. März wird unser neu gestaltetes Haus den Betrieb aufnehmen. Da wir an einer Zusammenarbeit mit Ihnen interessiert sind, präsentieren wir Ihnen unser Leistungsangebot.
Wir sind ein Hotel der A-Kategorie und verfügen über 100 Zweibett- sowie 40 Einbettzimmer mit Bad und WC und zum Teil mit Dusche. In vier großzügig ausgestatteten Konferenzräumen können Seminare, Tagungen und Veranstaltungen abgehalten werden. Während der Festspielzeit (Juli/August) kümmert sich ein hauseigener Animator um die Kinder unserer Gäste.
Wir verfügen über ein Hallenbad, einen Tennisplatz, eine Sauna, einen Fitnessraum, Fondue- und Kellerstüberl sowie über eine wunderschöne Parkanlage mit integriertem Kinderspielplatz.
Der beiliegende Prospekt soll Ihnen einen Eindruck von der bevorzugten Lage unseres Hotels und unseren mit modernstem Komfort (Fernseher, Minibar etc.) ausgestatteten Zimmern vermitteln. Die Preisliste gilt von Pfingsten bis zum Ende der Hauptsaison am 28. August.
Wir freuen uns, wenn auch Sie an einer Zusammenarbeit interessiert sind. Teilen Sie uns dies bitte bald mit!

Mit freundlichen Grüßen **Anlagen:**
1 Preisliste
1 Prospekt

Kontingentvereinbarung mit dem Reisebüro

Eine Kontingentvereinbarung zwischen Hotel und Reisebüro ist ein Vertrag; in diesem wird festgehalten, wie viele und welche Zimmer für Gäste, die durch das Reisebüro vermittelt werden, zur Verfügung stehen.
Einige der Themen, die im Kontingentvertrag geregelt werden müssen:
- Name und Anschrift des Hotels und des Reisebüros
- Umfang und genauere Beschreibung des vereinbarten Kontingents

Dienstverhältnis / Arbeitsverhältnis

- Höhe der an das Reisebüro zu bezahlenden Vermittlungsprovision (ob die Provision vom Brutto- oder Nettobetrag berechnet wird)
- Preisvereinbarungen (beispielsweise darf das Hotel Gästen, die privat anfragen, keine günstigeren Preise nennen als jene, die mit dem Reisebüro vereinbart wurden)
- Zeitpunkt und Art der Bekanntgabe von Preisänderungen
- Bekanntgabe von Buchungen des Gastes an das Hotel
- Zeitpunkt und Ort der Bekanntgabe von Stornos und ähnlichem.

Dienstverhältnis / Arbeitsverhältnis

Stellenangebot

Stellenangebote werden von Arbeitgebern häufig in Form von Anzeigen in Tageszeitungen oder Fachzeitschriften veröffentlicht; sie werden aber auch in Betriebsräumen, am Fabriktor oder in Schulen bekannt gemacht.
Ein Stelleninserat soll knappe und klare Angaben über den Arbeitsplatz und die dafür erforderlichen Qualifikationen enthalten, um ungeeignete Bewerbungen von vornherein auszuschalten (siehe dazu auch das Kapitel „Inserieren auf dem Stellenmarkt", Seite 137 ff.).

„Haus Edelweiß", ***Wintersporthotel in Garmisch, sucht für Mitarbeiterteam bis Mitte April noch dringend: Kellnerehepaar (zur Übernahme des Cafés) sowie 2 Servicekräfte für das Restaurant. Telefonische Bewerbungen bei Herrn Schuster. Tel. ...

Junge Lohnbuchhalterin mit EDV-Kenntnissen ab sofort gesucht. Auch halbtags. Salzburg-Innenstadt. Zuschriften unter Chiffre 4589 an den Verlag.

Gut bezahlte Freizeitbeschäftigung! Ein angemessenes Honorar, Spesenerstattung und 14-tägige Abrechnung erwarten Sie als Interviewer (Meinungsforscher). Sie werden von uns bei Ihren Gesprächspartnern angekündigt. Wenn Sie mindestens 8 Stunden pro Woche Zeit haben, einen Pkw besitzen und an einer regelmäßigen Tätigkeit (freiberuflich) interessiert sind, schreiben Sie mit Lebenslauf, Foto und Zeugnissen an Agentur Witzany, 80335 München ...

Produktionshelfer/innen, jung und unabhängig, gesucht (17 – 28 Jahre). Verdienst ca. € 400,- wöchentlich. Unterkunft vorhanden. Führerschein kann gemacht werden. Info: Tel. ... von 10 bis 16 Uhr.

Dienstverhältnis / Arbeitsverhältnis

Ein Inserat kann mit vollem Namen und Adresse oder auch anonym (mit einem Kennwort oder einer Chiffre) erscheinen. Die Anzeige mit Angabe von Name und Adresse hat, besonders bei bekannten Unternehmen, den Vorteil einer wirksamen Image- und Vertrauenswerbung. Manche Unternehmen wollen aber die Neubesetzung von Posten nicht vorzeitig bekannt geben und bedienen sich daher eines Kennwortes oder einer Chiffre.
Das Verwenden von Kennwörtern hat unter anderem den Nachteil, dass Stellensuchende meist nicht bereit sind, ihre persönlichen Daten und Unterlagen jemandem anzuvertrauen, dessen Namen sie nicht kennen. Lebenslauf, Foto und Zeugnisse werden somit erst bei der zweiten Kontaktaufnahme überreicht, wenn der Arbeitgeber seine Identität preisgegeben hat.
Um sein Stellenangebot zu publizieren, kann sich der Arbeitgeber auch der Hilfe des Arbeitsamtes bedienen:

> *Drogist/in bzw. Parfümerieverkäufer/in für Betrieb in Bad Reichenhall gesucht. Abgeschlossene Lehre und Praxis erforderlich. Saisonstelle ab Dezember 2000 Kostenlos bereitgestelltes Zimmer sowie alle Mahlzeiten frei. Entlohnung nach Vereinbarung. Arbeitsamt Bad Reichenhall, Tel. ...*

Oder er kann ein Stellenangebot im Briefstil etwa an der Anschlagtafel eines Seminarhotels platzieren:

> *Stellenangebot*
>
> *Sind Sie daran interessiert, in unserer Marketing-Abteilung Ihr Können zu beweisen?*
> *Wir suchen einen jungen, tüchtigen und dynamischen Mitarbeiter (Mitarbeiterin), der kontaktfreudig ist und seine Arbeit nicht nur als Job betrachtet. Die Tätigkeit erfordert neben einer betriebswirtschaftlichen Ausbildung eine einschlägige Berufspraxis. Die Bezahlung entspricht den Anforderungen. Durch unser betriebliches Schulungsinstitut bieten wir Ihnen die Chance zu ständiger Weiterbildung und damit Aufstiegsmöglichkeiten bis in die Führungsebene. Schicken Sie uns eine kurze Bewerbung mit Lebenslauf und Foto oder lassen Sie sich von Herrn Schneider einen Termin geben und kommen Sie zu einem Gespräch vorbei. So können Sie sich gleich ein Bild von Ihrem künftigen Arbeitsplatz machen.*
> *Wir freuen uns auf eine gute Zusammenarbeit!*
>
> *Firma ..., Moorblek 3, 24111 Kiel, Tel. ...*

Die Ausführungen über Stellenbewerbung und zahlreiche Textbeispiele (Bewerbungsschreiben) finden Sie auf Seite 140 ff., Beispiele für die Gestaltung des Lebenslaufes auf Seite 152 ff., Referenzen auf Seite 157 f.

Dienstverhältnis / Arbeitsverhältnis

Kündigung

Eine Kündigung kann sowohl vom Arbeitgeber (z. B. wegen Geschäftsrückgang, Sparmaßnahmen, unzulänglichen Leistungen des Angestellten) als auch vom Arbeitnehmer (z. B. bessere Stellung gefunden) ausgesprochen werden. In jedem Fall sind die gesetzlichen oder vertraglichen Kündigungsfristen einzuhalten.
Kündigung durch den Arbeitgeber:

Kündigung per 31. Oktober 2000

Wir haben derzeit große Absatzschwierigkeiten und sind daher gezwungen, unsere Produktion einzuschränken und damit auch unsere Mitarbeiterzahl zu verringern.
Zu unserem Bedauern müssen wir aus diesem Grund das Arbeitsverhältnis mit Ihnen per 31. Oktober 2000 auflösen. Sie können sich ab sofort einen Tag pro Woche zur Stellensuche freinehmen. Bezüglich Ihrer finanziellen Ansprüche setzen Sie sich bitte mit der Personalabteilung in Verbindung.
Wir hoffen, dass Sie bald eine neue Arbeitsmöglichkeit finden werden.

Hochachtungsvoll

Kündigung durch den Arbeitnehmer:

Kündigung per 30. September 2000

Ich teile Ihnen mit, dass ich zum 30. September 2000 mein Arbeitsverhältnis kündige, und bitte um Kenntnisnahme.

Hochachtungsvoll

Kündigung per 31. Juli 2000

Da mir von einem großen Unternehmen eine leitende Stellung angeboten wurde, habe ich mich nach reiflicher Überlegung entschlossen, meine Anstellung in Ihrem Unternehmen zum 31. Juli 2000 zu kündigen.
Ich hoffe, dass Sie meinen Entschluss verstehen, und bedanke mich für die gute Zusammenarbeit.

Mit freundlichen Grüßen

Dienstverhältnis / Arbeitsverhältnis

Antwort des Arbeitgebers auf die Kündigung durch den Arbeitnehmer:

Auflösung des Arbeitsverhältnisses

Wir nehmen die Ihrerseits am 13. Juni d. J. ausgesprochene Kündigung Ihres Arbeitsverhältnisses zur Kenntnis, sodass dieses zum

31. Juli 2000

aufgelöst wird.
Es tut uns leid, dass Sie sich entschlossen haben, unser Unternehmen zu verlassen; wir können aber verstehen, dass Sie diese Aufstiegsmöglichkeit nutzen wollen. Wir wünschen Ihnen alles Gute und viel Erfolg für die Zukunft.

Mit freundlichen Grüßen

Entlassung und Austritt

Eine Entlassung ist nur dann möglich, wenn der Arbeitnehmer seine Pflichten grob verletzt hat (z. B. Tätlichkeit, Sittlichkeits- und Ehrverletzung gegenüber dem Arbeitgeber, schwere Dienstpflichtverletzung, Nicht-Erbringen der Arbeitsleistung usw.).

Entlassung mit sofortiger Wirkung

Sie sind in letzter Zeit immer wieder der Arbeit ferngeblieben und entschuldigten dies mit diversen Erkrankungen. Wir erfuhren aber durch verschiedene Personen, dass Sie auch an diesen Tagen in Ihrem Stammlokal anzutreffen waren und sich dort beim Kartenspiel vergnügten.
Aufgrund dieser uns zugegangenen Informationen drohten wir Ihnen mehrmals, sowohl mündlich als auch schriftlich, für den Wiederholungsfall die Entlassung an.
Da Sie gestern wieder nicht zur Arbeit erschienen sind, riefen wir zuerst bei Ihnen zu Hause an. Es meldete sich aber niemand. Daraufhin schickten wir einen unserer Angestellten in Ihr Stammlokal, um zu überprüfen, ob Sie dort anzutreffen seien. Unsere Vermutung hat sich leider bestätigt: Sie waren wiederum in Ihrem Lokal mit dem Kartenspiel beschäftigt.
Wir ersuchen Sie daher, Ihre Papiere und die Lohnabrechnung in der Personalabteilung abzuholen, und entlassen Sie mit sofortiger Wirkung.

Hochachtungsvoll

Verletzt der Arbeitgeber seine Pflichten grob (z. B. Tätlichkeit, Sittlichkeits- und Ehrverletzung des Arbeitgebers gegenüber dem Arbeitnehmer; der Arbeitgeber bleibt das Arbeitsentgelt schuldig; die Tätigkeit ist für den Arbeitnehmer gesundheitsschädlich usw.), kann der Arbeitnehmer mit sofortiger Wirkung das Arbeitsverhältnis beenden.

Arbeitszeugnis

Jeder Arbeitgeber ist verpflichtet, auf Verlangen eines Mitarbeiters bei Auflösung des Dienstverhältnisses ein schriftliches Zeugnis auszustellen. Das Zeugnis darf keine Angaben enthalten, die dem Arbeitnehmer den Antritt einer neuen Stelle erschweren könnten.

Arbeitszeugnisse dürfen nicht bloß Arbeitsbescheinigungen sein, sondern sollten eine genaue Darstellung der erbrachten Leistungen enthalten. Ein Arbeitszeugnis kann eine große Bedeutung für die Zukunft des Arbeitnehmers haben und sollte daher nicht einfach gedankenlos hingeschrieben werden. Derjenige, der die Auswahl unter verschiedenen Bewerbern trifft, will so viel wie möglich aus dem Zeugnis heraus- lesen und erkennen können.

Ein Zeugnis soll Aussagen enthalten über den Arbeitseifer, die Initiative, die Verlässlichkeit, die Selbstständigkeit, die Fähigkeit zur Zusammenarbeit und anderes mehr. Auch der Grund für die Auflösung des Arbeitsverhältnisses soll genau überlegt werden. Ein unrichtiges Wort kann bei dem, der das Zeugnis liest, unbegründete Zweifel hervorrufen. Dies bedeutet aber nicht, dass man einen Arbeitnehmer hochjubeln soll, denn das kann genauso falsch verstanden werden; das Zeugnis soll vielmehr den realen Gegebenheiten Rechnung tragen.

Zeugnisse, die sich inhaltlich auf die Zeit der Beschäftigung und auf die ausgeführte Tätigkeit beschränken, sprechen für sich. War man mit einer Arbeitskraft nicht zufrieden, wird das Zeugnis eben doch nicht mehr als eine Arbeitsbescheinigung sein.

Beispiel für ein gutes Zeugnis:

Zeugnis

Herr …, am 17. November 1952 geboren, war in der Zeit vom 15. Februar 1996 bis 30. September 2000 als kaufmännischer Angestellter in unserem Unternehmen, Abteilung Betriebswirtschaft/Investitionsrechnung, beschäftigt.
Sein Aufgabengebiet umfasste im wesentlichen folgende Tätigkeiten:

- Wirtschaftlichkeitsrechnungen für Investitionen aller Größenordnungen für die in unserem Unternehmen zusammengefassten Teilbetriebe und nachfolgendes Beurteilen sowie Aufreihen dieser Vorhaben für ein gemeinsames Investitionsprogramm;
- Beurteilen von verschiedenen Ausführungsvarianten und Technologievergleich im Hinblick auf betriebswirtschaftliche und finanzielle Auswirkungen;

- Erstellen von schriftlichen und mit Diagrammen versehenen Berichten über kostenmäßige Auswirkungen technischer Projekte oder Abläufe für alle Berichtsebenen bis zum Vorstand;
- Cashflow-Analysen für die Beurteilung der Finanzierbarkeit der geplanten Investitionsaktivität;
- Break-even-Berechnungen und Sensitivitätsanalysen zur Feststellung der ergebnisrelevanten Einflüsse und Parameter;
- Beurteilen der wirtschaftlichen Auswirkungen bei Alternativen Leasing – Kauf;
- betriebswirtschaftliche Analysen im Bereich Lizenzen, Patente und sonstige Sonderausarbeitungen.

Herr … führte seine Arbeit mit großer Genauigkeit und Sorgfalt aus und war auch jederzeit bereit, Arbeiten in anderen Abteilungen zu übernehmen, wenn ein Personalausfall dies erforderlich machte.

Da Herrn … eine leitende Stelle in einem anderen Großunternehmen angeboten wurde, scheidet er auf eigenen Wunsch aus unserem Unternehmen aus.

Wir wünschen ihm weiterhin viel Erfolg!

Beispiel für ein schlechtes Dienstzeugnis:

Dienstzeugnis

Wunschgemäß bestätigen wir, dass Herr …, geb. am 17. November 1952 in …, vom 15. Februar 1996 bis 30. September 2000 als kaufmännischer Angestellter in unserem Unternehmen beschäftigt war. Das Dienstverhältnis wurde einvernehmlich gelöst.

Vergleich und Konkurs

Ein Vergleichs- oder Konkursverfahren wird dann notwendig, wenn ein Schuldner nicht mehr in der Lage ist, seinen Zahlungsverpflichtungen nachzukommen. Ein Vergleichsverfahren ist sinnvoll, wenn eine Chance auf Sanierung eines Betriebes besteht, ansonsten wird das Konkursverfahren eingeleitet. Ein Vergleich kann nur auf Antrag des Schuldners herbeigeführt werden, während ein Konkurs sowohl auf Antrag eines Gläubigers oder des Schuldners als auch von Amts wegen eingeleitet werden kann.

Außergerichtlicher Vergleich

Beim außergerichtlichen Vergleich versucht der Schuldner, durch persönliche, private Vereinbarungen mit den Gläubigern ohne Einschaltung eines Gerichts zu einem Vergleich zu kommen. Da bei diesem Verfahren keinerlei Überprüfung der Vermögensverhältnisse möglich ist, setzt es ein besonderes Vertrauen der Gläubiger in die Angaben des Schuldners voraus. Diese Form des Vergleichs kommt immer seltener vor, weil meist keine Zustimmung der Gläubiger zu erreichen ist, wenn nicht besondere Gründe vorliegen.

Ein Antrag auf außergerichtlichen Vergleich könnte das Argument enthalten, dass bei Einleitung eines gerichtlichen Vergleichs nur mit einer niedrigeren Vergleichsquote gerechnet werden könne, wenn zum Beispiel die Absonderungsansprüche sehr groß wären. Dies könnte je nach dem Grad des Vertrauens der Gläubiger zum Schuldner eine Zustimmung zum außergerichtlichen Vergleich bewirken.

Außergerichtlicher Vergleichsantrag

Ich muss Ihnen leider mitteilen, dass ich unverschuldet in eine schwere finanzielle Krise geraten bin. In diesem Jahr sind zwei meiner besten Kunden in Konkurs gegangen, und ich habe dadurch einen Großteil meiner Außenstände verloren.
Ich hoffte dies durch vermehrte Exporte ausgleichen zu können. Dies ist mir zum Teil auch gelungen, allerdings lief das Exportgeschäft langsamer an als erwartet; außerdem musste ich, um diesen Markt zu erobern, viel Geld in Werbung investieren.
Es war daher erforderlich, mein Warenlager vorwiegend durch Lieferantenkredite zu finanzieren. Die Rückzahlung dieser Kredite ist aber aus den genannten Gründen in absehbarer Zeit nicht möglich. Ich ersuche Sie daher, einem außergerichtlichen Vergleich mit einer Quote von 80 % Ihrer Forderungen zuzustimmen.
Für die kommenden Jahre besteht die begründete Hoffnung, dass mein Unternehmen wesentlich besser florieren wird, da sich der Kundenstamm durch die Werbemaßnahmen vergrößert hat. Dadurch bin ich nicht mehr in dem Ausmaß wie bisher vom Schicksal einiger weniger Kunden abhängig.
Falls Sie meinem Vorschlag zustimmen, hoffe ich, Sie in Zukunft durch größere Aufträge als zuvor für den Verlust entschädigen zu können.
Ich bitte Sie um Verständnis für meine schwierige Lage, in die ich ohne eigenes Verschulden geraten bin, und danke Ihnen im Voraus für Ihr Entgegenkommen.

Mit freundlichen Grüßen

Zustimmung des Lieferanten:

Außergerichtlicher Vergleich

Aufgrund Ihrer Schilderung der Umstände und im Vertrauen auf Ihre Zusicherung für die Zukunft sind wir ausnahmsweise bereit, Ihren Vorschlag auf einen außergerichtlichen Vergleich mit einer Quote von 80 % zu akzeptieren.

Wir ersuchen Sie allerdings, Ihre noch verbleibende Verbindlichkeit an uns in 15 gleich hohen Monatsraten zu je ... pünktlich zu bezahlen.
Wir wünschen Ihnen für die Zukunft einen besseren Geschäftserfolg und hoffen, Ihnen mit unserem Entgegenkommen geholfen zu haben.

Mit freundlichen Grüßen

Beleg über 20 % Gutschrift

Es ist keineswegs selbstverständlich, dass der Lieferant zustimmt. Häufig kommt es zu einer ablehnenden Antwort, weil die angegebenen Gründe in einem außergerichtlichen Vergleichsverfahren nicht überprüft werden können und daher die Glaubwürdigkeit des Schuldners angezweifelt wird:

Außergerichtlicher Vergleich

Es tut mir leid, Ihnen mitteilen zu müssen, dass ich auf Vorschläge zu einem außergerichtlichen Vergleich grundsätzlich nicht eingehe. Ich habe in dieser Hinsicht in der Vergangenheit eine große Enttäuschung erlebt.
Um Sie dennoch in Ihrer Situation zu unterstützen, bin ich bereit, Ihnen einen Zahlungsaufschub von sechs Monaten zu gewähren, ohne Ihnen dafür Verzugszinsen zu berechnen.
Ich bitte Sie aber, den neuen Zahlungstermin exakt einzuhalten, da ich einem weiteren Aufschub nicht mehr zustimmen könnte.
Ich hoffe, Ihnen auch damit gedient zu haben, und zeichne

mit freundlichen Grüßen

Gerichtlicher Vergleich

Die Eröffnung des gerichtlichen Vergleichsverfahrens wird öffentlich bekannt gemacht. Alle Gläubiger werden aufgefordert, ihre Forderungen innerhalb der gesetzlich vorgeschriebenen Frist anzumelden. Ein vom Gericht bestellter Vergleichsverwalter überprüft die wirtschaftliche Lage des Schuldners und überwacht die weitere Geschäftsführung sowie die Kosten seiner Lebensführung. Damit soll verhindert werden, dass der Schuldner sein Vermögen zuungunsten der Gläubiger verändert oder einzelne Gläubiger begünstigt. Das Gericht kann auch ein allgemeines Veräußerungsverbot verhängen.
Der formlose Ausgleichsantrag ist vom Schuldner in dreifacher Ausfertigung an das zuständige Amtsgericht zu senden. Meist müssen als Anlage zum Vergleichsantrag

die Bilanzen der letzten drei Jahre vorgelegt werden. Ein gerichtlicher Vergleich kommt generell nur dann zustande, wenn ihm die Mehrheit der beim Vergleichstermin anwesenden Gläubiger zustimmt und zwar in der Regel mit einer Mehrheit von drei Viertel der vertretenen Forderungen.

Vergleichsantrag

Ort, 20. Juni 2000

Da ich durch den schlechten Geschäftsgang der letzten Jahre und große Verluste aufgrund der Illiquidität eines meiner Kunden zahlungsunfähig geworden bin, beantrage ich die Eröffnung des Vergleichsverfahrens.
Ich erkläre, dass innerhalb der letzten fünf Jahre weder ein Konkurs- noch ein Vergleichsverfahren über mein Vermögen eröffnet worden ist; auch wurde kein solches Verfahren mangels Masse abgelehnt. Darüber hinaus erkläre ich, dass innerhalb der letzten zwei Jahre vor Antragstellung zwischen mir und meinen nahen Angehörigen weder eine Vermögensauseinandersetzung stattgefunden hat noch über Vermögensteile, die mir gehören, zu deren Gunsten irgendwelche Verfügungen getroffen worden sind.

Meine Aktiva betragen insgesamt	€	195.000,–
die Passiva insgesamt	€	235.000,–,
sodass ich mit überschuldet bin.	€	40.000,–

Ich biete allen meinen Gläubigern eine Quote von 50 %, zahlbar in 15 aufeinanderfolgenden Monatsraten, die erste Rate zahlbar zwei Monate nach Annahme des Vergleichs.
Ich versichere, dass meine Angaben richtig und vollständig sind und dass ich von meinem Vermögen nichts wissentlich verschwiegen habe.

Hochachtungsvoll

Anlagen
Bilanzen 19.., 19.. und 19..
2 Ausfertigungen des Vergleichsantrags

Antrag auf Konkurseröffnung

Voraussetzung für die Einleitung eines Konkurses ist die Zahlungsunfähigkeit des Schuldners oder auch nur dessen buchhalterische Überschuldung (Passiva überwiegen die Aktiva).
Im Rahmen des Konkurses wird dem Schuldner das Vermögen entzogen und vom Konkursgericht in Verwahrung genommen. Ein Konkursverfahren kann vom Schuldner, von einem Gläubiger oder von Amts wegen eingeleitet werden.

Der Antrag auf Konkurseröffnung wird durch ein formloses Schreiben an das zuständige Gericht gestellt.

Ort, 20. Juni 2000

Antrag auf Konkurseröffnung

Da ich nicht mehr in der Lage bin, meinen Zahlungsverpflichtungen nachzukommen, habe ich sämtliche Zahlungen eingestellt und beantrage die Konkurseröffnung über mein Vermögen. Eine Aufstellung meiner Aktiva und Passiva füge ich bei.

Hochachtungsvoll

Vermögensverzeichnis

Sollte sich nach Einleitung des Konkurses herausstellen, dass so wenig Vermögen vorhanden ist, dass nicht einmal die Verfahrenskosten gedeckt sind, wird das Konkursverfahren mangels Masse eingestellt.

Aussonderungs- und Absonderungsantrag

Ansprüche auf Aussonderung oder Absonderung werden mit einem formlosen Schreiben oder mit einer Pfandklage geltend gemacht. Ausgesondert werden im Rahmen des Konkursverfahrens jene Werte, die dem Schuldner nicht gehören, also fremdes Eigentum sind (z. B. leihweise überlassene Gegenstände). Abgesondert werden Werte für Gläubiger, die Anspruch auf Befriedigung aus bestimmten Sachen des Gemeinschuldners haben (z. B. Hypothekareintragung, verpfändete Grundstücke, Faustpfänder bei Lombardkrediten), wenn diese Absonderungsrechte mehr als 60 Tage vor Konkurseröffnung erworben wurden.

Ort, 23. Juni 2000

Antrag auf Aussonderung

Ich habe Herrn ..., Kürschnermeister in ..., im März d. J. einen schwarzen Pelzmantel, Persianerklaue, Größe 3, zur Reparatur gegeben. Dieser Mantel ist mein Eigentum, daher beantrage ich die Aussonderung aus der Konkursmasse.
Herzlichen Dank für Ihre Mühe!

Mit freundlichen Grüßen

Reparaturannahmebestätigung

Der Masseverwalter hat das Recht, Aussonderungs- und Absonderungsansprüche bis zu einem bestimmten Höchstwert selbst anzuerkennen. Stimmt der Masseverwalter nicht zu, kann gegen ihn Klage eingereicht werden.

Anmelden von Forderungen

Alle Forderungen müssen bei dem für das Vergleichs- oder Konkursverfahrens zuständigen Gericht angemeldet werden. Die Anmeldung muss enthalten:

- Name und Adresse des Gläubigers
- Name und Adresse des Schuldners
- Höhe der Forderung
- Tatbestand

Unter „Tatbestand" wird angeführt, aus welchen Beträgen sich die Gesamtschuld zusammensetzt, und es wird darauf hingewiesen, dass diese Forderung für das Ausgleichs- oder Konkursverfahren angemeldet wird.

Marketing und Werbung

Was ist Marketing?

Unter Marketing versteht man die Orientierung der betrieblichen Bereiche auf den Kundenbedarf mit dem Ziel, Waren oder Dienstleistungen abzusetzen. Es gibt verschiedene Instrumente, die im Rahmen des Marketings eingesetzt werden. Erst das Zusammenwirken dieser Instrumente im Marketing-Mix ergibt das vollständige Maßnahmenpaket, mit dem der Unternehmer seine Unternehmensziele zu verwirklichen sucht.
Bevor das Marketing-Mix optimal abgestimmt werden kann, versucht man mit Hilfe der Marktforschung herauszufinden, wie die Konsumenten am besten angesprochen werden können, unter welchen Voraussetzungen sie also bereit sind, die angebotenen Güter oder Dienstleistungen zu erwerben.

Möglichkeiten der Marktforschung

Marktforschung kann man in Form der Marktanalyse und in Form der Marktbeobachtung betreiben. Bei der Marktanalyse werden die Daten zu einem bestimmten Zeitpunkt erhoben; bei der Marktbeobachtung wird längerfristig überwacht, wie sich die Daten im Laufe der Zeit verändern.
Untersuchungsbereiche der Marktforschung sind beispielsweise: Kaufmotive der Kunden, Merkmale der gegenwärtigen Abnehmer, Veränderung des Bekanntheits-

grades eines Produktes und eines Unternehmens, Einstellung zum Preis (angemessen oder überhöht), Reaktion der Konkurrenz, Marktanteil des Auftraggebers und der Konkurrenz, sowie Werbemaßnahmen der Mitbewerber.
Darüber hinaus kann man im Rahmen der Marktforschung Primär- und Sekundärforschung unterscheiden.

Primärforschung

Bei der Primärforschung werden durch Befragung oder Beobachtung neue Daten für Marktforschungszwecke erhoben. Kunden werden entweder mündlich, telefonisch oder schriftlich befragt. Wie die Befragung letztlich durchgeführt wird, ist abhängig davon, was man erfragen will, aber auch von den jeweiligen Vor- und Nachteilen, die die einzelnen Befragungsmöglichkeiten bieten.

- **Mündliche Befragung**

Die mündliche Befragung bietet viele Vorteile. Der Interviewer notiert nicht nur die Antworten, sondern kann möglicherweise auch die Lebensverhältnisse und das Umfeld des Interviewten beobachten, was oft sehr aufschlussreich ist. Er kann darüber hinaus auf Gestik und Mimik des Befragten achten, die manchmal mehr Bedeutung haben als die unmittelbaren mündlichen Aussagen. Ein weiterer Vorteil ist, dass bei der mündlichen Befragung eine größere Zahl von Fragen untergebracht werden kann. Außerdem ist die Antwortquote wesentlich höher, weil so mancher zu Befragende, wenn man ihn zu Hause antrifft, nicht unhöflich sein will und sich daher zum Interview bereit erklärt.
Es gibt aber auch einige Nachteile: Da geschulte Interviewer eingesetzt werden müssen und durch das persönliche Aufsuchen des Befragten hohe Fahrtspesen entstehen, sind die Kosten bei dieser Befragungsart vergleichsweise hoch. Die Befragung ist nicht anonym, was dazu führen kann, dass der Befragte nicht bereit ist, seine wahre Meinung preiszugeben, vor allem wenn es um kritische Themen geht. Das Ergebnis kann überdies nicht nur durch die Zurückhaltung des Befragten, sondern auch durch die Art der Fragestellung und Gesprächsführung des Interviewers beeinflusst werden.

- **Telefonische Befragung**

Die telefonische Befragung kann rasch und relativ billig durchgeführt werden; allerdings können nur Personen interviewt werden, die ein Telefon besitzen. Außerdem muss sich der Interviewer auf eine kleinere Anzahl von Fragen beschränken, um das Gespräch nicht allzu lange auszudehnen.

- **Schriftliche Befragung**

Ein Vorteil der schriftlichen Befragung ist, dass die räumliche Entfernung keine Rolle spielt. Es ist auch kein Interviewer erforderlich. Daher ist diese Befragungsmöglichkeit billig, und eine Einflussnahme durch den Interviewer ist ebenfalls ausgeschlossen. Die Schwierigkeit ist allerdings, dass längst nicht alle Angeschriebenen sich die Zeit und Mühe nehmen, die Fragen zu beantworten und den zugesandten Fragebogen wieder zurückzusenden.

Marketing

Sekundärforschung

Bei der Sekundärforschung werden keine neuen Daten erhoben, sondern es werden bereits vorhandene ausgewertet. Für die Auswertung können sowohl betriebsinterne als auch externe Daten verwendet werden (z. B. Gästelisten, Belegungszahlen, Daten aus der Buchhaltung, Daten von anderen Betrieben, statistische Erhebungen usw.). Ein großer Vorteil der Sekundärforschung sind die vergleichsweise geringen Kosten. Um aussagekräftige Auswertungsergebnisse zu bekommen, sollte man aber aktuelle Daten verwenden.

Instrumente des Marketings

Die Instrumente des Marketings sind im Marketing-Mix zusammengefasst und gliedern sich in:

- **Angebots- oder Produktpolitik**

Nach den Erkenntnissen der Marktforschung kann die Angebots- oder Produktpalette zusammengestellt oder (bei laufendem Betrieb) veränderten Marktverhältnissen angepasst werden. Man muss also entscheiden, welche Waren oder Dienstleistungen in welcher Breite und Tiefe zur Verfügung stehen sollen. Es könnte auch die Frage auftauchen, ob bestimmte Leistungspakete nicht überhaupt erst angeboten werden sollen.

Bei der Erstellung des Angebots- oder Produktionsprogrammes ist es wichtig, die Nutzenüberlegung nicht außer Acht zu lassen. Produkte haben meist einen Grundnutzen und einen Zusatznutzen. Als Beispiel könnte man den Kauf eines Autos anführen. Der Grundnutzen ist, mit dem Auto räumliche Entfernungen leichter überwinden zu können; der Zusatznutzen könnte der Prestigegewinn durch den Kauf einer bestimmten Automarke sein.

Ausserdem sind auch Überlegungen hinsichtlich der Nebenleistungen, die mit angeboten werden sollen, sehr wichtig, da bei manchen Produkten darauf großer Wert gelegt wird.

- **Vertriebs- oder Distributionspolitik**

Grundsätzlich kann man unterscheiden zwischen dem direkten Vertrieb (der Anbieter tritt direkt an den Kunden heran) und dem indirekten Vertrieb über bestimmte Vertriebswege (z. B. Erzeugung – Handel – Endverbraucher). Hier drängen sich viele Fragen auf, die geklärt werden müssen und die auch je nach Art der Ware oder Dienstleistung unterschiedlich zu beantworten sein werden (z. B. Selbstbedienung oder Beratung, Selbstabholung oder Zustellung, keine Weiterbetreuung oder Wartung und Service usw.).

- **Preispolitik**

Mit Hilfe der Preispolitik sollen Qualität und Preis in eine wirtschaftliche und auf dem Markt vertretbare Relation gebracht werden. Wieweit ein Preis frei gestaltbar ist,

Werbung

hängt von vielen Faktoren ab, wie etwa Angebot und Nachfrage, Preisbindung (an ortsübliche Preise), entstandene Kosten, Verhalten der Konkurrenz, Informationsstand des Kunden (wieweit ist er in der Lage, Qualitätsunterschiede festzustellen – Produkte sind oft schlecht vergleichbar) und so weiter.
Nicht zuletzt wird bei der Preispolitik berücksichtigt, dass manche Kunden teuer kaufen wollen, um zu zeigen, dass sie sich teure Dinge leisten können. Andere wiederum betrachten Produkte mit höheren Preisen als qualitativ höherwertig, oder sie wollen etwas haben, weil der Nachbar es auch schon hat (Mitläufereffekt).

- **Kommunikationspolitik**
Im Rahmen von Marketing und Werbung ist es Aufgabe der Kommunikationspolitik, den potenziellen Konsumenten zu informieren. Hier ist zu klären, wie man den Kunden am besten auf ein Angebot aufmerksam macht und wie er zu einer entsprechenden Reaktion (Kauf, Inanspruchnahme der Dienstleistung, persönliches Engagement und so weiter) veranlasst werden kann.
Dies geschieht mithilfe von:
   – persönlichen Gesprächen: Außendienstmitarbeiter mit Handelsbetrieben, Verkäufer, Berater, Messebetreuer mit Konsumenten, Wahlhelfer mit potenziellen Wählern und ähnliches.
   – Verkaufsförderung (Salespromotion): Preisnachlass bei bestimmten Einkaufsmengen, Zurverfügungstellen von Verkaufshilfen, Veranstaltungen, Verkaufswettbewerbe für Verkäufer, Händlerschulung, Sonderplatzierung in der Auslage oder im Geschäft, Verkaufsprospekte, Prämien für außergewöhnliche Leistungen, Fachliteratur, Kost- und Warenproben, Gutscheine, Preisausschreiben, Werbegeschenke, Produktdemonstrationen und anderes mehr.
   – Publicrelations: alle Anstrengungen, die unternommen werden, um eine Person, eine Sache, eine Organisation in der Öffentlichkeit ins rechte Licht zu setzen. Mit einem Wort: Öffentlichkeitsarbeit, die das Ansehen ein Unternehmens fördert, den erreichten Bekanntheitsgrad erhält oder Inhalte dieser Bekanntheit korrigiert. Publicrelations werden betrieben in Betriebszeitschriften, durch Beteiligung an Spendenaktionen, Einsatz für Umweltschutz und so weiter.
   – Werbung: die „klassische" Form der Werbung in Medien

Werbung

Begriff und Bereiche

Werbung ist der planmäßige Einsatz von Personen, Mitteln und Techniken zur gezielten Beeinflussung menschlichen Verhaltens. Es ist der Sammelbegriff für alle nicht mit direktem Zwang verbundenen Beeinflussungsformen, umfasst also alle Maßnahmen, die Menschen veranlassen sollen, freiwillig Handlungen vorzunehmen. Es gibt außerwirtschaftliche (für Parteien, für Interessengruppen usw.) und wirt-

schaftliche Werbung. Die Werbung für außerwirtschaftliche Zwecke unterscheidet sich von der Wirtschaftswerbung zwar in den Aussagen, aber kaum in den Methoden und Gestaltungsformen.
Werbung ist ein wichtiges Instrument der freien Marktwirtschaft und unerlässlich für einen funktionierenden Wettbewerb. Sie vermittelt Informationen und dient in der Tat auch der Orientierung der Verbraucher.

Planung und Ablauf

Um die richtige Vorgehensweise zu wählen, ist es sinnvoll, einen Werbeplan zu erstellen. Zuerst muss man sich darüber klar werden:

- was beworben werden soll
- welche Ziele damit erreicht werden sollen
- welcher Etat dafür eingesetzt werden soll

Ist dies geklärt, können weitere Fragen bedacht werden:

- Welche Zielgruppen sollen angesprochen werden (Jugendliche, Familien, Rentner usw.)?
- Welche Werbeaussagen und Slogans sollen präsentiert werden?
- Welche Werbemittel sollen verwendet werden (Filme, Durchsagen, Anzeigen, Flugblätter, Prospekte, Broschüren usw.)?
- Welche Werbeträger werden eingesetzt (z. B. Kino, Zeitungen, Plakatwände, Rundfunk, Fernsehen, Fachzeitschriften, Luftballons usw.)?
- Wie lange, wie oft, in welchen zeitlichen Abständen oder zu welcher Jahreszeit soll die Werbung präsent sein?

Sind alle diese Fragen geklärt, kann eine Werbekampagne gestartet werden. Damit ist aber die Arbeit noch nicht abgeschlossen, denn der Erfolg der Werbung muss auch entsprechend kontrolliert werden. Es soll überprüft werden, ob die Ziele, die man sich gesteckt hat, tatsächlich erreicht wurden. Freilich kann man nicht immer mit Sicherheit sagen, ob ein Erfolg aufgrund der Werbung oder aufgrund anderer Dinge eingetreten ist. Dennoch ist es erforderlich, zumindest eine Tendenz festzustellen, um weitere Entscheidungen treffen zu können.

Problematik

Die Befürworter der Werbung argumentieren:

- Werbung ist ein Motor für die Wirtschaft
- Information für den Kunden
- günstigere Preise durch höhere Umsätze
- Werbung ist wichtig sowohl für die Marktwirtschaft als auch für den Wettbewerb in der Wirtschaft
- Werbung ist ein Devisenbringer
- Werbung schafft Arbeitsplätze

Die Gegner der Werbung wiederum behaupten:

- Werbung ist Manipulation
- Werbung weckt Bedarf an Gütern und Dienstleistungen, die der Verbraucher gar nicht benötigt
- Werbung ist nicht Information, sondern beeinflusst über Emotionen das Unterbewusstsein – sie ist ein „geheimer Verführer"
- Werbung macht Waren teurer, weil die Werbekosten sehr hoch sind
- Werbung verändert mit der Zeit die Wertorientierung und kann daher auch gesellschaftspolitisch missbraucht werden.

Letztlich liegt es aber in der Hand jedes einzelnen Menschen, ob und wieweit er einfach gedankenlos Werbung in sich aufnimmt oder ob er sich kritisch mit ihr auseinander setzt. Er sollte fähig sein, selbst zu entscheiden, und sich nicht bloß von Meinungsmachern beeinflussen lassen. Mehr denn je bedarf es heute der Entwicklung einer verantwortungsvollen Persönlichkeit, die selbst in der Lage ist, kritisch zu entscheiden, was sie will oder nicht will – allerdings nicht nur für das Wirtschaftsleben, sondern für alle Bereiche des Lebens. Das kritische und verantwortungsvolle Verhalten sollte aber nicht auf die Verbraucher beschränkt sein – auch die in der Werbebranche Tätigen sind aufgefordert, sich an diesen Maßstäben zu orientieren.

Werbebriefe

Ein Werbebrief soll so geschrieben sein, dass der Leser Lust verspürt, ihn auch wirklich bis zum Ende zu lesen.
Der Aufbau eines Werbebriefes unterscheidet sich daher von dem der üblichen Geschäftsbriefe. Der Briefkopf wird meist werbewirksam gestaltet, oder er steht überhaupt erst am Schluss, und zu Beginn wird an seiner Stelle eine Schlagzeile präsentiert. Anschrift, Bezugszeichen und Betreff kommen selten vor, ein Datum sollte aber angegeben sein. Der Beginn des Briefes ist häufig eine Schlagzeile. Manchmal wird auch eine persönliche Anrede verwendet.
Um den Adressaten zum Weiterlesen zu animieren, kann man sich verschiedener Tricks bedienen, man kann beispielsweise Sätze unvollendet lassen oder Fragen stellen, die vom Leser voraussichtlich mit „ja" beantwortet werden müssen. Der Text soll locker geschrieben sein, und durch verschiedene Hervorhebungen werden wichtige Aussagen besonders ins Blickfeld gerückt.
Am Schluss des Briefes wird der Leser dann zur gewünschten Handlung aufgefordert. Formelle Grußformeln sollten vermieden werden. Ein Postskriptum erhöht oft die Werbewirksamkeit.
Zusammenfassend kann gesagt werden: Werbung und Werbebriefe richten sich nach der Werbeformel „AIDA" (Attention – Interest – Desire – Action). Unter „Attention" versteht man „Aufmerksamkeit erregen", „Interest" heißt „Interesse wecken", „Desire" bedeutet „Wunsch (zum Kauf) hervorrufen", und schließlich steht „Action" für „Handlung (Kaufaktivität) auslösen".

MODE-FRÜHLING BEI JASMIN

Sehr geehrte Frau ...,

alle haben wir auf sie gewartet, auf die ersten Zeichen des Frühlings, und dazu möchten wir Ihnen heute Passendes in Sachen anspruchsvoller Mode präsentieren.
„Fantastisch", werden Sie sagen – und genau das ist es!
Jasmin bietet Ihnen nicht nur fantastische Mode, sondern auch ausgezeichnete Qualität und konkurrenzlose Preise.
Wo Sie dies alles finden? Gleich hier, im beiliegenden Katalog!
Und nun viel Spaß beim Bestellen des Mode-Frühlings von Jasmin!

Herzlichst
Ihre Jasmin van der Geld

PS: Zwar ist noch nicht Ostern, doch wer ein bisschen sucht, kann mit der Jasmin-Gewinnzahl eine wunderschöne Oster-Tischdecke kostenlos bestellen!

Geschäftliche Korrespondenz mit Behörden und Institutionen

Welche Korrespondenz Sie im privaten Bereich mit Ämtern und Behörden zu führen haben könnten, dem war bereits das Kapitel auf Seite 219 ff. gewidmet. Der Schriftverkehr mit Behörden ist aber vor allem ein wichtiger Bereich des Geschäftslebens. Von der Eröffnung über den alltäglichen Betrieb bis hin zur Abmeldung eines Unternehmens gibt es eine Fülle von Situationen, in denen Sie es mit Ämtern, Behörden und Institutionen zu tun haben.
Obwohl heute schon viel telefonisch erledigt wird, überwiegt bei Behörden und Institutionen immer noch die schriftliche Kommunikation, weil dadurch auch Belege vorhanden sind. Dabei gilt es drei wesentliche Punkte zu beachten:

    1. Jedes wichtige Schriftstück sollte eingeschrieben aufgegeben werden.
    2. Erkundigen Sie sich, ob ein Schriftstück gebührenpflichtig ist.
    3. Bewahren Sie auch von den eingereichten Unterlagen jeweils eine Kopie auf.

Die schriftliche Kommunikation mit Behörden erstreckt sich allerdings nicht allein auf das Schreiben von Briefen, sondern umfasst auch diverse Formulare. Da es weder sinnvoll noch möglich wäre, auch nur einen Bruchteil der im deutschen Sprachraum verwendeten Formulare zu zeigen und Ihnen entsprechende Anleitungen zum Ausfüllen zu geben, wollen wir uns weitestgehend auf das Schreiben von Briefen und Anträgen beschränken.

Finanzbehörde

Bei Schreiben an die Finanzbehörde darf die Angabe der Steuernummer nicht vergessen werden. Wurde vom Finanzamt noch keine Steuernummer zugeteilt, so vermerken Sie in der Betreffzeile „Steuernummer: neu".

Betriebseröffnung

Wird ein Betrieb eröffnet, ist in der Regel eine Mitteilung an das Finanzamt erforderlich, das daraufhin eine Steuernummer zuteilt:

Ort, 10. März 2000

Eröffnung eines Buchbinderbetriebes

Ich ersuche um Zuteilung einer Steuernummer, da ich im Mai d. J. einen Buchbinderbetrieb eröffnen werde. Zur Einkommensteuer wurde ich bisher nicht veranlagt.
Ich danke Ihnen im Voraus für Ihre Bemühungen!

Mit freundlichen Grüßen

Fristverlängerung

Schaffen Sie es nicht, Steuererklärungen oder sonstige fristgebundene Unterlagen dem Finanzamt rechtzeitig vorzulegen, sollten Sie eine Fristverlängerung beantragen:

Steuernr. 6083/1664

Ich sehe mich außerstande, meine Steuererklärung für das Jahr 1999 fristgerecht einzureichen, weil ich am 20. Februar 2000 einen schweren Unfall erlitten habe. Da noch nicht abzusehen ist, wann ich meine Arbeit wieder aufnehmen kann, ersuche ich Sie zunächst um Fristverlängerung bis zum 30. Juni d. J.
Im Voraus herzlichen Dank für Ihr Verständnis!

Mit freundlichen Grüßen

Finanzbehörde

Auch andere Probleme können Ursache für eine Verlängerung der Abgabefrist von Steuererklärungen sein:

Ort, 12. Mai 2000

Antrag auf Fristverlängerung für die Abgabe der
Steuererklärungen 1999 St.-Nr. 6083/1664

Ich ersuche Sie um Verlängerung der Frist zur Abgabe der Einkommen- und Umsatzsteuererklärung für das Jahr 1999 bis zum 30. Juni 2000.
Mir liegen einige wichtige Unterlagen, die mein Steuerberater für das Ausfüllen der Steuererklärungen benötigt, derzeit noch nicht vor, unter anderem die Provisionsabrechnung für das IV. Quartal 1999.
Im Voraus herzlichen Dank für Ihr Entgegenkommen!

Mit freundlichen Grüßen

Leider bin ich nicht in der Lage, den Termin 15. Mai für die Abgabe meiner Steuererklärungen einzuhalten, weil ich eine längere, unvorhergesehene Geschäftsreise ins Ausland antreten mss.
Da diese Reise unaufschiebbar ist, bitte ich Sie, die Frist für die Abgabe der Steuererklärungen für 1999 bis zum 30. Juni 2000 zu verlängern.

Mit freundlichen Grüßen

Ich bitte um Verlängerung der Frist zur Abgabe der Steuererklärungen für das vorige Jahr bis zum 20. Juni 2000. Mein Buchhalter ist schwer erkrankt und musste sich in stationäre Behandlung begeben, weshalb die Unterlagen für die Erklärungen nicht rechtzeitig bereitgestellt werden können. Voraussichtlich wird er erst Ende Mai wieder arbeitsfähig sein.
Vielen Dank für Ihr Entgegenkommen!

Mit besten Grüßen

Einspruch gegen Bescheide

Wurde ein Bescheid erlassen, mit dem man aus irgendwelchen Gründen nicht einverstanden ist (weil z. B. Angaben nicht berücksichtigt wurden, weil das Finanzamt von falschen Voraussetzungen ausgegangen ist, weil Beträge nicht korrekt angesetzt

Finanzbehörde

wurden, Rechenfehler passiert sind usw.), so muss innerhalb der festgesetzten Frist gegen den Bescheid Widerspruch eingelegt werden, damit er nicht rechtskräftig werden kann. Die jeweilige Frist muss auf amtlichen Bescheiden im Rahmen der Rechtsbehelfsbelehrung angegeben sein.
Im folgenden sind einige Beispiele zu Sonderausgaben (Bausparbeiträge) sowie Vermögens- und Gewerbesteuer aufgeführt.

Frankfurt/Main, 14. Juli 2000

Widerspruch gegen den Einkommensteuerbescheid für 1999
vom 1. Juli 2000, Steuernr. ...

Im Einkommensteuerbescheid wurden die als Sonderausgaben geltend gemachten Bausparbeiträge nicht anerkannt. Dies wurde vom Finanzamt damit begründet, dass bereits eine Wohnungsbauprämie gewährt worden sei.
Ich verstehe nicht, wodurch diese Annahme möglich war, da ich bei der Frage in Zeile .. der Einkommensteuererklärung, ob eine Wohnungsbauprämie beantragt wurde, deutlich das „Nein" angekreuzt habe. Aus der beiliegenden Bestätigung der Bausparkasse können Sie ersehen, dass die Angabe in der Erklärung richtig war.
Ich beantrage daher, den Einkommensteuerbescheid entsprechend abzuändern und die Bausparbeiträge als Sonderausgaben bei der Berechnung der Steuerschuld zu berücksichtigen.

Mit freundlichen Grüßen

Bestätigung der Bausparkasse

Frankfurt/Main, 10. August 2000

Berufung gegen den Vermögensteuerbescheid für 1999
vom 25. Juli 2000 und Antrag auf Aussetzung der
Vollziehung der Vermögensteuer, St.-Nr. ...

Ich erhebe gegen den oben angegebenen Bescheid fristgerecht Einspruch aus folgendem Grund:
Das in der Begründung zur Vermögensteuerfestsetzung angeführte Segelboot „Maori" habe ich erst im Frühjahr 2000 angeschafft; es gehörte daher zum 1. 1. 2000 noch nicht zu meinem sonstigen Vermögen. Außerdem betrug der Kaufpreis nicht € 50.000,–, sondern lediglich € 25.000,–, weil das Boot zu diesem Zeitpunkt bereits 18 Jahre alt war.
Ich stelle daher den Antrag, die genannten € 50.000,– bei der Veranlagung zur Vermögensteuer zum 1. 1. 2000 unberücksichtigt zu lassen.

Finanzbehörde

Da meinem Einspruch mit Sicherheit Erfolg beschieden sein wird, beantrage ich gleichzeitig die Aussetzung der Vollziehung für € 1.000,– Vermögensteuer 2000 bis zur Entscheidung über diesen Einspruch.
Mit der Bitte um baldige Erledigung und
mit freundlichen Grüßen

Änderung der Höhe der Vorauszahlungen

Gewerbetreibenden wird vom Finanzamt eine Einkommensteuer-Vorauszahlung für das jeweils laufende Jahr vorgeschrieben. Sind Sie mit den vorgeschriebenen Vorauszahlungen nicht einverstanden, weil diese unter Umständen in der Höhe irreal sind, so können Sie eine Änderung der festgesetzten Vorauszahlungen beantragen:

Ort, 12. Mai 2000

Einspruch gegen den Bescheid
zur Einkommensteuer-Vorauszahlung, Steuernr. ...

Ich erhebe hiermit gegen den Bescheid zur Einkommensteuer-Vorauszahlung für 2000 Einspruch. Der Einspruch richtet sich gegen die Festsetzung des voraussichtlichen Einkommens für 2000.

Begründung:

Ich habe dem Finanzamt im Fragebogen anlässlich der Eröffnung eines Gewerbebetriebes die Aufnahme der gewerblichen Tätigkeit im März 2000 mitgeteilt. Zum Zeitpunkt der Erstellung des Fragebogens war ich zu optimistisch und habe das voraussichtliche Einkommen um etwa 50 Prozent zu hoch eingeschätzt.
Ich stelle daher den Antrag, für die Bemessung der Einkommensteuer-Vorauszahlung 2000 von einem um 50 Prozent verminderten Einkommen auszugehen.
Mit der höflichen Bitte, meinem Einspruch stattzugeben, verbleibe ich

mit freundlichen Grüßen

Da ich seit 1. April 2000 mein Gewerbe nicht mehr ausübe und sich daher meine Einkünfte erheblich vermindert haben, ersuche ich Sie, mich von den festgesetzten Einkommensteuer-Vorauszahlungen zu befreien.
Die Abmeldebestätigung für mein ehemaliges Gewerbe liegt bei.

Mit besten Grüßen

Finanzbehörde

✍

Frankfurt, 18. August 2000

Steuernr. ... / ..., Antrag auf Herabsetzung der Vorauszahlung

Ich bitte Sie, die Vorauszahlungen für die Einkommen- und Gewerbesteuer auf der Basis eines Gewinnes von € 100.000,– neu festzusetzen.
Die Vorauszahlungen wurden für das laufende Jahr aufgrund meines Gewinns aus Gewerbebetrieb des Vorjahrs festgelegt. Es zeigt sich aber bereits jetzt, dass ich das Vorjahrsergebnis von € 200.000,– bei weitem nicht mehr erreichen werde. Wie Sie aus der beigelegten Zwischenbilanz ersehen können, beträgt der vorläufige Gewinn für das erste Halbjahr lediglich € 55.000,–, sodass für das ganze Jahr mit einem Gewinn von höchstens € 110.000,– zu rechnen sein wird.
Der Umsatzrückgang und damit auch die Verringerung des Gewinns dürften durch die Einbahnregelung in unserer Straße bewirkt worden sein: Weder wir selbst noch unsere Kunden können den Betrieb ohne größere Probleme erreichen.
Mit der Bitte um positive Erledigung meines Antrags zeichne ich

mit freundlichen Grüßen

Zwischenbilanz

✍

✍

München, 28. November 1999

Antrag auf Herabsetzung der Einkommensteuer-Vorauszahlungen
für 2000, Steuernummer ...

Ich beantrage die Herabsetzung der Einkommensteuer-Vorauszahlungen für 2000 und Folgejahre aus folgendem Grund:
Die Festsetzung erfolgte im Steuerbescheid für 1998 vom 6. November 1999. Das Jahr 1998 fällt aber insoweit aus dem Rahmen, als darin der Veräußerungsgewinn in Höhe von € 166.941,– enthalten ist, der in den Folgejahren nicht mehr anfällt.
Ab dem kommenden Jahr werde ich neben meiner Rente nur mehr die Hälfte der bisherigen Einkünfte aus Gewerbebetrieb und aus Kapitalvermögen beziehen, das sind voraussichtlich rund € 25.000,–. Nach den gültigen Steuersätzen beträgt die Einkommensteuer hiervon rund € ... . Ich ersuche Sie daher, die Einkommensteuer-Vorauszahlungen für 2000 mit diesem Betrag festzusetzen.

Mit freundlichen Grüßen
Martin Buchberger

✍

Finanzbehörde

Frankfurt/Main, 3. August 2000
Antrag auf Herabsetzung der Vorauszahlungen für
Einkommen- und Gewerbesteuer 2000, Steuernummer ...

Laut Bescheid vom 22. August 2000 wurden mir Vorauszahlungen in der Höhe von € 2.205,– beziehungsweise € 777,– vorgeschrieben. Da ich aber meine gewerbliche Tätigkeit am 28. Februar 2000 beendet habe, ersuche ich Sie, die Einkommen- und Gewerbesteuer-Vorauszahlungen für 2000 mit € 0,– festzusetzen.

Freundliche Grüße
Alois Bultmann

Stundungsantrag

Mit einem begründeten Stundungsantrag können Sie den Aufschub einer Zahlung oder eine Ratenzahlung erwirken. Da aber auch vom Finanzamt Zinsen verrechnet werden, sollten Sie im Fall des Falles prüfen, ob nicht durch eine andere Form der Kreditfinanzierung ein gleich gutes oder günstigeres Ergebnis erzielt werden kann. Wollen Sie einen Antrag auf Stundung stellen, so müssen Sie ihn vor dem Fälligkeitstermin beim Finanzamt einreichen, weil sonst ein Säumniszuschlag berechnet wird.

Kiel, 4. Juli 2000

Stundung der Einkommensteuer, Steuernummer ...

Aufgrund des Steuerbescheides vom ... habe ich für das Jahr 1999 einen Betrag von € ... Einkommensteuer bis zum 30. Juli d. J. nachzuzahlen.
Da ich in letzter Zeit große Forderungsverluste hatte, bin ich derzeit nicht in der Lage, diese Zahlungen zu leisten. Ich ersuche Sie daher, mir die Bezahlung der offenen Einkommensteuer in drei gleich hohen Raten zum 31. 10., 30. 11. und 31. 12. d. J. zu ermöglichen.
Ich hoffe, dass Sie mit diesem Vorschlag einverstanden sind, und danke Ihnen im Voraus für Ihr Verständnis.

Mit freundlichen Grüßen

Säumniszuschlag

Ein Säumniszuschlag wird erhoben, wenn der Steuerschuldner die Zahlung nicht spätestens am Fälligkeitstag leistet. Von der Festsetzung eines Säumniszuschlags kann aufgrund eines Antrags abgesehen werden, wenn der Schuldner nur ausnahmsweise säumig ist, ansonsten also seinen Zahlungsverpflichtungen pünktlich nachkommt.

München, 10. Mai 2000

Finanzamt München III
Deroystr. 18
80331 München

Säumniszuschlag/Bescheid vom 30. April 2000, St.-Nr. ...

Ich bitte Sie, mir die verspätete Überweisung meiner Einkommensteuervorauszahlung – fällig am 10. März d. J. – nachzusehen, nachdem sie ohne eigenes Verschulden zustande gekommen ist. Laut beiliegender ärztlicher Bestätigung erkrankte ich am 8. März an schwerer Angina, und einen Tag später erkrankte auch meine Frau. Dadurch hatte ich keine Möglichkeit, den Zahlungstermin einzuhalten.
Ich ersuche Sie daher, mir den Säumniszuschlag zu erlassen.

Mit freundlichen Grüßen

Ärztliche Bestätigung

Verlegen einer Betriebsprüfung

München, 15. Juni 2000

Finanzamt München I
Betriebsprüfungsstelle
80333 München

Betriebsprüfung St.-Nr. ...

Ich bitte Sie, die für den 22. Juni d. J. in meinem Unternehmen angesetzte Betriebsprüfung auf den 3. Juli d. J. zu verschieben. Mein Buchhalter ist auf Auslandsurlaub; eine Prüfung ohne ihn wäre aber wenig sinnvoll, da nur er eventuell auftauchende Fragen kompetent beantworten kann.
Ich hoffe auf Ihr Verständnis und verbleibe

mit besten Grüßen

Finanzbehörde

Rücküberweisung von Steuerguthaben

Wurden zu hohe Vorauszahlungen geleistet oder wurde der Betrieb geschlossen, so dass keine Steuern mehr anfallen, so sollten Sie das Finanzamt verständigen und um Rücküberweisung des Guthabens, gegebenenfalls auch um Nullstellung der Vorauszahlungen ersuchen:

Stuttgart, 28. Juli 2000

Ersuchen um Rücküberweisung der Einkommensteuer-
Vorauszahlung 1999, Steuer-Nr. 180/8585

Ich ersuche Sie, die von mir geleistete Einkommensteuer-Vorauszahlung für das Jahr 1999 in Höhe von € 934,– auf mein Konto Nr. 54865 bei der Volksbank rückzuüberweisen, da ich im Vorjahr keine Einkünfte aus selbstständiger Tätigkeit bezogen habe.
Im Voraus herzlichen Dank für Ihr Entgegenkommen!

Mit freundlichen Grüßen

Ulm, 16. Aug. 2000

Nullstellung der Vorauszahlungen für
Einkommensteuer, Steuer-Nr. ...

Ich bitte Sie, eine Nullstellung meiner Einkommensteuervorauszahlung festzulegen, nachdem laut beiliegender Aufstellung der Gewinn aus meinem Gewerbebetrieb für das erste Halbjahr 2000 lediglich € 3.800,– betragen hat. Außerdem musste ich mit 1. Juli d. J. den Betrieb krankheitshalber schließen, sodass ich seit dieser Zeit keine Einkünfte habe.
Die bereits geleisteten Vorauszahlungen überweisen Sie bitte auf mein Konto Nr. ... bei der Sparkasse ...
Herzlichen Dank für Ihre Bemühungen!

Mit besten Grüßen

Umbuchungsantrag

Wechselt ein Betrieb den Standort, so ist es möglich, dass eine zweite Steuernummer zugeteilt wird. Damit die unter der alten Steuernummer einbezahlten Beträge berücksichtigt werden, ist ein Umbuchungsantrag erforderlich:

Finanzbehörde

Stuttgart, 11. März 2000

Umbuchungsantrag St.-Nr. 6083/1664

Durch die Standortverlegung meines Betriebes wurde mir eine zweite Steuernummer zugeteilt. Ich ersuche Sie daher, alle Beträge, die auf die Steuernummer 180/8585 eingezahlt wurden, auf die Steuernummer 6083/1664 umzubuchen und die ursprüngliche Steuernummer danach zu löschen.
Im Voraus herzlichen Dank für Ihre Bemühungen!

Mit freundlichen Grüßen

Herabsetzung des Einheitswertes

Der Einheitswert ist ein vom Finanzamt für Steuerzwecke festgelegter Wert für bestimmte wirtschaftliche Einheiten (bebaute oder unbebaute Grundstücke), unabhängig davon, ob diese einer Privatperson, einer Firma, Aktiengesellschaft oder anderen gehören. Der Einheitswert bildet unter anderem die Grundlage für die Grundsteuer (der Grundsteuermeßbetrag wird vom Finanzamt der Gemeinde mitgeteilt und mit dem jeweiligen Hebesatz multipliziert) sowie für die Erbschafts- und Schenkungssteuer.
Als Steuerpflichtiger sollten Sie die Festlegung des Einheitswertes genau prüfen, weil sich ein zu hoher Einheitswert steuerlich nachteilig auswirken kann. Bei erheblicher Veränderung des Einheitswertes kann bis spätestens 31. Dezember des laufenden Jahres eine Änderung oder Herabsetzung des Einheitswertes beantragt werden:

Finanzamt München IV
Deroystr. 18
80335 München

Herabsetzung des Einheitswertes, Steuernr. ...

Mein in der Altstadt-Schutzzone II gelegenes Geschäftshaus Schubertgasse 3 wurde mit Bescheid des Denkmalamtes, Geschäftszeichen LK-830/25/96 vom 1. 12. 1999 wegen seines künstlerischen und kulturellen Wertes unter Denkmalschutz gestellt. Die Erhaltung des Objektes liegt somit im öffentlichen Interesse, und jede bauliche Veränderung ist auch von der Zustimmung des Denkmalamtes abhängig. Aus diesen Gründen ersuche ich Sie um eine Neufestsetzung (Herabsetzung) des Einheitswertes und bitte, auch den Grundsteuermessbetrag entsprechend zu berichtigen.

Mit besten Grüßen

Finanzbehörde

Vertretung mit Vollmacht

Soll jemand im Auftrag eines anderen eine Angelegenheit bei einer Behörde abwickeln – soll beispielsweise der Steuerberater die Vertretung beim Finanzamt übernehmen –, so ist hierfür eine Vollmacht erforderlich (siehe Seite 68 f.). Meist sind dies bereits vorgedruckte Formulare, die nur noch unterschrieben werden müssen.
Ein Musterexemplar einer vorgedruckten Vollmachtserteilung:

Vollmachtgeber (Name, Vorname, Firma)
....
....

Vollmacht

Ich bevollmächtige

Herrn / Frau / Firma
....

mich in allen steuerlichen Angelegenheiten zu der Steuernummer / dem Geschäftszeichen ....
vor dem Finanzamt ....zu vertreten.
Der / Die Bevollmächtigte(n) ist/sind berechtigt, rechtsverbindliche Erklärungen abzugeben, Anträge zu stellen sowie Rechtsbehelfe einzulegen und zurückzunehmen.
Darüber hinaus wird für die nachstehend bezeichneten Bereiche Vollmacht zum Empfang der Verwaltungsakte und Mitteilungen erteilt, die das Finanzamt unter der obigen Steuernummer / dem obigen Geschäftszeichen erlässt:

❏ Besteuerungsverfahren (ohne Steuererhebung)
   ❏ Empfangsvollmacht uneingeschränkt oder
   ❏ Empfangsvollmacht nur für Steuerbescheide oder
   ❏ Empfangsvollmacht nur für Erklärungs- und Anmeldungsvordrucke
❏ Steuererhebungsverfahren
   ❏ Empfangsvollmacht uneingeschränkt
   ❏ Empfangsvollmacht mit Ausnahme von Zahlungshinweisen und Mahnungen
   ❏ Empfangsvollmacht nur zur Entgegennahme von Zahlungshinweisen und Mahnungen

Die Vollmacht gilt, solange ihr Widerruf dem Finanzamt nicht schriftlich angezeigt worden ist, und verliert ihre Wirksamkeit auch nicht dadurch, dass die Steuernummer / das Geschäftszeichen geändert oder ein anderes Finanzamt für meine / unsere Steuersachen tätig wird. Sie ermächtigt nicht zur Entgegennahme von Steuererstattungen und -vergütungen.

....
Ort, Datum   Unterschrift des Vollmachtgebers

....
Unterschrift des Bevollmächtigten

Gewerbebehörde

Wer einen Gewerbebetrieb eröffnen will, dem werden sich einige Fragen aufdrängen. Dazu zählten beispielsweise die Fragen nach dem Standort, nach der Finanzierung, nach den bürokratischen Hürden, die vor Beginn der gewerblichen Tätigkeit überwunden werden müssen. In diesem Kapitel soll Ihnen Hilfestellung vor allem zur Überwindung der bürokratischen Hürden geboten werden.
Was besagt eigentlich der Begriff „Gewerbe"? Gewerbe sind Tätigkeiten, die gewerbsmäßig ausgeübt werden, nicht gesetzlich verboten sind und nicht ausdrücklich vom Anwendungsbereich des Gewerberechts ausgeschlossen sind. Eine gewerbsmäßige Tätigkeit ist dann gegeben, wenn sie selbstständig, regelmäßig und mit der Absicht betrieben wird, einen Ertrag oder sonstigen wirtschaftlichen Vorteil zu erzielen. Die Voraussetzungen für eine Gewerbeberechtigung sind von Gewerbe zu Gewerbe unterschiedlich. Die weitaus meisten Gewerbearten sind nur anzeigepflichtig, das heißt, es genügt die bloße Anmeldung bei der Gewerbebehörde. Andere Tätigkeiten sind erlaubnispflichtig (vor Erteilung der Erlaubnis werden die Voraussetzungen – z. B. die Zuverlässigkeit – überprüft). Für bestimmte Tätigkeiten, etwa im Bewachungs- und Gaststättengewerbe, ist die Erteilung der Erlaubnis an einen Befähigungsnachweis gebunden.
Meldungen (z. B. An-, Um- und Abmeldungen) an die Gewerbebehörde sind häufig gebührenpflichtig; da sich die Höhe der Gebühren immer wieder ändert, ist es ratsam, sich im Einzelfall bei der Behörde zu erkundigen.

Antrag auf Erteilung einer Gewerbeerlaubnis

Ist ein Gewerbe erlaubnispflichtig, können Sie nach der vorgeschriebenen Ausbildungszeit die Erteilung einer Gewerbeerlaubnis beantragen:

Gewerbebehörde

Andechs, 16. Juli 20..

Antrag auf Gaststättenkonzession

Sehr geehrte Frau Dr. Schneider!

Im Anschluß an unser Telefonat vom 14. d. M. übersende ich Ihnen hiermit die verlangten Unterlagen und Bestätigungen. Ich hoffe, damit die Voraussetzungen für die Erteilung einer Gaststättenkonzession zu erfüllen, und bitte Sie, falls irgendwelche weiteren Unterlagen benötigt werden, mir dies mitzuteilen.
Im voraus herzlichen Dank für Ihre Bemühungen!

Mit freundlichen Grüßen
                                8 Anlagen:
                                Geburtsurkunde
                                Staatsbürgerschaftsnachweis
                                Heiratsurkunde
                                Lichtbild
                                2 Bestätigungen über die
                                      Ausbildungszeiten
                                2 Zeugnisse

Gewerbeanmeldung

Eine Gewerbeanmeldung kann bei der zuständigen Gewerbebehörde (beispielsweise Gemeinde, Kreisverwaltungsreferat oder Landratsamt) schriftlich erfolgen, in der Regel unter Bezug auf die eingereichten Antragsformulare:

Gewerbeanmeldung

Ich ersuche Sie um Erteilung einer Gewerbeerlaubnis für den „Handel mit Computersoftware". Die dafür erforderliche Befähigung erwarb ich, wie Sie aus dem beigelegten Abschlusszeugnis ersehen können, durch meine schulische Ausbildung.
Ich beabsichtige, am 1. August 2000 ein Einzelhandelsunternehmen mit Computersoftware am Standort Landwehrstr. 280, 80336 München, zu eröffnen, wovon gleichzeitig das Finanzamt München II verständigt wird.
Die erforderlichen Unterlagen füge ich mit der Bitte um Rücksendung bei.

Mit freundlichen Grüßen   Anlagen

Erweiterung der Gewerbeerlaubnis

Für eine Erweiterung einer Gewerbeerlaubnis ist jene Gewerbebehörde zuständig, die die ursprüngliche Gewerbeerlaubnis erteilt hat:

Erweiterung der Gewerbeerlaubnis

Ich ersuche Sie um Erweiterung meiner Konzession für das Gast- und Schankgewerbe in der Betriebsform einer Pension mit den Berechtigungen nach § ... Gewerbeordnung. Aufgrund meiner erfolgreichen langjährigen Tätigkeit nehme ich an, dass ich schon dadurch den erforderlichen Befähigungsnachweis erbracht habe.
In Erwartung eines zustimmenden Bescheides verbleibe ich

mit freundlichen Grüßen

... Anlagen

Berufung

Wurde ein Antrag von der Gewerbebehörde abgelehnt, kann innerhalb der Rechtsmittelfrist dagegen Einspruch eingelegt werden. Das Rechtsmittel ist immer bei der Behörde der ursprünglichen Instanz einzubringen. Der Einspruch muss sich erkennbar auf den angefochtenen Bescheid beziehen und einen begründeten Änderungsantrag enthalten:

Berufung

Ich erhebe gegen den Bescheid vom 23. Februar 19.. das Rechtsmittel des Einspruchs und begründe dies wie folgt:
Mein Antrag auf Erteilung der Berechtigung zur Ausübung des Gast- und Schankgewerbes in der Betriebsform eines Gasthauses wurde mit der Begründung abgewiesen, dass bei mir die geforderte Unbescholtenheit nicht als gegeben erachtet werde. Dies muss aber auf einem Irrtum beruhen, da ich nie irgendwelche strafbaren Handlungen begangen habe und somit nicht vorbestraft bin. Als Beweis lege ich ein polizeiliches Führungszeugnis bei.
Ich stelle daher den Antrag, den angefochtenen Bescheid abzuändern und meinem Ersuchen um Erteilung der Berechtigung zur Ausübung des Gast- und Schankgewerbes in der Betriebsform eines Gasthauses stattzugeben.

Mit besten Grüßen

Polizeiliches Führungszeugnis

Einschränkung der Gewerbeerlaubnis

Für eine Einschränkung einer Gewerbeerlaubnis ist bei jener Behörde zu beantragen, die die Gewerbeerlaubnis erteilt hat:

Einschränkung der Gewerbeerlaubnis

Mit dem Gewerbeschein vom 5. 7. 19.. wurde mir eine Gewerbeerlaubnis für den Textilwarenhandel erteilt. Da ich aber nun beabsichtige, ein Spezialgeschäft für Damenunterwäsche zu führen, melde ich hiermit die Einschränkung der Gewerbeerlaubnis an. Ich ersuche Sie, meine Gewerbeerlaubnis dahingehend abzuändern.

Freundliche Grüße

Namensänderung

Eine Namensänderung, die sich zum Beispiel durch Verehelichung ergibt, ist der Gewerbebehörde zu melden, weil der Name auf dem Gewerbeschein geändert werden muss:

Namensänderung

Ich habe am 2. August 2000 geheiratet. Wie Sie aus der beiliegenden Heiratsurkunde ersehen können, lautet mein Familienname nun nicht mehr Schneider, sondern Moshammer. Stellen Sie bitte den Gewerbeschein und den Gewerbeakt richtig und setzen Sie bitte auch die Handwerkskammer hiervon in Kenntnis.
Herzlichen Dank für Ihre Bemühungen!

Mit freundlichen Grüßen

Gewerbeausübung durch Stellvertreter

Gewerbeerlaubnis vom 12. 10. 2000

Mit der oben angeführten Gewerbeerlaubnis bin ich zum Betrieb des Gast- und Schankgewerbes in der Betriebsform eines Gasthauses befugt. Da ich noch eine andere berufliche Tätigkeit ausübe, bin ich nicht länger in der Lage, den Gewerbe-

betrieb selbst zu führen. Ich ersuche Sie daher um Genehmigung der Ausübung dieses Gast- und Schankgewerbes durch einen Stellvertreter in der Person des Herrn ...
Beiliegend finden Sie die Geburtsurkunde und den Staatsbürgerschaftsnachweis meines Stellvertreters. Herr ... weiß, dass der Betrieb weder verpachtet noch jemand anderem überlassen werden darf. Es ist ihm auch bekannt, dass die gewerbepolizeilichen Vorschriften genau zu beachten sind.
Ich danke Ihnen schon im Voraus für eine positive Erledigung meines Antrag.

Mit besten Grüßen

... Anlagen

Verpachtung

Verpachtung

Ab 1. Oktober 2000 möchte ich mein Gewerberecht, das mir mit dem Gewerbeschein vom 2. Mai 19.. erteilt wurde, verpachten. Die Daten des Pächters sowie den notwendigen Befähigungsnachweis finden Sie in den beiliegenden Unterlagen. Herr ... ist schon seit rund zehn Jahren in meinem Betrieb tätig und hat sich dabei die erforderlichen Kenntnisse erworben, um diesen Betrieb selbst führen zu können.

Mit freundlichen Grüßen

... Anlagen

Fortführung eines Gewerbes

Die Witwe oder erbberechtigte Kinder haben die Möglichkeit, nach dem Tod des Gewerbetreibenden das Gewerbe fortzuführen. Es muss aber ein geeigneter Geschäftsführer bestellt werden, der den Befähigungsnachweis besitzt. Der Gewerbebehörde ist dies vom Vertreter der Hinterbliebenen – das wird in vielen Fällen ein Notar sein – bekannt zu geben und es ist auch der Geschäftsführer zu benennen:

Kempten, 20. Juli 2000

Fortführung eines Gewerbebetriebes

Nachdem mein Mann ... am 7. 7. 2000 verstorben ist, teile ich Ihnen mit, dass ich das Gewerbe bis auf weiteres fortführen werde.

Gewerbebehörde

Als Geschäftsführer habe ich Herrn ... bestellt, der sich bereit erklärt hat, diese Aufgabe zu übernehmen.
Die berufliche Befähigung meines Geschäftsführers und die geforderten Voraussetzungen für diese Stellvertretung werden durch die entsprechenden Urkunden nachgewiesen. Diese Unterlagen füge ich mit Bitte um Rücksendung bei.

Mit freundlichen Grüßen

Anlagen:
Sterbeurkunde
Erklärung des Geschäftsführers

...

Rückgabe einer Gewerbeerlaubnis

Wird eine gewerbliche Tätigkeit nicht mehr ausgeübt, muss die Gewerbebehörde davon in Kenntnis gesetzt werden. Meist wird in dem betreffenden Schreiben auch der Grund für die Beendigung des Gewerbebetriebes genannt, so etwa der Eintritt in den Ruhestand, gesundheitliche Probleme, zu geringe Einkünfte oder Ähnliches.

Köln, 12. Juli 2000

Rückgabe der Gewerbeerlaubnis

Ich teile Ihnen mit, dass ich mit Wirkung zum 31. Juli d. J. meine Gewerbeerlaubnis zurückgebe und in den Ruhestand trete.
Für das mir in den Jahren meiner Gewerbeausübung entgegengebrachte Verständnis bedanke ich mich sehr herzlich.

Mit freundlichen Grüßen

Genehmigung einer Betriebsanlage

Genehmigungspflichtige Betriebsanlagen sind in der Gewerbeordnung aufgezählt. Es sind dies vor allem Betriebsanlagen mit besonderen Einrichtungen, Maschinen und Heizanlagen sowie Betriebsanlagen mit besonderen Auswirkungen auf die Nachbarschaft durch Abgase, Abwässer, Lärm, Erschütterung und ähnliches. Nicht nur neu errichtete, sondern auch bereits genehmigte Anlagen werden fallweise – meist nach Beschwerden von Anwohnern – durch die Gewerbebehörde kontrolliert.
Änderungen an der Betriebsanlage sind der Gewerbebehörde anzuzeigen:

Ort, 2. Februar 2000

Genehmigung einer Betriebsanlage

Ich ersuche Sie um Genehmigung meiner Betriebsanlage, die auf beiliegendem Lageplan beschrieben ist. Wie Sie daraus ersehen können, habe ich mich exakt an die gesetzlichen Vorschriften gehalten.
In Erwartung einer raschen und positiven Erledigung verbleibe ich

mit freundlichen Grüßen
Lageplan mit Beschreibung

Einspruch gegen eine Betriebsanlage

Gegen die Genehmigung von Betriebsanlagen kann von Dritten (z. B. Nachbarn) Einspruch eingelegt werden. Dies wird vor allem dann der Fall sein, wenn durch die Betriebsanlage unzumutbare Belastungen (z. B. Lärmbelästigung) hervorgerufen würden. Im Rahmen des Einspruchs ist die Unzumutbarkeit zu begründen:

Ort, 14. Juli 2000

Einspruch gegen Genehmigung der Betriebsanlage ...

Gegen den Bescheid des ... vom ..., der bei mir am ... eintraf, ergreife ich das Rechtsmittel des Einspruchs.
In dem Bescheid wird für ein dem unseren benachbartes Grundstück die Errichtung eines Betriebsgeländes bewilligt. Da diese Betriebsanlage direkt an mein Grundstück mit Einfamilienhaus grenzt, habe ich hier einige wesentliche, begründete Einwendungen vorzubringen, die ich in den nächsten Tagen schriftlich nachreichen werde.

Mit besten Grüßen

Standortverlegung

Wird ein Unternehmen innerhalb der Gemeinde des bisherigen Standortes verlegt, ist dies lediglich der Gewerbebehörde anzuzeigen (Ummeldung). Wird hingegen ein Unternehmen von seinem bisherigen Standort an einen anderen Ort, in eine andere Gemeinde verlegt, spricht man von einer Übersiedlung; die Gewerbeerlaubnis ist in diesem Fall neu zu beantragen.

Köln, 25. August 2000

Standortverlegung

Da meine bisherigen Geschäftsräume in der Computerstraße 20, 50737 Köln, für meine Tätigkeit bereits zu klein geworden sind, habe ich meine Geschäftsräume in die Softwaregasse 10, 50737 Köln, verlegt.
Ich ersuche Sie, die Adresse in Ihren Unterlagen abzuändern!

Mit freundlichen Grüßen

Eröffnung einer weiteren Betriebsstätte

Die Errichtung einer weiteren Betriebsstätte ist der Gewerbebehörde zu melden. Werden allerdings nur Lagerräume eröffnet oder verlegt, braucht dies der Gewerbebehörde nicht gemeldet zu werden – es sei denn, der Lagerraum erfordert besondere Betriebsanlagen, die genehmigungspflichtig sind.

Nürnberg, 14. Juli 2000

Eröffnung einer weiteren Betriebsstätte

Aufgrund meiner Gewerbeerlaubnis vom 10. 5. 2000 betreibe ich das Kürschnergewerbe mit dem Standort Pelzstraße 21, 90468 Nürnberg.
Am 1. Juli 2000 habe ich eine weitere Betriebsstätte in Friedrichsplatz 12, 90402 Nürnberg eröffnet. Die Zahl der Beschäftigten sowie die Anzahl und Ausstattung der Räumlichkeiten geht aus beiliegender Aufstellung hervor.

Mit freundlichen Grüßen

Patentamt

Ein wichtiges Amt, mit dem Wirtschaftstreibende schriftlich kommunizieren, ist das Patentamt. Es ist sowohl für den Patentschutz als auch für den Markenschutz (siehe Seite 362) zuständig.
Unter einem Patent versteht man das ausschließliche Recht auf Verwertung einer Erfindung. Patentfähig sind nur solche neuen Erfindungen, die verschiedene Patentfähigkeitserfordernisse erfüllen und eine gewerbliche Verwertung gestatten.

Anmeldung eines Patents

Zur Erlangung eines Patents muss eine Erfindung schriftlich beim Patentamt angemeldet werden. Die Anmeldung ist gebührenpflichtig, und es müssen Vordrucke verwendet werden, die beim Patentamt erhältlich sind.
Dem Anmeldeformular sind folgende Unterlagen beizufügen:
- die Beschreibung der angemeldeten Erfindung
- der von der Bank oder vom Postamt quittierte Beleg über die Bezahlung der Anmeldegebühr
- entsprechende Vollmacht, falls der Anmelder seine Anmeldung durch einen Vertreter überbringen lässt (siehe Seite 68 f.)

Sämtliche Unterlagen müssen vom Anmelder oder von seinem Vertreter unterschrieben werden.

Übertragung eines Patents

Wer ein Patent übertragen will, muss dem Patentamt mit einem Übertragungsgesuch die Übertragungsurkunde vorlegen:

München, 10. Mai 2000

Übertragung eines Patents

Ich ersuche Sie, mein Patent ..., das unter der Nr. ... vom 10. 2. 1999 registriert ist, mit beiliegender Übertragungsurkunde auf Herrn ..., Erfinderstraße 42, 80333 München, zu übertragen.

Mit besten Grüßen   Anlage:
                                     Übertragungsurkunde

Einspruch gegen ein Patent

Gegen eine öffentlich bekannt gemachte Patentanmeldung kann Einspruch erhoben werden; es besteht keine Anwaltspflicht. Die eingereichten Unterlagen sind gebührenpflichtig.
Der Einspruch soll folgende Punkte enthalten:
- Name und Adresse dessen, der Einspruch erhebt, sowie gegebenenfalls Name und Adresse seines Anwalts
- Name und Adresse des Patentanmelders – auch hier kann eine Vertretung (Anwalt) benannt werden

- Gegenstand der Patentanmeldung
- Begründung, warum diese Erfindung nicht oder nicht mehr als Patent anerkannt werden soll (z. B. Erfindung ist bereits durch eine andere Person patentrechtlich geschützt)

Antrag auf Markenschutz

Ein als Marke angemeldetes Warenzeichen wird auf Gesetzmäßigkeit und Ähnlichkeit geprüft. Bei der Prüfung auf Gesetzmäßigkeit wird die Zulässigkeit des angemeldeten Zeichens gemäß den entsprechenden rechtlichen Bestimmungen festgestellt. Durch die Ähnlichkeitsprüfung soll geklärt werden, ob die neu angemeldete Marke mit ähnlichen älteren Marken verwechselt werden kann. Die Möglichkeit einer Verwechslung gilt nur dann als gegeben, wenn das Zeichen für gleiche oder zumindest gleichartige Waren als Marke registriert werden soll wie ein anderes, das bereits registriert ist.
Auch für die Anmeldung einer Marke können beim Patentamt vorgedruckte Formulare angefordert werden.

Verlängerung des Markenschutzes

München, 20. Oktober 19..

Verlängerung des Markenschutzes

Ich beantrage die Verlängerung der Schutzdauer für meine Marke Nr. ... um weitere zehn Jahre.
Die hierfür anfallenden Gebühren in Höhe von € ... wurden auf das Bankkonto Nr. ... des Patentamts überwiesen.

Mit freundlichen Grüßen

Gebrauchsmusterschutz

Der Gebrauchsmusterschutz bezieht sich ausschließlich auf die bestimmte Form eines Erzeugnisses, nicht auf den Wert des verwendeten Stoffes oder mögliche Abwandlungen dieser Form. Die Schutzdauer beträgt höchstens drei Jahre.
Das Muster muss bei der Gebrauchsmusterstelle des Patentamts hinterlegt werden; auch das Hinterlegen von Fotos und Zeichnungen ist gestattet. Muster können auch von Personen hinterlegt werden, die keine Gewerbetreibenden sind. Über die Hinterlegung wird ein Protokoll aufgenommen.
Von der Gebrauchsmusterstelle wird nicht geprüft, ob ein hinterlegtes Muster bereits irgendwann einmal in Verkehr gesetzt worden ist; die Betroffenen müssen dies selbst feststellen und können dann gegebenenfalls Einspruch erheben.

Industrie- und Handelskammern

Alle zur Gewerbesteuer veranlagten Personen und Handelsgesellschaften sind Pflichtmitglieder der Industrie- und Handelskammern. Die Industrie- und Handelskammern sind verpflichtet, die Interessen ihrer Mitglieder zu vertreten. Kammermitglieder können sich in allen sozialen und wirtschaftlichen Fragen mündlich oder schriftlich an ihre Berufsvertretung wenden.
Daneben gibt es die Mitgliedschaft bei einer der Gewerkschaften, die für jeden Arbeitnehmer freiwillig ist.
Der Schriftverkehr mit allen diesen Institutionen kann sich entweder in Briefform oder, vereinfacht, über Formblätter abgewickelt werden.

Antrag auf Beitragsherabsetzung

Wer der Meinung ist, dass sein IHK-Beitrag zu hoch angesetzt wurde, kann um Herabsetzung ersuchen. Hat ein Unternehmer die betriebliche Tätigkeit eingestellt, muss er dies der Kammer mitteilen, damit kein Beitrag mehr erhoben wird:

Herabsetzung des IHK-Beitrags

Ich habe soeben die Rechnung für den IHK-Beitrag erhalten und dabei feststellen müssen, dass er wieder erhöht wurde. Da ich nur einen Kleingewerbebetrieb führe und die Einkünfte daraus sehr gering sind, ersuche ich Sie, den Kammerbeitrag zu ermäßigen.
Damit Sie sich über die Ertragslage meines Betriebes informieren können, lege ich den Jahresabschluss des Vorjahres bei.

Mit freundlichem Gruß

Jahresabschluß

Befreiung von der Beitragspflicht

Nachdem ich von Ihnen die Rechnung für den IHK-Beitrag für das Jahr 2000 zugesandt bekommen habe, teile ich Ihnen mit, dass ich bereits im Jahr 1999 meine Tätigkeit beendet habe.
Ich ersuche Sie, meine Mitgliedsnummer zu löschen, und verbleibe

mit freundlichen Grüßen

Kraftfahrzeug-Zulassungsstelle

Um nicht selbst bei der Kfz-Zulassungsstelle die Anmeldung, Abmeldung oder Ummeldung eines Kraftfahrzeugs vornehmen zu müssen, können Sie beispielsweise Ihrem Autohändler eine Handlungsvollmacht erteilen. Dazu kann eines der gängigen Formulare verwendet werden.

VOLLMACHT	
Name des Bevollmächtigten	Raum für Stempelmarke
Adresse	

Oben genannte Person wird bevollmächtigt, die Ab- und Anmeldungen beim Verkehrsamt oder bei der Bezirkshauptmannschaft durchzuführen und die notwendigen Unterschriften für mich – uns – zu leisten.

DATEN DES ANZUMELDENDEN FAHRZEUGES

Farbe des Fahrzeuges	Die hintere Kennzeichentafel ist
	einzeilig ☐ zweizeilig ☐

DAS FAHRZEUG WIRD ZUGELASSEN FÜR

Name
Adresse
Geburtsdatum — Beruf
Datum — Unterschrift

55.VM.103 (80.08)

Ist kein Vordruck zur Hand, können Sie ohne weiteres selbst eine Vollmacht ausstellen (siehe dazu auch Seite 68 f.):

Vollmacht

Ich, ..., beauftrage den Überbringer dieser Vollmacht, die Ab- und Anmeldung meines Kraftfahrzeugs durchzuführen.

....
Ort, Datum   Unterschrift

Auch für die An- und Abmeldung von Kraftfahrzeugen gibt es von der zuständigen Verwaltungsbehörde vorgedruckte Formulare, die man entweder direkt von der Behörde, über einen Versicherungsvertreter oder beispielsweise über spezielle Kfz-Zulassungsdienste beziehen kann.

Kreditinstitute

Der Tätigkeitsbereich der Kreditinstitute erstreckt sich auf:

- Aktivgeschäfte: Kreditgeschäfte
- Passivgeschäfte: Einlagengeschäfte
- Dienstleistungsgeschäfte: Zahlungsvermittlung, An- und Verkauf von Devisen und Valuten, An- und Verkauf von Wertpapieren, Handel mit Goldmünzen, Vermietung von Schließfächern, Beratung, Information und ähnliches mehr.

Die wichtigste Aufgabe der Kreditinstitute ist die Umwandlung der Einlagen in Kredite. In diesem Bereich fällt auch der meiste Schriftverkehr an. Da sich im Bankbetrieb gleichartige Geschäftsfälle ständig wiederholen, ist der Einsatz von Formularen besonders ausgeprägt. Sie dienen nicht nur dem schriftlichen Verkehr mit den Kunden, sondern auch als interne Belege für die Buchhaltung und die Registratur. Die Formulare werden meist im maschinellen Durchschreibeverfahren ausgefüllt, doch kommen auch bei Banken eigens abgefasste Geschäftsbriefe vor. Sie werden in Sonderfällen eingesetzt, inbesondere um Unstimmigkeiten klarzustellen.

Kontoeröffnung

Ein Konto ist für den halbbaren und unbaren Zahlungsverkehr von großer Bedeutung, weil sämtliche Zahlungen über das Konto erledigt werden können. Wollen Sie bei einer Bank ein Konto eröffnen, so müssen Sie einen schriftlichen Antrag stellen oder den Wunsch mündlich am Schalter vorbringen. Als künftiger Kontoinhaber erhalten Sie auf Ihre Bitte einen Kontoeröffnungsantrag und das Unterschriftenblatt. Der Antrag muss ausgefüllt und unterschrieben werden. Sind Sie bei der Bank nicht persönlich bekannt, müssen Sie zur Feststellung Ihrer Identität einen amtlichen Lichtbildausweis (Reisepass, Personalausweis, Führerschein) vorweisen; andernfalls genügt der Vermerk „persönlich bekannt" und die Unterschrift des Bearbeiters. Außerdem ist ein kleiner Betrag (Mindesteinlage) sowie die Gebühr für die bestellten Formulare (z. B. Überweisungsbelege mit Firmenaufdruck und Kontonummer) zu bezahlen.

Auf dem bei der Bank hinterlegten Unterschriftenblatt wird die Unterschrift des Kontoinhabers festgehalten, wodurch das Kreditinstitut die Möglichkeit hat, die Richtigkeit der Unterschrift auf den einzelnen Verfügungen zu überprüfen. Erteilen Sie als Kontoinhaber auch anderen Personen das Recht, über das Konto zu verfügen, müssen Sie bei der Bank eine Vollmacht hinterlegen, die Ihren Namen und Ihre Unterschrift ebenso enthält wie den Namen und die Unterschrift des Bevollmächtigten.

Kreditinstitute

Haben Sie das Konto eröffnet, werden Ihnen auf Wunsch auch Scheckheft und Scheckkarte beziehungsweise eine Karte mit Magnetstreifen für Geldautomaten zur Verfügung gestellt.
Die Abwicklung des Zahlungsverkehrs über das Konto wird wiederum von einer Anzahl von Formularen begleitet. Dies sind unter anderem:

- Einzahlungsbeleg
- Auszahlungsbeleg
- Überweisungsauftrag/Zahlschein: Mehrzweckformular, das sowohl zur Bareinzahlung auf ein Konto als auch zur Überweisung verwendet werden kann
- Scheck-Einreichungsformular zur Gutschrift
- Dauerauftrag: wird für Zahlungen verwendet, die wiederholt in gleicher Höhe und in gleichen Zeitabständen an denselben Empfänger gehen sollen. Daueraufträge eignen sich für Miete, Ratenzahlungen, Versicherungen, Abonnements und ähnliches. Man braucht den Auftrag nur einmal zu erteilen, und er wird bis zum Widerruf von der Bank immer wieder automatisch ausgeführt. Dadurch können Zahlungstermine nicht übersehen werden.
- Abbuchungsauftrag (Lastschriftverkehr): berechtigt den Zahlungsempfänger, bei Fälligkeit Beträge vom Konto des Zahlungspflichtigen abzubuchen. Dies ist dann sinnvoll, wenn wiederkehrende Zahlungen in verschiedener Höhe und zu wechselnden Terminen zu leisten sind. Dadurch entfällt die Terminüberwachung der Zahlungen. Einem Abbuchungsauftrag sollten Sie jedoch nur dann zustimmen, wenn zwischen Ihnen als Schuldner und dem Zahlungsempfänger ein Vertrauensverhältnis besteht, weil der Gläubiger von nun an über Ihr Konto verfügen kann. Strom, Telefon, Rundfunk- und Fernsehgebühren, aber auch Miete und Betriebskosten können über Abbuchungsauftrag bezahlt werden.
- Scheck: eine Anweisung an das Kreditinstitut, einen bestimmten Betrag an den Überbringer der Anweisung auszuzahlen.

Bezahlen mit Scheck

Bei den Schecks lassen sich Barschecks (werden bar ausbezahlt) und Verrechnungsschecks (werden nur einem Konto gutgeschrieben) unterscheiden.
Bevor die Bank einen Scheck einlöst, werden Unterschrift, Deckung und Vollständigkeit überprüft, gegebenenfalls ob ein Widerruf vorliegt. Ein Vorteil von Schecks ist, dass Sie jederzeit bezahlen können, und zwar auch größere und unrunde Summen. Ein Nachteil ist, dass in vielen Geschäften heute eine Einlösungsgebühr verlangt wird oder Schecks erst bei einer gewissen Mindesthöhe der Rechnung entgegengenommen werden. Ein weiterer Nachteil, soweit es sich nicht um einen Verrechnungsscheck handelt, ist, dass er bei Verlust oder Diebstahl von jedermann eingelöst werden kann. Außerdem besteht für den Scheckempfänger die Gefahr, einen ungedeckten oder gar gefälschten Scheck zu erhalten.
Um einer Scheckfälschung bei Verlust oder Diebstahl vorzubeugen, sollten Sie Scheckheft und Scheckkarte immer getrennt aufbewahren. Geht Ihnen dennoch das eine oder das andere verloren, müssen Sie, um Missbrauch zu verhindern, sofort

die kontoführende Bank verständigen, die den Verlust an die zentrale Meldestelle der Kreditinstitute weiterleitet.
In Form der EC-Karte in Kombination mit der persönlichen Geheimzahl (PIN) kann die Scheckkarte auch zur Bargeldbeschaffung an Bankautomaten genutzt werden. Dadurch ist es möglich, auch zu jenen Tageszeiten an Bargeld zu kommen, zu denen keine Bank geöffnet hat. Die EC-Karte wird in den Geldautomaten eingeschoben, die persönliche Geheimzahl (PIN) eingetippt, und danach kann der gewünschte Betrag eingegeben werden. Es darf aber nur ein festgesetzter Höchstbetrag pro Tag abgehoben werden. Ist dieser – oder das Dispolimit – erreicht, gibt der Automat unter dieser Nummer kein Geld mehr frei.

Kreditgewährung

Kredite kann man nach Art der Sicherstellung in Personalkredite und Realkredite unterteilen.

- Personalkredite sind lediglich durch die Zahlungswilligkeit und Zahlungsfähigkeit des Kreditnehmers oder dritter Personen gesichert (z. B. Bürgschaft, Forderungsabtretung, Wechseldiskont).
- Realkredite werden durch bewegliche (Waren, Wertpapiere, Edelmetalle usw.) oder unbewegliche Güter (bebaute oder unbebaute Grundstücke) sichergestellt.

Bebaute und unbebaute Grundstücke sind die am besten geeignete Form der Sicherstellung für langfristige Kredite, weil ihr Wert meist steigt. Für eine Kreditgewährung wird aber nicht nur das Pfand, sondern vor allem die wirtschaftliche Leistungsfähigkeit des Schuldners geprüft.
Kunden, die einen Kredit (oder ein Darlehen) in Anspruch nehmen wollen, wenden sich persönlich an ein Kreditinstitut oder reichen einen Antrag ein:

Kreditanfrage

Ich ersuche Sie, mir mitzuteilen, ob und unter welchen Bedingungen Sie mir ein Darlehen in Höhe von

€ 75.000,–
(in Worten: Euro fünfundsiebzigtausend)

gewähren können. Ich besitze ein Textilunternehmen in Bonn und beabsichtige, eine Filiale in Nürnberg zu eröffnen. Den Erwerb des Geschäftes in Nürnberg habe ich aus eigenen Mitteln finanziert. Um dieses neu erworbene Gebäude den modernen Erfordernissen anzupassen und es für Kunden attraktiv gestalten zu können, ist ein Umbau unbedingt erforderlich. Es ist mir aber derzeit nicht möglich, diese Kosten selbst zu übernehmen.
Zu Ihrer Information liegen die Bilanzen der letzten beiden Jahre bei, aus denen Sie die günstige Entwicklung meiner bisherigen Geschäftstätigkeit ersehen können. Falls

Sie noch weitere Auskünfte über meine Geschäftsverhältnisse und meine Vermögenslage benötigen, teilen Sie mir dies bitte mit.
Ich hoffe auf eine positive Erledigung meiner Anfrage.

Mit freundlichen Grüßen
Erwin Schneider

Anlage: 2 Bilanzen (1998, 1999)

Die Begriffe Kredit und Darlehen werden oft nicht richtig verwendet, daher sei hier kurz der Unterschied erläutert:

- Als Kredit bezeichnet man das Zur-Verfügung-Stellen eines Betrages in laufender Rechnung (Kontokorrentkredit in wechselnder Höhe). Beim Kredit wird dem Bankkunden ein Kredit-rahmen zugeteilt, innerhalb dessen er sich frei bewegen kann. Er kann nach Belieben Beträge zurückzahlen und wieder aufnehmen; dabei sollte aber der Rahmen nicht überschritten werden, weil für den übersteigenden Betrag Überziehungsprovision und höhere Zinsen verrechnet werden.
- Unter Darlehen versteht man einen einmalig aufgenommenen Betrag; er wird meist in Form von Annuitätenraten (gleichbleibende Raten, die sich aus dem Rückzahlungsbetrag für das Kapital und den Zinsen zusammensetzen) zurückgezahlt, wobei die zurückgezahlten Beträge nicht mehr beansprucht werden können.

Bevor ein Kredit oder Darlehen zugesagt wird, kommt es zu einer Prüfung der Kreditwürdigkeit. Dabei werden Auskünfte vom Kreditwerber, von anderen Banken, aber auch von Kaufleuten oder Auskunfteien eingeholt (z. B. ermöglicht die Schufa, die Vereinigung der Schutzgemeinschaft für Kreditsicherung den Zugriff auf einen umfangreichen Datenbestand).

Ist die Kreditwürdigkeitsprüfung zugunsten des Kunden ausgefallen, wird das Kreditinstitut den Kredit bewilligen und dem Kunden den Kredit- oder Darlehensvertrag in doppelter Ausfertigung zusenden. In diesem Vertrag sind alle näheren Angaben über die Kreditbedingungen enthalten. Nach Rücksendung der vom Kunden unterschriebenen zweiten Ausfertigung des Dokuments gilt der Vertrag als geschlossen, und der Kunde kann über den bewilligten Betrag verfügen.

Darlehenszusage

Sehr geehrter Herr Schneider!

Ihrem Antrag gemäß erklären wir uns bereit, Ihnen zum Zweck des Umbaues Ihrer neuen Geschäftsräume in Nürnberg ein Annuitätendarlehen in Höhe von

€ 75.000,–
(in Worten: Euro fünfundsiebzigtausend)

zu gewähren. Die Laufzeit haben wir mit ... Jahren festgesetzt. Der effektive anfängliche Jahreszins beträgt ... %, und als Bearbeitungsgebühr werden einmalig ... % verrechnet. Zur Sicherstellung unserer Ansprüche werden wir die Eintragung des Darlehens in das Grundbuch veranlassen.
Die halbjährlichen Rückzahlungsraten in Höhe von € ... sind am 1. April und 1. Oktober des jeweiligen Jahres fällig.
Beiliegend finden Sie den Darlehensvertrag in doppelter Ausfertigung. Schicken Sie bitte das Original mit beglaubigter Unterschrift an uns zurück.

Mit freundlichen Grüßen **Anlage**
2 Darlehensverträge

Zession

Eine andere Möglichkeit der Kreditbeschaffung ist die Forderungszession. Unternehmen mit größeren Forderungen können diese zur Sicherstellung eines Kredits an die Bank abtreten. Die Zession wird durch einen Abtretungsvertrag vollzogen, den der Kreditnehmer als der bisherige Gläubiger mit der Bank als dem neuen Gläubiger abschließt.
Es gibt die stille und die offene Zession. Bei der stillen Zession wird der Schuldner von der Abtretung der Forderung nicht verständigt, bei der offenen Zession hingegen wird er verständigt.

Rosenheim, 20. März 2000

Kreditanfrage

Aufgrund des zunehmenden Interesses unserer Kunden an moderner Kommunikationstechnik sind wir gezwungen, unsere Ausstellungs- und Schauräume zu vergrößern. Den damit verbundenen Kapitalbedarf können wir aber derzeit nicht ausschließlich aus eigenen Mitteln decken.
Da wir langjähriger Kunde Ihrer Bank sind, ersuchen wir Sie, uns einen Kontokorrentkredit in Höhe von

€ 45.000,−

zu bewilligen. Zur Sicherstellung könnten wir Ihnen einige größere Forderungen abtreten, mit deren pünktlicher Zahlung mit großer Sicherheit zu rechnen ist.
Wir hoffen auf eine positive Antwort und zeichnen

mit besten Grüßen
Schauer & Partner

Kreditinstitute

Rosenheim, 24. März 2000

Krediteinräumung

Wir haben Ihren Kreditantrag erhalten und teilen Ihnen mit, dass wir bereit sind, Ihnen für den Ausbau Ihrer Ausstellungs- und Schauräume den gewünschten Kontokorrentkredit in Höhe von

€ 45.000,– (in Worten: Euro fünfundvierzigtausend)

zu gewähren.
Zur Sicherstellung dieses Kredits werden Sie uns vorhandene Kundenforderungen nach unserer Wahl abtreten. Die Abtretung ist von Ihnen ordnungsgemäß aufzuzeichnen. Wir werden Ihre Schuldner derzeit nicht verständigen, behalten uns aber vor, dass Sie uns auf Verlangen entsprechende Verständigungsschreiben übergeben. Falls es zu Zahlungsschwierigkeiten Ihrerseits kommen sollte, sind wir berechtigt, diese Schreiben an die Schuldner zu versenden.
Bezüglich der Auswahl und der Höhe der Beleihung der Forderungen sowie der genauen Vereinbarung der Kreditbedingungen wird sich unsere Kreditabteilung in den nächsten Tagen mit Ihnen in Verbindung setzen.
Wir freuen uns, Ihnen durch diese Kreditbereitstellung dienen zu können.

Mit freundlichen Grüßen

Kreditrückzahlung

Will ein Bankkunde seinen Kredit oder sein Darlehen vorzeitig zurückzahlen, kann er die Bank um Abrechnung des betreffenden Kontos ersuchen. Vermindert sich bei einem Darlehen, das in Form von Annuitätenraten zurückgezahlt wird, die Laufzeit, so müssen auch die Zinsen entsprechend angepasst werden.

Dresden, 19. Juni 2000

Darlehensrückzahlung

Ich möchte den restlichen Darlehensbetrag für Kontonummer … vorzeitig in drei gleich hohen Monatsraten zurückzahlen. Teilen Sie mir bitte mit, wie hoch die jeweiligen Raten sein werden.
Mit vielem Dank für Ihre Bemühungen und
freundlichen Grüßen

Herabsetzung des Zinssatzes

Verändert sich der Zinssatz, ist es empfehlenswert – vor allem bei einer Senkung der Kreditzinsen –, mit der Bank wegen einer Anpassung Kontakt aufzunehmen. Dies kann selbstverständlich auch schriftlich geschehen:

Herabsetzung des Kreditzinssatzes

Da ich aus den Medien erfahren habe, dass in letzter Zeit die Kreditzinsen gesenkt wurden, ersuche ich Sie um Mitteilung, ob dies auch für jenen Kredit gilt, den ich bei Ihrer Bank unter der Kontonummer ... aufgenommen habe.
Bitte teilen Sie mir mit, welcher Prozentsatz derzeit von Ihnen für diesen Kredit verrechnet wird.

Mit freundlichen Grüßen

Verminderung der Ratenhöhe

Belasten die Rückzahlungsraten eines Darlehens zu sehr das laufende Budget, können Sie eine Herabsetzung der Ratenhöhe und die dadurch bedingte Verlängerung der Laufzeit des Darlehens beantragen:

Bonn, 25. Mai 2000

Verminderung der Ratenhöhe und
Verlängerung der Laufzeit des Darlehens

Ich ersuche Sie, bei meinem Darlehen mit der Kontonummer ... die Rückzahlungsfrist auf 10 Jahre zu verlängern und die monatlichen Ratenzahlungen entsprechend zu vermindern.
Aufgrund dringend notwendiger Ausgaben für die Sanierung meines Wohn- und Geschäftshauses ist die derzeitige Ratenbelastung etwas zu hoch. Ich hoffe, Sie haben für meine Situation Verständnis und kommen mir als langjährigem Kunden auf diese Weise entgegen.
Ich danke Ihnen herzlich für Ihre Bemühungen!

Mit besten Grüßen
Erwin Schneider

Akkreditiv

Ein Akkreditiv ist der schriftliche Auftrag eines Kunden an eine Bank, einer anderen Person einen bestimmten Betrag auszuzahlen oder durch eine andere Bank auszahlen zu lassen. Das Akkreditiv ist im Auslandsgeschäft von besonderer Bedeutung und schließt dort die Mitwirkung einer ausländischen Bank ein.
Man unterscheidet das einfache Akkreditiv und das Dokumentenakkreditiv; dieses wiederum kann widerruflich oder unwiderruflich, bestätigt (mit zusätzlicher Haftung der das Akkreditiv bestätigenden Bank) oder unbestätigt sein. Beim einfachen Akkreditiv erfolgt die Auszahlung nach Prüfung der Legitimation und der Unterschrift des Zahlungsempfängers. Beim Dokumentenakkreditiv hingegen erfolgt die Auszahlung gegen Übergabe bestimmter Frachtdokumente durch den Zahlungsempfänger.
Die wichtigste Aufgabe des Dokumentenakkreditivs ist, die Sicherheit für Käufer und Verkäufer zu gewährleisten. Der Verkäufer hat die Gewissheit, dass die Dokumente erst nach Erhalt der Zahlung durch die Bank an den Käufer übergeben werden können. Dadurch kann der Käufer – mittels der Frachtdokumente – die Ware erst in Besitz nehmen, wenn die Zahlung bereits erfolgt ist. Der Vorteil für den Käufer ist, dass der Verkäufer interessiert ist, möglichst rasch zu liefern, um so bald wie möglich das Geld für die Ware zu erhalten.

Die einzelnen Schritte:

- Antrag auf Akkreditiveröffnung: Der Käufer wendet sich an seine Bank mit der Bitte, ein Akkreditiv zu eröffnen.
- Akkreditivauftrag: Die Bank des Kunden ersucht die Bank des Verkäufers um Akkreditiveröffnung.
- Eröffnungs- und Buchungsanzeige: Die Bank des Kunden informiert den Kunden über die Eröffnung.
- Akkreditivaviso: Die Bank des Verkäufers teilt dem Verkäufer die Akkreditiveröffnung mit.
- Einreichung der Dokumente: Der Verkäufer übergibt seiner Bank die Versanddokumente.
- Gutschriftsanzeige: Die Bank des Verkäufers schreibt dem Verkäufer den Betrag gut.
- Ausführungsanzeige und Abrechnung: Die Bank des Verkäufers teilt der Bank des Käufers mit, dass die Abrechnung durchgeführt wurde, und übergibt Abrechnung und Versanddokumente.
- Belastungsanzeige: Die Bank des Kunden verrechnet den Betrag über das Konto und teilt dies dem Kunden mit.
- Gutschriftsanzeige: Der Verkäufer informiert den Käufer über die Durchführung des Vertrages.

Da es sich immer um denselben streng standardisierten Ablauf handelt, gibt es für die Zahlungsabwicklung über Akkreditiv zum Großteil Formulare; vereinzelt werden aber auch Briefe geschrieben.

Akkreditiv

Antrag auf Akkreditiveröffnung:

Wir ersuchen Sie, zugunsten der Firma Ike Kooaniqatsi ein Akkreditiv in Höhe von

€ 32.000,–

zu eröffnen. Das Akkreditiv ist unwiderruflich gültig bis zum ... 20.. und soll bei der Ostasienbank gegen Übergabe folgender Dokumente benutzbar sein:

- Rechnungsabschrift
- Versicherungspolice

Die Dokumente betreffen die Lieferung von ...
Die Eröffnung dieses Akkreditivs ist der begünstigten Firma bekannt zu geben. Mit dem Akkreditivbetrag einschließlich aller Nebengebühren belasten Sie bitte unser Konto Nr. ...
Wir danken Ihnen im Voraus für Ihre Bemühungen.

Mit freundlichen Grüßen
Dominik Huber & Co.
Textilfabrik

Die Bank des Kunden erteilt der Bank des Verkäufers den Akkreditivauftrag:

Wir ersuchen Sie, bei Ihnen ein unwiderruflich gültiges Akkreditiv zugunsten der Firma Ike Kooaniqatsi in Höhe von € 32.000,– zu eröffnen. Das Akkreditiv ist gültig bis einschließlich ... 20.. Es ist nach Übergabe folgender ordnungsgemäß ausgefertigter Dokumente auszuzahlen:

- Rechnungsabschrift
- Versicherungspolice

Das Akkreditiv wird für Rechnung der Firma Dominik Huber & Co. eröffnet und betrifft die Lieferung von ... Wir ersuchen Sie, die begünstigte Firma von der Eröffnung dieses Akkreditivs zu verständigen und uns die Dokumente nach Entgegennahme zu übersenden.
Wir bitten Sie, den Empfang dieses Schreibens zu bestätigen.

Mit freundlichen Grüßen
Bankhaus Schwarz & Co.

Die Bank des Kunden informiert den Kunden:

Akkreditiv

Eröffnungsanzeige

Sehr geehrter Herr Huber!

Wir haben laut beiliegendem Auftrag zugunsten der

    Firma Ike Kooaniqatsi in ...
    ein Akkreditiv in der Höhe von € 32.000,–

eröffnet und Ihr Konto mit diesem Betrag belastet. Das Akkreditiv wird unter der Nr. ... geführt.
Die eigenen und fremden Provisionen sowie die Spesen werden wir Ihnen gesondert berechnen.

Mit freundlichen Grüßen
Bankhaus Schwarz & Co.

Akkreditivaviso: Die Bank des Verkäufers teilt dem Verkäufer die Akkreditiveröffnung mit:

Wir haben heute zu Ihren Gunsten ein Akkreditiv zu folgenden Bedingungen eröffnet:

    € 32.000,–
    (in Worten: Euro zweiunddreißigtausend)
    bis einschließlich ... 20.. unwiderruflich gültig,
    im Auftrag der Firma Dominik Huber & Co.

Für die Auszahlung des Betrages ist die Übergabe folgender Dokumente erforderlich:

– Rechnungsabschrift
– Versicherungspolice

Mit freundlichen Grüßen
Ostasienbank

Der Verkäufer übergibt seiner Bank die Versanddokumente:

Beiliegend übermittle ich Ihnen die von der Firma Dominik Huber & Co. geforderten Dokumente zum Dokumenten-Akkreditiv Nr. ..., und zwar:

- Rechnungsabschrift
- Versicherungspolice

Ich ersuche Sie, mir den Betrag auf mein Konto gutzuschreiben.

Mit freundlichen Grüßen
Ike Kooaniqatsi

Rechnungsabschrift
Versicherungspolice

Gutschriftsanzeige der auszahlenden Bank:

Nach der Übermittlung Ihrer Dokumente vom ... 20.. haben wir den Betrag von

€ 32.000,-

Ihrem Konto gutgeschrieben.
Anbei finden Sie den entsprechenden Kontoauszug.

Mit freundlichen Grüßen
Ostasienbank

Kontoauszug

Abrechnung der auszahlenden Bank mit der Bank des Käufers:

Wir haben Ihren Auftrag vom ... 20.. erledigt und haben Ihr Konto laut beiliegender Abrechnung mit

€ 32.000,-, Valuta ...

belastet. In der Anlage überreichen wir Ihnen die zum Akkreditiv übernommenen Dokumente und bitten um Empfangsbestätigung.

Mit freundlichen Grüßen
Ostasienbank

Anlagen:
Abrechnung
Rechnungsabschrift
Versicherungspolice

Belastungsanzeige an den Auftraggeber:

Beiliegend übermitteln wir Ihnen die Abrechnung über das Akkreditiv Nr. ... und die gewünschten Dokumente.
Wir hoffen, den Auftrag Ihrem Wunsch entsprechend ausgeführt zu haben, und zeichnen

mit besten Grüßen
Bankhaus Schwarz & Co.

Anlagen:
Abrechnung
Rechnungsabschrift
Versicherungspolice

Gutschriftsanzeige des Begünstigten:

Die von Ihnen bestellte Ware wurde von uns termingerecht am ... 20.. versandt. Zum Ausgleich des Rechnungsbetrages haben wir das zu unseren Gunsten erstellte Akkreditiv in Anspruch genommen und die erforderlichen Dokumente bei der Ostasienbank eingereicht. Den Betrag von € 32.000,– haben wir bereits erhalten, wofür wir herzlich danken.
Wir hoffen, dass die Ware unbeschädigt angekommen ist, und freuen uns, weitere Aufträge von Ihnen zu erhalten.

Mit freundlichen Grüßen
Ike Kooaniqatsi

Sozialversicherung

Unter Sozialversicherung versteht man die Kranken- und Unfallversicherung, die Renten- und die Arbeitslosenversicherung, sowie seit einigen Jahren auch die Pflegeversicherung. Sowohl unselbstständig als auch selbstständig Erwerbstätige sind im Sinne der gesetzlichen Bestimmungen sozialversichert.
Die Versicherungspflicht für den Arbeitnehmer entsteht, wenn Arbeitnehmer und Arbeitgeber ein Beschäftigungsverhältnis eingehen. Grundsätzlich ist dies eindeutig. Es gibt aber Fälle, bei denen nicht auf Anhieb klar ist, ob hier von einem Beschäftigungsverhältnis gesprochen werden kann.

Sozialversicherung

Dafür gibt es bestimmte Kriterien, wie etwa:
- Der Arbeitnehmer muss in den Betrieb eingegliedert und damit von seinem Arbeitgeber persönlich abhängig sein.
- Der Arbeitgeber muss über die Arbeitskraft des Arbeitnehmers verfügen und ihm Weisungen erteilen können.

Sind diese Voraussetzungen nicht erfüllt, wie etwa bei freier Mitarbeit oder der Tätigkeit aufgrund eines Werkvertrages, entsteht auch keine Versicherungspflicht.

Freiwillige Zusatzversicherung

Jeder Versicherungspflichtige ist berechtigt, durch Abschluß einer freiwilligen Zusatzversicherung beziehungsweise Höherversicherung den in der Pflichtversicherung anrechenbaren Jahresarbeitsverdienst um bestimmte Beträge zu erhöhen. Die Zusatzversicherung muss schriftlich beantragt werden:

Antrag auf freiwillige Zusatzversicherung

Ich beantrage für mich eine freiwillige Zusatzversicherung aufgrund der Allgemeinen Sozialversicherungsbedingungen mit Datum vom ...
Als anrechenbarer Jahresarbeitsverdienst ist der Zusatzversicherung der Betrag von € ... zugrunde zu legen.

Ich danke Ihnen für Ihre Bemühungen!

Mit freundlichen Grüßen

Freiwillige Weiterversicherung

Wer den gesetzlichen Bestimmungen zufolge nicht länger der Sozialversicherungspflicht unterliegt, muss von seiner neuen Freiheit nicht unbedingt in vollem Umfang Gebrauch machen. Generell gibt es die Möglichkeit, sich auch weiterhin gegen die Risiken abzusichern, die im Rahmen der Sozialversicherung abgedeckt werden. Das bedeutet im einzelnen:

Krankenversicherung: Wer nach seinem Ausscheiden aus der Versicherungspflicht Mitglied bleiben will, muss dies die Krankenkasse innerhalb von drei Monaten wissen lassen. Die Höhe seines neuen Beitrags richtet sich nach seiner wirtschaftlichen Leistungsfähigkeit – sofern sein Einkommen unterhalb der jeweiligen Beitragsbemessungsgrenze liegt.

Rentenversicherung: Grundsätzlich kann jeder nicht Versicherungspflichtige Beiträge zur Rentenversicherung entrichten, um seine Rentenanwartschaft günstiger zu gestalten. Freilich ist eine genaue Prüfung des Einzelfalls ratsam, weil die Entwicklung der Rentenversicherung insgesamt wenig Anlass zum Überschwang gibt.

Pflegeversicherung: Die soziale Pflegeversicherung steckt hierzulande noch in den Kinderschuhen. Eine Möglichkeit zur freiwilligen Weiterversicherung besteht bisher nicht.

Unfallversicherung: Ob die gesetzliche Unfallversicherung dem einzelnen auch nach seinem Ausssscheiden aus der Sozialversicherungspflicht offen steht, hängt von mehreren Faktoren ab. Ob sie gegeben sind, wissen im speziellen Fall die gesetzlichen Unfallversicherungsträger.

Anfrage wegen Weiterversicherung

Susanna Krendl-Franke
Hohenzollernstr. 15
80801 München

München, 28. August 2000

BGV
Knie 1

81241 München

Weiterversicherung

Sehr geehrte Damen und Herren,

da ich mich bis auf weiteres mit der Verwaltung meines Vermögens beschäftigen werde, bin ich im April dieses Jahres aus der Sozialversicherungspflicht ausgeschieden. Wie ich nun aber erfahren habe, könnten mir aus einer freiwilligen Weiterversicherung Vorteile erwachsen, auf die ich nicht verzichten möchte. Da ich einen Rechtsanspruch auf die Weiterversicherung habe, ersuche ich Sie, mir mitzuteilen, zu welchen Konditionen dies möglich wäre.

Bitte geben Sie mir möglichst bald erschöpfend darüber Auskunft.

Hochachtungsvoll
Susanna Krendl-Franke.

Wo finde ich was?

Abbuchungsauftrag 306, 366
Ablehnung
   der Bestellung 291
   der Hochzeitseinladung 53
Abschluss des Berufslebens 135
Absonderungsantrag 335
Adresse des Empfängers 22 f.
Adressänderung 186
Akademische Grade 265
Akademischer
   Rang 23
   Titel 265
Akkreditiv 372 ff.
Aktenplan 252
Aktivieren Sie den Leser! 37
Akzepteinholung 316
Allgemeine Anfragen 278
Alphabetisch ordnen 258
Analyse von Stellenanzeigen 139
Anbieten 161
Änderung
   der Bestellung 290
   der Höhe der Vorauszahlungen 346
   der Telefonnummer 187
Anfrage 189, 278
   nach Computerspielen 279
   wegen Betriebskosten 179
   wegen eines Sommerjobs 152
   wegen Weiterversicherung 378
Angebot 281
   als Direct Mail 285
   und Kostenvoranschlag 162
Angebote
   befristete und unbefristete 286
   in Form von Zeitungsannoncen 285
   verbindliche und unverbindliche 283
   verlangte und unverlangte 281
Angelegenheiten, heikle 105
Anlagen- und Verteilvermerk 276

Anlässe, Briefe zu schreiben 12
Anmeldung
   eines Gewerbes 354
   eines Patents 361
   von Forderungen 336
Anmeldung eines Patents 361
Anmerkung zu den BriefschreiberINNEn 25
Annahmeverzug 298
Anrede 18, 22 f., 273
Anrede in Briefen an vertraute Personen 25
Anschrift des Absenders 22
Anschrift des Empfängers 265
Anschrift und Anrede 22
Antrag auf
   Beitragsherabsetzung 363
   Erteilung einer Gewerbeerlaubnis 353
   Kindergeld 200
   Konkurseröffnung 334
   Markenschutz 362
   Zurückstellung vom Wehrdienst 66
   zusätzliche Eintragung ins Telefonbuch 187
Antwort auf
   Beschwerde 118, 181
   Chiffreanzeigen 90, 176
   eine Bestellung 322
   einen Heiratsantrag 104
   Heiratsannoncen 90
Antwortbrief 112
Anweisungen
   im Brieftext 247
   zum Diktatende 248
Arbeitsmarkt 137
Arbeitszeugnis 330 f.
Artikelbezogener Leserbrief 81
Aufbau von Briefen 29
Aufforderung zur Entschuldigung 123
Auftragsbestätigung 289

Wo finde ich was?

Ausgabegeräte 253
Außergerichtlicher Vergleich 331
Außergerichtlicher Vergleichsantrag 332
Aussonderungs- und Absonderungsantrag 335
Banken 212
Bausparkassen 213
Beanstanden der Rechnung 303
Beförderung und Auszeichnung 133
Befreiung vom Turnunterricht 65
Befristete und unbefristete Angebote 286
Begleitschreiben an den Rechtsanwalt 204
Behandlungs- und Bearbeitungsvermerke 264
Behörden und Institutionen 342
   geschäftliche Korrespondenz 342 ff.
   private Korrespondenz 200 ff.
Beitragsfreistellung 192
Berichtigung (artikelbezogener Leserbrief) 83
Berufs-, Amts- und Ehrentitel 265
Berufsleben 127
Berufung 355
Beschwerde(brief) 118 ff.
   an den Betriebsrat 119
   an die Bahn 210
   an den Schuldirektor 120
   bei der Gemeinde 120
   beim Innungsmeister 121
   des Vermieters 180
   wegen Betriebskosten 180
Beschwerden des Gastes 323
Bestellung 164, 243
   Ablehnung der ~ 291
   Änderung der ~ 290
   Widerruf der ~ 289
Betreffzeile 27, 271
Betriebseröffnung 343
Betriebskostenabrechnung 179
Bewerbung 140 ff.
   mit Ansprechpartner 143
Bewerbungsschreiben 140 ff.

Bezahlen mit Scheck 366
Beziehung zwischen Briefpartnern 13
Bezugszeichen 270
Bitte um
   Fahrpreisrückerstattung 210
   Fristverlängerung 200
   Hilfestellung 124
   Klärung 212
   Neuberechnung 201
   Rat 125
   Referenz 157
   Stundung 202
   Stundung der Prämie 191
   Überziehungskredit 213
   Verlängerung eines Nutzungsrechtes 207
Blindbewerbung 150 f.
Brief an den Vorgesetzten 116
Brief an die Freundin 109
Brief einer jungen Frau an ihre Mutter 106
Brief eines Vaters an den Sohn 108
Brief wegen Erbteils 117
Briefablage 21
Briefbausteine 22
Briefe 11 ff., 242 ff.
   an Kinder 63
   bei Intrigen 115
   gestalten 19
   im Fremdenverkehr 320
   in Beziehungskonflikten 109
   richtig lesen 19
   von Lesern 86
   zu Weihnachten und Neujahr 62
   zwischen getrennten Partnern 113
   zwischen Mieter und Vermieter 179
Briefkarte 20
Briefkopf 263
Briefpapier 20
Brieftext 273
Briefwechsel zwischen getrennten Eheleuten 61
Browser 224
Bürotechnik im Alltag 245
Computer 251

Computerunterstützte Textverarbeitung (CTV) 255
Danksagung für
　die Einladung zur Firmung 47
　eine Feier 57
　Einladung 58
　Glückwünsche zur Geburt 56
　Glückwünsche zur Hochzeit 57
　Gratulation 133
　Gratulation zur silbernen Hochzeit 58
Danksagung nach einem Fest 59
Danksagungen 56, 76
Darlehen 368
Datum 270
Desktop-Publishing 257
Diebstahlversicherung 194
Dienst- und Geschäftsjubiläum 134
Dienststellen der Bahn 209 f.
Dienststellen der Post 211 f.
Dienstverhältnis / Arbeitsverhältnis 326 ff.
Dienstzeugnis 331
Diktiergerät 245
Dritte (und letzte) Mahnung 310
Durchführen des Diktats 246
Ehescheidung 60
Eigenhändiges Testament 217
Eingabegeräte 253
Einladung 46, 127
　zum Familientreffen 55
　zur Firmung 47
　zur Hochzeit 49
　zur Hochzeitsfeier 50
　zur Taufe 45
Einschränkung der Gewerbeerlaubnis 356
Einspruch gegen
　Bescheide 344
　ein Patent 361
　eine Betriebsanlage 359
　Mahnbescheid 205
　Pfändung 205
　Steuerbescheid 201
　Stromabrechnung 208

Verwarnung 206
Zuschlag 191
Elektronische Verwaltung von Akten (EVA) 260
E-Mail 221, 230 ff.
Empfangsbestätigung 293
Entlassung und Austritt 329
Entschuldigung 65, 123
　als Zeuge 204
　wegen Fernbleibens 203
Erbvertrag und Testament 216
Erhöhung der Nebenkosten 182
Erinnerungsschreiben (erste Mahnung) 308
Eröffnung einer weiteren Betriebsstätte 360
Erweiterung der Gewerbeerlaubnis 355
Erzählende Briefe 78
Essenseinladung 55
Familienkasse (Kindergeld) 200
Familienleben 38 ff.
Feiern im Familienkreis 55 f.
Finanzbehörde 200, 343
Firmung 47
Forderung nach Schadenersatz 211
Fortführung eines Gewerbes 357
Freistellung vom Unterricht 64
Freiwillige Zusatzversicherung 377
Fristverlängerung 343
Füllwörter 35
Gebrauchsmusterschutz 362
Geburt 38
Geburtsanzeige 38
Geburtstag 41
Gemeinde 207
Genehmigung einer Betriebsanlage 358
Generalvollmacht 68
Genesungswünsche 67
Geräte für den Datenaustausch 254
Gericht 203
Gerichtlicher Vergleich 333
Geschäftsanteil 213
Geschäftsbriefe 278
　Gestaltung von ~ 262
Geschäftsjubiläum 134 f.

Wo finde ich was?

Gewerbeanmeldung 354
Gewerbeausübung durch Stellvertreter 356
Gewerbebehörde 353
Glückwunsch zur Geburt 39
Gratulation zum
  Abitur 66
  Ausbildungsabschluss 128
  Dienstjubiläum 134
  Diplom 129
  Eintritt in den Ruhestand 135
  Geburtstag 42
  Geburtstag eines Kindes 43
  60. Geburtstag eines Verwandten 43
  Geschäftsjubiläum 135
  Gesellenbrief 129
  Meisterbrief 130
  Schulabschluss 65
Gratulation zur
  Aufnahmeprüfung 128
  bestandenen Magisterprüfung 132
  Erstkommunion 47
  Firmung 48
  goldenen Hochzeit 54
  Hochzeit 50
  Promotion 131
  silbernen Hochzeit 54
  Taufe 46
  Verlobung 49
Grußformel 275
Haftung des Verkäufers 175
Handschrift und Maschinenschrift 19
Hauptwortstil 36
Header 220
Heikle Angelegenheit 117
Heirat 49
Heiratsannoncen 87
Heiratsantrag 103
Herabsetzung des Einheitswertes 351
Herabsetzung des Zinssatzes 371
Hochzeitsjubiläum 53
Honorarrechnungen 159
Industrie- und Handelskammern 363
Inserieren auf dem Stellenmarkt 137
Inserieren auf d. Wohnungsmarkt 176

Instrumente des Marketings 338
Internet 220 ff.
  Abkürzungen 236
  Benimmregeln 228
  Netzanbindung 222
  Siegeszug des ~ 220
  Internet-Anbieter 223
Kataloge und Preislisten 278
Kaufen und Verkaufen 161
Kaufvertrag für ein gebrauchtes Kraftfahrzeug 175
Kindergeldkasse 200
Kommunikation, schriftliche 242
  konventionelle Formen 242
Kommunion 46
Kondolenz an
  den Sohn 75
  die Schwiegertochter 75
  die Witwe 74
  eine gute Freundin 76
Kondolenzschreiben 74 ff.
Konfliktbriefe zwischen Eltern und Kindern 105
Konfliktsituationen 105
Konkurs 331 ff.
Kontingentvereinbarung mit dem Reisebüro 325
Kontoeröffnung 365
Korrespondenz mit einem Reisebüro 325
Kostenvoranschlag 162 f.
  Nichteinhalten des ~ 305
Kraftfahrzeug-Zulassungsstelle 364
Krankenkasse 199
Krankenversicherung 377
Krankheit 67
Kreditgewährung 367
Kreditinstitute 365
Kreditrückzahlung 370
Kündigung
  als Mieter 183
  als Vermieter 184
  des Bausparvertrages 215
  des Mietvertrages 183
  des Stromvertrages 208
  von Versicherungen 196

Wo finde ich was?

Kurzbewerbung 148
 für selbstständige Tätigkeit 148
 um eine Lehrstelle 150
Kurzbrief 21, 243
Laptops 255
Lebenslauf 152
 für Antrag auf Zivildienst 155
 in Aufsatzform 153
 tabellarischer 153, 155
Leserbrief(e) 81
 an Verlage 84
 artikelbezogene 81
 themenbezogener 84
Liebesbriefe 92 ff.
Lieferung 292
 mangelhafter Ware 294
Lieferverzug 296
Mahnung(en) 167, 182 f.
Mängelanzeige 181
Marketing und Werbung 336
Marktforschung 336
Maschinenschrift 19
Mieterhöhung 182
Mietvertrag 178
Mitteilung an
 das Elektrizitätswerk 208
 das Fundamt 206
 das Fundbüro 209
Mündliches Testament 218
Mustertext mit Diktatanweisungen 248
Nachfassbrief 146
Nachforschungsauftrag 212
Namensänderung 356
Netiquette 228
Newsgroups 233
Nichteinhalten des Kostenvoranschlags 305
Notarielles Testament 219
Notebooks 255
Notifikation 319
Numerisch ordnen 259
Offener Brief 86
Ordnen nach
 Aktenplan 260
 Stichwörtern 259

Organisation der CTV im Betrieb 257
Papierdeutsch 34
Partnerschaft 87
Patentamt 360
Pflegeversicherung: 378
Polizei 206
Post 211
Postdienstliche Vermerke 263
Postkarten 243
Postleitzahlen 268
Postskriptum 28
Private Korrespondenz mit Behörden 200
Promotionsanzeige 131
Prozessvollmacht 69
Rat suchen in Briefen 124
Rechnung 301 ff.
Reden - Briefe schreiben 11
Referenzen 157 ff.
Regress (Rückgriff) 320
Reisebericht 79
Reklamationen 167
Rentenversicherung: 378
Rückgabe einer Gewerbeerlaubnis 358
Rücktritt vom Versicherungsanspruch 196
Rücküberweisung von Steuerguthaben 350
Säumniszuschlag 349
Schadensmeldung 192
Schlussformel 26
Schreibtischorganisation, richtige 261
Schriftgutverwaltung 251
Schuldprolongation 312
Schule 64
Sieben Schritte zum fertigen Brief 29
Smileys 235
SMS (Short Message Service) 239
Sozialversicherung 376
Spezialvollmacht 69
Spracherkennung 250
Standortverlegung 359
Stadtwerke und Verkehrsbetriebe 207
Stellenangebote 139, 326
Stellengesuche 138
Stilarten und Stilunarten 31

Wo finde ich was?

Suchmaschinen 225
Tabellarischer Lebenslauf
   sachlich gegliedert 155
   zeitlich gegliedert 153
Taufe 44
Telefax 244, 251
Telegramm 244
Testament 216 ff.
   eigenhändiges 217
   gemeinschaftliches 218
   mündliches 218
   notarielles 219
Textbausteine 255
Textverarbeitung, computerunterstützte 255
Themenbezogener Leserbrief 84
Tipps für Briefschreiber 31
Todesanzeigen 71
Todesfälle 70
Trauerbriefe 70
Trauerbriefe 70
Trennungsbrief einer Frau 111
Übertragung eines Patents 361
Überziehungskredit 213
Übliche Anschriften und Anreden 23
Umbuchungsantrag 350
UMS (Unified Messaging Services) 241
Umsatzsteuer im EU-Binnenmarkt 301
Unterhaltungswert von Briefen 37
Urlaubsbriefe 79
Urlaubsgrüße auf Postkarten 78
Urlaubspost 78
Vereinsleben 215
Vergleich 331 ff.
Verkaufsanzeige 173
Verlängerung des Markenschutzes 362
Verlegen einer Betriebsprüfung 349
Verlobung 48

Verlobungsanzeige 49
Verlustanzeige 207
Verminderung der Ratenhöhe (Darlehen) 371
Versicherungen 188
   Kündigung 196
   Rückkauf 196
Versicherungsnehmerwechsel 195
Verteilvermerk 276 ff.
Vertragsänderung 190
Vollmacht 68, 69
Vorbereiten des Diktats 246
Vorreiter 34
WAP (Wireless Application Protocol) 240
Wechsel 314
   ~akzept (Akzepteinholung) 315
   ~prologation 318
   ~rücksendung (Akzeptrücksendung) 316
   ~weitergabe 317
Werbebriefe 341
   an Stammgäste 321
Werbung 339
Widerruf (Erhöhung der Versicherung) 195
Widerspruch gegen
   Kündigung 185
   Mieterhöhung 183
Wiederholungen 35
Wohnen 176 ff.
Wohnungswechsel 185
Zahlen und Mahnen 306
Zahlungsverzug 307
Zession 369
Zeugnis 330
Zurückweisen von Beleidigungen 122
Zusage 55
Zuteilung des Darlehens 214